U1013828

认认真真讲历史

天涯社区人气佳作

盛唐传奇

卷二

全二卷

孙峰 孙艺真·著

中国文史出版社

图书在版编目（CIP）数据

盛唐传奇. 第二卷 / 孙峰, 孙艺真著. -- 北京：中国文史出版社, 2017.12
（认认真真讲历史）
ISBN 978-7-5034-9542-7

Ⅰ. ①盛… Ⅱ. ①孙… ②孙… Ⅲ. ①中国历史—唐代—通俗读物 Ⅳ. ①K240.9

国版本图书馆CIP数据核字（2017）第228672号

责任编辑： 刘　夏
封面设计： 陈欣欣

出版发行：中国文史出版社
网　　址： www.wenshipress.com
社　　址： 北京市西城区太平桥大街23号　**邮编：** 100811
电　　话： 010-66173572 66168268 66192736（发行部）
传　　真： 010-66192703
印　　装： 北京温林源印刷有限公司
经　　销： 全国新华书店
开　　本： 1/16
印　　张： 26.5　**字　数：** 445千字
版　　次： 2018年10月北京第1版
印　　次： 2018年10月第1次印刷
定　　价： 65.00元

文史版图书，版权所有，侵权必究。

目　录

三〇一　北讨西征（一）

唐玄宗即位后，对内励精图治，对外意欲重振雄风，开元初年也是小试锋芒。

话说在唐中宗、睿宗时期，步入晚年的东突厥可汗阿史那默啜已表现出了想与唐朝和好的意愿。睿宗景云二年（公元711年）一月，突厥人来到唐朝求和、求婚，三月，唐睿宗以长子、宋王李成器的女儿为金山公主，答应嫁给阿史那默啜，同年年底，御史中丞和逢尧以代理御史大夫的身份奉命出使突厥，他来到突厥王庭后，就劝说阿史那默啜道："处密、坚昆可汗听说可汗您与大唐通婚，肯定都会归顺您的，可汗何不身穿唐朝的衣服，让各少数民族都知晓，岂不是件美事？"第二天，阿史那默啜真的换上一身唐装，头戴唐式头巾，身着三品紫色外罩，面南叩拜，向唐朝称臣，并派遣其子杨我支与国相随和逢尧一起入朝。次年（唐睿宗太极元年、唐玄宗先天元年、公元712年）一月，唐睿宗在安福门宴请杨我支，并让金山公主出来让其相看，但此后不久，唐睿宗就传位给了唐玄宗，唐玄宗即位后，又忙着与太平公主内斗，就把与东突厥联姻一事搁置一旁了。

阿史那默啜与唐朝和亲的目的当然不是贪图美女，而是想借助唐朝声威，夺取西域，兼并西突厥，然而，唐朝答应他的求婚则是想利用他孤立反叛的奚人和契丹人，以消除唐朝北方隐患，并没有将西域拱手让人的意思，就在和逢尧将杨我支带回长安的同时，唐睿宗就以兴昔亡可汗阿史那献为招慰十姓使。阿史那默啜不仅没有等来唐朝公主，也没有得到西域，到开元二年（公元714年）二月七日，心怀不满的他就派遣儿子阿史那同俄（官位特勤），与妹夫火拔颉利发、石阿失毕率军包围了北庭都护府（今新疆维吾尔自治区吉木萨尔县以北）。北庭都护府都护郭虔瓘率领唐军英勇奋战，将敌人击败。阿史那同俄单人匹马来到城下，郭虔瓘提前在路边埋伏下壮士，突然跃起，将其斩杀。突厥人请求把军中粮食留下来换回阿史那同俄，听说人已被杀，遂大哭而去。因阿史那同俄被唐军杀死，石阿失毕惧罪不敢返回，遂与其妻一起叛降了唐朝。唐玄宗封其为右卫大将军、燕北郡王，封其妻为金山公主。

此战之后，到了四月二十五日，阿史那默啜再次派人前来求婚，自称为乾和永清太驸马、天上得果报天男、突厥圣天骨咄禄可汗；到了十月，阿史那默啜又一次派人前来求婚，唐玄宗此时将主要注意力用于其他方向，遂答应了阿史那默啜的请求，同意让其第二年前来迎亲。

其他方向是哪里？契丹、奚人以及吐蕃。

唐朝过去设置了营州都督，治所在柳城（今辽宁省朝阳市），以镇抚奚人和契丹人，到了武曌万岁通天元年（公元696年）五月，营州饥荒，都督赵文翙却不赈济灾民，致使李尽忠、孙万荣率领奚人、契丹人发动叛乱，攻陷了柳城，史称营州之乱。营州之乱主要战事持续了两年，但直到四年后的武曌久视元年（公元700年），才由契丹降将、左玉钤卫将军李楷固和右武威卫将军骆务将契丹余党平定，然而，经过此乱，不少契丹人、奚人、霫人都投奔了东突厥，在东突厥的指使下，他们经常骚扰唐朝东北边境。营州之乱发生后，营州治所就借驻于幽州的东渔阳城（今天津市蓟州区），至唐玄宗开元二年已有八九年了。

此时，有人对并州长史、和戎（今山西省大同市）、大武（今山西省朔州市）等军州节度大使薛讷说："有很多靺鞨人、奚人、霫人都想投降我们，就是因为我们没有设置营州，他们无处可投，受到阿史那默啜的侵扰，才不得不转投于突厥，假如唐朝设置了营州，这些人就会纷纷归顺了。"

此时的靺鞨头领叫大祚荣。当初，高句丽亡国后，大祚荣的父亲乞乞仲象率众西迁，居住在营州，等到契丹酋长李尽忠反唐后，乞乞仲象和靺鞨酋长乞四北羽率众东逃，依托奥娄河（一般认为是牡丹江的上游勒福成河，或说鄂穆和罗河，亦说辽宁铁岭市南60里之懿路河）自守。等到李尽忠死后，武曌赦免了乞乞仲象和乞四北羽之罪，分别加封他们为震国公和许国公，但乞四北羽拒不从命。武曌就派遣李楷固、中郎将索仇前去讨伐，将乞四北羽斩杀。那时，乞乞仲象已死，李楷固率军又翻越天门岭（今吉林省敦化市西北），进逼大祚荣。大祚荣领兵迎击，大破周军，李楷固只身逃回。由于营州的契丹和奚人都归顺了东突厥，周军无法再长途北上前去讨伐，大祚荣遂兼并了乞四北羽的部众，东居东牟山

（众说不一）。大祚荣骁勇善战，此后高句丽人和靺鞨人纷纷归附，他就自立为振国王，依附于突厥，其地方圆两千里，有十余万户，兵力数万。唐中宗即位后，曾派侍御史张行岌前去招抚，大祚荣给唐朝送来儿子当人质，表示归附，到开元元年，唐玄宗又晋封大祚荣为左骁卫大将军、渤海郡王；以其辖地为忽汗州，命大祚荣兼任忽汗州都督。

连靺鞨之地都设置羁縻州了，将营州再回迁到故地，想来也是顺理成章的事，因此，当薛讷上书唐玄宗请求发兵进攻契丹、恢复营州之后，唐玄宗就同意了。姚崇等人纷纷劝谏，但唐玄宗置之不理，于开元二年（公元714年）一月二十五日，任命薛讷为同紫微黄门三品率军讨伐契丹，群臣才不敢再提反对意见了。

然而，唐玄宗即位后的这次初战却以惨败而告终。

经过一番准备，薛讷与左监门将军杜宾客、定州刺史崔宣道等人于同一年夏天率领六万人马从檀州（今北京市密云区）北上。出发前，杜宾客就提出了不同意见，他认为："时值盛夏，士兵们背负着沉重的铠甲、兵器、粮食，深入敌境，难以成功。"而薛讷却说："盛夏草木繁茂，羊羔肥美，因粮于敌，正得天时，机不可失！"

当唐军行至滦水（滦河）峡谷时，契丹伏兵突然杀出，将唐军团团包围，他们从山上冲下，打得唐军晕头转向，几乎全军覆没。薛讷与数十名骑兵突围而逃，契丹人对他嗤之以鼻，称其为薛老太婆。崔宣道率领着后军，听说薛讷已败，也是望风后撤。薛讷把军败的责任都推到崔宣道以及胡人将领李思敬等八人身上，唐玄宗下令将八人全部斩杀于幽州城下。开元二年七月十五日，唐玄宗下令免去薛讷一死，削除官爵；将领中只赦免了杜宾客一人。

滦水之战刚败，吐蕃又蠢蠢欲动了。

如前所述，中宗景龙四年（睿宗景云元年，公元710年），唐中宗把侄孙女金城公主收为养女，嫁给了吐蕃赞普尺带珠丹，两国由此又成为翁婿之国，恢复了友好关系，同年，唐朝讨伐姚州群蛮，姚州群蛮联络吐蕃反攻，并脱离了唐朝的统治，安西都护遂率军侵扰吐蕃的北部边境，以示惩罚。不久吐蕃，采取以退为进的策略，以给金城公主汤沐邑为借口，贿赂鄯州都督杨矩，不费一兵一卒就骗取了富庶的河西九曲之地，玄宗即位后，两国虽然没有发生冲突，但已经是貌合神离了。

开元元年（公元713年）十二月，吐蕃派大臣来到唐朝求和，开元二年五月二十三日，吐蕃国相坌达延给唐朝宰相写信，请求先派遣解琬前往河源一带勘定两国的边界，而后再结下盟约。解琬原本已经退休了，由于他曾经担任过朔方大总管，所以吐蕃方面才提议由他出面。解琬上书告诫唐玄宗说："吐蕃一定心怀叵测，请陛下提前在秦州（今甘肃省天水市）和渭州（今甘肃省陇西县）驻扎十万军队，以备不测。"六月十一日，吐蕃派遣宰相尚钦藏来到长安呈献盟书。

双方的谈判显然没有取得进展。到了八月二十日，吐蕃大将坌达延、乞力徐率领十万大军进攻临洮（今甘肃省岷县），云集兰州（今甘肃省兰州市），前锋一直进抵渭源（今甘肃省渭源县），劫掠唐朝牧马场的战马而去。消息传来，唐玄宗遂任命刚刚因战败而被免官的薛讷以平民身份戴罪立功，代理左羽林将军，担任陇右防御使，又以右骁卫将军郭知运为副使，与太仆少卿王晙率军迎击。八月二十六日，唐玄宗下诏在民间招募猛士，送往前线。鄯州都督杨矩因吐蕃入侵，又后悔又害怕，自杀而死。

十月，吐蕃军队再度入侵渭源，二日，唐玄宗下诏打算亲征，调发十余万大军，四万匹战马，唐玄宗继位后的第二场大战行将爆发。

三〇二　北讨西征（二）

还没等唐玄宗亲征，前线就传来了好消息。

吐蕃大将坌达延率领十万大军驻扎在大来谷（今甘肃省临洮县南），薛讷率领的唐军驻扎在武街（今甘肃省临洮县东），与吐蕃大军相距二十里。

当时，太仆少卿、陇右群牧使王晙所部仅有两千人，他从中挑选了七百壮士，身穿吐蕃衣服，夜袭吐蕃军队。在突袭部队后方五里，王晙安排少数将士携带战鼓、号角，遥遥跟随，等到前锋遇到敌人后，后面将士们就擂起战鼓，吹响号角。吐蕃军队以为唐朝大军已从天而降，顿时是惊慌失措，陷入一片混乱之中；吐蕃各部之间指挥系统失灵，自相残杀，死伤上万人。薛讷率领大军与王晙合兵一处，吐蕃军队大败，纷纷溃逃。唐军一路追击，一直追到洮水岸边，在长城堡（秦帝国长城起始点）一带又将吐蕃击败；太子右卫率、丰安军使王海宾率领先锋，吐蕃人走投无路，做困兽之斗，将王海宾所部团团围住，唐朝众将嫉妒王海宾的战功，相互观望，拥兵不救，王海宾苦战阵亡；继而，薛讷率领大军赶到，向吐蕃人发起总攻，吐蕃军队大败，唐军缴获马匹七万、牛羊四十万，斩杀一万七千名吐蕃人，洮河之上到处都是死尸，河水为之不流。

十月十一日，唐玄宗下诏取消亲征，并命紫薇舍人倪若水前往军中查验战果，追赠王海宾为左金吾大将军。王海宾的儿子王训才九岁，入宫拜见唐玄宗，伏地号啕大哭。唐玄宗抚摸着他的脊背说道：“此儿将是像霍去病一样的孤儿啊，需要等长大以后，就让你当大将。”遂赐名为王忠嗣，授予其为朝散大夫、尚辇奉御，将他养在宫中，王忠嗣后来成为玄宗时期的一代名将。

王晙也是一战成名。王晙以明经科及第，历任殿中侍御史、桂州都督、安西大都护等职。战后，王晙因功被加封为银青光禄大夫、清源县男，兼原州都督，玄宗又拜其子王班为朝散大夫。不久，王晙又被调任为并州大都督府长史。《谭宾录》称他，“气充雄壮，有龙虎之状；募义激励，有古人之风。驭下整肃，人吏畏而义之”。

十月十四日，姚崇、卢怀慎等人上奏道：“过去，吐蕃以黄河作为边界，自从他们娶了金城公主之后，就越过了黄河，在黄河以东构筑城堡，设置了独山（今青海省同德县）、九曲（今青海省贵南县）两个军镇，距离我积石军（今青海省贵德县）仅三百里，又在黄河上架设桥梁。如今，吐蕃既然已经背叛，就应该毁掉这些桥梁、城堡。”唐玄宗答应了。

十一月一日，唐玄宗派遣左骁卫郎将尉迟环出使吐蕃，慰问金城公主。吐蕃派遣大臣宗俄因矛前往洮水求和，在礼仪上要求与唐朝处于平等地位，遭到了唐玄宗的拒绝，从此以后，吐蕃每年都会骚扰唐朝西部边境。开元四年二月，吐蕃军队包围了松州（今四川省松潘县），松州都督孙仁献率领军队偷袭敌人，将敌人打得大败。七月，吐蕃又派人前来求和，唐玄宗答应了。

开元二年唐玄宗初试锋芒，一胜一败，成绩尚可。为了因应北方和西方局势，唐玄宗还在这一年分别设置了陇右节度大使，任命陇右防御副使郭知运担任大使，下辖鄯州（今青海省海东市乐都区）、秦州（今甘肃省天水市）、河州（今甘肃省临夏市）、渭州（今甘肃省陇西县）、兰州（今甘肃省兰州市）、临州（今甘肃省临洮县）、武州（今甘肃省陇南市武都区东）、洮州（今甘肃省临潭县）、岷州（今甘肃省岷县）、廓州（今青海省化隆县西）、叠州（今甘肃省迭部县）、宕州（今甘肃省舟曲县）十二个州；又设置了幽州节度使、经略使和镇守使，下辖幽州（今北京市）、易州（今河北省易县）、平州（今河北省卢龙县）、檀州（今北京市密云区）、妫州（今河北省怀来县）、燕州（今北京市顺义区）六个州。

而这一年东突厥可汗阿史那默啜也没闲着，他一方面派人向唐朝求亲；另一方面则加强了与唐朝对西域和西突厥的争夺。开元二年三月，西突厥十姓酋长都担背叛了唐朝，碛西节度使阿史那献收复碎叶等镇，擒杀了都担，招降其部两万余帐；突厥十姓胡禄屋等部向北庭都护府投降，唐玄宗命令都护郭虔瓘负责安置他们，并派遣左散骑常侍解琬前往北庭都护府安抚突厥降众；十二月，西突厥部落沙陀酋长朱邪金山前往长安朝见唐玄宗，也就是在这一年，突骑施可汗李守中的弟弟遮弩叛逃到了东突厥，阿史那默啜大喜，立即派遣两万军队向突骑施汗国发起突袭，灭掉了突骑施汗国，接着，阿史那默啜又组织大军进攻葛逻禄、胡禄屋、鼠尼施等西突厥各部。

然而，由于阿史那默啜年事已高，已变得十分昏庸残暴，突厥各部不堪忍受他的暴政，不愿接受他的统治，他对西突厥的打击反而促使西突厥各部纷纷向唐朝投降。九月，西突厥葛逻禄等部落来到凉州，向唐朝投降，前后投降了上万帐；这股投降的浪潮不仅波及西突厥各部，而且还影响到属于东突厥的原有各部。高句丽莫离支高文简是西突厥十姓的女婿，到开元三年（公元715年）二月，他也联络晊跌都督思泰率众从东突厥投降唐朝，唐玄宗下令将他们安置在黄河河套南岸一带，封高文简为左卫员外大将军，封辽西郡王；晊跌思泰为特进、右卫员外大将军兼晊跌都督，封楼烦郡公。开元三年三月，西突厥胡禄屋等部酋长支匐忌等人入朝拜见唐玄宗，四月九日，唐玄宗任命右羽林大将军薛讷为凉州镇大总管，统领赤水（今甘肃省武威市南）等军，驻扎在凉州；以左卫大将军郭虔瓘为朔州镇大总管，统领和戎等军，驻扎在并州，管理突厥各部降众，防备东突厥阿史那默啜；与此同时，唐玄宗还命令新任北庭都护汤嘉惠、左散骑常侍解琬等率领北庭都护府驻军救援葛逻禄等部，又命葛逻禄等部、定边道大总管阿史那献与北庭唐军相互支援。

境内各部纷纷叛离，让阿史那默啜十分头疼，忙着四处平叛。当年秋天，阿史那默啜率军与九姓首领阿布思等人在漠北大战，九姓部落大败，人马死伤惨重。九月，东突厥九姓思结部落都督磨散等人前来投降，唐玄宗一一任命他们官职，又将他们遣返回去，不久，阿史那默啜的女婿阿史德胡禄，也投降了唐朝，被授予特进。

北方局势瞬息万变，阿史那默啜对西突厥各部的打击以及东西突厥各部向唐朝投降，直接引发了东突厥与唐朝的战争，让两国之间脆弱的和平化为泡影。趁着突厥内乱，唐玄宗决心发兵北上，给予东突厥致命一击。开元三年十月十四日，唐玄宗任命薛讷为朔方道行军大总管，太仆卿吕延祚、灵州刺史杜宾客为副大总管，发兵讨伐东突厥。在西域方向，唐玄宗又任命左羽林大将军郭虔瓘为安西大都护、四镇经略大使，经营西域。

郭虔瓘请求在关中招募一万名将士前往安西，沿途驿站供应熟食、马驴，唐玄宗答应了。将作大匠韦凑劝阻道："如今西域已经归顺，间或出现一些零星骚乱，旧镇的驻军足以应付得了，而关中之地兵力要经常保持充足，这就是所谓的强干弱枝的道理。近来，东西突厥扰边，关中壮丁已征调殆尽，岂可再征？一万军士要跋涉六千多里，需要供应马驴、熟食，沿途州县如何做到？秦州、陇州以西人烟稀少，凉州以西全是沙漠，那里的居民又该怎么供应？就算到了西域能有所斩获，付出的代价岂不是太大了吗？”但唐玄宗不从。

当时西域的局势非常复杂。除了东突厥，吐蕃和大食也意欲染指西域，与唐朝争夺对西域的控制权。拔汗那王国（今中亚安集延城）所在之地就是汉代的乌孙国，很久以前就已归顺了唐朝。吐蕃联络大食拥立阿了达为国王，进攻拔汗那王，拔汗那王兵败，向安西都护求救。当时，监察御史张孝嵩正在安西都护府，他对都护吕休璟说：“我们拥兵不救，以后就无法号令西域各国了！”于是，他就率领唐军一万余人从龟兹（今新疆维吾尔自治区库车县）一路向西，跋涉数千里，一路上攻克了数百座城池，一直挺进到了拔汗那国的首都安集延城。张孝嵩亲自指挥将士向安集延发起了猛烈的进攻，从上午一直打到下午，唐军接连攻克三座小城，斩杀一千多人，阿了达和数名亲信狼狈逃到山谷。张孝嵩向西域各国发布公告，大食（阿拉伯帝国）、康居（撒马尔罕城）、大宛（塔什干城）、罽宾（阿富汗喀布尔）等国家纷纷派人与唐朝和好，唐军威震西域。

西突厥突骑施部落酋长李守忠死后，李守忠的部将苏禄纠集残部，苏禄善于统御部众，十姓部落逐渐聚集到他的旗下，拥有二十万之众，不久，苏禄派人觐见唐玄宗，唐玄宗任命其为左羽林大将军、金方道经略大使。

三〇三　突厥中衰

开元三年（公元715年）和四年（公元716年），东突厥可汗阿史那默啜一直忙着平定北部的叛乱。

战斗一直持续到开元四年的上半年。当时，阿史那默啜率军讨伐拔野古部落（驻地在今克鲁伦河与海拉尔一带），两军在独乐水（今蒙古国拉河）激战，阿史那默啜大获全胜。胜利之后，阿史那默啜自恃胜利，不再戒备，在返回途中，突然从柳树林中蹿出一名叫颉质略的拔野古战士，说时迟那时快，颉质略冲上前去，手起刀落，阿史那默啜顿时身首异处。当时，唐朝的大武军（基地设在山西省朔州市）子将[1]郝灵荃正奉命出使突厥各部，颉质略就把阿史那默啜的人头交给了郝灵荃，并与其一起来到长安，唐玄宗下令将阿史那默啜的人头高悬街头示众。拔野古、回纥、同罗、霫、仆固五部也都归降了唐朝，唐玄宗命令将降众安排在大武军以北。稍后，契丹酋长李失活（最初反叛的契丹酋长李尽忠的堂弟）、奚人酋长李大酺也率众归降，唐玄宗下诏封李失活为松漠郡王、行左金吾大将军兼松漠都督，将其下属的八个部落酋长也都拜为刺史，命将军薛泰率领唐军镇抚；以李大酺为饶乐郡王、行右金吾大将军兼饶乐都督，自此，脱离中原王朝二十一年的契丹、奚人又回归了唐朝。

阿史那默啜作为东突厥第二汗国的第二任可汗，自武曌延载元年（公元694年）继位以来，在长达二十三年的时间里，雄踞北方，成为武周、唐朝北方最大的威胁，如今，突厥国内四分五裂，阿史那默啜又死了，局势变得更是雪上加霜。阿史那默啜死后，其子小可汗阿史那匐俱继位，但是，第一任可汗阿史那骨

① 一个军配备大将一名、副将两名、子将八名。

啮禄的儿子阿史那阙特勒想把汗位夺回，很快他就发动政变，杀死了小可汗阿史那匐俱及其兄弟、亲信，拥立自己的哥哥、左贤王阿史那默棘连为可汗，史称毗伽可汗，突厥国内称之为“小杀”。毗伽可汗坚决辞让，要把汗位让给弟弟阿史那阙特勒，但阿史那阙特勒不接受，于是，毗伽可汗就任命其为左贤王，全权负责军事。面对四分五裂、纷纷降唐的突厥各部，毗伽可汗十分担忧，他起用阿史那默啜时代的参谋官、自己的岳父暾欲谷作为自己的智囊。暾欲谷已七十多岁了，他足智多谋，深受突厥国人的信服。听说突厥国内逐渐安定，被唐朝安置的河曲（今黄河河套一带）的突厥降众又有不少人逃了回去。

并州长史王晙上书唐玄宗说：“这些突厥降众只是因为本国国内大乱才归降我们的，如果他们国内恢复安定，他们必定会再度叛逃的，如今，将他们安置在河曲之地，这些人非常狡诈，很难管理，经常不受当地军、州的约束，动辄兴兵，劫掠平民，我还听说不少叛逃的很多已经与突厥互通音讯。我们蓄养他们，竟然培养了很多间谍，日积月累，危害更大，伺察边防，将成大患。一旦敌人南下，他们必定会充当内应，进攻军州，届时，我们将内外受敌，就算是韩信、彭越再世，也无能为力了。我建议：今年秋季，调动大量军队，向他们指明利害，送给他们路费，将他们全部迁往内地。经过二十年的同化，这些人就会逐渐改变旧有的风俗，全都会成为国家的精锐战士，虽然如今暂时会有麻烦，却可以一劳永逸。近期，不少边将和使者们说的都是些阿谀逢迎之词，有人说北方的敌人已经完蛋了，又有人称这些突厥降众们非常安定，他们说的都不是实情，全是出于谄媚，为了夸耀自己的功劳，并不是在为国尽忠。希望陛下能够认真分辨真假，不要忘了深谋远虑。朝中一定有人会说：‘朝廷过去就曾将降众安置在河曲，也都十分安定，还有什么可疑虑的呢！’但我要说的则是：如今的情况与过去已大不相同了，陛下对此不可不明察：过去，颉利可汗已经死了，降众不再有异心了，所以才能保证长治久安，而如今，突厥人还在，这些降众有的畏惧突厥人的淫威，有的感激他们的恩惠，有的则与他们是亲戚，谁愿意住在南方？这与过去的情况是不一样的。臣以为，将他们迁往内地是上策，其次是调派大批人马，严加戒备，令汉族与他们住在一起，可能会浪费大量资财，下策就是维持现状。希望陛下认真考虑这三条对策，择利而行，就算因迁徙而有逃亡的，但留下来的都将成为我们的子民，如果仅仅将他们留在黄河一带，恐怕必定出现变故。”

王晙的奏表呈上后，朝廷还没有答复，突厥降众阿悉烂和思泰等人果然又叛逃了。十月二日，唐玄宗命令朔方道大总管薛讷发兵追赶。王晙领兵西渡黄河，昼夜兼行，追杀叛逃的突厥降众，斩杀了三千多人。

突厥人刚投降时，单于副都护（驻扎在今内蒙古自治区和林格尔县）张知运将他们的武器全部予以没收，驱赶他们南下，令降众们都十分怨恨、恼怒，正值御史中丞姜晦被唐玄宗任命为巡边使，这些降众就找到他诉苦，称没有了弓矢，无法打猎，姜晦听后，就把武器归还了他们，然而，等到拿回武器之后，这些突厥降众就叛逃了。张知运对此毫不知情，猝不及防，在青刚岭与突厥叛众遭遇被擒，突厥叛众将要把他押回突厥，行至绥州（今陕西省绥德县）境内，将军郭知运率领朔方军队截击，在黑山呼延谷（今陕西省榆林市西南）大破突厥叛众，救出了张知运。唐玄宗因张知运战败，将其斩首示众。

思泰等部逃回突厥后，毗伽可汗想趁机南下，对唐朝发起反攻。暾欲谷劝阻道："唐主英武，人民和睦，庄稼丰收，不可轻举妄动。我们的部众才刚刚聚集，力量还很弱小，应当休养生息几年后，才可伺机而动。"毗伽可汗又打算修筑城池，建造寺庙，暾欲谷说："不可。我们突厥人众稀少，不足唐朝的百分之一，我们之所以能够与其匹敌，就是我们追逐水草，居住无常，以射猎为生，人人都习武，我们力量强大的时候，就可以进军抢掠，弱小时又可逃窜，躲进山林，唐军人数虽多，也无能为力。如今假如我们修筑城池，变更旧俗，一旦失利，必定会被歼灭。佛教、道教，只会把人们教育得仁义、孱弱，不是暴力争胜之术，不可推崇它们。"毗伽可汗这才停止了。

奚人和契丹人归顺后，贝州刺史宋庆礼建议恢复营州建制。到开元五年（公元717年）三月，唐玄宗下诏在柳城重新设立营州都督，兼平卢军使，以太子詹事姜师度为营田、支度使，与宋庆礼等人修筑城池，仅用三十天就建成了。宋庆礼清廉勤勉，组织人力开荒屯田，招徕流民，数年之间，营州仓库充实，城市也繁荣起来了。

时势造英雄。晚唐诗人罗隐有一首悼念诸葛亮的诗，名叫《筹笔驿》，内容是这样的："抛掷南阳为主忧，北征东讨尽良筹。时来天地皆同力，运去英雄不自由。千里山河轻孺子，两朝冠剑恨谯周。唯余岩下多情水，犹解年年傍驿流。"这首诗中，那两句"时来天地皆同力，运去英雄不自由"最为著名，说的也是这个意思。开元四年的情形让我们不由得想起了八十八年前的贞观二年，彼时，一个伟大的君主太宗皇帝刚刚即位，仿佛是鬼使神差一般的，强盛的东突厥突然之间就发生了内乱，颉利可汗与突利可汗打得不可开交，突厥各部纷纷降唐，东突厥在唐军的打击下顷刻之间就土崩瓦解，而如今，上天似乎又开始眷顾太宗皇帝的重孙唐玄宗了，这股归降的浪潮是否也在预示着、造就着另外一位伟大的君主呢？历史是否又进入了一个新的轮回了呢？

开元四年六月十九日，太上皇李旦在百福殿去世，享年五十五岁。二十五日，唐玄宗命自己的女儿万安公主出家为女道士，将出家的福分献给亡父。七月十八日，太常博士陈贞节、苏献因太庙的七个祭室已满，请求把中宗皇帝的牌位迁出，把太上皇李旦的牌位放入；把唐玄宗生母的牌位与太上皇的放在一起，把唐玄宗嫡母、宋王李宪生母的牌位留在仪坤庙单独祭祀，唐玄宗同意了。八月二日，朝廷又在太庙西侧单独修建了一座庙，用于供奉中宗的牌位。十月二十八日，将太上皇安葬在桥陵，谥号大圣皇帝，庙号睿宗。

三〇四　宋苏组合

突厥中衰、睿宗去世、契丹归附，开元四年发生的这一切似乎都在预示着大唐将进入一个新的时代，与之相应的，运作了三年多的姚卢宰相组合也完成了它的历史使命。

开元四年，卢怀慎以黄门监的身份又兼任吏部尚书，到了秋天，他一病不起，上书请求退休，十余日后就去世了。卢怀慎临终给唐玄宗上书，称：

臣素无才识，叨沐恩荣，待罪枢密，颇积年序。报国之心，空知自竭；推贤之志，终未克申。孤负明恩，夙夜惶惧。臣染疾已久，形神欲离，凫雁之飞，未为之少，而犬马之志，终祈上闻，其鸣也哀，乞求圣察。

宋璟立性公直，执心贞固，文学足以经务，识略期于佐时，动惟直道，行不苟合，闻诸朝野之说，实为社稷之臣。李杰勤苦绝伦，贞介独立，公家之事，知无不为，干时之材，众议推许。李朝隐操履坚贞，才识通赡，守文奉法，颇怀铁石之心，事上竭诚，实尽人臣之节。卢从愿清贞谨慎，理识周密，始终若一，朝野共知，简要之才，不可多得。并明时重器，圣代良臣。比经任使，微有愆失，所坐者小，所弃者大，所累者轻，所贬者远。日月虽近，谴责伤深，望垂矜录，渐加进用。

臣窃闻黄帝所以垂衣裳而天下理者，任风、力也；帝尧所以光宅天下者，任稷、禼也。且朝廷者天下之本，贤良者风化之源，得人则庶绩其凝，失士则彝伦攸斁。臣每见陛下忧劳庶政，勤求理道，慎举群司，必期称职，使鹓鹭成列，草泽无遗。故得岁稔时和，政平讼理，比陛下用贤之明效也。臣非木石，早识天心，瞑目不遥，厚恩未报。黜殡之义，敢不庶几，城郢之言，思布愚恳。

十一月二十三日，卢怀慎病逝，家无余财，家中唯一的老奴请求卖掉自己给主人办丧事。唐玄宗追赠卢怀慎为荆州大都督，谥号文成。卢怀慎有儿子卢奂、卢弈，后卢奂历任中书舍人、御史中丞、晋陵太守、南海太守、尚书右丞等职，弟弟卢弈也曾任御史中丞，二人均以清廉自守闻名于世；卢弈的儿子卢杞，是唐德宗（唐玄宗重孙）时期著名的奸相。

卢怀慎去世的次日，唐玄宗任命尚书左丞源乾曜为黄门侍郎、同平章事，接替了他的位置。源乾曜，相州临漳县人，是隋朝比部侍郎（司法部副部长），其父源直心，唐高宗时任司刑太常伯（刑部尚书、司法部部长），后被流放到岭南而死。源乾曜进士出身，唐睿宗时期为谏议大夫、梁州都督。开元初年，唐玄宗要给邠王李守礼挑选一位合适的长史，太常卿姜皎推荐了源乾曜。唐玄宗召源乾曜晋见，源乾曜神清气爽，对答如流，唐玄宗一见之下对他非常欣赏，即拜其为少府少监、邠王府长史，不久，又将他晋升为户部侍郎兼御史中丞，很快又晋升为尚书左丞。

然而，到了闰十二月二十七日，唐玄宗突然下令免去姚崇所有职务，贬为开府仪同三司；将源乾曜贬为京兆尹、西京留守，而以刑部尚书宋璟为代理吏部尚书兼黄门监，以紫微侍郎苏珽为同平章事。

唐玄宗原本对姚崇十分倚重。每当源乾曜汇报工作，令唐玄宗满意时，唐玄宗总会说："这肯定是姚崇的主意。"有时候，遇到不满意，唐玄宗也总说："为何不与姚崇商量商量！"开元四年，姚崇也身染疾病，每当遇到朝廷军国大事需要作出决断，唐玄宗常令源乾曜亲自赶往姚崇暂居的罔极寺征求姚崇的意见，十二月一日，源乾曜上书请求唐玄宗把姚崇迁到皇家礼宾馆内暂住，并允许其家人照常入内伺候。姚崇推辞道："皇家礼宾馆内有公文、书籍，病人不宜住在里面。"唐玄宗说："设立皇家礼宾馆，是为了方便各地官吏，让你居住，是为了帝国江山社稷，只可惜不能让你住在宫内，住在那里又有什么好推辞的！"

虽然姚崇比较清廉，但他的儿子光禄少卿姚彝和宗政少卿姚异招权纳贿，广交朋友，影响很坏。中书省主书赵诲是姚崇的亲信，此人收受胡人的金银财宝，事情败露后，唐玄宗大怒，亲自审问，将赵诲打入大牢，准备处死。在上呈赵诲的结案报告时，姚崇趁机向唐玄宗求情，惹得唐玄宗很不高兴，不久，唐玄宗下令单独赦免京师的罪犯，在赦免令上，唐玄宗专门标出赵诲之名，不予赦免，仅予减轻处罚，杖打一百，流放岭南。唐玄宗此举显然是狠狠地扇了姚崇一个响亮的耳光，姚崇由此害怕起来，屡屡上书请求辞职，并推荐了广州都督宋璟接替自己的职务。

这就是宋璟和苏颋上位的原因。

如果说姚崇最大的特点是足智多谋的话，那么，宋璟最大的特点就是刚正不阿。在武曌时代，宋璟就当上了凤阁舍人的高官，他为官刚直，深受武曌的器重；唐中宗也十分赞赏宋璟的正直，即位后，晋升他为吏部侍郎兼任谏议大夫、内供奉，又晋升为黄门侍郎，后受到武三思的排挤，宋璟外贬为相州、杭州刺史。唐睿宗即位后，宋璟又被召回京师，拜为吏部尚书、同中书门下三品，兼任太子右庶子，因与姚崇向睿宗献计打击太平公主，而被贬为楚州刺史。此后，宋璟又历任魏州、兖州、冀州三州刺史、河北按察使、幽州都督兼御史大夫、国子祭酒兼东都留守、京兆尹、御史大夫、睦州刺史、广州都督等职。广州旧俗，盖房都用竹子茅草搭建，一家失火，往往蔓延成一场大火灾，宋璟到任后教会当地人制砖烧瓦，建造砖瓦房屋，从此，大范围的火灾就减少了很多，广州百姓对他非常感激。

经姚崇举荐，唐玄宗下诏任命宋璟为刑部尚书、西京留守，命亲信宦官、内侍、左监门卫将军杨思勖亲自乘坐驿马快车昼夜兼程，赶往岭南迎接宋璟。宋璟气度非凡，沉静凝重，外人无法看透他的内心，杨思勖虽然是唐玄宗的心腹，但一路上，宋璟竟然与他不交一言。杨思勖回京后，向唐玄宗报告了此事，唐玄宗听后赞叹了很久，对宋璟越发敬重起来。据《开元天宝遗事》记载，宋璟为相，爱惜民力，勤俭节约，时人赞叹他是长着脚的阳春三月，意思是，只要是他去的地方，就如同和煦的三月，一派欣欣向荣的景象。

苏颋，是苏瓌的儿子。唐睿宗即位后，苏瓌任尚书左仆射，不久就因病去世了；苏颋从小就是个神童，一目十行，很小就被举荐为进士，唐中宗神龙年间，苏颋被任命为中书舍人，不久，与父亲苏瓌一起被任命为同中书门下三品，父子二人同为宰相，成为一时佳话。繁忙时，苏颋一人口授，主书韩礼、谭子阳二人记录都赶不上，屡屡恳求道："请大人稍微慢一点，下官跟不上，要不然手腕都要断了！"中书令李峤曾由衷地赞叹道："舍人思如泉涌，我李峤是赶不上啊！"唐睿宗即位后，苏瓌去世，苏颋被任命为工部侍郎，他上书坚决推辞，恳请朝廷允许自己服丧期满，朝廷不得已同意了。当时的人们有一种说法叫作："苏瓌有子，李峤无儿。"这一说法有两个来历，也有两种解释：一是《松窗杂录》上说，唐中宗曾让苏瓌和李峤把各自的儿子带入宫中，赏赐给他们很多东西。唐中宗问两个小孩：

“你们平日里读《书经》，把印象最深的句子说给我听。”苏珽说：“木从绳则正，后从谏则圣。”李峤的儿子回答：“斮朝涉之胫，剖贤人之心。”唐中宗叹息，说出了“苏瓌有子，李峤无儿”这句话。二是《朝野佥载》称，苏瓌去世后，苏珽非常悲伤，朝廷有意让他正常上班，命黄门侍郎李日知前去劝说，但苏珽见到李日知后，终日一句话都不说，李日知回去复命说：“臣见他已悲伤至极，不忍开口，恐怕他会受到刺激死掉。”时人就有了这种说法。

唐玄宗即位后，曾问宰相们说：“有从工部侍郎转任中书侍郎的先例吗？”宰相们回答：“任贤用能，臣等没有想到。”苏珽入宫谢恩，唐玄宗说：“我一直想重用你，每当遇到一个好位置，总想让宰相推荐你，可是，宰相都是你家的故交，始终没人提到你，朕常常替你叹息。中书侍郎是朕最看重的，自从陆象先去世后，朕常想再没有一人比你更适合的了。”当时，李乂任紫微侍郎，与苏珽共同负责起草朝廷的文告，一天，唐玄宗对苏珽说：“前朝有李峤、苏味道，号称苏李；如今有你和李乂，并不比他们差。你把你起草过的文告给朕整理一本送给朕，朕要时时披阅、欣赏。”

前有姚卢组合，合作融洽，如今则有宋苏组合，他俩也是合作愉快。宋璟把选贤任能作为第一要务，审慎选拔人才，根据各人的才能授予不同的官职，让人人各得其所；他一身正气，两袖清风，敢于犯颜直谏，连唐玄宗对他也是敬畏三分，虽然有些事情不合自己的心意，也总能曲意顺从。苏珽则非常尊重宋璟，往往赞成宋璟的决断，在唐玄宗面前也总是替宋璟说话，二人相处得十分融洽。宋璟曾经对别人说：“我和苏家父子前后同时当宰相，苏老先生是位宽厚长者，确实是国家的栋梁，至于说到能尽忠为国，进献忠言，决断政务，苏珽的能力过于其父。”《卓异记》称，宋璟说：“吾与苏家父子同时为丞相。至如宽厚博物，仆射亦有之，若正直贤明，则珽过其父。”

史称：“姚宋相继为相，崇善应变成务，璟善守法持正。二人志操不同，然协心辅佐，使赋役宽平，刑法清省，百姓富庶。唐代贤相，前称房、杜，后称姚、宋，他人莫得比焉。”紫微舍人高仲舒博学多才，齐澣通达世事，是姚崇、宋璟两任宰相的得力助手，姚、宋处理政务时，经常让高、齐二人坐在旁边，遇到疑难问题随时让二人解答，并叹息说：“想了解典故，就问高君；要洞悉当今，就问齐君，治理起国家来就不会犯错了！”

三〇五　宋璟治国（一）

姚崇、宋璟能够选贤任能，可以说是抓住了治国的关键，然而，姚崇机敏务实，宋璟刚正守法，二人的区别还是比较明显的，这在宋璟刚刚拜相时就已显现出来。

由于开元四年关中发生了饥荒，唐玄宗在召回宋璟时就已决定来年将要东巡洛阳，所以才任命宋璟为西京留守，然而，到了开元五年（公元717年）一月二日，太庙的四个房间突然倒塌了。这件事引起了不小的震动，似乎是一个不祥之兆，让唐玄宗也深感不安，他身穿素色衣服，在偏殿主持朝会。在朝会上，唐玄宗询问宋璟和苏珽，二人回答："陛下应该服丧三年，三年尚未期满，却突然要东巡洛阳，恐怕违背了上天的旨意，这才降下灾异来警示陛下，希望陛下暂停前往。"唐玄宗又问姚崇，姚崇却回答："太庙的木材都是苻坚时期的，年代久远，木材朽坏，恰巧碰上了陛下的行期，这又有什么可奇怪的呢！况且，王者以四海为家，陛下因关中饥荒而东去洛阳，各项准备工作已经完成，不可失信于人，只需将祖先牌位暂时迁至太极殿上，重修太庙即可，应该如期出发。"唐玄宗大喜，赏赐给姚崇二百匹绢，命其五日一朝，仍像宰相那样入阁侍奉。

一月八日，唐玄宗在太极殿上举行祭祀仪式。右散骑常侍褚无量劝谏道："隋文帝平定四海，修建新都之日，岂能用苻坚时期的旧木材来修建太庙？姚崇的话不过是谄媚之言。希望陛下要谨记上天的警示，采纳忠言，远离谄媚。"但唐玄宗不听。一月十日，唐玄宗从长安出发前往洛阳。路过崤谷（今河南省渑池县西南山谷）时，道路年久失修，唐玄宗打算把河南尹和知顿官免职。宋璟劝阻道："陛下正要巡幸各地，如今降罪二人，臣担心各地官员都会纷纷整修道路，百姓就要深受其苦了。"唐玄宗听了，连忙下令放了二人。宋璟又说："陛下降罪二人，因臣言又放了他们，这是臣在替陛下接受他们的感恩。请求陛下下令将二人送到朝堂等待审讯，然后陛下再予以赦免。”唐玄宗同意了。二月三日，唐玄宗来到了洛阳。

宋璟与姚崇一样，也是在位四年，在这四年里，宋璟在整顿吏治方面，主要做了以下几件事。

一是促使唐玄宗疏远功臣。唐玄宗与太常卿姜皎是老友，《定命录》上有一段记载了唐玄宗与姜皎相识的故事，称：姜皎还没富贵的时候，喜欢打猎。一次，打猎回来看见一位和尚。和尚对他说：“您能大富大贵。”姜皎问：“怎么样才能得到富贵？”和尚说：“见到真人就能富贵了。”姜皎问道：“什么时候能见到真人呢？”和尚回答：“今天。”于是，姜皎就随着和尚出城了。出城后，正巧遇上当时还是临淄王的李隆基在城外打猎，姜皎手臂上架着一只价值连城的鹞鹰，李隆基看到后，很在行地问：“这是你的鹞鹰？”姜皎说：“是。”姜皎就加入李隆基打猎的队伍中，两人算是认识了。再后来，一天有个女巫来到姜皎家，姜皎问：“你说说看，今天会来什么人？”女巫说：“天子。”姜皎笑道：“天子在皇宫里坐着，怎么能来？”不一会儿，就有人敲门，姜皎出门一看，原来是那天一块儿打猎的临淄王，从此以后，姜皎对李隆基倍加恭敬。后来，李隆基去潞州上任，亲朋故旧都来相送，唯独不见姜皎，李隆基心里很不痛快，等到他渡过渭河，来到北岸，才发现姜皎专门在路边搭设了帐幕，准备了丰盛的宴席，李隆基顿时心花怒放，从此以后，二人结下深厚的友谊。等到唐玄宗即位后，姜皎还参与了唐玄宗诛杀太平公主、窦怀贞等人的事变，因此，唐玄宗对他非常宠信，经常让他出入内廷卧室，与后妃们坐在一起陪自己喝酒，经常不直呼其名而只称姜七，前前后后赏赐给他的财物数不胜数。一次，唐玄宗和姜皎一起赏玩院中的一棵好树，姜皎赞不绝口，唐玄宗立即命人把这棵树起去，送至姜皎家中。姜皎的弟弟姜晦也因为这一层的原因而被提拔为吏部侍郎。

宋璟对唐玄宗说姜皎兄弟的权势太大，这不是保全他们的好办法，唐玄宗也表示同意。开元五年七月，唐玄宗下诏改任姜晦为宗正卿，并称：“西汉高祖的诸位开国功臣，因为手握大权而不能保全；东汉光武帝的诸位开国功臣，却因为远离权势，生活悠闲，得享荣华富贵。应该将姜皎放归田园，散官、勋官、封爵照旧。”宋璟建议唐玄宗摒弃姜皎，与姚崇建议唐玄宗摒弃刘幽求等功臣是一脉相承的。功臣、故旧往往自恃功劳，容易张扬跋扈，他们又没有多少治国理政的本领，重用他们弊大于利。

二是震慑幸臣，以免他们胡作非为。左武卫大将军、检校内外闲厩使、苑内营田使王毛仲，原本是唐玄宗的贴身侍卫，等唐玄宗即位后，对他十分看重。王毛仲不负厚望，尽职尽责，唐玄宗虽然赏赐给他很多宅院、奴仆、驼马、钱财，但他经常以苑为家，住在单位；他不避权贵，对下属十分严厉，万骑功臣、闲厩官吏们都对他十分害怕；负责管理的皇家园林菜蔬经常丰收，偷盗公家菜蔬之事从此绝迹。唐玄宗觉得他干得不错，开元七年三月，又任命他为太仆卿，命他管理马政。王毛仲每次入宫陪唐玄宗饮宴，总与姜皎、诸王等近臣连榻而坐，唐玄宗一会儿见不到他，就会怅然若失；看见他后，又能一起欢饮通宵，甚至于又喝到日落。王毛仲娶了两个妻子，一个妻子已被玄宗封为虢国夫人，新娶的又被封为夫人，每次入宫朝谒，两个夫人都同样受到赏赐，王毛仲的儿子还是小孩就已经被授予五品官了，陪伴皇太子游玩，像宦官杨思勖、高力士等人对王毛仲都是十分敬畏。然而，就是这么一个人对宋璟是非常害怕。后来，王毛仲要嫁女，唐玄宗问他有什么需要的，王毛仲叩头回答："臣万事皆备，就是没有请来一位贵客。"那时，宋璟已经罢相，唐玄宗问："像张说、源乾曜这种人你请不到吗？"王毛仲回答："他们已经请到了。"唐玄宗说道："我已经知道你请不来的那个人了，一定是宋璟。"王毛仲回答："是。"唐玄宗笑道："朕明天替你请客！"第二天，唐玄宗对宰相们（包括宰相待遇的人）说："朕的奴才王毛仲家有婚事，你们应该与诸位大官一起去他家捧捧场。"等到中午，大家都去了，可是左等右等宋璟一直不到，众人没人敢举筷子先吃，等了很久，宋璟才到。宋璟到后，先持酒杯面西拜谢，表示自己是奉皇帝之命才来的，一杯酒还没喝完，就口称肚子痛，离席而去。这还是宋璟罢相之后发生的事，由此可知宋璟在位时像王毛仲等人对他是多么畏惧了。

三是审慎用人，以实绩论英雄。开元六年，宋璟曾上奏称："括州员外司马李邕、仪州司马郑勉，都有才学，但二人性格喜欢走极端，爱辩论是非。如果全面重用他们，势必带来麻烦；如果永远弃之不用，也可惜了他们的才能，请求分别任命二人为渝州刺史和硖州刺史。"又称："大理卿元行冲素来受人称道，刚刚提拔他时，确实干得不错，令众人交口称赞，然而，经过一段时间后，发现很不称职，请求将他调回左散骑常侍原职，而令李朝隐接替他的职务。陆象先熟悉政务，虽然为政宽厚，却不会放纵罪恶，请求任命他为河南尹。"有人举荐一个叫范知璿的隐士，把他的文章送给宋璟看，宋璟看后，批示道："我看了他写的《良宰论》，很是谄媚。身为隐士，就该直抒胸臆，不该如此曲意迎合！假如你觉得你写的文章好，就该直接参加科举考试，一比高下，不可通过其他途径投送。"在宋璟的影响下，唐玄宗也对企图通过旁门左道获得晋升的人反感。河南参军郑铣、朱阳丞郭仙舟向朝廷设置的意见箱里投诗，唐玄宗看后，下诏："看了他们的诗，崇尚道家，至于处理实务，所云却不切实际，就随其所好吧。"免去二人的官职，勒令他们出家为道士。

四是杜绝私谒，规范用人。岐山令王仁琛因是唐玄宗当藩王时的下属，就写个便条通知有关部门让给他个五品官。宋璟上奏反对："对故旧的恩典，也是有规矩的，授予他们官职，并非没有公道。王仁琛过去由于旧恩，已经从优升迁过了，如今再破格提拔，就与别人不同了，况且，他又与王皇后是同族，更应该考虑到社会舆论。请求让吏部进行审查，如果没有大的过失，根据规定符合留京条件的，可以按照他的资历、劳绩稍稍从优提拔就可以了。"唐玄宗同意了。有一个名叫宋元超的候选官员，自称是宋璟的叔父，希望能得到吏部的关照。宋璟听说后，给吏部写信："宋元超是我的三堂叔，一直住在洛阳，平常很少见面。我既不敢因为他是我的长辈就隐瞒不报，也不敢以私害公。过去，他没有提到我，自然按照规定处理；如今，他既然提到了这一层关系，就应该矫枉过正，请求注销他的候补资格。"宁王李宪请给候补官薛嗣先授予一个小官，唐玄宗将此事交付中书省和门下省处理。宋璟上奏称："薛嗣先两次担任过斋郎，虽然没有什么特殊贡献，但因宁王之故，当然可以给他一个小官。景龙年间，皇帝经常写手诏直接封官，称之为斜封。自从陛下即位后，此等情况就杜绝了，不论是赏赐一人，或者是任命一官，都必须是因为此人有战功，或者有才能，也都要经过中书省和门下省的层层审核。最为公平正义，只有圣人才能做到。薛嗣先幸而与皇家沾亲带故，陛下不能因此而不顾法律，允许臣等商议，希望陛下将此事交给吏部依法处理，不用陛下再下诏了。"唐玄宗同意了。

过去，朝集使们来京汇报工作，往往携带大量金钱，趁机四处打通关节，等到来年春天，这些人很多都被升官了。地方官员进京汇报工作成了一场规模宏大的行贿运动，宋璟上书唐玄宗，对于朝集使们等来年汇报完工作，一律哪来的，回哪去，其间的官位一律冻结，这一措施实施后，朝集使行贿的事就绝迹了。

三〇六　宋璟治国（二）

除了整顿吏治之外，宋璟还做了以下几件事情。

一是移风易俗，整肃朝纲。

开元五年九月，唐玄宗下令撤销紫微省和黄门省新名，恢复中书省和门下省旧名，门下省的长官仍然称为侍中。贞观时期，朝廷各项规章制度十分完备，行事也非常规矩：一是，中书省、门下省的长官以及三品以上重臣向皇帝汇报事务时，一定要有谏官和史官在场。错谬之处，谏官会当即指出；不论好坏，史官都会予以记载。二是，百官奏事都是光明正大，在大殿上同着百官上奏，而御史们弹劾百官，也是在朝廷之上当着百官以及被弹劾对象宣读弹劾状。由于都是在公开场合进行的，所以，就算是重臣也无法蒙蔽君主，下级官员更不可能暗地里给君主进谗言，这样就保证了政治的清明。等到许敬宗和李义府专权时，正值武则天攫取权力之时，朝廷风气大坏，经常是行事诡秘，奏事官往往等到百官退下后，单独向皇帝密报，监奏御史和待制官们只能远远站立，等待他们出来，而谏官和史官都早已随百官退下，更是无法知道究竟发生了什么事。等到武曌登基后，严刑峻法，命令谏官、御史可以“风闻言事”，御史台内部上自御史大夫下到监察御史之间也可以相互弹劾，致使当时朝廷一片乌烟瘴气，相互栽赃陷害，风气大坏。宋璟对此深恶痛绝，一心想恢复贞观时期的政治生态，在他的劝说下，唐玄宗于九月十二日下诏规定：“从今往后，除非军国机密之外，其他事务一律在朝廷上公开上奏，史官依照旧例一一记载。”

开元六年（公元718年）八月，唐朝政府颁布了乡饮酒礼，令各地官员于每年的十二月举行。唐朝的乡饮酒礼，规范是：州县首长为主人，挑选本地德高望重之人为宾客，由主人向宾客们敬酒，大家行礼唱诗。

唐朝建立以来，州县官员的工资一直是这样发放的：政府拿出一部分钱借给当地有钱人家，由其给政府出利息，用这部分利息给官员们发工资。后来，由于官员人数增多，工资数量增多，水涨船高，政府要求有钱人家出的利息也成倍增加，致使很多有钱人家破产。秘书少监崔沔上书，建议统计各地官员们的应付工资额，在百姓们的正常赋税之外，稍有增加，给官员们发工资。唐玄宗同意了。广州百姓要给宋璟立碑，宋璟上奏："臣在当地没有作出什么特殊贡献，如今因臣受到陛下的重用，允许他们给臣立碑恰恰满足了他们的谄媚之心，臣要革除这一弊端，就从臣开始，请陛下下诏一律予以禁止。"唐玄宗答应了，从此以后，各州再也不敢给前任树碑颂德了。

开元七年（公元719年）四月二十四日，王皇后的父亲、开府仪同三司王仁皎去世，其子、驸马都尉王守一请求按照唐玄宗外祖父窦孝谌的先例，修筑五丈一尺高的坟头，唐玄宗同意了。宋璟、苏珽坚决反对说："根据制度，一品官员的坟头高一丈九尺，如果是安葬在皇帝陵墓旁边的，也仅仅高三丈而已。窦孝谌的坟墓已经太高大了，当时无人指出，今日岂能一错再错？过去，太宗嫁女，陪嫁多于长公主，魏征进谏，太宗欣然接受，文德皇后也非常赞赏，这不比韦庶人加高其父的坟墓、号称酆陵、加速其灭亡，要好得多吗？作为皇后的父亲，要增高其坟墓，又有什么困难的？而臣等之所以再三反对，也是想成皇后之美啊！况且，如今的所为将传之子孙，为万代所效法，能不谨慎吗？"唐玄宗听后，高兴地说："朕一直想要当一个臣下的好榜样，就算是自己的妻子，朕又岂敢徇私！这些良言都是人所难言的，而你们却能坚持原则，令朕享有美名，给后世作出表率，这正是朕愿意看到的。"赏赐二人四百匹丝绸。

五月一日，发生日食。唐玄宗身穿素色衣服，撤除进餐时的乐队，减少食物数量，命中书省和门下省的官员们复核监狱中的囚犯，打开粮仓赈济灾民，劝课农桑。三日，宋璟等人上奏说："陛下体恤百姓疾苦，这固然是万民之福，然而，臣等听说遇到日食，君主就应当砥砺自己的德行，遇到月食，君主就该检讨刑罚是否适当。平日里亲近君子，远离小人，杜绝后宫干政，摒弃谗言邪恶，这就是砥砺自己的德行。君子认为只说不做是一种耻辱，假如陛下能够真心实意地去做，就无须屡屡下诏了。"

二是注重经济，改善民生。

唐朝初年，一度沿用隋朝的五铢钱，为了整顿币制，唐高祖武德四年（公元

621年）七月，刚刚建立的唐朝政府废除了隋朝货币，沿用汉朝五铢钱的规范，铸造开元通宝钱。最初的开元通宝形制沿用秦制方孔圆钱，由书法家欧阳询书写，规定每一文钱称为一钱，每十文钱为一两，此后，民间不法之徒开始盗铸，致使恶钱（假币）充斥。到唐高宗显庆五年（公元660年）九月，唐高宗下诏命各地政府以一比五的比例收购假币，各地百姓因官府的收购比例太低，就把假币私藏起来，等待禁令松弛以后再重新投入使用，政府收购假币的努力效果不佳，唐高宗又下令以一比二的比例收购，但仍然没有明显的成效。到乾封元年（公元666年）五月，唐高宗东封泰山之后，他又下令重新铸造新钱，称“乾封泉宝”，直径一寸，重二铢六分，与旧钱并行，新钱一文当旧钱十文，但是，由于改铸新钱，导致了市场波动，物价暴增，不得已，唐高宗又于次年一月就下诏停止了新钱的流通，新钱仅用半年之久，此后，盗铸现象更为严重。仪凤四年（调露元年，公元679年）四月，唐高宗下令用东都粮仓中的陈米换取民间的假币，并允许民间假币中样式、轻重符合规定的进行流通。武曌长安年间，武曌下令各地将真币式样悬挂于街市之上，让百姓在交易时予以分辨，但由于分辨起来非常麻烦，致使交易出现停滞状态。既然无法杜绝私铸，武曌又改弦易辙，下令对于只要不是“铁锡、铜荡、穿穴”的假币，都允许使用。朝廷开了这个口子，等于是在鼓励盗铸，自此以后，民间盗铸现象更为严重，深山老林之中，人迹罕至之处，往往有私铸基地，到神龙、先天年间，连东都、西京市面上流通的钱也是假币泛滥，甚至有人买来锡，稍稍熔化，放入钱模，一会儿就造出成百上千的假钱来。

在这种情况下，开元六年（公元718年）一月二十六日，唐玄宗下令严禁使用假币，只有重量超过两铢四分以上的才可以使用；强行收取民间的假币，重新回炉，铸成新钱，弄得京城一片哗然，买卖停滞。宋璟、苏珽建议拿出太府寺内两万串钱放在南北市场里，用平价购买百姓卖不出去但又是朝廷需要之物，再允许两京的官员预支工资，好让新钱尽快流入市场，唐玄宗同意了。次年二月，唐朝政府又下令中央的太府寺以及各地州县拿出十万石粮食收购民间的假币，送往少府销毁。

三是妥善应对，稳定边防。宋璟为相期间，唐朝周边局势较为平稳。

首先是东北方向。对于重新归附唐朝的契丹和奚人，唐朝政府采取了恩威并用的策略，一方面恢复了营州建制；另一方面大力拉拢契丹、奚人上层统治者。

开元五年四月，唐玄宗加封奚王李大酺妃辛氏为固安公主；十一月三十日，契丹王李失活入朝，十二月十七日，唐玄宗以堂叔东平王李续的外孙女杨氏为永乐公主，嫁给了李失活。开元六年五月，李失活去世，以其弟弟李娑固为契丹王。开元七年，渤海王大祚荣去世，三月，以其子武艺为渤海王。十一月，新任契丹王李娑固与公主一起入朝拜谒唐玄宗。

其次是北方。开元五年，并州长史张嘉贞上书建议："突厥九姓新近归降的，大多散居在太原以北，请求陛下派遣大军前去镇抚。"七月二十四日，唐玄宗下令在并州设置天兵军，驻扎八万大军，以张嘉贞为天兵军大使。开元六年一月六日，东突厥毗伽可汗派人前来求和，唐玄宗答应了，双方又进入和平时期。二月二十三日，唐玄宗下令将蔚州横野军驻地（今山西省灵丘县）迁往山北（今河北省蔚县），驻扎三万人马，作为九姓突厥降众的后援。又命令拔野古都督颉质略、同罗都督毗伽末啜、霫都督比言、回纥都督夷健颉利发、仆固都督曳勒歌等各自选出骑兵，组成前后左右军，由他们担任讨击大使，受天兵军大使的指挥。战时，随唐军出征，平时，各归本部生活，唐朝政府时常派人前去安抚。

再次是西北。突骑施新任酋长苏禄部众逐渐增多，与唐朝加封的西突厥十姓可汗阿史那献发生了矛盾，开元五年五月，阿史那献上书唐玄宗，请求调发葛逻禄部落军队进攻突骑施，但唐玄宗对西域采取的是平衡政策，因此没有同意，但不久，安西副大都护汤嘉惠又上书称，突骑施联络大食、吐蕃，阴谋夺取安西四镇，包围拨换城（今新疆维吾尔自治区阿克苏市）和大石城（今新疆维吾尔自治区乌什县）。汤嘉惠又说，他已经调集三姓葛逻禄以及阿史那献的军队前去迎击。双方战况如何，史无明文，到了开元六年五月，唐玄宗又加封突骑施都督苏禄为左羽林大将军、顺国公，兼任金方道经略大使。次年二月，俱密王（中亚杜尚别以东）那罗延、康王（中亚撒马尔罕）乌勒伽、安王（中亚布哈拉）笃萨波提上书唐玄宗，称他们受到大食的入侵，请求唐朝出兵救援，唐玄宗没有答应。十月二十八日，唐朝政府又加封突骑施可汗苏禄为忠顺可汗。

最后是西南。主要是吐蕃和西南山蛮。武街之战，唐军打下了吐蕃的嚣张气焰，但吐蕃仍然每年都会骚扰唐朝边境，到开元五年七月，陇右节度使郭知运又在九曲大破吐蕃军队，次年，吐蕃人请求和好，但言语傲慢，用敌国之礼，唐玄宗下令将已行至临洮的吐蕃使者又赶出了国，金城公主又上书表达了吐蕃愿意和好的诚意，并称吐蕃君臣希望天子与他们一起盟誓，唐玄宗这才答应让吐蕃使者入境。十一月，吐蕃使者来到长安，上书称："中宗皇帝曾经盟誓，当时唐朝宰相豆卢钦望、魏元忠、李峤、纪处讷等二十二人与吐蕃君臣一起盟誓，等中宗皇帝驾崩后，太上皇继位，双方和好如初，然而，参加盟誓的唐朝宰相都去世了，如今的宰相没有参与当时的盟誓，因此需要再盟誓。前不久，我派遣论乞力等人七次前来求和，天子均未同意，张玄表、李知古率军侵犯我国，所以，我才违背了誓言与舅舅之国交战。如今，舅舅既然答应外甥我洗刷前恶，两国和平，外甥我内心坚定，可是如果双方不重新盟誓，就难以取信于人。外甥我总揽国政以来，打算让百姓安居乐业，舅舅既然同意和好，可内心不定，又有什么益处呢？"又称："舅舅斥责我们在边境上调集了军队，实际情况是新旧军队换防，过去，白水之地都是无人区，郭将军在那里屯兵筑城，外甥我也只好在那里筑城应对。假如两国和好，便于迎送使者，如果双方交恶，就以此防守边境。舅舅又怀疑外甥与突厥骨咄禄交好，过去我们确实有来往，从今往后与舅舅和好，就不与他交往了。趁此机会，外甥献上宝瓶、金杯。"唐玄宗没有答应，回复吐蕃使者说："过去我们已经有了誓约，假如言不由衷，就算反复盟誓又有什么用处！"从此，唐朝与吐蕃之间在很长一段时间内恢复了和平。同年，唐玄宗设置了剑南节度使，管辖益州、彭州等二十五个州，镇抚西南地区。

三〇七　源张上台

到开元八年（公元720年），宋璟和苏珽同时下台。

如果说姚崇下台多少还是由于其自身原因，那么，宋璟的下台则是唐玄宗拿他来平息众怒。宋璟对那些明明有罪却又不停上访的人是深恶痛绝，下令将他们全部交给御史台惩处，并对御史中丞李谨度说："对于那些表示服判息诉的，予以释放；对于那些坚持申诉的，一律羁押。"这一措施引起了很多人的怨恨。正巧，接连大旱，民间传说看到旱魃出现，优伶上演旱魃之戏。剧中人问旱魃："你为何要出现？"旱魃回答："受宰相之命。"又问："这是什么道理？"回答："狱中有三百多人含冤难伸，宰相下令把他们统统关押了起来，我旱魃不得不出来了。"唐玄宗觉得有道理。还有一件事也是导致宋璟下台的原因。宋璟和苏珽建议朝廷要严厉查禁假币，由于长江淮河之间私铸假币现象非常严重，宋璟就命令监察御史萧隐之前往江淮地区专门负责查禁假币。假币之事由来已久，唐朝立国一百年来是屡禁不止，一旦流入社会，就涉及千家万户的切身利益，弄不好就会造成民怨沸腾，因此，长期以来，朝廷也没有什么好办法，萧隐之到任以后，办事雷厉风行，措施严厉，结果好心办成了坏事，弄得是怨声载道，唐玄宗下令免去了萧隐之的官职。

由于这两条惹了众怒，开元八年（公元720年）一月二十八日，唐玄宗下令免去了宋璟侍中之职，改任为开府仪同三司；贬苏珽为礼部尚书。任命京兆尹源乾曜为黄门侍郎，并州长史张嘉贞为中书侍郎，二人均为同平章事。到五月十五日，唐玄宗晋升黄门侍郎源乾曜为侍中，中书侍郎张嘉贞为中书令，开元政治进入到第三个时期，即源张时代，而随着宋苏下台，查禁假币运动也无疾而终，假币继续泛滥起来了。

源乾曜可谓是政坛上的不老松，他从开元八年担任侍中一直干到开元十七年，整整干了十年，而源张时代却仅仅持续了四年，到开元十一年，张嘉贞就被贬为豳州刺史，张说取而代之，担任了中书令；第二个源张（张说）时代也持续了四年，到开元十四年，张说受到弹劾，被罢免了中书令，唐玄宗再任户部侍郎李元纮为中书侍郎、同平章事，于是，历史又步入一个源李时代。

此次是源乾曜的再度拜相。上一次拜相还是在四年前的开元四年卢怀慎去世后不久，唐玄宗让他接替了卢怀慎的位置，与姚崇搭班子，仅仅一个月左右，唐玄宗就改变了主意，将他和姚崇一起免职，而重新组建了宋苏组合，如今，宋苏下台，唐玄宗又起用了他。史称："乾曜在政事十年，时张嘉贞、张说相次为中书令，乾曜不敢与之争权，每事皆推让之。及李元纮、杜暹知政事，乾曜遂无所参议，但唯诺署名而已。初，乾曜因姜皎所荐，遂擢用；及皎得罪，为张嘉贞所挤，乾曜竟不救之，议者以此讥焉。"总之，源乾曜是个与世无争又与世沉浮的老好人，自然亦无什么政绩可言了。

张嘉贞，是蒲州猗氏（今山西省临猗县）人。武曌长安年间，侍御史张循宪为河东采访使，举荐张嘉贞是御史的合格人选，情愿把自己的官让给张嘉贞。武曌亲自接见了张嘉贞，垂下帘子与其交谈，张嘉贞状貌俊伟，神采爽朗，武曌看后暗中称奇。张嘉贞趁机说："臣以平民身份得到陛下的亲自召见，可以说是千载难遇之事，然而，臣与陛下咫尺之间，却仿佛如隔云雾，不能见到陛下的真颜，恐怕君臣之道有所未尽。"武曌马上命人卷起帘子，与张嘉贞面对面交谈，一言之下，武曌大喜，将他破格提拔为监察御史，后又逐渐晋升为中书舍人、秦州都督、并州长史。张嘉贞为政严肃，下属官民对他都非常害怕。唐玄宗设立天兵军，就以张嘉贞为天兵军大使。开元六年春，张嘉贞入朝汇报工作，有人告发他在军中奢侈浪费，还贪污军需物资，经过唐玄宗派人审查，纯属诬告。唐玄宗打算严惩诬告者，可张嘉贞却说："如今如果加罪于他，恐怕会堵塞言路，那么，天下之事就不会传入陛下耳中了，希望陛下特意赦免了他。"通过这件事，唐玄宗觉得张嘉贞这个人忠诚无私，堪当大任，而张嘉贞也毫不含糊，他上书唐玄宗，直接要官，说："臣听说机会难得易失，时机过去后，即便是圣贤也无能为力了。昔日马周以平民得遇太宗，受到太宗的重用，可马周五十岁就死了，假如太宗稍晚重用，就来不及了。如今，幸而臣还在壮年，陛下不认为臣无能，那么就该及时重用我。等到将来臣衰老了，臣又能替陛下干什么呢！"唐玄宗承诺："你暂时返回并州，朕马上就会召回你了。"张嘉贞的儿子张延赏，为唐德宗时期宰相；孙子张弘靖为唐宪宗时宰相，故《国史补》称，张嘉贞祖孙三代为宰相，唐初建立以来"唯此一家"。张弘靖的孙子张彦远，是唐朝末年著名的画家、书画评论家，他撰写的《历代名画记》是中国历史上第一部系统介绍、评价中国绘画的通史，被誉为绘画中的史记，保持了大量难得一见的古代绘画珍品，在中国绘画史上具有很高的地位。

张嘉贞处理政务果断、敏捷，在唐玄宗面前又能言善辩，然而，又性格急躁，刚愎自用，引起了一些人的不满。当时，中书舍人苗延嗣、吕太一、考功员外郎员嘉静、殿中侍御史崔训都是张嘉贞举荐的，他们五人形成了一个小集团，经常在一起商议朝政，时人称之为："令公四俊，苗、吕、崔、员。"四人生平均不详，只有《大唐新语》记载吕太一的一则故事，说的是：吕太一被拜为监察御史里行后，自负才华，对自己没有被正式任命为监察御史不满，借吟咏院内竹子表达不满情绪，诗称："濯濯当轩竹，青青重岁寒。心贞徒见赏，箨小未成竿。"同僚和诗道："闻君庭竹咏，幽意岁寒多。叹息为冠小，良工将奈何？"后吕太一被调任户部员外郎。户部与吏部一墙之隔，吏部担心办事员们相互联络，就在墙上插了很多荆棘。吕太一又发牢骚说："看你们吏部，是选拔官员的部门，自当'简要清通'，何必'竖篱插棘'！"

从开元八年到十一年，唐朝朝廷重臣分别为：

开元八年：司徒李抃，司空李守礼，侍中源乾曜，中书令张嘉贞。

开元九年：司徒李抃，司空李守礼，侍中源乾曜，中书令张嘉贞，兵部尚书、同中书门下三品张说。

开元十年：司徒李抃，司空李守礼，侍中源乾曜，中书令张嘉贞，兵部尚书、同中书门下三品张说。

开元十一年：司徒李抃，司空李守礼，侍中源乾曜，中书令张说，兵部尚书、同中书门下三品王晙。

源乾曜再度拜相之后，就上书唐玄宗，称："朝廷权贵之家子弟大多充任京官，致使社会贤才被排斥在朝廷之外。臣的三个儿子都是京官，请求陛下将其中两个调往地方任职。"唐玄宗同意了，并下诏表扬了源乾曜的公忠，命令文武百官都以他为榜样，鼓励自家子弟到地方上任职，于是，有一百多名担任京官的权贵子弟被派到地方。唐玄宗和源乾曜二人上演的这场双簧，是唐玄宗一贯重视京官和地方官交流的体现。开元九年（公元721年）四月，唐玄宗下诏："五品以上的京官和外地刺史以及京兆尹、河南府、河中府、太原府的高级佐吏，各自举荐一名县令候选人，以后以被举荐之人的政绩由中央政府对举荐者进行奖惩。"到开元十三年（公元725年），唐玄宗更是精心挑选几位有声望的中级京官诸如大理卿源光裕（源乾曜堂孙）、尚书左丞杨承令、兵部侍郎寇泚等十一人担任刺史，在洛河岸边举办盛大的送行仪式，命宰相、诸王以及各部门长官、郎官、御史全部参加；在仪式上，唐玄宗亲自作诗勉励大家，又赏赐给这些官员御膳，席间，太常奏乐，歌姬歌舞助兴。

西汉宣帝就曾经说过："与我共治天下者，其惟良二千石乎？"因此，唐玄宗重视地方官的选用，从一定程度上说明了他重视民生，也抓住了治国的关键。

三〇八　降户之乱

源张组合刚一上台，就发生了一场不大不小的动荡。

开元六年东突厥和唐朝恢复和好后，双方之间是貌合神离，为了彻底瓦解东突厥，担任朔方大使的王晙向唐玄宗提出了一个东西并进掩袭毗伽可汗的计划。具体内容是：西调拔悉蜜部落[1]，东调契丹、奚人，约定于开元八年秋天，东西合击，在毗伽可汗王庭稽落水（确址不详，当在今蒙古国内）上会师。

毗伽可汗听说后十分担心，暾欲谷说："不用害怕。拔悉蜜在北庭，与奚人和契丹人相距甚远，相互之间无法支援，加上朔方的唐军也不可能打到这里。如果唐军真的来到我们这里，等他们快到时，我们向北方撤退三日，唐军军粮一定就吃尽了。况且，拔悉蜜人性情轻佻，又十分贪婪，他们接到王晙的邀请后，一定会欣然接受，最先到来，而王晙与张嘉贞素来不和，所奏朝廷往往不从，王晙在没有准备充足的情况下肯定不敢轻易出兵。唐军不来，只有拔悉蜜人到了，我们可以轻易将其击败。"

果然不出暾欲谷所料，只有拔悉蜜人按期抵达突厥王庭。见朔方唐军以及奚人、契丹人都没有如约到达，拔悉蜜人非常害怕，匆忙南撤。毗伽可汗打算趁势追杀，暾欲谷劝阻道："这帮家伙长途跋涉而来，离家数千里，肯定会殊死拼杀，杀出一条血路，不如派军不远不近地尾随着他们。"当拔悉蜜人撤至距离北庭都护府以北二百里处时，暾欲谷分兵从小路包围了北庭都护府（今新疆维吾尔自治区吉木萨尔县），切断了拔悉蜜人的归路，然后，纵兵向拔悉蜜人发起猛

① 原游牧于杭爱山中部与南西伯利亚的唐努山一带，贞观二十三年降唐，南迁至北庭都护府北部一带。

攻，拔悉蜜人大败，向北庭都护府溃逃，却无法入城，全部成了突厥人的俘虏。

大胜拔悉蜜人后，暾欲谷率军从东路返回，从赤亭（今新疆维吾尔自治区鄯善县）一路东进，劫掠凉州的牛羊。凉州都督杨敬述派遣偏将卢公利、判官元澄率领唐军截击。暾欲谷对部下说："我乘胜而来，势不可当，杨敬述出兵，必败无疑。"唐军进至删丹（今甘肃省山丹县），与突厥军队遭遇，唐军几乎全军覆没，卢公利和元澄只身逃脱。

此战之后，毗伽可汗声威大振，地位逐渐稳固起来了。

王晙和契丹、奚人没有按期出兵，均有各自的原因。

就在王晙积极准备出兵时，有人向他密报，散居在河套以北的中受降城（今内蒙古自治区包头市）附近的仆固部落和跌跌部落，暗中与东突厥毗伽可汗联络，企图里应外合，攻陷中受降城，打乱唐军北伐的计划。得到密报后，王晙不敢怠慢，迅速向唐玄宗报告，并请唐玄宗许可自己杀死仆固都督勺磨等人。征得唐玄宗同意后，王晙在受降城宴请勺磨等八百人，席间埋下伏兵，将他们全部杀害。《旧唐书·张说传》称，王晙诛杀阿布思等千余人。《旧唐书·王晙传》也说："八年秋，晙诱跌跌等党羽八百余人于中受降城诛之，由是乃授晙兵部尚书，复充朔方军大总管。"而《资治通鉴》却说唐军将住在河曲一带的这两个部落的降户几乎全部杀死了，不知出自何处。按道理讲，王晙杀死了两个部落的大小酋长是可以理解的，至于将无辜部众全部杀死既没有必要，也很难做到，更不明智。

诱杀河曲降户，不仅迟滞了唐军，而且也引起了其他突厥降户的不安，居住在大同军（今山西省朔州市）、横野军（今河北省蔚县）的拔野古、同罗各部都是人心惶惶，谣言四起。并州长史、天兵军节度使张说率领二十名骑兵，持节亲自赶往两个部落进行慰问，并留宿在两个部落内。副使张宪以突厥降户其心难测，写信劝张说速速返回。张说却回信说："我的肉既不是黄羊肉，血也不是野马血，既不怕吃，也不怕刺。大丈夫临危受命，如今正是我效命之时！"在张说推心置腹的安抚下，拔野古等九姓降户这才安定下来。

而契丹和奚人方面也出现了变故。契丹牙官可突干骁勇善战，很得民心，新任契丹王李娑固对他十分猜忌，密谋伺机将其除掉。不料，此事却被可突干知道了，他先发制人，突然发兵发动政变，李娑固狼狈逃奔营州。营州都督许钦澹派遣安东都护薛泰率领五百精兵与奚王李大酺，带上李娑固前去讨伐可突干，结果反被可突干击败，李娑固和李大酺均为可突干所杀，薛泰也被生擒，营州一片震恐。许钦澹丢掉营州，率军南撤，回到渝关（今山海关）。可突干拥立李娑固的堂弟李郁干为契丹王，并派人向唐朝谢罪，唐玄宗赦免了可突干的罪过，以李郁干为松漠（今内蒙古自治区巴林右旗南）都督，以李大酺的弟弟李鲁苏为饶乐（今内蒙古自治区宁城县）都督。到开元十年闰五月，唐玄宗又以余姚县主的女儿慕容氏为燕郡公主，嫁给了李郁干。据《余姚县主墓志铭》记载：余姚县主李氏是唐高宗八哥、越王李贞的第五女，嫁给正议大夫、太子家令慕容嘉宾为妻。

开元八年唐玄宗偷鸡不成蚀把米，到开元九年（公元721年）二月九日，毗伽可汗又派人来到唐朝求和。唐玄宗回信，称："过去，我们双方和亲，两国百姓安逸，休养生息，我们购买你们的羊马，突厥也买来我们的丝绸，双方都很丰足。数十年来，情况却发生了变化，这完全是因为阿史那默啜言而无信的结果，他嘴上说和好，内心却背叛朝廷，屡屡出兵南下骚扰边境，弄得人神共怒，最终自己也身首异处，这都是可汗你亲眼所见的。如今，你竟然重蹈覆辙，掩袭我甘州凉州，继而再派人求和。我朝恩德大如上天和大海，只看你将来的表现，可以既往不咎。可汗如果真的改悔，我们可以共享安宁；不然的话，就不用让使者往还，白白浪费口舌。如果你要侵扰我们的边境，我们早已严阵以待，还望你三思！"

就在双方使者往还之时，兰池州（今宁夏回族自治区灵武市）的胡人康待宾引诱各族降户发动了叛乱。

开元九年四月，叛军攻克了六胡州（唐朝设置在河套一带安置降胡的州），拥有七万部众，逼近夏州（今陕西省靖边县）。唐玄宗命令朔方大总管王晙、陇右节度使郭知运率领唐军合击叛军；继而，又以太仆卿王毛仲为朔方道防御讨击大使，协同王晙、张说一起讨伐叛军。康待宾暗中与党项人（居住于陕西省北部一带）联络，却趁机攻克了银城、连谷（在今陕西省神木市一带），夺取了党项人的粮仓。张说率领一万步骑从合河关（今山西省兴县）杀出，大破叛军。唐军追至骆驼堰（今陕西省神木市西北），党项人掉转矛头，反击叛军，叛军顿时崩溃，向西逃往铁建山。张说安抚党项人，命其重操旧业。讨击使阿史那献称党项人反复无常，建议趁势将他们一并诛杀，张说不同意，他说道："王者之师，理当讨伐叛乱，安抚归顺之人，岂能再诛杀已经归降的呢？"遂上书唐玄宗设立麟州（今陕西省神木市），安置党项部落。

七月四日，王晙大破叛军，生擒康待宾，诛杀参加叛乱的胡人一万五千人。十六日，唐玄宗下令将四夷酋长都召集起来观看，将康待宾拉到长安西市上处以腰斩之刑。

康待宾谋反后，唐玄宗命令陇右节度使郭知运也加入平叛行动，但王晙上书称他的朔方军就足以应付得了，不需陇右的军队，还没等唐玄宗回复，郭知运的军队就赶到了战场，二将出于争功就产生了矛盾。在与叛军的斗争中，王晙已经招降的叛军，郭知运却不予理睬，照样纵兵进攻，叛军认为是王晙出卖了自己，又纷纷叛乱。唐玄宗认为王晙没有及时讨平叛军，九月二日，下令将王晙贬为梓州刺史。十九日，晋升张说为兵部尚书、同中书门下三品，而郭知运却在十月就去世了。郭知运去世后，他的同乡、太子右卫率王君㚟继任河西、陇右节度使。郭知运和王君㚟均以骁勇威震西疆，为敌人所忌惮，时称王、郭。《谭宾录》称，王君㚟上任时，唐玄宗在广达楼设宴款待王君㚟夫妇，王君㚟的妻子夏氏也是武艺高强，每次王君㚟打仗，夏氏也屡立战功。

本年度，唐朝政府设置朔方节度使，管辖单于都护府（今内蒙古自治区和林格尔县），夏州（今陕西省靖边县）、盐州（今陕西省定边县）等六个州，定远军（今宁夏回族自治区平罗县）和丰安军（今宁夏回族自治区中卫市）两个军以及三个受降城，以新任兵部尚书张说兼任朔方军节度使。

到次年，康待宾余党康愿子自称可汗，再度发动叛乱，张说出兵很快就平定了叛乱，事后，唐玄宗终于采纳了六年前王晙提出的建议，将河曲六州剩余的五万突厥降户全部迁往许州（今河南省许昌市）、汝州（今河南省汝州市）、唐州（今河南省唐河县）、邓州（今河南省邓州市）、仙州（今河南省叶县）、豫州（今河南省汝南县）等内地州县，将河南（黄河河套）、朔方一千多里的土地闲置起来。

三〇九　兵农改制

到开元中期，由于连年战争，加之唐玄宗力图重振大唐雄威，开疆拓土，就带来了两个重要的变化：一是军费开支急剧上升，亟须开源节流；二是原有的府兵制已不能适应新形势的需要。

要增加朝廷的收入，就必须先清查户口。监察御史宇文融上书认为：“全国户口有的逃亡，有的迁移，错误很多，希望进行清查。”宇文融是北周宗室、隋朝大臣宇文弼的玄孙，宇文融的祖父宇文节，太宗时担任尚书右丞，高宗时为黄门侍郎、同中书门下三品，代替于志宁担任侍中，成为宰相，后因房遗爱事件被流放到桂州而死；宇文融的父亲宇文峤为莱州长史。宇文融在开元初年担任富平主簿，因办事能力强受到京兆尹源乾曜的赏识，受源乾曜的推荐，而被晋升为监察御史。

宰相源乾曜支持宇文融的动议，开元九年二月八日，唐玄宗下令组织有关部门研究安置流民、清查户口以及惩治虚报户口的办法。十日，唐玄宗下诏称：“各州县的逃亡户口，允许在百日之内向官府自首，根据各自的意愿，要么在当地重新加入户籍，要么遣返回老家。超过期限不出来自首的，一经查出，就发配到边远的州县；不论是公家或是私人，有胆敢容留、包庇这些流民的，依法论罪。”

唐玄宗还命宇文融具体负责此事，不仅清查逃亡人户，而且还清查没有登记、偷税漏税的土地，查获了很多弄虚作假的案件，唐玄宗晋升宇文融为朝散大夫，又升为兵部员外郎，兼侍御史。宇文融又上奏设置十名劝农判官，均兼任御史，分别派往全国十个道，清查各地户口、土地，对于清查出来、新入籍的人户，免除他们六年的赋税。

使者们为了干出成绩，看谁清查出来的流民多，竞相刻薄，弄得民间沸反盈天，怨声载道。阳翟县尉皇甫憬上书认为：“出使之辈，未识大体，所由殊不知陛下爱人至深，务以勾剥为计。州县惧罪，据牒即征。逃亡之家，邻保代出；邻保不济，又便更输。急之则都不谋生，缓之则虑法交及。臣恐逃逸从此更深。”他还提出，朝廷财政困难的原因在于冗官太多，朝廷开支太大，他说：“今之具僚，向逾万数，蚕食府库，侵害黎人。国绝数载之储，家无经月之畜，虽其厚税亦不可供。户口逃亡，莫不由此……虽东海、南山尽为粟帛，亦恐不足，岂括田税客能周给也！”左拾遗杨相如也上书认为，这样大规模地清查户口流弊很多，但侍中源乾曜和中书舍人陆坚都赞成此事，唐玄宗遂下令将皇甫憬贬为盈川尉。

这场轰轰烈烈的土地清查运动持续了数年之久。

开元十年（公元722年）一月二十一日，唐玄宗下令有关部门征收国有房屋、园林的房租、捐税，用这些钱给百官发工资；二十三日，唐玄宗又下令向官员们征收职分田的田赋，每亩平均两斗。唐朝百官都有职分田，一品官十二顷（一顷一百亩），二品官十顷，三品九顷，四品七顷，五品六顷，六品四顷，七品三顷半，八品两顷半，九品两顷。

开元十一年（公元723年）八月十日，唐玄宗又下令对清查工作予以修正，他在诏书中称：“前段清查逃亡人户，勒令他们返乡，我担心会造成民间骚动，如今天下大同，应当顺从百姓各自的愿望，当地州县就地予以安抚，令他们安居乐业。”

开元十二年（公元724年）六月五日，唐玄宗再次下令，允许逃亡人户自首，其所开垦的荒田由政府根据实际情况收税，又命宇文融为劝农使者，前往全国各地，负责该项工作。史称：“融之所至，必招集老幼宣上恩命，百姓感其心，至有流泪称父母者。”可是，派往各地的使者以及各地地方官员，为了各自的政绩，以清查出户口的多少论英雄，甚至于弄虚作假，虚报清查出的户口数量，还有人将原有人户当作新被清查出来的流亡户上报朝廷，全国一共清查出八十多万户和数量相当的土地，年终，给唐玄宗增加收入数百万串钱，令唐玄宗十分高兴，宇文融也因此被提拔为御史中丞。

然而，这场大规模的清查运动也造成了一定的混乱，不时有不同的声音传入唐玄宗的耳中，于是，唐玄宗就指示百官到尚书省讨论。公卿以下的朝廷百官均没有异议，只有户部侍郎杨玚说：“对于清查出来的流亡户予以免税，这对原有人户是不公平的；加征户籍以外土地的赋税，会加重百姓们的负担，得不偿失。”不久，杨玚就被调出朝廷，贬为地方官员。

开元十三年（公元725年）二月六日，唐玄宗提拔御史中丞宇文融兼任户部侍郎，并下诏称：“宇文融……发自夏首，及于岁终，巡按所及，归首百万……客户所税钱，宜均充所在常平仓用，仍许预付价值，任粟麦兼贮。并旧常平钱粟，并委本道判官勾当处置，使敛散及时，务以矜恤……宜委使司与州县商量，劝作农社，贫富相恤，耕耘以时。仍每至雨泽之后，种获忙月，州县常务，一切停减……今逃亡初复，居业未康，循逃户及籍外剩田，犹宜劳徕，理资存抚。其十道分判官，三五年内，使就厥功，令有终始……不须广差余使，示专其事，不扰于人……其已奏复业归首，勾当州县，每季一申，不须挟名，致有劳扰。其归首户，各令新首处与本贯计会年户色役，勿欺隐及其两处征科。”主要内容是：新增户口所得税赋收入存入各地常平仓，取之于民，用之于民；鼓励各地成立劝农社，令贫富人户相互扶助；避免双重征税。

到开元十四年（公元726年）五月二十六日，户部上奏唐玄宗，全国户口有7069565户，人口为41419712人，与二十年前武则天刚去世时的中宗神龙元年（公元705年）的615万户、3714万人相比，各增加了91万户、427万人。

开元中期，已持续运作一百余年、由宇文泰创立的府兵制也逐渐出现了不适应社会发展的情况。

《新唐书·兵》称：“盖唐有天下二百余年，而兵之大势三变：其始盛时有府兵，府兵后废而为彍骑，彍骑又废，而方镇之兵盛矣。及其末也，强臣悍将兵布天下，而天子亦自置兵于京师，曰禁军。其后天子弱，方镇强，而唐遂以亡灭者，措置之势使然也。”盛行于西魏、北周，历经隋朝和唐朝前期都运行良好的府兵制，大致采取了兵民合一的原则，承担了宿卫京师、镇抚地方、出征敌国等三大功能，所谓“居无事时耕于野，其番上者，宿卫京师而已。若四方有事，则命将以出，事解辄罢，兵散于府，将归于朝”。这一制度在西魏、北周与东魏、北齐的征战中一直运作顺利，然而，府兵制也有自身的局限，那就是不适应较长时期的战争和远距离的镇戍，因此，即便是在太宗、高宗远征高句丽时，也都采取了临时招募的办法，以补充兵员。高宗以后，由于对外战争频繁、防御战线过长，府兵无法正常轮休，负担沉重，服役时间过长，导致纷纷逃亡，再加之科举制度的发展，原本身份特殊的府兵，地位变得日益低贱，史称：“故时府人目番上宿卫者曰侍官，言侍卫天子；至是，卫佐悉以假人为童奴，京师人耻之，至相骂辱必曰侍官。”过去地位尊崇的兵府首长果毅、折冲，“又历年不迁，士大夫耻为之”。

唐玄宗即位后，就已经出现了军府兵员枯竭、无法向京师送来卫士的现象，在先天二年（公元713年），唐玄宗就曾下诏，称：“往者分建府卫，计户充兵，裁足周事，二十一入募，六十一出军，多惮劳以规避匿。今宜取年二十五以上，五十而免。屡征镇者，十年免之。”试图用缩短卫士服役年限的办法，以减轻府兵的负担、增加一点吸引力，但由于各地军府原本都很难补足兵员，在实际操作中，更难以落实这一措施。到开元六年（公元718年），唐玄宗又下诏将折冲府每三年挑选一次延长到每六年挑选一次，其目的大约有二：一是延长现有府兵服役年限，尽可能留住难得的兵员；二是延缓挑选时间，避免出现大范围的逃亡现象，维护社会稳定。但这都未能解决根本问题，自此，“府兵之法浸坏，番役更代多不以时，卫士稍稍亡匿，至是益耗散，宿卫不能给”。

当时，唐朝边境驻守的军队人数高达六十余万，张说当上兵部尚书兼宰相后，建议裁减二十余万，令他们返乡务农。唐玄宗深感疑虑，张说说：“臣长期镇守边疆，深知其中的内情，那么多士兵不过是替边防将帅们当卫兵以及给他们充当私人奴仆罢了。说到要打胜仗，根本不需要那么多的士兵，耽误农业生产。假如陛下还有什么疑虑的话，臣以臣全家人的性命给陛下保证不会出事。”唐玄宗听从了。在裁减边防军的同时，针对府兵已无法满足宿卫的情况，张说还建议：以优厚的待遇，不论出身，用招募的办法重组禁卫军，使之成为专业军人。命令下达后，十余日之内，唐朝朝廷就招募来十三万精兵，分配到京师各卫，轮流担任宿卫任务，从此，禁卫军已不再是亦农亦兵的府兵担任，而是募集来的专业军队。到开元十一年十一月二十六日，唐玄宗又命令尚书左丞萧嵩会同京兆尹、蒲州、同州、岐州、华州刺史挑选府兵和百姓，再加上潞州长从兵，一共有十二万人，号称“长从宿卫”，每年轮番服役两次，地方州县不得再摊派徭役。开元十三年二月二十一日，又改长从宿卫为彍骑，分属十二卫，人数十二万，分为六轮。

三一〇　名相之死

除了开元八年东突厥南侵、开元九年宇文融清查户口、康待宾叛乱、开元十年张说建议废除府兵制等大事外，在张嘉贞担任中书令的这三年多时间里，还发生了一些值得一提的事情。

开元八年（公元720年）四月二十四日，唐玄宗派出使者分别册封乌长王（印度半岛西北部）、骨咄王（今乌兹别克斯坦捷尔梅兹城东北）、俱位王（巴基斯坦境内）。三王均与大食相邻，大食引诱他们背叛唐朝，但三国不从。五月九日，唐朝又恢复了十道按察使。十道按察使曾于开元四年闰十二月姚崇罢相后撤销。十月九日，唐玄宗下令将妹夫、光禄少卿、驸马都尉裴虚己流放到新州（今广东省新兴县），并命十一妹霍国公主与其离婚。唐玄宗虽然在表面上与兄弟们保持一团和气，但实际上对他们非常猜忌，严禁群臣与诸王交往，而裴虚己却忘记了忌讳，曾到岐王李范家中饮宴，偶尔两人还谈论一些更为犯忌的谶语预言，事发后，唐玄宗大怒，才有了上述处罚。万年县尉刘庭琦和太祝张谔也因多次与李范一起饮酒而遭到贬谪。还有一次，唐玄宗身体不适，薛王李业的内弟、内直郎韦宾和殿中监皇甫恂私下议论假如唐玄宗一病不起的话，将来可能出现的情况，被人告发后，唐玄宗下令将韦宾乱棍打死，将皇甫恂贬为锦州刺史。虽然唐玄宗对这些涉案臣子都予以严厉的惩处，但不论是对岐王李范还是对薛王李业都是依然如故。他曾对身边的人们说："我们兄弟之间本来没有什么，全是那些趋炎附势之徒无中生有罢了，我不会因此责怪兄弟们的。"韦宾事发后，李业夫妇非常惶恐，请求唐玄宗处罚，唐玄宗拉着李业的手，发誓说："我如果有猜忌兄弟之心，上天降祸给我！"到开元十年（公元722年）九月七日，唐玄宗更是下令重申："宗室、外戚、驸马，除非是至亲，相互之间不得有来往；那些占卜、看相、算命之人，均不得进出百官之家。”

开元九年（公元721年）九月三日，作为开元初年的名相梁公姚崇去世了，终年七十二岁，这也算该年的一件大事。姚崇去世时，给子孙们留下了一篇很有名的《诫子书》。全文如下：

古人云：富贵者，人之怨也——贵则神忌其满，人恶其上；富则鬼瞰其室，虏利其财。自开辟已来，书籍所载，德薄任重而能寿考无咎者，未之有也。故范蠡、疏广之辈，知止足之分，前史多之，况吾才不逮古人，而久窃荣宠，位逾高而益惧，恩弥厚而增忧。往在中书，遘疾虚惫，虽终匪懈，而诸务多阙。荐贤自代，屡有诚祈，人欲天从，竟蒙哀允。优游园沼，放浪形骸，人生一代，斯亦足矣。田巴云：“百年之期，未有能至。”王逸少云：“俯仰之间，已为陈迹。”诚哉此言。

比见诸达官身亡以后，子孙既失覆荫，多至贫寒，斗尺之间，参商是竞。岂唯自玷，乃更辱先，无论曲直，俱受嗤毁。庄田水碾，既众有之，递相推倚，或致荒废。陆贾、石苞，皆古之贤达也，所以预为定分，将以绝其后争，吾静思之，深所叹服。

昔孔子亚圣，母墓毁而不修；梁鸿至贤，父亡席卷而葬。昔杨震、赵咨、卢植、张奂，皆当代英达，通识今古，咸有遗言，属以薄葬。或濯衣时服，或单帛幅巾，知真魂去身，贵于速朽，子孙皆遵成命，迄今以为美谈。凡厚葬之家，例非明哲，或溺于流俗，不察幽明，咸以奢厚为忠孝，以俭薄为悭惜，至令亡者致戮尸暴骸之酷，存者陷不忠不孝之诮。可为痛哉！可为痛哉！死者无知，自同粪土，何烦厚葬，使伤素业。若也有知，神不在柩，复何用违君父之令，破衣食之资。吾身亡后，可殓以常服，四时之衣，各一副而已。吾性甚不爱冠衣，必不得将入棺墓，紫衣玉带，足便于身，念尔等勿复违之。且神道恶奢，冥涂尚质，若违吾处分，使吾受戮于地下，于汝心安乎？念而思之。

今之佛经，罗什所译，姚兴执本，与什对翻。姚兴造浮屠于永贵里，倾竭府库，广事庄严，而兴命不得延，国亦随灭。又齐跨山东，周据关右，周则多除佛法而修缮兵威，齐则广置僧徒而依凭佛力。及至交战，齐氏灭亡，国既不存，寺复何有？修福之报，何其蔑如！梁武帝以万乘为奴，胡太后以六宫入道，岂特身戮名辱，皆以亡国破家。近日孝和皇帝发使赎生，倾国造寺，太平公主、武三思、悖逆庶人、张夫人等皆度人造寺，竟术弥街，咸不免受戮破家，为天下所笑。经云："求长命得长命，求富贵得富贵"，"刀寻段段坏，火坑变成池。"比求缘精进得富贵长命者为谁？生前易知，尚觉无应，身后难究，谁见有征。且五帝之时，父不葬子，兄不哭弟，言其致仁寿、无夭横也。三王之代，国祚延长，人用休息，其人臣则彭祖、老聃之类，皆享遐龄。当此之时，未有佛教，岂抄经铸像之力，设斋施佛之功耶？《宋书》《西域传》，有名僧为《白黑论》，理证明白，足解沈疑，宜观而行之。

且佛者觉也，在乎方寸，假有万像之广，不出五蕴之中，但平等慈悲，行善不行恶，则佛道备矣。何必溺于小说，惑于凡僧，仍将喻品，用为实录，抄经写像，破业倾家，乃至施身亦无所吝，可谓大惑也。亦有缘亡人造像，名为追福，方便之教，虽则多端，功德须自发心，旁助宁应获报？递相欺诳，浸成风俗，损耗生人，无益亡者。假有通才达识，亦为时俗所拘。如来普慈，意存利物，损众生之不足，厚豪僧之有余，必不然矣。且死者是常，古来不免，所造经像，何所施为？

夫释迦之本法，为苍生之大弊，汝等各宜警策，正法在心，勿效儿女子曹，终身不悟也。吾亡后必不得为此弊法。若未能全依正道，须顺俗情，从初七至终七，任设七僧斋。若随斋须布施，宜以吾缘身衣物充，不得辄用余财，为无益之枉事，亦不得妄出私物，徇追福之虚谈。

道士者，本以玄牝为宗，初无趋竞之教，而无识者慕僧家之有利，约佛教而为业。敬寻老君之说，亦无过斋之文，抑同僧例，失之弥远。汝等勿拘鄙俗，辄屈于家。汝等身没之后，亦教子孙依吾此法云。

《明皇杂录》还记载了姚崇死前的一件事。姚崇与张说积怨甚深，姚崇死前，已预料到张说将受到唐玄宗的重用，他告诫儿子们说："我与张说积怨很深，然而，他为人奢华，尤其喜爱各种玩好，我死之后，其肯定会来吊唁。你们要将我平生积攒的所有奇珍异宝都拿出来，放在帐前，假如他看都不看，你就赶紧思量后路，我们全家就要大祸临头了；如果他一一看过，我们家就安全了。你们赶快把这些宝物送给他，请他给我写一篇墓志铭，等他写完，立马请人誊写送给皇帝审阅，并命人镌刻。张说反应比我慢，几天之后他肯定会后悔，一旦他要追回，你们就把已刻好的碑给他看，并说已经呈给皇帝了。”姚崇死后，诸子一一奉行，请张说撰文。不几日，张说写成，文中对姚崇极力推崇，又过了几天，张说果然后悔了，以需要修改文中词句为由派人索要手稿，姚崇诸子按姚崇生前的教导回复。使者复命后，张说追悔莫及，捶胸叹息道：“死姚崇尚且能算计活张说，我现在才知道我不如姚崇太多了！”——你自己对人家姚崇推崇备至，自然再也无法对人家实施报复了。

开元十年八月四日，武强县令裴景仙因受贿五千匹绸缎，事发逃亡，唐玄宗闻讯大怒，等到抓获裴景仙后，下令将百官集中起来，要当众将裴景仙斩首。大理卿李朝隐上书认为，裴景仙受贿的财物全都是别人赠予的，罪不至死，况且，其曾祖裴寂是唐初功臣，武曌时期无罪被灭门，至今只有裴景仙一人继承香火，应网开一面，将其流放到边地。唐玄宗改判将裴景仙乱棍打死。李朝隐再次上书劝谏，最终，唐玄宗这才同意将裴景仙杖打一百，流放到岭南。

同月，安南（今越南）梅叔焉等人发动叛乱，唐玄宗派骠骑将军兼内侍杨思勖率军前去讨伐。杨思勖征召各族子弟，集结十余万大军，大破叛军，杀死了梅叔焉等人，将尸体堆积成“京观”而回。

三一一 张说上位

开元十年（公元722年），唐玄宗第二次驾临东都，然而，这一年实在是让他开心不起来。

唐玄宗原本就是个好色之人，虽然他与王皇后［出身太原王氏，南梁名将王神念（王僧辩之父）之后］是结发夫妻，但在他即位之后，就又宠爱赵丽妃和武惠妃二人，尤其是武惠妃更是深得唐玄宗的厚爱。武惠妃，是武曌同族侄儿、恒安王武攸止的女儿。武攸止死后，武氏尚幼，随例入宫，后受到唐玄宗的宠幸，逐渐产生了觊觎皇后位之心，王皇后也不甘示弱，屡屡在唐玄宗面前口出怨言，更令唐玄宗感到不快，遂产生了废黜王皇后的打算。

秘书监姜皎与唐玄宗私交甚深，因此，唐玄宗就私下把这个打算透露给了他，可是，姜皎把此事泄露出去了。嗣滕王李峤（《新旧唐书》的嗣滕王不是此人）是王皇后的妹夫，上书向唐玄宗报告了此事，这等于将了唐玄宗一军，唐玄宗看了奏表是恼羞成怒，宰相张嘉贞见风使舵，声称："姜皎擅自谈论帝国的前途命运。"开元十年九月六日，唐玄宗下令将其杖打六十，流放钦州，后他在途中死掉了；其弟、吏部侍郎姜晦被贬为春州司马；亲朋好友中有数人或被流放，或被处死。紧接着，唐玄宗就下达了严禁宗室、外戚相互来往的禁令。

东都刚刚发生了姜皎事件，九月十一日深夜，长安又发生了权楚璧的叛乱。权楚璧的曾叔祖就是贞观时期的直臣权万纪，为齐王李祐所杀；权楚璧的叔父是高宗时期的良吏权怀恩，权楚璧本人此时官至左领军卫兵曹参军。权楚璧联络李迥秀的儿子李齐损等人打算趁唐玄宗不在长安，发动叛乱，拥立权楚璧的侄儿权梁山为皇帝，对外谎称是襄王李重茂的儿子。计划停当之后，他们率领数百名左屯营的士兵攻入皇宫，搜捕西京留守王志愔，却一直没有找到。等到拂晓，参与叛乱的士兵越想越后怕，竟然自行溃散了，有人转而杀死了权楚璧等人，将其人头送到了东都。在这场叛乱中，王志愔也因惊吓过度死掉了。

九月十四日，唐玄宗派遣河南尹王怡赶回长安，开展调查和安抚工作。王怡回到长安后，逮捕了很多人，案件迟迟未决。唐玄宗又任命开府仪同三司宋璟为西京留守，前去处理。宋璟回到长安后，只诛杀了权楚璧的数名同党，其余人等全都上奏唐玄宗予以了赦免。

九月十五日，吐蕃军队包围了小勃律国（都城孽多城，今巴基斯坦吉尔吉特城）。小勃律王没谨忙连忙向北庭都护府节度使张嵩求救，称："勃律是大唐的西门，勃律灭亡了，西域也将沦入吐蕃之手。"张嵩遂派疏勒副使张思礼率领四千蕃汉混合军队，昼夜兼行前去救援，与没谨忙的军队内外夹击，大破吐蕃军队，斩杀、俘虏了数万人，从此以后很多年，吐蕃军队不敢骚扰唐朝边境。

到开元十年，源张组合已运行三年多了，张嘉贞和处处退让的源乾曜之间自然没有多少矛盾，倒是与刚被提拔为兵部尚书、同中书门下三品的张说发生了冲突。

过去，张说曾任兵部侍郎，而张嘉贞只是个兵部员外郎，张说是张嘉贞的上司，如今，张说却成了张嘉贞的下级，心里自然不是滋味，更有甚者，张嘉贞对此并不在意，遇事毫不推让，这更让张说心怀不满。

二人冲突的导火索是前广州都督裴伷先案。说起裴伷先，还是个富有传奇色彩的人物。他是前宰相裴炎的侄儿，裴炎被武曌杀死后，裴伷先也受到牵连被流放到岭南，此后，他又偷偷逃回，被官府发现后，又将其流放到了北庭。裴伷先头脑灵活，在北庭做起了买卖，赚下大钱，手下的门客常常多达数千人。他经常派人伺察朝廷的动向，武曌将要大规模诛杀流放犯，他也提前得到了消息，与妻子一起想逃到少数民族部落中藏匿起来。北庭都护派兵追赶，将其抓获，投入大牢。此时，朝廷派来的使者已经把流放犯杀光了，北庭都护只好上奏朝廷请示对裴伷先的处理，而恰恰在这时，武曌感到流放犯已杀得差不多了，又假惺惺地下诏安抚各地的流放犯，赦免了那些侥幸没有被处死的，裴伷先也因此得以返回了中原。等唐睿宗即位后，给裴炎平反昭雪，寻找裴炎的后人，只找到了裴伷先，遂任命他为詹事丞，后又被晋升为广州都督。

如今，不知为何，他又犯了罪，被打入了大牢，唐玄宗与宰相们一起商议该如何惩处他。张嘉贞建议将其杖打一顿，张说却反对说："臣听说过'刑不上大夫’这句话，古人之所以这么规定，就是大夫接近君主，培养他们的廉耻之心啊，所以说，士可杀不可辱。过去，臣奉命在北方巡查，听说陛下曾经在朝堂上杖打姜皎，姜皎官居三品，也曾立下一点功劳，犯下了罪，该处死就处死，该流放就流放，为什么像对待奴隶一般轻率地予以杖打呢！姜皎的事过去就算过去了，已无如之何，而裴伷先罪该流放，岂可重蹈过去的错误呢！”唐玄宗听说觉得张说说得很有道理。等到退下后，张嘉贞很是不高兴，他埋怨张说道：“你说得也太过分了吧！”张说回答：“宰相，运气到了就当，岂能一直当下去？假如君主可以随意鞭打国家的大臣，只恐也会轮到我们头上。我这么说不单单是替他裴伷先说话，我是在替天下所有的士大夫们着想的啊！”张嘉贞无言以对。

此事过后，唐玄宗就打算离开东都，北上晋阳，而后再返回长安。张说对唐玄宗说：“汾阴（今山西省万荣县）丘陵上有汉代修建的后土祠，年久失修，陛下趁北巡之际，加以整修，为万民祈求丰收。”唐玄宗答应了。

开元十一年（公元723年）一月三日，唐玄宗离开东都洛阳，十四日，抵达潞州（今山西省长治市），免除当地五年赋税；二十五日，抵达并州（今山西省太原市），以并州为北都，并州改称太原府，并州刺史改称太原尹；二月十二日，唐玄宗来到晋州（今山西省临汾市）。

就在这时，有人向唐玄宗告发张嘉贞的弟弟、金吾将军张嘉祐贪污。原本唐玄宗对张嘉贞是非常器重的，据《尚书故实》称，张嘉贞在河东时，唐玄宗曾对他说：“你有什么要求尽管提。”张嘉贞回答：“臣有个弟弟张嘉祐，在边地当官，我们手足分离，因此经常挂念。”唐玄宗当即说道：“任命张嘉祐为忻州刺史。”忻州是河东的下属州郡，唐玄宗让张嘉贞兄弟俩成为上下级，却丝毫没有疑虑，可见对他是非常器重的，后来，张嘉贞当了宰相，而张嘉祐又担任金吾将军，兄弟二人官居将相之位。

张嘉祐贪污案发后，张说劝说张嘉贞停下工作，身穿素色衣服，在宫外等候皇帝处理。张嘉贞不知是计，就按张说说的做了，等张嘉贞停职后，张说从中运作，二月十三日，唐玄宗下令将张嘉贞贬为幽州刺史。此时，张嘉贞才恍然大悟，恨的是咬牙切齿，对亲友们说：“中书令有两个编制，你张说何必苦苦相逼呢！”

二月十六日，唐玄宗在汾阴祭祀后土；二十七日，以张说兼任中书令。

三月三日，唐玄宗下令撤销了天兵军、大武军，以大同军为太原以北节度使，下辖太原（今山西省太原市）、辽州（今山西省左权县）、石州（今山西省吕梁市离石区）、岚州（今山西省岚县）、汾州（今山西省汾阳市）、代州（今山西省代县）、忻州（今山西省忻州市）、朔州（今山西省朔州市）、蔚州（今河北省蔚县）、云州（今山西省大同市）十个州。

三月五日，唐玄宗抵达长安。四月三十日，以吏部尚书王晙为兵部尚书同中书门下三品；五月二十五日，再命王晙兼任朔方军节度大使，巡视河西、陇右、河东、河北各军。

至此，开元政治进入第二个源张时代。

三一二　渐启盛世（一）

张说是个大文人，也是盛唐前期诗人。

说到张说，就不得不提及与宋璟组合的苏珽，因为，当时朝廷的重要文件都出自二人之手，人们往往把二人并称，由于苏珽被封为许国公，张说被封为燕国公，所以，人们称他们为“燕许大手笔”。

苏珽比较著名的诗有《奉和春日幸望春宫应制》：“东望望春春可怜，更逢晴日柳含烟。宫中下见南山尽，城上平临北斗悬。细草偏承回辇处，轻花微落奉觞前。宸游对此欢无极，鸟弄声声入管弦。”《汾上惊秋》：“北风吹白云，万里渡河汾。心绪逢摇落，秋声不可闻。”前者作于唐中宗景龙二年，虽然是应制诗，但写得十分精巧，情调欢畅，音律优美，后者作于开元十一年，苏珽随从唐玄宗祭祀后土有感而作。苏珽在开元八年罢相后，担任礼部尚书，不久又被外调为益州长史，如今虽被调回中央，但仍不受重用，因此，他的心情是非常复杂的。

苏珽落寞的时候正是张说春风得意的时候，然而，与大多数诗人一样，流传后世的佳作往往是他们不得志的时候写下的。与苏珽一样，应制诗也占张说诗歌的很大一部分，少有佳句，比较著名的是他年少时写的《蜀道后期》和他受到姚崇排挤、被贬为岳州刺史时写的《送梁六自洞庭山》。《蜀道后期》：“客心争日月，来往预期程。秋风不相待，先至洛阳城。”《送梁六自洞庭山》：“巴陵一望洞庭秋，日见孤峰水上浮。闻道神仙不可接，心随湖水共悠悠。”这首诗被誉为唐诗由初唐进入盛唐的标志。明代胡应麟在《诗薮》中说：“唐初五言绝，子安（即王勃）诸作已入妙境。七言初变梁陈，音律未谐，韵度尚乏……至张说《巴陵》之什（即此诗），王翰《出塞》之吟，句格成就，渐入盛唐矣。”初唐的七绝诗往往在最后两句以对偶结尾，而本诗却通体散行，自然天成，已是盛唐气象。正如宋代严羽在《沧浪诗话》中说的那样："盛唐诗人惟在兴趣，羚羊挂角，无迹可求。故其妙处莹彻玲珑，不可凑泊，如空中之音，相中之色，水中之月，镜中之象，言有尽而意无穷。"

唐玄宗也注重文学，他专门设置了丽正书院，任命张说为修书使者，管理书院，召集一群文学之士，其中有秘书监徐坚、太常博士贺知章、监察御史赵东曦等人，他们或者编纂书籍，或者陪皇帝读书，唐玄宗给予这些文士们十分优厚的待遇。中书舍人陆坚很不以为然，他觉得这些文学之士对国家没有多少益处，白白浪费国家的资财，打算上书建议唐玄宗予以取消。张说听说后，对陆坚说："自古以来，天下太平之时，帝王无不修建宏伟的宫殿，挑选众多的美人，以满足贪欲，如今，天子却招揽、尊崇文士、儒生，整理古代的经典著作，好处很大，坏处很小。陆先生的话，真个是太无知了！"唐玄宗听说后，更加看重张说而看不起陆坚了。《大唐新语》称，张说曾经献诗："东壁图书府，西垣翰墨林。讽诗关国体，讲易见天心。"

张说担任宰相也只有三年多，这几年里，唐朝重臣分别为：

开元十一年：司徒李扮，司空李守礼，侍中源乾曜，中书令张说，朔方节度大使、同中书门下三品王晙（十二月被贬为蕲州刺史）。

开元十二年：司徒李扮（十一月去世），司空李守礼，侍中源乾曜，中书令张说。

开元十三年：司空李守礼，侍中源乾曜（十一月加尚书左丞相），中书令张说（十一月加尚书右丞相）。

开元十四年：司空李守礼，侍中源乾曜，中书令张说（四月贬为右丞相），同中书门下平章事李元纮（四月由中书侍郎任命）、杜暹（四月由门下侍郎任命）。

与张说的诗歌风格一样，在他当宰相的这几年里，大唐也逐渐展现出盛世的气象来。

首先是国内安定。从开元九年就开始的大规模清查户口、土地运动还在如火如荼地进行着，到开元十一年以后，为了缓和由于清查运动而引发的社会矛盾，唐朝中央政府又对最初的清查政策进行一定的修正，分别制定了允许逃亡户本地安置、允许逃亡户自首、减免逃亡户的苛捐杂税等政策，到开元十四年张说罢相，清查户口运动已取得了明显成效，当年五月，根据户部报告，当时唐朝全国的户口总数为7069565户，人口总数为41419712人（与隋炀帝时期的890万户尚有不小差距）。在组织土地、户口清查的同时，唐玄宗还高度重视地方官的选拔，分别于开元十二年六月、十三年二月，两次选拔京官中的中枢近臣充任地方刺史，这些中枢近臣是传统上的清要之官，唐玄宗让他们担任地方官，就是为了移风易俗，改变人们轻视地方官的旧观念，也是他关注民生的具体体现。加上这几年来，国内风调雨顺，社会逐渐安定，到开元十三年，东都一斗米才十五钱，青州、齐州一斗米五钱，一斗粟三钱。

其次是周边环境改善。这一时期，在中东亚地区，已俨然形成了四大强国并立的局面：大食、吐蕃、东突厥和大唐。

大食几乎与大唐同步建立，自穆罕默德于唐高祖武德五年（公元622年）出走麦地那以来，大食帝国经历了最初的麦地那穆斯林公社阶段（公元622—632年）、四大哈里发时期（公元632—661年）和倭马亚王朝（又翻译为伍麦叶王朝，公元661—750年）阶段，如今正处于倭马亚王朝阶段。穆罕默德出身于麦加城古莱什部落哈希姆家族，在麦加传教过程中，麦加倭马亚家族觉得穆罕默德的传教威胁到了他们的地位，公元622年9月，穆罕默德受麦加倭马亚家族首领阿布·苏富扬的迫害，被迫迁往麦地那，组建起穆斯林公社乌马（Ummah），制定《麦地那宪章》，打破各氏族部落的血缘关系，公社成员以兄弟姐妹相称。

公元624年3月，穆罕默德得知麦加一支从叙利亚返回的商队，决定率众截击，他率领320余人赶往麦地那西南的白德尔，阿布·苏富扬得知后及时命令商队改变了返程路线，穆罕默德截击计划没有得逞；3月16日，麦加方面派遣1000余人赶往白德尔寻战，当时的战法先由双方各自派出三名猛士决斗，而后双方再混战，此战穆罕默德以少胜多，消灭敌人50余人，俘虏70余人，击退了麦加军队。次年3月25日，阿布·苏富扬又率领3000人前往麦地那报仇，驻扎在麦地那以北的吴侯德高地，双方又爆发了吴侯德之战，穆斯林再次击退了麦加军。又经过两年的备战，到公元627年3月，阿布·苏富扬联合了11个部落，纠集大约一两万人第三次围攻麦地那，穆罕默德采取了开挖壕沟的办法阻挡敌人骑兵的进攻，麦加军队斥责穆斯林采取阿拉伯人从未使用过的战法，但这一战法证明十分有效，穆罕默德第三次打败了麦加联军，史称“壕沟之战”。公元630年初，穆罕默德实施反攻，率穆斯林军兵临麦加城下，最终，与麦加贵族缔结《侯德比耶和约》，兵不血刃下降服了麦加城。唐太宗贞观六年（公元632年）6月8日，穆罕默德在麦地那的寓所去世，终年63岁。

由于穆罕默德去世时没有留下儿子，也没有指定继承人，很多新加入的部落首领都认为随着穆罕默德的去世，他们可以自行其是了，为了继续团结穆斯林，各派同意由穆罕默德的好友和忠实追随者阿布·伯克尔担任哈里发，意思是真主使者的继承人。阿布·伯克尔上任后，随即开始了平叛和对外扩张；两年后，阿布·伯克尔去世，欧麦尔继位。当时正值拜占庭帝国与波斯帝国长期交战、两败俱伤之际，欧麦尔趁机率军攻入叙利亚，在雅穆克河之战中大破五万拜占庭军队，于公元636年攻陷大马士革，继而进军耶路撒冷；此后，分兵东西两路，东线于公元637年卡迪西亚之战击败波斯军队，占领了伊拉克，公元642年尼哈温之战中消灭波斯帝国最后一支大军；西线大食军队占领了巴勒斯坦和埃及，欧麦尔是大食帝国重要的奠基人，地位仅次于穆罕默德，他统治的十年是大食帝国对外扩张的十年，当时正值唐朝贞观后期。

欧麦尔于公元644年（唐太宗贞观十八年）遇刺身亡，出身于倭马亚家族的、穆罕默德的女婿奥斯曼继位。在穆罕默德传教之初，虽然受到倭马亚家族首领阿布·苏富扬的迫害，但同出于倭马亚家族的奥斯曼是穆罕默德的忠实追随者，奥斯曼年龄比穆罕默德稍小，但也被穆罕默德纳为女婿。由于奥斯曼出身倭马亚家族，奥斯曼的继位不是没有受到质疑，以拥护穆罕默德的堂弟兼养子、女婿阿里·伊本·艾比·塔里卜的亲阿里派就逐渐形成了穆斯林的第二大派别什叶派，他们认为只有出自哈希姆家族的阿里及其直系后裔才是穆罕默德的合法继承人，与普遍接受奥斯曼的逊尼派相对立。奥斯曼在位期间，除了继续对外扩张外，还大量任用自己家族的人到各地担任要职，他的堂弟，也就是穆罕默德过去的死敌阿布·苏富扬之子、大马士革总督穆阿维叶就是在此期间成为整个叙利亚总督的。在奥斯曼在位期间，大食帝国不仅消灭了波斯萨珊王朝，而且还将高加索地区和塞浦路斯纳入了版图。但对外的胜利并没有消弭内部的矛盾，公元656年（唐高宗显庆元年），奥斯曼被破门而入的反对者刺杀。

三一三　渐启盛世（二）

奥斯曼死后，阿里·伊本·艾比·塔里卜被推举为第四任哈里发。阿里继位后，倭马亚家族的代表、时任叙利亚总督的奥斯曼堂弟穆阿维叶拒不承认其合法性，并展示奥斯曼的血衣，暗示奥斯曼系阿里暗杀。公元657年双方爆发隋芬之战，阿里军队大获全胜，就在穆阿维叶陷于绝望的关头，他采纳了部下的建议，命令士兵们用枪高举《古兰经》，大喊让安拉裁决，要求谈判。阿里一方迅速分化为战和两派，因主战派占少数，阿里接受和谈，双方派出代表进行仲裁，结果是双双免去阿里和穆阿维叶的职务。此后，阿里阵营进一步削弱，主战派不满阿里的妥协，分裂为哈瓦利吉派，并与阿里相争，而穆阿维叶则趁机击败了阿里在埃及的军队，到公元661年，在位六年的阿里被哈瓦利吉派刺杀。四大哈里发时代就此结束。

阿里死后，阿里长子哈桑在库法继位，但在穆阿维叶的威逼利诱下，哈桑很快就放弃了哈里发，穆阿维叶遂夺取了哈里发地位，并将首都迁往大马士革，大食帝国进入倭马亚王朝阶段。穆阿维叶继位后，假意允诺阿里的次子侯赛因为继任哈里发，以暂时化解倭马亚家族和哈希姆家族的矛盾，却大力培植自己的儿子叶齐德一世的力量，公元679年，他宣布叶齐德一世为哈里发的继承人，次年（公元680年，唐高宗永隆元年），穆阿维叶去世，其子叶齐德一世继位，破坏了选举哈里发的制度，大食帝国进入世袭哈里发的王朝。

大食帝国倭马亚王朝从公元661年延续到公元750年（唐玄宗天宝九载），历十四任哈里发，他们分别是：穆阿维叶一世（公元661—680年）、叶齐德一世（公元680—683年）、穆阿维叶二世（公元683—684年）、麦尔旺一世（公元684—685年）、阿卜杜勒·麦利克（公元685—705年）、瓦利德一世（公元

705—715年）、苏莱曼（公元715—717年）、奥马尔二世（公元717—720年）、叶齐德二世（公元720—724年）、希沙姆（公元724—743年）、瓦利德二世（公元743—744年）、叶齐德三世（公元744年）、易卜拉欣（公元744年）、麦尔旺二世（公元744—750年）。由于倭马亚王朝崇尚白色衣服，故称白衣大食。自王朝建立以来，内部一直受到什叶派、哈瓦利吉派的挑战，最终由穆罕默德叔父阿拔斯·伊本·阿卜杜勒·穆塔里卜的后代阿布·阿拔斯·萨法赫利用什叶派与哈瓦利吉派暴动之机，借助波斯人阿布·穆斯里姆的军事力量最终推翻了倭马亚王朝，大食帝国随后进入了阿拔斯王朝时代。

倭马亚王朝是大食帝国的第二次扩张时期：穆阿维叶一世时期，大食军队攻陷喀布尔，占领今阿富汗地区，又向东南进入印度河流域，西北方向则攻入小亚细亚，进而两次围攻君士坦丁堡；穆阿维叶一世的儿子叶齐德一世和孙子穆阿维叶二世在位时间很短，没有什么大的建树，等穆阿维叶二世去世时，就绝嗣了，哈里发之位由同族的麦尔旺一世继承，他去世后，其子阿卜杜勒·麦利克继位。阿卜杜勒·麦利克在位二十年，在位期间平定了各地的割据势力以及什叶派的叛乱，加强了中央集权，使得帝国逐渐走向统一和稳定。阿卜杜勒·麦利克死后，其子瓦利德一世继位，当时帝国进入一片繁荣，遂又开始对外扩张。公元705年（唐中宗神龙元年），当大唐帝国即将从武曌的阴霾中重新走出来的时候，大食帝国也结束了内乱，开始了继续向东扩张的脚步。这一年，瓦利德一世任命古太白为呼罗珊地区（大致在今阿富汗北部及土库曼斯坦东南部一带）的长官，以木鹿为首府，向河外（当时的阿姆河大致是操波斯语与操突厥语人的分界）一带渗透，在此后的几年里，古太白先后占领了巴黑里城（今阿富汗巴尔赫）、撒马尔罕、花剌子模，并于公元713—715年（唐玄宗开元元年至开元三年），深入药杀河（今锡尔河）中游及拔汗那地区（今费尔干纳），意欲染指西突厥及西域地区。

此时，唐玄宗刚刚稳定政局，而吐蕃也已进入尺带珠丹（公元704—755年）亲政后、国势进入鼎盛阶段，吐蕃一直想染指西域，其与大食短暂联合，企图赶走归顺唐朝的拔汗那国国王，遂一起拥立阿了达为国王，于是引发了开元三年张孝嵩调发安西唐军进攻阿了达的拔汗那之战，稳定了西域，但是，不论是大食还是吐蕃都没有就此止步。大食方面，在阿卜杜勒·麦利克于公元705年去世后，到唐玄宗开元十二年（公元724年），又继任了瓦利德一世、苏莱曼、奥马尔二世、叶齐德二世、希沙姆五任哈里发，但始终没有放弃东进计划，而唐朝政府则放弃了原本想以阿史那献来控制西突厥的计划，从客观实际出发，转而扶植西突厥土生土长的突骑施可汗苏禄，命其与大食军队交战，开元十一年（公元723年），大食军队再次进犯拔汗那，苏禄率兵驰援，击败敌人，次年，大食卷土重来，又被苏禄击败，只有少数残兵败将撤回撒马尔罕，此战史称“渴水日之战”。直到开元十五年（公元727年），大食又重新换将，河间地区纷纷发动叛乱，苏禄乘势进击，攻克了布哈拉，将大食人赶出了阿姆河北岸。

其间，为了巩固与突骑施的友好关系，唐玄宗十分重视安西都护的选任。他曾经派监察御史杜暹前往突骑施，突骑施赠给他一些黄金，杜暹坚决推辞。随从悄悄劝杜暹道：“大人身在异乡，不该拂了人家的好意。”杜暹只好暂时收下，埋在帐篷的地下。等到他办完事，离开突骑施后，才给突骑施人送信告知了此事，突骑施大惊，派人拿着黄金追赶，但杜暹等人已度过沙漠，追不上了。等到安西都护空缺后，大臣们都觉得杜暹为人廉洁、谨慎，推荐他担任安西都护，唐玄宗遂任命其为安西副大都护、碛西节度使。

吐蕃方面，于开元十年包围了小勃律王没谨忙，也是为了向西域和中亚渗透，结果，唐北庭节度使张嵩率军长途驰援，大破数万吐蕃军队，致使吐蕃数年不敢再骚扰唐朝边境，次年九月，原本依附吐蕃数年的吐谷浑也向沙州投降，河西节度使张敬忠接纳了他们。开元十二年十月十一日，谢飓国（今阿富汗加兹尼）国王派人来到唐朝，称：“去年五月，金城公主派人前往箇失密国（今克什米尔斯利那加城），说打算投奔那里。箇失密国王向我们借兵，共同抵御吐蕃，我国国王派我前来听候陛下的指示。”唐玄宗认为妥当。此事再无下文，这也许是真的，也许是吐蕃的阴谋，不过，在此期间，吐蕃已不敢主动进攻唐朝边境，而它对中亚的渗透则在客观上牵制了大食帝国的东扩。

与蒸蒸日上的大唐、大食和吐蕃相比，东突厥就显得有点中衰了，自从阿史那默啜死后，东突厥大乱，几乎陷于灭国的边缘，幸赖毗伽可汗、暾欲谷措施得力，才勉强渡过了难关。此时的东突厥也不敢与大唐为敌，屡屡提出和亲，但唐玄宗始终没有答应。开元十二年七月，毗伽可汗又派遣大臣哥解颉利发前来求婚，一个月后，唐玄宗就以使者送来的礼物太轻、级别太低为由，拒绝了他的求婚。次年，唐玄宗派中书直省袁振代理鸿胪卿，出使东突厥，毗伽可汗、阙特勒、暾欲谷环坐帐中，设宴款待袁振。席间，对袁振说道：“吐蕃人是狗杂种而已，奚人和契丹人原本是我们的奴隶，可是，他们都能娶到公主，而我们突厥屡屡求婚，皇帝却一直不答应，这是什么原因呢？我们也知道嫁给吐蕃的公主不是天子的女儿，可是，如今谁又管是真是假呢？只是我们屡屡求婚却不被答应，在他族面前让我们很没面子。”袁振答应替他们在唐玄宗面前求情，毗伽可汗遂让国中大臣阿史德颉利发入朝，当时，唐玄宗正要封禅泰山，阿史德颉利发也一同扈从。然而，等到唐玄宗东封回来后，只是重重地赏赐了阿史德颉利发，依然没有答应东突厥的求婚。

三一四　废后封禅

开元十年（公元722年）的姜皎事件，就已经透露出唐玄宗想要废黜皇后的想法了，只是由于姜皎的泄露，令唐玄宗恼羞成怒，将其流放。虽然经此波折，废黜皇后的计划暂时搁浅，但唐玄宗与王皇后之间的关系并没有得到改善。

姜皎事件后，王皇后意识到自己的皇后之位行将不保，更加忧惧不安，但由于王皇后为人宽厚，对下属关怀有加，所以，宫中并没有出现墙倒众人推、一窝蜂说其坏话的现象，唐玄宗也犹豫起来，一直找不出废黜王皇后的合适借口，然而，自姜皎事件过去一年多以后，到了开元十二年（公元724年），唐玄宗终于找到了一个借口。

王皇后的哥哥、太子少保王守一与妹妹是孪生兄妹，与唐玄宗也是老朋友，等到唐玄宗登基以后，唐玄宗又将七妹青阳公主（后封为薛国公主）嫁给了他，在唐玄宗消灭太平公主一党的斗争中，王守一也立了功，从尚乘奉御晋升为殿中少监，特封为晋国公，后转为太子少保，其父王仁皎去世后，他又继承了父亲的祁国公的爵位。王守一对妹妹的处境也是心急如焚，他觉得妹妹之所以失宠，就是妹妹没有给唐玄宗生下一男半女，假如妹妹给唐玄宗生了个儿子，这个儿子就有可能以嫡子的身份取代现在的太子，妹妹的地位乃至王家的荣华富贵就可以保住。王守一的这一想法也在情理之中，恰巧有一位法号明悟的和尚自称深通合和之术，王守一就让他祭祀南斗、北斗，刨开被雷电击毁的木材，在上面刻上天、地以及唐玄宗的名字，再合起来，让王皇后佩戴在身上，并祈祷说："佩戴这将生下贵子，自己也将像则天皇后那样尊贵。"

然而，不幸的是，王皇后佩戴霹雳木这事传到了唐玄宗的耳中。唐玄宗大怒，亲自审理此案，结果全部属实。开元十二年七月，唐玄宗下制称："皇后王氏，天命不祐，华而不实。造起狱讼，朋扇朝廷，见无将之心，有可讳之恶。焉得敬承宗庙，母仪天下？可废为庶人，别院安置。刑于家室，有愧昔王，为国大计，盖非获已。”又将王守一贬为潭州别驾、柳州司马，行至蓝田驿，又将其赐死。王守一为人贪婪，家财巨万，朝廷抄家时，抄来的财帛数不胜数。户部尚书张嘉贞因与王守一有来往，也受到牵连，被贬为台州刺史。

十月，废后王氏去世，以一品的葬礼埋葬在无相寺。后宫嫔妃谈及王皇后生前的种种德行，唐玄宗听了，也深感懊悔，但已悔之无及了。

亲戚或余悲，他人亦已歌。就在王皇后去世前后，唐朝朝野上下正在酝酿一场盛大的典礼——封禅泰山。

也许是为了忘掉王皇后去世带来的不快，唐玄宗于开元十二年十一月就离开了长安，来到了东都洛阳。因群臣屡屡上书请求封禅，闰十一月，唐玄宗下制确定于次年十一月十日封禅泰山。封禅一事由中书令张说最先提出，而侍中源乾曜却不同意，两人由此产生了矛盾。

开元十三年三月，唐玄宗将次子、太子李嗣谦更名为李鸿，长子、郯王李嗣直改名李潭，改封为庆王；三子陕王李嗣升改名为李浚，改封为忠王（后来的唐肃宗）；四子鄂王李嗣真改名为李洽，改封为棣王；五子李嗣初，改名为李涓；六子鄫王李嗣玄改名为李滉，改封为荣王。又新册封第八子李涺为光王，第十二子李潍为仪王，第十三子李沄为颍王，第十六子李泽为永王，第十八子李清为寿王，第二十子李洄为延王，第二十一子李沐为盛王，第二十二子李溢为济王。虽说是二十二个儿子，但中间的儿子均已早夭，实际上，截至开元十三年，唐玄宗的儿子共有十四个。史称，李琚“有才力，善骑射”；李沄“读书有文辞”；李泽少聪敏好学，貌陋，视物不正。因其母亲早死，李泽从小就被三哥李浚收养，“夜自抱眠之”；李清就是杨玉环的丈夫李瑁，其母武惠妃在开元初年宠冠后宫，生下二男一女，均长相俊美，却都夭折了，这让唐玄宗和武惠妃非常悲伤，等到武惠妃生下李清后，唐玄宗的嫂子宁王妃元氏就建议让自己抚养李清，所以，李清生下后，就离开了皇宫，一直住在宁王府，宁王妃视若己出，亲自抚养，宫中经常称其为十八郎；李洄“仁爱，有学问”；李沐是李清的同母弟。

其间，唐玄宗命张说负责起草封禅的仪式。四月，唐玄宗与中书门下高官以及礼官、学士们在集仙殿饮宴，席间，唐玄宗说：“神仙之说虚无缥缈，朕不相信，而贤才才是治国的依靠，今天，朕与你们这些精英一起饮宴，应该把集仙殿改名为集贤殿。”遂命集贤殿书院五品以上的官员为集贤殿学士，六品以下的为集贤殿直学士，任命张说为知院事，以右散骑常侍徐坚副知院事。唐玄宗还要任命张说为大学士，张说坚决推辞，唐玄宗才作罢。《大唐新语》称，张说与诸位学士们饮宴，推让不肯先喝，他对大家说：“学士之礼，以道义高低、不以官职高低为标准，我听说高宗时期修史的有十八九个学士，当时，长孙太尉以皇帝舅舅之尊，尚且不敢先举杯，就连当时的九品官也不让后举杯，于是取来十九个杯子，大家同时举杯。长安年间，我曾经参与编纂《三教珠英》，当时的学士们官职也是高下悬殊，但也不曾以官位高低为进退的标准。”于是，命人取来几个酒杯，大家一起举杯痛饮。《大唐新语》还记载：

“张说、徐坚同为集贤学士十余年，好尚颇同，情契相得。时诸学士凋落者众，说、坚二人存焉。说手疏诸人名，与坚同观之。坚谓说曰：“诸公昔年皆擅一时之美，敢问艺之先后？”说曰：“李峤、崔融、薛稷、宋之问之文，皆如良金美玉，无施不可。富嘉谟之文，如孤峰绝岸，壁立万仞，丛云郁兴，震雷俱发，诚可异乎？若施之于廊庙，则为骇矣。阎朝隐之文，则如丽色靓妆，衣之绮绣，燕歌赵舞，观者忘忧。然类之风雅，则为俳矣。”坚又曰：“今之后进，文辞孰贤？”说曰：“韩休之文，有如大羹玄酒，虽雅有典则，而薄于滋味。许景先之文，有如丰肌腻体，虽秾华可爱，而乏风骨。张九龄之文，有如轻缣素练，实济时用，而窘于边幅。王翰之文，有如琼林玉斝，虽烂然可珍，而多有玷缺。若能箴其所短，济其所长，亦一时之秀也。”

张说担心封禅期间，东突厥会乘虚南侵，就召来兵部郎中、名臣裴行俭之子裴光庭商量增加边防军。裴光庭说：“封禅的目的就是向上天禀报成功，如今将要封禅，却又担心夷狄入侵，这恐怕不能展示君王的盛德。”张说问该怎么办。裴光庭回答：“四夷中间，东突厥最为强大，近来，他们屡屡派人请求和亲，而朝廷一直敷衍拖延，并未答复。如今，假如朝廷派去一介使臣，征召突厥大臣前来参加封禅仪式，他们肯定会欣然前来，一旦突厥大臣来了，其他夷狄酋长们也一定会赶来，这样一来，自然会偃旗息鼓，高枕无忧了。”张说说：“真好啊！我竟然没有想到！”当即奏请唐玄宗派人前往突厥，这就是东突厥派大臣阿史德颉利发参加封禅大典的原因。

开元十三年十月十一日（公元725年11月20日），唐玄宗从东都洛阳出发，启程前往泰山。封禅队伍浩浩荡荡，数十里间人畜布满原野，专门运送食物等生活必需品的车辆就绵延数百里之遥。十一月六日（公元725年12月15日），唐玄宗一行抵达泰山脚下，九日，唐玄宗开始骑着马朝山上进发，将从行百官留在泰山山谷谷口，只与宰相和祭祀官员一起登山，皇帝仪仗、卫队将泰山团团围住，数百里内水泄不通。唐玄宗问礼部侍郎贺知章道："前代为何将封禅时献给上帝的玉牒之文秘而不宣？"贺知章回答："可能是前代皇帝秘密求仙，所以才不愿让人知道。"唐玄宗说："我来封禅，是为万民祈福的。"遂把玉牒让大家看看。十日，唐玄宗在泰山山顶祭祀昊天上帝，留在山下的群臣在山下祭坛上祭祀五帝百神，其余的仪式均按照唐高宗封禅时办理。十一日，唐玄宗又在社首山祭祀了土地神。十二日，唐玄宗坐在御帐中，接受百官的朝拜，宣布大赦天下，封泰山神为天齐王。

张说在挑选跟随唐玄宗一起登山的官员中，选了很多自己的下属和亲信，典礼之后，这些陪同登山人员受到奖赏，往往被破格晋升为五品官，而留在山下的群臣们却没有受到这种奖赏，中书舍人张九龄劝阻张说，张说却不以为意。《酉阳杂俎》就记载，张说的女婿郑镒，原本只是个九品官，根据惯例，封禅以后，自三公以下都晋升一级，而郑镒却因为裙带关系而破格提拔为五品官，后来，一次宴会，唐玄宗在群臣中间看到郑镒侧身在高官之列，感到非常奇怪，就询问原委，郑镒无言以对，黄幡绰回答道："还不是泰山之力！"另外，那些随从将士们也仅仅增加勋位，而没有赏赐给财物，由此，大家都把怒气集中到了张说的身上。

十四日，唐玄宗一行离开泰山西返；十六日，唐玄宗来到曲阜孔子老家祭祀。西返途中，路过宋州（今河南省商丘市），唐玄宗在楼上宴请百官。酒酣耳热之际，他对张说说："过去，朝廷屡屡向地方上派遣使者督察各地，考察各地地方官的善恶，如今，因封禅我们一路走来，方知使者们太对不起我了，辜负了我的信任。怀州刺史王丘除了粮食、肉之外，什么也没有贡献；魏州刺史崔沔供奉的帐幕没有锦绣，是在告诫我要勤俭节约；济州刺史裴耀卿的奏表，洋洋洒洒数百言，句句都是规谏，还说：'如果过分打扰了百姓们的正常生活，就不足以向上帝报告成功。'朕经常将这篇奏表放在身边，并以此时常告诫身边的人。像这三个人，他们都没有巴结别人，来换取皇恩，真个是合格的地方官啊！"说完，他又指着宋州刺史寇泚说道："近来，也屡屡有人在我的面前说过你的坏话，说你供奉的酒食不丰盛，由此也让朕知道了你也是一个不巴结朕身边人的好官。”亲自举杯给寇泚敬酒。宰相张说、源乾曜带头起身向唐玄宗道贺，楼上群臣一片山呼万岁。唐玄宗下令晋升王丘为尚书左丞，崔沔为散骑侍郎，裴耀卿为定州刺史。

十二月二十日，唐玄宗回到了东都。

三一五　张说罢相

封禅大典让张说出尽风头，然而，常言道祸福相依，封禅大典之后，张说就受到了群臣们的围攻。

张说虽然非常聪明，但缺点也十分突出：一是佞幸、诡诈。《朝野佥载》称，张说是个佞幸之人，他在并州期间，巴结唐玄宗的心腹王毛仲，给王送去的金银财宝不计其数，后来，王毛仲巡边，正巧张说被晋升为兵部尚书、同中书门下三品，张说谢完皇恩，拉着王毛仲的手翩翩起舞，还附身嗅王的靴尖。《开元天宝遗事》也称，张说有宰相之才，却“多诡诈”。二是贪婪。张家有很多奇珍异宝，《采兰杂志》记载，有一年，张说与妻妾们元宵赏月，当时月亮还没出现，张说的夫人命人挂起鸡林夜明帘，张宅顿时亮如白昼，入夜，等月亮出来后，唯独张家人不知道，原因是：照到张家的月光都被夜明帘发出的光芒遮挡住了。《开元天宝遗事》记载，有人送给张说一颗神奇的珠子，名叫记事珠，每当主人忘事时，用手把玩这颗珠子，顿时就会变得神清气爽，事无大小，全都涌上心头。三是刻薄。张说对下属十分刻薄，同僚们谁的意见不合张说的意，张说往往不留一点情面，当即板起脸来予以斥责，有时候甚至会破口大骂，这一点令百官对他十分厌恶，大家都说：“张大人的话，比死刑还恶毒！”

唐玄宗征召河南尹崔隐甫入京，打算予以重用。崔隐甫，为人正直，《国史补》记载，唐玄宗非常宠爱一个叫胡雏的善吹笛的戏子，一次，胡雏冒犯了时任洛阳令的崔隐甫，逃入宫中躲避。唐玄宗借口他事召崔隐甫入宫，指着胡雏说道：“我当面替你求情，饶了他一命好吗？”崔隐甫回答：“陛下这么说，是轻视大臣而看重戏子，臣请求辞职。”他叩拜了唐玄宗后，当即就要退下。唐玄宗赶忙说道：“我不过是与你开个玩笑罢了！”遂让崔隐甫将胡雏拉出宫去，刚出了宫门，崔隐甫即命人将其用棍棒打死，不一会儿，唐玄宗赦免胡雏的命令就到了，可是胡雏已被打死，于是，唐玄宗赏赐给崔隐甫一百匹绢。

张说觉得崔隐甫没有什么学识，因此，素来瞧不起他，而前殿中监崔日知平素与张说关系很好，因此，张说就建议唐玄宗让崔隐甫担任金吾大将军，让崔日知担任御史大夫，然而，唐玄宗有自己的主见，并没有采纳张说的建议，开元十四年（公元726年）二月七日、八日，唐玄宗分别任命崔日知为左羽林大将军、崔隐甫为御史大夫，自此，崔隐甫对张说是怀恨在心。

张说与御史中丞宇文融关系也不好。几年来，宇文融主导了清查流亡户和编外土地的工作，取得了一定成效，深得唐玄宗的赏识，但同时，也对社会造成了不同程度的烦扰，张说以此为由屡屡提出不同意见。唐玄宗怀疑吏部在选人用人上徇私舞弊，东封回来后，宇文融秘密上奏，建议将吏部分成十个单元，由宇文融与礼部尚书苏珽等十个人分别参与到选举中来，拟任名单出炉后，立即送入宫中，由唐玄宗裁决，吏部尚书和吏部侍郎都无权介入。左庶子吴兢上书提出反对意见，他认为：“陛下听信谗言，不信任主管官员，这不是位居上位、开诚布公的正道。过去，汉朝的宰相陈平、丙吉尚且不回答皇帝对钱谷数量的质问，也不审讯打架杀人的案件，况且陛下身为大唐皇帝还亲自主持选官用人这类琐事！请求将这种具体事务交给有关部门，中止目前这种做法。”唐玄宗当时虽然没有听从，但到了第二年也就不再干预了。张说对于这种做法也有不同意见，宇文融等人的奏请，张说往往提出反对意见，致使选举工作出现更大问题。张说的亲信、中书舍人张九龄私下劝说张说：“宇文融深得皇上宠信，又能言善辩，不可不有所防备啊。”张说却不以为意：“鼠辈又能拿我怎么样！”

然而，张说树敌太多，更重要的是他咄咄逼人的做派也得罪了侍中源乾曜。长期以来，源乾曜一直是个和事佬的形象，然而，多年的历练也让他在大唐朝廷上积累了巨大的人脉，他一旦出手，威力不可小觑。终于，四月四日，御史大夫崔隐甫、御史中丞宇文融、李林甫集体弹劾张说，称其“招引术士到家中占星，徇私奢侈，收受巨额贿赂。”接到三人的弹劾奏章后，唐玄宗下令侍中源乾曜、刑部尚书韦抗、大理少卿胡珪、御史大夫崔隐甫一同在御史台审理此案。韦抗，是韦安石的堂侄；李林甫是唐高祖李渊的堂弟李叔良的曾孙，从辈分上说，他还是唐玄宗的族叔。李林甫深通音乐，以千牛直长（千牛卫的低级官员）起家，后担任太子中允。李林甫的舅舅是原为唐玄宗心腹、后因泄露唐玄宗废黜皇后而被处死的楚国公姜皎，而源乾曜的侄孙源光乘又是姜皎的女婿，一方面，姜皎对李林甫非常看重；另一方面，源乾曜又对源光乘也十分喜爱，有了源光乘和姜皎这一媒介，源乾曜对李林甫也很是熟悉。一次，源乾曜的儿子源洁对父亲说："李林甫想当司门郎中。"源乾曜说："郎官需要素来有名望的人，哥奴（李林甫的小名）岂是郎官的人选？"数日后，任命李林甫为谕德。后来，李林甫又被晋升为国子司业，等到宇文融当上御史中丞后，就推荐了李林甫，唐玄宗遂将其也任命为御史中丞。

张说的哥哥、左庶子张光前往朝堂，割下耳朵喊冤，然而，经过审讯，宇文融等人的弹劾是属实的。当时的中书主事张观、左卫长史范尧臣二人狐假虎威，仗恃张说的威势招权纳贿，僧人王庆则还前往张说府上占卜吉凶。张说被下狱两天后，唐玄宗命高力士前去探望，高力士回奏道："张说蓬头垢面，坐在枯草之上，用瓦器吃饭，惊恐万分，等待陛下的惩处。"听了高力士的话，唐玄宗顿生恻隐之心。见状，高力士趁机说道："张说曾经担任陛下的侍读，又立过大功。"唐玄宗表示同意。四月十二日，唐玄宗下令免去张说的中书令，保留右丞相；将张观和范尧臣打死，十余人受到牵连或被流放，或被贬官。

由于高力士在唐玄宗面前说了张说的好话，崔隐甫等人欲置张说于死地的计划落空了，但他们并没有善罢甘休，此后，又不断在唐玄宗面前诋毁张说，朝廷群臣遂分为两派，一直斗来斗去，最终，让唐玄宗也厌烦了，遂于次年二月下诏命令张说退休，让其在家修史；将崔隐甫免官，令其在家侍奉母亲；又将宇文融贬为魏州刺史。

张说罢相后，唐玄宗又提拔了两个人接任：一个是户部侍郎李元纮，另一个是安西副大都护、碛西节度使杜暹。李元纮，本姓丙。他的曾祖丙粲任隋炀帝屯卫大将军，与唐高祖李渊是老相识，李渊入关后，丙粲率众归降，被赐姓李，后晋升为左监门大将军；李元纮的父祖分别在唐高宗和武则天时期担任高官。李元纮曾任雍州司户，太平公主与佛寺争夺碾硙，李元纮顶住压力，判太平公主败诉，后来，李元纮从县令逐步晋升为工部、兵部、吏部侍郎。唐玄宗让大家推荐一位合格的户部尚书，群臣都举荐了李元纮，但张说等人以其资历尚浅，只拜其为户部侍郎。李元纮上任后，向唐玄宗上了一道奏章，详细地阐明了百姓的疾苦和当政者的得失，唐玄宗看后大喜。李元纮非常谨慎、清廉，因此，当张说罢相后，唐玄宗立即就想到了他，将他提拔为中书侍郎、用平章事。史称："元纮在政事累年，不改第宅，仆马弊劣，未曾改饰，所得封物，皆散之亲族。”从一定程度上扭转了张说时期奔竞求官的不良官场风气。

杜暹拒不接受突骑施的贿赂也给唐玄宗留下了深刻印象。杜暹，是濮阳人，一家五世同堂，杜暹尤其恭顺，后历任婺州参军、大理评事、监察御史，以清廉著称。再后来，杜暹又担任安西副大都护，在安西四年，深得当地各族群众的爱戴。其间，嫁给突骑施苏禄可汗的阿史那献的女儿金河公主，曾派牙官带着一千匹马到安西互市。使者对杜暹传达公主的教命，杜暹大怒道：“阿史那献的女儿竟然对我宣布教命！”当即命人将使者痛打一顿，并将其扣押了起来，带来的马匹经过严寒冬雪也几乎死完。苏禄可汗闻讯大怒，发兵骚扰四镇。正巧杜暹被征召入朝，赵颐贞接任安西都护，据城固守，四镇百姓、牲畜、存粮被苏禄可汗劫掠一空。不久，苏禄可汗听说杜暹入朝当上了宰相，遂逐渐撤离，并又派人向唐朝进贡。

李杜拜相后，唐朝朝廷重臣分别为：司空李守礼、侍中源乾曜、同中书门下平章事李元纮和杜暹四人。

三一六　刀兵再起（一）

张说罢相导致的一个直接结果就是唐朝与吐蕃再次开战。

唐睿宗时期，吐蕃得到了垂涎已久的河西九曲之地，等到唐玄宗即位后，吐蕃就撕毁合约，与唐朝交战，但在开元二年的武街之战中遭到惨败，又开始向唐朝求和，由于双方在两国礼仪上存在分歧，在随后的几年里，冲突时断时续，吐蕃也一直没有占到便宜，唐朝在西边也投入了大量兵力，直到开元七年，吐蕃再次求和，并请求以舅甥之礼重新盟誓，双方这才又恢复了和平。然而，随着吐蕃越来越强盛，在与唐朝的交往中日渐傲慢，来往信函用敌国之礼，这让唐玄宗一直十分窝火。

开元十四年东封泰山归来后，唐玄宗与时任宰相的张说谈及此事，张说就曾奉劝唐玄宗说：“吐蕃着实无礼，也确实需要教训他们一下，然而，两国过去已经打了十余年，甘州、凉州、河州、鄯州已十分凋敝，虽然我军屡奏凯歌，但得不偿失，听说他们已悔过求和，希望陛下还是答应下来，让边疆军民稍稍歇一口气。”

唐玄宗说：“等我与王君㚟商量商量再说。”

退下后，张说对源乾曜说：“王君㚟有勇无谋，经常想侥幸取得战功，如果两国和亲，他又如何能立功！陛下肯定不会听我的了。”等到王君㚟入朝后，果然建议唐玄宗发兵讨伐吐蕃。

也许是吐蕃提前得到了消息，开元十三年冬，吐蕃大将悉诺逻恭禄率先向大斗谷（今甘肃省山丹县南）、甘州（今甘肃省张掖市）发起进攻，焚烧集市。王君㚟不敢出战，正巧当时突降大雪，很多吐蕃士兵被活活冻死，悉诺逻恭禄遂决定大肆劫掠一番，打算从积石军（今青海省贵德县）西路撤回国内。王君㚟判断吐蕃军队已经疲惫，提前派人从小路潜入吐蕃国内，将路边的野草全部焚毁，并与秦州都督张景顺率领唐军紧紧尾随在吐蕃军队后面。等到悉诺逻恭禄率军行至大非川（一说为今青海湖以西的布哈河），想休整一下部队，可是野外已无野草，战马又饿死了大半，当时，悉诺逻恭禄的主力部队已经渡过了大非川，只剩下部分辎重还留在后面，王君㚟和张景顺率领的唐军已经推进至青海湖以西，将士们踏冰渡过青海湖，逼近了吐蕃军队。开元十五年（公元727年）一月二十八日，唐军向吐蕃后卫部队发起猛攻，缴获其羊、马、辎重数以万计。唐军得胜后，唐玄宗大喜，晋升王君㚟为左羽林大将军，又拜其父王寿为少府监（从三品）退休，从此以后，唐玄宗更坚定了以武力开疆拓土的决心。

唐朝与吐蕃这场战争从开元十四年年底、十五年年初一直打到开元十八年，整整打了三年有余。唐军取胜后，紧接着，吐蕃就采取了报复行动。他们将主攻方向放在了更西面、唐军防守相对薄弱的瓜州（今甘肃省安西市）。为了确保胜利，吐蕃赞普还给突厥毗伽可汗写信，希望突厥也能出手相助，毗伽可汗权衡利弊之后，拒绝了吐蕃方面的请求，反而把他们的书信送给了唐玄宗。唐玄宗很是高兴，就答应了突厥与唐朝进行边贸的请求，在西受降城设立互市。唐朝在这场交易中也受益很多，朝廷每年拿出数十万匹丝绸购买突厥的马匹，一部分用于支持与吐蕃作战，另一部分作为牧马场的种马。

突厥不来，吐蕃就单干。

开元十五年九月七日，吐蕃大将悉诺逻恭禄、烛龙莽布支率领军队攻陷了唐朝瓜州，生擒唐朝刺史田元献以及王君㚟的父亲王寿，接着，吐蕃军队乘胜进攻玉门军（今甘肃省玉门市），将俘获的僧人放回凉州，给王君㚟传话："将军不是经常自诩忠勇为国，为何不敢出城决一死战！"王君㚟登上城楼，向西眺望，泪流满面，但最终也不敢出兵西进。烛龙莽布支又率军进攻常乐县（安西市南），县令贾师顺率军固守（《旧唐书》称其固守了八十天），等到瓜州陷落后，悉诺逻恭禄转兵而来，然而，围攻十余日也没有攻下来。吐蕃派人劝降，贾师顺不从，吐蕃人又说："你既然不降，就请把城内财物交给我们，我们就撤了。"贾师顺就让士兵们脱下衣服相赠。悉诺逻恭禄知道城内没有什么资财，就率军返回到瓜州，将城内的军资劫掠一空，又捣毁了瓜州城。吐蕃人一离开，贾师顺就赶忙命人打开城门，捡拾城外的兵器，整修城墙，敌人果然又派骑兵前来侦察，发现城内戒备森严，这才撤离了。

闰九月二日，吐蕃赞普尺带珠丹与西突厥突骑施苏禄可汗合兵一处，包围了安西城（今新疆维吾尔自治区库车县），安西副大都护赵颐贞将敌人击退。

就在西线战事如火如荼之时，却传来一个令人震惊的坏消息——唐军主帅王君㚟被回纥人杀害了！原来，在突厥默啜可汗强盛之时，夺取了铁勒之地，迫使铁勒中的回纥、契苾、思结、浑这四个部落南度沙漠，迁徙到甘州和凉州之间。王君㚟年轻的时候，经常往来于这四部之中，很受他们的轻视，等到当上河西节度使后，王君㚟就公报私仇，处处与四部过不去。四部首领恼羞成怒，又无可奈何，只好决定派密使去东都，直接向皇帝投诉，可是，王君㚟得知后，赶忙派人乘坐驿马车火速赶到朝廷，提前向唐玄宗报告，称："四部骄横难治，密谋反叛。"唐玄宗派使者前来调查，四部有理也说不清，最终，唐玄宗下令将瀚海（今甘肃省白亭河一带）大都督，回纥酋长药罗葛承宗流放到了瀼州（今广西壮族自治区上思县西南），浑酋长大德流放到了吉州（今江西省吉安市），贺兰都督、契苾酋长承明流放到了藤州（今广西壮族自治区藤县），卢山都督、思结部落酋长归国流放到了琼州（今海南省海口市琼山区）；任命回纥人药罗葛伏帝难为瀚海大都督。九月十日，因右散骑常侍李令问的儿子与药罗葛承宗有来往，将其贬为抚州别驾。

王君㚟此举让他与四部之间的矛盾变得不可调和。药罗葛承宗的同族侄儿、瀚海都督府司马药罗葛护输纠集同党，伺机为药罗葛承宗报仇。当时正巧有消息称吐蕃使者将从小路前往突厥，王君㚟亲率少数精锐骑兵赶赴肃州（今甘肃省酒泉市）截击，完成任务返回途中，行至甘州南巩笔驿（今甘肃省张掖市西南），药罗葛护输率领的伏兵突然杀出。王君㚟率领亲随数十人苦苦拼杀，战斗从早晨一直打到黄昏，终因寡不敌众，全部被杀。药罗葛护输夺取了王君㚟的符节，先杀掉了王君㚟的判官宋贞，挖出他的心脏，说："最先出这个坏点子的人就是你！"拉着王君㚟的尸体，投奔了吐蕃；凉州军队闻讯，赶上了叛党，药罗葛护输丢下尸体，狼狈而去。

这一惊人的消息传来，整个河西战区甚至于朝廷上下都是非常震惊，唐玄宗立刻意识到了问题的严重性，闰九月二十二日，他从东都出发直接赶回长安，十月十一日，回到了长安。回到长安之后，唐玄宗赶忙对河西高层将领进行调整，他认为王君㚟有勇无谋，必须挑选一位智勇双全的人才委以西边重任，遂任命左金吾卫大将军、信安王李祎为朔方节度等副大使，将原任朔方节度使萧嵩调往河西军区，担任河西节度等副大使（《旧唐书》称："兵部尚书、河西节度使，判凉州事。"）。萧嵩推荐刑部员外郎裴宽为判官，以建康军使张守珪为瓜州刺史，将郭虚己、牛仙客引入自己的幕府。李祎是唐太宗第三子、吴王李恪的孙子，历任各州刺史，史称："政号清严，人吏畏而服之。渐见委任，入为光禄卿，迁将作大匠。"萧嵩，是贞观时期宰相萧瑀的曾侄孙，他长得一表人才，还是一位美髯公。萧嵩未出仕时，娶妻贺家女，与陆象先是连襟。当时，陆家门第很高，陆象先又是宰相之子，已任洛阳尉，一位术士却对他说："陆先生十年之内会位极人臣，然而不如萧嵩一家富贵，官位高而且还长寿。"当时人们都不相信。开元初年，萧嵩被提拔为中书舍人，同僚们都觉得他没什么学问，也都没把他放在眼里，唯独宰相姚崇看出他很有前途，对他眷顾有加。

《明皇杂录·卷下》：玄宗尝器重苏颋，欲倚以为相，礼遇顾问，与群臣特异。欲命相前一日，上秘密，不欲令左右知。迨夜艾，乃令草诏，访于侍臣曰："外庭直宿谁？"遂命秉烛召来。至则中书舍人萧嵩，上即以颋姓名授嵩，令草制书。既成，其词曰："国之瑰宝。"上寻绎三四，谓嵩曰："颋，瓌之子。朕不欲斥其父名，卿为刊削之。"上仍命撤帐中屏风与嵩，嵩惭惧流汗，笔不能下者久之。上以嵩杼思移时，必当精密，不觉前席以观。唯改曰："国之珍宝。"他无更易。嵩既退，上掷其草于地曰："虚有其表耳。"

此后，萧嵩又历任宋州刺史、尚书左丞、兵部侍郎等职。裴宽，是吏部尚书裴漼的从祖弟，裴宽是个多面手，不仅文章写得好，而且，还精通骑射、下棋、投壶。唐睿宗时期，裴宽担任润州参军，深受刺史韦铣的欣赏，把女儿嫁给了他，此后，他又历任河南丞、长安尉、太常博士等职，受到中书令张说的青睐，被提拔为刑部员外郎。郭虚己，史书无传，但从1997年出土的颜真卿所写的《郭虚己墓志铭》上，可以了解到，郭虚己是太原人，历任中丞使、工部侍郎、户部侍郎、工部尚书等职。牛仙客，泾州鹑觚（今陕西省长武县、甘肃省灵台县一带）人，出身低微，以县小吏起家，受到县令傅文静的赏识，后来，傅文静当上陇右营田使，就把他引入幕府，以军功被升任为洮州司马；王君㚟担任河西节度使时，将宋贞和牛仙客任命为判官，对二人非常信任，引为心腹。牛仙客清廉、勤勉，干起工作来不知疲倦，待人接物，极重诚信。张守珪，陕州人，以军功被授予平乐府别驾，追随郭虔瓘镇守北庭，在一次作战中，张守珪身先士卒，与数倍敌人苦战，最终斩杀敌人一千多人。开元初年，突厥人再次入侵北庭，郭虔瓘派张守珪从小路进京禀报军情，进京后，他上书唐玄宗分析西域形势，请求朝廷允许从蒲昌、轮台发兵夹击敌人，战后，他也因此而被加游击将军军号，后转任幽州良社府果毅。张守珪长得十分魁伟，精于骑射，重情重义，当时，卢齐卿任幽州刺史，对他十分礼遇，经常与他同榻而坐，对他说："足下数年之后一定能当上幽州凉州的最高长官，成为国家的良将，我正要将子孙托付给你，岂能以寻常部下之礼对待你呢！"此后，张守珪逐渐晋升为左金吾员外将军、建康军使。

三一七　刀兵再起（二）

张守珪被任命为瓜州刺史、墨离军使后，即率众重修被捣毁的瓜州城。

工程刚刚开工，吐蕃军队就突然来到了，城内将士无不大惊失色。张守珪说：“敌众我寡，大战过后，满目疮痍，难以与敌人正面相抗，当以奇计取胜。”于是，他就在城上摆起了空城计，镇定自若地端坐在城墙上饮酒作乐。吐蕃人弄得狐疑不定，怀疑唐军提前有什么埋伏，一直在城外逡巡，最终不敢发起进攻而退。张守珪抓住战机，开门纵兵发起攻击，敌人败退。张守珪整修城防，招徕流民，恢复旧业，瓜州又回到了唐军手中。朝廷嘉奖他的成绩，将瓜州升格为都督府，以其为瓜州都督。史称：“瓜州地多沙碛，不宜稼穑，每年少雨，以雪水溉田。至是渠堰尽为贼所毁，既地少林木，难为修葺。守珪设祭祈祷，经宿而山水暴至，大漂材木，塞涧而流，直至城下。守珪使取充堰，于是水道复旧。”

此时，吐蕃大将悉诺逻恭禄威名大振，萧嵩到任后，抓住了吐蕃赞普尺带珠丹多疑猜忌的心理，实施反间计，派人在尺带珠丹那里诬陷悉诺逻恭禄里通唐朝，尺带珠丹果然中计，把悉诺逻恭禄召回逻些，将其诛杀，自此，吐蕃对唐朝的压力稍稍减轻了。

开元十五年十二月十一日，唐玄宗下令调派陇右道五万六千人、河西道四万人，又征召关中军队一万人齐集临洮（今甘肃省岷县），再调朔方两万军队集中会州（今甘肃省靖远县），防备吐蕃人发起冬季攻势，待敌人入侵时，予以南北夹击，然而，等到入冬后，吐蕃方面毫无动静，各部只好返回原驻地。

吐蕃在东线没有发动攻势，但在西线没有闲着。开元十六年一月五日，吐蕃军队侵扰西域，安西副大都护赵颐贞率领唐军在曲子城（今地不详）将其击败。

七月，吐蕃大将悉墨郎进攻瓜州，瓜州都督张守珪将其击退；十一日，河西节度使萧嵩、陇右节度使张忠亮率军在渴波谷（青海湖以西）大破吐蕃军队；张忠亮一路追击，又攻克了吐蕃的大莫门城（今青海省共和县西南），缴获了大批物资，焚烧骆驼桥（今青海省共和县南），而后凯旋。

吐蕃军队很快又卷土重来，实施报复行动。萧嵩派遣右金吾将军杜宾客率领四千强弩军前去迎战。八月二十三日，双方在祁连城（今甘肃省民乐县）下大战，从早上一直激战到日暮，唐军大破吐蕃军队，生擒其大将一人，吐蕃军队顿时土崩瓦解，人人四散逃命，漫山遍野一片哀号之声。

十一月一日，唐玄宗晋升河西节度副大使萧嵩为兵部尚书、同平章事。

十二月五日，唐玄宗下令："远征军长期在外，没有回家休息，这违背人伦常情，应该分为五个梯次，每年一个梯次轮流回家休息，五年晋升五个档次。"

开元十七年（公元729年）三月，唐军反守为攻：瓜州都督张守珪、沙州刺史贾师顺进攻吐蕃大同军（今甘肃省敦煌市西南），大破敌人；同月二十四日，朔方节度使信安王李祎率军攻克了吐蕃占领的石堡城（今青海省湟中县西）。过去，吐蕃攻陷石堡城后，以此为据点，不断侵扰陇右地区，唐玄宗命令李祎与众将研究如何将其夺回。大家都认为，石堡城地势险要，路途遥远，一旦攻城失利，将很难全师而返，建议按兵不动，再等机会。李祎力排众议，亲自率军长驱直入，在通往石堡城的各个要道上都部署了守备部队，切断了吐蕃的救援通道，将石堡城孤立起来，而后，集中优势兵力向石堡城发起猛攻，一举将其攻克。拿下石堡城后，唐军又向西开拓边境一千多里。捷报传来，唐玄宗大喜，将石堡城更名为振武军。

吐蕃人屡战屡败，到开元十八年（公元730年）五月，吐蕃赞普尺带珠丹派人到边境上下书求和，但唐玄宗没有答应。唐玄宗的第三子、忠王李浚（李嗣升、后来的唐肃宗李亨）的友（官名、从五品上）皇甫惟明知道后，趁奏请他事，对唐玄宗谈及和亲之利。唐玄宗回答："赞普曾给朕写信，言辞傲慢无礼，朕岂能原谅！"皇甫惟明回答："开元初年，赞普尚年幼无知，岂能写出那种信件！肯定是边境将领们伪造的，就是想激怒陛下啊。一旦边境发生了战事，将领们就能够趁机盗窃、隐匿朝廷的财物，假冒军功获取官爵，这对奸臣们来说是件大好事，可是于国家则有百害而无一利。兵连祸结，朝廷每天都要支出上千黄金，河西、陇右地区也因此日益萧条。陛下如果能派一介使者前往探望金城公主，顺便与赞普当面结下盟约，令其对我俯首称臣，则一劳永逸，边疆再无战事，这岂不是统御夷狄的长久之策吗？”唐玄宗听后，茅塞顿开，非常高兴，就派皇甫惟明和内侍张元方出使吐蕃。二人来到吐蕃后，见到了赞普尺带珠丹，尺带珠丹也非常高兴，命人拿出贞观以来唐朝颁发给他们的诏书、命令，让皇甫惟明等人过目。

十月，吐蕃赞普尺带珠丹派遣大臣论名悉猎随皇甫惟明前来进贡，他恭恭敬敬地上书唐玄宗，称：“外甥世代娶大唐公主为妻，两国情深似海，如同一家。中经唐安西都护张玄表等人先起兵侵扰，致使两国交恶。外甥我也不是不懂礼仪之人，对舅舅岂敢失礼！完全是边境将领们从中挑拨，致使外甥我得罪了舅舅，我又屡屡派出使者入朝，希望能解释说明，可是总为边将所阻。如今，承蒙舅舅千里迢迢派来使者，探视公主，外甥我不禁喜出望外，倘若我们两国能重归于好，我将死而无恨！”从此以后，吐蕃重新归附了唐朝。

到了次年（开元十九年、公元731年）一月，唐玄宗派遣鸿胪卿崔琳出使吐蕃，吐蕃使者称金城公主想要《毛诗》《春秋》《礼记》。正字于休烈上书称：“汉朝的东平王是皇亲国戚，向朝廷要《史记》《诸子百家》，朝廷尚且不给，更何况吐蕃是我们的敌人，如今送给他们书籍，他们就了解了用兵的权谋，更生变诈，这对我们不利。”但裴光庭等人说：“吐蕃人顽劣愚昧，长期背叛，刚刚归附，趁他们请求，赏赐给他们《诗经》《书经》，令他们逐渐受到教化。于休烈只知道书中有权谋之言，却不知忠、信、礼、义也都是从书中来的。”唐玄宗最终采纳了裴光庭的建议，答应了吐蕃使者的请求。

九月二十四日，吐蕃赞普再次派来国相论尚它硉觐见唐玄宗，建议在赤岭（今青海省共和县）上设立互市，唐玄宗同意了。又过去两年，到了开元二十一年（公元733年）二月，金城公主请求划清两国的国境，她建议在赤岭上树立石碑，作为两国的界标，唐玄宗也答应了。

吐蕃和大唐之间恢复和平，符合两国的利益，在当时，从国际上看，东中亚是五个处于鼎盛时期的大国：大唐、东突厥、西突厥突骑施汗国、大食和吐蕃。各国之间纵横捭阖，既有斗争，又有妥协，吐蕃和大唐两个强国长期战争，对两国都是不利的。除此之外，唐玄宗答应吐蕃赞普求和的另外一个决定因素，那就是北方的契丹和奚人再次发动了叛乱，如果继续在西方用兵，那么，大唐又将面临两面作战的局面了，这将是十分危险的。

说到契丹和奚人，就不得不提到这些年来东北的局势。此时东北亚主要有三个势力：新罗、靺鞨和契丹奚人势力。唐朝在唐高宗时期（距当时已六十余年）灭掉高句丽和百济之后，新罗王金法敏（谥号文武王、新罗第三十任君主）趁机统一了朝鲜半岛，此后，新罗一直成为唐朝的附属国。唐高宗开耀元年（公元681年），金法敏去世，其子金政明即位，唐睿宗（实际武曌掌权）垂拱二年（公元686年），金政明派使者来到唐朝，请求唐朝赏赐给唐礼一部，武曌命令有关部门写成一部《吉凶要礼》，并将《文馆词林》中有规谏意义的文章，编纂成一部五十卷的书，赏赐给了他们。武曌长寿二年（公元693年），金政明去世，唐朝册立其子金理洪为新罗王，武曌长安二年（公元702年），金理洪去世，唐朝派使者册立其弟金兴光（《资治通鉴》称，金崇基）为新罗王。开元十六年，金兴光派使者进贡，并上书请求允许派留学生来中国学习，唐玄宗同意了。

这是新罗，再说靺鞨。武曌圣历年间，靺鞨首领大祚荣自立为振国王，结好东突厥；唐中宗即位后，派遣使者前去招抚，大祚荣派儿子入唐当人质，唐朝要册封大祚荣，但因契丹、突厥阻断道路而没有成功；唐睿宗先天二年，唐朝才得以派人册封大祚荣为渤海郡王，将其辖区设立为忽汗州（今黑龙江省宁安市），从此以后，每年都向唐朝进贡。开元七年，大祚荣去世，其子武艺继位，仍然与唐朝保持着友好关系。

与建立渤海国的粟末靺鞨同族的黑水靺鞨居住在渤海国的北边，双方时有冲突，开元十四年，黑水靺鞨派使者来到唐朝，唐玄宗下令在其地设置黑水府，派遣长史前去镇抚。得知这一消息后，渤海王武艺很不高兴，他说："黑水靺鞨要去唐朝，必须路过我国。过去，他们请求突厥派吐屯（总监）驻节，也会告诉我们一声，与我们的人一起前去，如今，他们派人去唐朝，请求唐朝派驻长史，却不通知我们一声，这肯定是与唐朝密谋打算夹击我们。"遂派弟弟门艺与舅舅任雅领兵进攻黑水靺鞨。门艺曾在唐朝当人质，劝谏哥哥道："黑水已经请大唐派来了官吏，而我们却发兵攻击他们，这是在背叛大唐。唐是大国，昔日，高句丽全盛之时，强兵三十余万，因不听从唐的命令，落得个灭国的下场。我们的部队不及高句丽的十分之一，唐朝人多兵强，万倍于我，一旦与唐朝结怨，这是自取灭亡啊！"但武艺不听。

门艺率军来到边境，又上书恳切劝谏，惹得武艺大怒，派堂兄大壹夏前来接管军队，并要召回门艺，打算将其处死。门艺丢下军队，从小路逃奔唐朝，被唐玄宗任命为左骁卫将军。武艺上书指斥门艺的罪状，请求唐朝将他杀死，唐玄宗派人秘密将门艺送到安西都护府隐匿起来，却给武艺回复，谎称："门艺远来投靠，义不可杀，如今已将其流放到岭南。"可是，没有不透风的墙，武艺还是知道了门艺的下落，他上书称："大国应该以信义示人，岂能如此欺骗？如今我已经听说门艺没有被流放到岭南，恳请将其处死。"唐玄宗以鸿胪少卿李道邃、源复没有管理好下属，致使泄露了此事，将二人贬官，只好将门艺暂时弄到了岭南。

至此，唐朝与渤海国之间的关系已出现了裂痕。

三一八　刀兵再起（三）

再说契丹和奚人。

如前所述，武曌万岁通天年间，契丹人孙万荣、李尽忠叛乱，这场叛乱虽然只持续了一年多，却让武周遭受了沉重的打击，叛乱平息后，契丹和奚人又都归顺了突厥，成为武周的敌人。唐玄宗即位后，突厥内乱，突厥汗国内各族部落纷纷投靠唐朝，开元三年，契丹头领、李尽忠的堂弟李失活也率众内附，于是，唐玄宗又下令重新设置了松漠都督府，封李失活为松漠郡王，拜为左金吾卫大将军兼松漠都督，将永乐公主嫁给了他。开元六年，李失活去世，其堂弟李娑固接任。开元八年，李娑固想杀死大臣可突干，结果反被可突干赶走，唐军支援李娑固失利，遂退入山海关，可突干拥立李娑固的堂弟郁干为主，派人入唐请罪，唐玄宗赦免了他，同意郁干继承了李娑固的官爵。开元十年，郁干入朝求婚，唐玄宗将燕郡公主嫁给了他，可突干也被拜为左羽林将军。次年，郁干病死，其弟吐于继位，又以燕郡公主为妻，与可突干再生嫌隙。开元十三年，吐于带着燕郡公主逃回唐朝，可突干遂拥立李尽忠的弟弟李邵固为主，当年冬天，唐玄宗在泰山举行封禅大典，李邵固也从驾来到泰山，被唐玄宗封为左羽林军员外大将军、静析军经略大使，改封广化郡王，又将东华公主嫁给了他。

从唐玄宗的一系列措施来看，他对于契丹和奚人一直采取的是安抚、绥靖政策，唐朝政府不再敢于插手契丹内部事务，不管谁当头领，只要归顺唐朝，唐朝都会采取克制，接受现实。这一政策固然有一定道理，但其副作用也极为明显，那就是：契丹头领就算是娶了唐朝的公主，在唐朝这里依然得不到道义上和武力上的支持，这在一定程度上也就助长了契丹内部变乱的不断发生，就像可突干，他一人接连赶跑了两位契丹王，却依然安然无恙，反而成为契丹最有实力的人物。

李邵固入朝后，可突干随之也入朝了，然而，同平章事李元纮看不起此人，对他很不礼貌。已经靠边站的左丞相张说见状，对别人说："这下坏了，契丹和奚人肯定会背叛的。可突干狡猾凶狠，人面兽心，唯利是图，他把持契丹国政已经很久了，深得契丹军民之心，如今，对他如此怠慢，他肯定不会再入朝了。"果然，不出张说所料，等可突干返回契丹后，就在吐蕃派人到边境上下书求和的次月，即开元十八年（公元730年）五月二十六日，他就发动政变，杀害了李邵固，率领契丹和奚人叛降了突厥，奚王李鲁苏及其妻子韦氏、李邵固的妻子陈氏（东华公主）都逃奔了唐朝。

消息传来，唐玄宗下诏命令幽州长史赵含章领兵前去讨伐，又命令中书舍人裴宽、给事中薛侃等人前往关内、河东、河南、河北各道分头招募勇士。六月二十三日，唐玄宗以第三子、单于大都护、忠王李浚领河北道行军元帅，以御史大夫李朝隐、京兆尹裴伷先为副元帅，率领十八总管北上讨伐契丹和奚人。唐玄宗命令李浚与百官在光顺门相见，张说退下后，对学士孙逖、韦述说道："我曾经看过太宗皇帝的画像，与忠王长得很像，这真是社稷之福啊！"但最终李浚率领的大军并没有成行。

可突干入侵平卢军（今辽宁省朝阳市），唐将先锋使乌承玼率军在捺禄山（在今辽宁省朝阳市北）将其击败。

开元二十年（公元732年）一月十一日，唐玄宗下诏以信安王、朔方节度副大使李祎为河东、河北行军副大总管，率军讨伐契丹和奚人；十八日，又任命户部侍郎裴耀卿为副总管。

信安王李祎率领裴耀卿和幽州节度使赵含章分路向契丹和奚人发起进攻，赵含章的军队一碰到契丹人，契丹人就望风而逃。乌承玼告诫赵含章说："契丹和奚人是强敌，前日逃去，并不是害怕我们，而是在引诱我们，应当按兵不动，以观其变。"赵含章却置之不理，率军继续前进。唐军行至白山（今地不详），突然出现了大批敌人，赵含章部大败。幸亏乌承玼率领本部从另外一条道路及时赶到，从右翼朝敌人发起袭击，将敌击破。

三月二十六日，唐军各部继续推进，取得决定性胜利，俘虏、斩杀了很多敌人，可突干逃往远方，残余部众则躲入深山老林；奚人头领李诗琐高率领五千帐归降。唐玄宗封李诗琐高为归义王，任归义州都督，将其降众安置到幽州境内。

李祎率军凯旋。唐玄宗命令裴耀卿携带二十万匹绢赏赐给奚人立功将领，裴耀卿对部下说："夷狄之人素来贪婪，如今我们携带大批资财深入他们辖区，不可不防。"遂命令部队提前出发，齐头并进，一天之内就把财物赏赐到位了。突厥和室韦果然发兵在路上伏击，想劫掠财物，但等他们来到后，裴耀卿一行已经安全返回了。

六月六日，唐玄宗加授李祎为开府仪同三司。赵含章贪污军资上万，唐玄宗下令在朝堂上用棍棒将其痛打一顿，流放瀼州，赵含章终因伤势过重，死在了路上。

契丹叛乱，也让渤海王武艺蠢蠢欲动，他派遣部将张文休率领海盗进攻登州，杀害了登州刺史韦俊。这一举动让唐玄宗勃然大怒，命令右领军将军葛福顺率军前去讨伐，到了次年（公元733年，开元二十一年）一月，唐玄宗又派遣门艺前往幽州征调军队，讨伐渤海王武艺，并命太仆员外卿金思兰出使新罗，发兵进攻渤海国的南部边境。由于正值寒冬，天降大雪，平地雪深一丈多，再加上山路难行，路途遥远，唐军征讨部队被冻死过半，无功而返。武艺对门艺怀恨在心，暗中派遣刺客潜入唐朝，伺机刺杀门艺，刺客在洛阳天津桥南刺中门艺，却没有将门艺杀死。唐玄宗下令河南尹搜捕刺客及其同党，将他们悉数诛杀。

开元二十一年，可突干再次南下骚扰。幽州长史薛楚玉（薛仁贵之子、薛讷弟）派遣副将郭英杰、吴克勤、邬知义、罗守忠率领精锐骑兵一万余人，并带上降服的奚人前去追击。

闰三月六日，唐军行至渝关（山海关）都山（在今河北省青龙县西北）山下，可突干率领契丹军队与唐军交战。战斗打响后，奚人首鼠两端，突然撤离战场，逃到山险之上固守，唐军失利，邬知义、罗守忠率众南逃，郭英杰、吴克勤战死沙场。然而，唐军下余六千多官兵依然苦战不已，敌人将郭英杰的人头在阵前展示，但唐军将士视死如归，始终不降，全军全部壮烈战死。战后，薛楚玉被免职。

都山惨败减弱了唐军的攻势，唐玄宗不得不挑选更合适的人选，他首先想到了有边将之才的张守珪。张守珪苦心经营残破的瓜州给唐玄宗留下了深刻的印象，遂将其任命为幽州长史、兼御史中丞、营州都督、河北节度副大使，不久，又加河北采访处置使，将抵御契丹的重任交给了他。

张守珪到任后，果然不负朝廷的厚望，屡屡击败契丹，到次年六月，他又指挥唐军给予契丹致命打击，可突干及其拥立的契丹王屈剌无计可施，想出了一条诈降之计，企图苟延残喘。张守珪对他们的诡计洞若观火，将计就计，派遣管记王悔深入虎穴，前去安抚。王悔来到契丹军中后，很快就觉察出契丹上下并无归降之心，而是将部队逐渐向西北转移，打算杀掉王悔，投奔突厥。除此之外，王悔还了解到契丹牙官李过折与可突干分领兵马，二人争权夺利，矛盾很深，遂暗中劝说李过折诛杀可突干。

十二月十八日深夜，李过折率军偷袭屈剌和可突干大帐，杀死了二人及其全部同党，率领残余部众归降了唐朝。张守珪率领大军进抵紫蒙川（今西拉木伦河），举行盛大的阅兵仪式，以震慑契丹部众，设宴犒赏有功将士；唐玄宗下令将屈剌和可突干的人头高悬在天津桥上示众。

开元二十三年（公元735年）春，李过折来到东都向唐玄宗献捷，唐玄宗下诏封其为北平王，检校松漠州都督，使其统领契丹部众，接着，张守珪也回来献捷，唐玄宗想拜其为宰相，但时任宰相（中书侍郎、同平章事）的张九龄素来对非文士出身的官员怀有偏见，他劝阻道："宰相是代替天子处理国事的，不是用来犒赏的官职。"唐玄宗说："只给他个虚名而不令其办事，行吗？"张九龄回答："不行。只有名分和官位不可以随便给人，这是君王的责任。况且，张守珪刚刚平定契丹，陛下就将他任命为宰相，假如他扫清了奚人和突厥，陛下将用什么官职来犒赏他呢？"唐玄宗听了，这才作罢，遂拜张守珪为辅国大将军、右羽林大将军，兼御史大夫，赏赐一千匹绸缎以及很多金银器物，给他的两个儿子也封了官，并下诏在幽州立碑记载他的战功。

李过折当上契丹王不足一年，就为可突干的余党涅礼所杀，其子也同时被杀，只有一个叫剌乾的儿子侥幸逃脱。涅礼上书解释，称李过折用刑残暴，众心不安，所以才杀死了他，唐玄宗赦免了他的罪过，就顺水推舟，封涅礼为松漠都督，下书责备他道："你们的传统一直对自己的君主无礼，这由来已久，朕也知道，不过，李过折是你的王，有点过错，就随便杀掉，当你的王是不是也太难了点？朕担心如今你当这个王，后人也会效仿你的，假如经常提心吊胆的，谁还愿意当这个王？你也要好自为之，多考虑考虑自己的后路，岂能只图一时痛快！"不久，突厥发兵进攻契丹和奚人，涅礼和奚王李归国协同作战，将其击退。

至此，持续四年的契丹叛乱总算被扑灭了。

三一九　轮番登场

从开元十五年到二十三年这八九年间，唐朝先与吐蕃后与契丹之间展开的战争是一条主线，说明了已经进入开元盛世的唐朝虽然处于盛世，但并不太平。

这些年来，唐玄宗的宰相们也是换了一拨又一拨。张说罢相后，宰相分别是源乾曜、李元纮和杜暹，过去，张嘉贞、张说当权时，源乾曜自知才力不足，不敢与二人争权，等到李元纮和杜暹当权后，源乾曜已成了习惯动作，一味地尸位素餐，啥事不管，只是署名而已，而李元纮和杜暹二人却常常意见相左，闹得不可开交，矛盾逐渐升级，最后发展到相互上书唐玄宗揭发对方的短处，这让唐玄宗十分不悦。到开元十七年六月，唐玄宗终于忍无可忍，下诏将黄门侍郎、同平章事杜暹贬为荆州长史，将中书侍郎、同平章事李元纮贬为曹州刺史，将源乾曜免去侍中，只保留左丞相一职，提拔户部侍郎宇文融为黄门侍郎，以兵部侍郎裴光庭为中书侍郎，二人均为同平章事；以萧嵩兼任中书令，遥领河西军务。

宇文融十分精明，口才极好，可是，他的缺点也非常明显，就是口无遮拦，喜欢自吹自擂，目中无人。他因主持清查流亡户口和土地，增加政府财税收入而得到唐玄宗的赏识，但他的这一做法无形中令各地官员把竞相搜刮百姓作为工作的重心，也让唐玄宗逐渐变得奢侈起来，最终受苦的却是平民百姓，而宇文融本人却虑不及此，等他当上宰相后，还向人夸口说：“让我在相位上当上几个月，就能让海内无事了！”他举荐宋璟为左丞相，裴耀卿为户部侍郎，许景先为工部侍郎，都深得人们的称赞。

当时，信安王李祎刚刚取得石堡城大捷，正受到唐玄宗的青睐，而宇文融却对他很是嫉妒。李祎入朝后，宇文融指使御史李寅弹劾他，可是李寅却无意中将这一想法泄露出去了。李祎听说后，提前禀报给了唐玄宗，果然，第二天，李寅的弹劾奏章就送到了唐玄宗的御案上，唐玄宗顿时火冒三丈。九月二十五日，正好担任一百天宰相的宇文融被贬为汝州刺史。

宇文融被免职后，朝廷很快就出现了财政危机，唐玄宗又想起了宇文融，对裴光庭等人说："你们都说宇文融有种种过错，朕如今已经将其废黜，朝廷开支却捉襟见肘，你们说该怎么办！你们能拿出什么招数来辅佐朕呢？"

中国传统士大夫常常务虚不务实，谈起所谓的道、义、理、礼来可以说得天花乱坠，可是，人总是要吃饭的，朝廷总是要运转的，这都要靠钱财，光靠那些空话是毫无用处的，他们也知道这是他们的短板。因此，对于能够解决这些实际问题的能人，总是指手画脚，说三道四。然而，等到他们把这些能人打压下去之后，让他们来解决这些眼前的问题，他们又都是束手无策。

当听到唐玄宗这些话后，裴光庭等人吓得不敢则声，又无计可施，但他们从唐玄宗的言语中听出了皇帝的心思，他们唯恐宇文融被重新起用，想到的是如何把他置之死地，让他永世不得翻身。当时，裴光庭兼任御史大夫，又弹劾宇文融结交朋党、其子收受贿赂等事，唐玄宗又下诏将宇文融追贬为昭州平乐尉。宇文融在岭南一年多，司农少卿蒋岑又弹劾他贪污了上万巨款，给事中冯绍烈又深入核查此事，宇文融又被流放到岩州。岩州是瘴疠之地，宇文融水土不服，忧愁苦闷，得了重病，遂来到广州。都督耿仁忠对他说："大人受到朝廷的严责，以致落到这步田地，如今，又冒犯禁令，私自来到我这里，我因此受到牵连，自然心甘情愿，可是只恐怕朝廷知道后，后果不堪设想啊。"宇文融听后，赶忙返回，禁不住一路颠簸劳顿，遂死在途中。宇文融死后，唐玄宗追思他的功劳，追赠其为台州刺史。撰写《资治通鉴》的司马光本人就是一个耻言财利的士大夫，所以，《资治通鉴》对宇文融及其做法有意识地予以贬损。比如，《旧唐书》在记载了宇文融的个性为人之后，还是客观地写道：（宇文融在担任宰相后）"荐宋璟为右丞相，裴耀卿为户部侍郎，许景先为工部侍郎，甚允朝廷之望"。而《资治通鉴》则故意将这一句话删掉；相反，却对宇文融的对立面裴光庭等人极力回护。比如，《旧唐书》明确记载，将宇文融落井下石的人就是裴光庭，而《资治通鉴》却故意记作："会有飞状告融赃贿事……"把裴光庭的弹劾竟然隐去，记作"飞状"！已全无良史之风了。

宇文融罢相后，开元十八年一月，裴光庭被任命为侍中，四月又兼任吏部尚书，与中书令萧嵩二人同为宰相。裴光庭当上吏部尚书后做的一件大事就是要求朝廷在任用官员时严格采取论资排辈的制度。过去，唐朝在选人用人上只看候选人的能力，有能力的，可能会越级提拔，没有能力的，也许会一辈子沦落下僚，甚至出现有的人取得资格二十余年还没有当上一官半职的。另外，各地地方官的任免也没有一定之规，有的过去在大州、大县当官，会被调往小州、小县任职，也有的先在距离京师近的地方任职，会被调往远地任职，这都是随机的。至此，裴光庭上奏要采取循资格，出现空缺后，所有的候选人都根据一定的资格进行排列，论资排辈，进行递补，不允许越级提拔；不论是否有能力，只要排到一定年限，又没有犯法，都是有升无降。这一制度实施后，那些没有本事、长期被压在底层的人，个个欢呼雀跃，称赞这一规定是“圣书”，而那些身怀才气的精英们无不怨恨叹息。宋璟强烈反对这一做法，但没有效果。《唐会要》记载，当时门下主事阎麟之是裴光庭的心腹，负责选官工作，阎麟之拟定一人，裴光庭随口下笔，时人称：“麟之手，光庭口。”另据《唐朝年代记》称，裴光庭原来娶妻武三思之女，高力士与其有私情，因此，裴光庭担任宰相与高力士很有关系，宋璟、王晙曾在酒后跳《回波乐》，嘲笑裴光庭。

到开元二十年三月裴光庭去世，裴萧搭档持续了三年有余。裴光庭的循资格一直受到人们的非议，等他死后，朝廷讨论他的谥号时，太常博士孙琬还说：“裴光庭用循资格，没有起到奖励人才的作用，希望给他一个克字的谥号。”其子裴稹上书喊冤，唐玄宗下令改谥为忠献。

裴光庭死后，唐玄宗问萧嵩谁能接替，萧嵩与右散骑常侍王丘是好友，打算举荐王丘，可是，王丘听说后，坚决让给尚书右丞韩休。萧嵩就在唐玄宗面前推荐了韩休，开元二十一年三月，唐玄宗任命韩休为黄门侍郎、同平章事。王丘是唐中宗之女定安公主的丈夫王同皎的堂侄。开元初年，王丘出任考功员外郎，在任期间，他十分勤勉公允，完全按照以才取人的做法，赢得了普遍的赞誉，经他手选拔的山阴尉孙逖、桃林尉张镜微、湖城尉张晋明、进士王泠然等人都是一时之秀。此后，王丘又历任黄门侍郎、怀州刺史、尚书左丞、右散骑常侍等职。

韩休早年因举被授予桃林丞，后历任左补阙、中书舍人、礼部侍郎、虢州刺史、工部侍郎、尚书右丞等职。韩休为人刚直，不追求名利，人们听说任命他当宰相后，都很满意。他刚当上宰相，就遇到万年县尉李美玉冒犯了唐玄宗一事，唐玄宗特意下令将其流放到岭南。韩休劝谏道：“李美玉官职卑微，所犯又非大罪，如今朝廷上有大奸之人尚且不能除去，岂能舍大就小？臣见金吾大将军程伯献仗恃恩宠，贪污纳贿，宅邸车马，超越制度，臣请求先降罪于程伯献，而后再加罪李美玉。”唐玄宗起初没有答应，可是韩休却一再坚持，说道：“一个小小的李美玉尚且不能容忍，像程伯献这样的大奸大恶岂能不予追究！陛下如果不外贬程伯献，臣就不执行流放李美玉的命令。”唐玄宗以其切直，最终只好答应了。程伯献是唐初开国名将程咬金（程知节）之孙、其幼子程处弼之子。

萧嵩推荐韩休，原本以为韩休恬淡平和，容易控制，谁知等到二人共事之后，才发现这个韩休却宁折不弯，二人逐渐产生了矛盾。宋璟听说后，叹息道：“我真没想到韩休竟然能这样，这真是仁者的勇气啊！”有时候，唐玄宗在宫中游宴或者在后苑打猎，总会问身边的人：“韩休知道不？”他的话刚说完，韩休的劝谏奏章就送到眼前了。一次，唐玄宗站在镜前，闷闷不乐，身边的人说：“韩休当上宰相以来，陛下比过去消瘦了很多，为何不把他罢官？”唐玄宗叹息一声，说道：“我容貌虽然消瘦了，然而，天下百姓一定会肥胖。萧嵩奏事时，经常顺从我的旨意，但等他退下后，我总是寝食不安。韩休常常在我的面前据理力争，等他退下后，我睡觉却很安稳。我重用韩休，是为了江山社稷啊，不是为了我自己的安逸。”韩休当上宰相后，就推荐王丘取代崔琳当上了御史大夫，王丘虽然处事公平，却笨嘴拙舌，在唐玄宗面前汇报工作总不能让唐玄宗满意，韩休又屡屡在唐玄宗面前与萧嵩争论，当面指出萧嵩的缺点，令唐玄宗开始不满起来。萧嵩看准时机，采取以退为进的策略，主动提出辞职。唐玄宗问：“朕并未讨厌你，为何匆匆辞职呢？”萧嵩回答：“臣蒙受陛下厚恩，升为宰相，富贵已极，趁陛下尚未讨厌臣，臣才能从容全身而退；陛下一旦讨厌了臣，臣的脑袋尚且不保，又怎能如愿？”说完，流下了眼泪。唐玄宗听后，为之动容，说道：“爱卿暂且退下，朕慢慢考虑考虑。”

开元二十一年十二月，唐玄宗下令将萧嵩贬为左丞相，将韩休贬为工部尚书；提拔京兆尹裴耀卿为黄门侍郎，前中书侍郎张九龄（正给母亲服丧）为中书侍郎，均为同平章事。萧嵩担任宰相六年，韩休不足一年。

三二〇　宦官得势

这些年来，外庭重臣虽然换了一拨又一拨，然而，唐玄宗最为倚重的两个内廷宦官一直没变，并且随着他俩权势的不断扩大，也令整个宦官集团地位日渐提高，这也为中晚唐时期宦官把持朝政埋下了伏笔，这两个人就是：高力士和杨思勖。

唐朝的内侍省编制：内侍四人；内常侍六人；内谒者监六人；内给事八人；谒者十二人；典引十八人；寺伯二人；寺人六人。另有五个局：掖廷局管理宫人人事档案；宫闱局掌管宫内门禁，下属有掌扇、给使等职位；奚官局负责宫人疾病死丧等日常生活；内仆局负责宫中供帐灯烛；内府局掌管宫中财务。五局设有令丞，全由内官担任。

如前所述，高力士本姓冯，武曌时期岭南讨击使李千里将其送入皇宫。武曌见他长得乖巧，聪明伶俐，就放在身边，后因犯了小错，被逐出宫外，内官高延福收为养子，改姓了高。高延福与武三思有来往，高力士也经常去武三思家走动，一年过后，武曌又将他召入宫中。

高力士性格谨慎，心细如发，口风很紧，是口传圣谕的合适人选，后被授予掌管宫内门禁的宫闱丞。内侍省五局中的宫闱局掌管内廷门禁，可以说与负责皇宫外围门禁的禁卫军共同保护着皇帝的安全，地位非常重要。史称："景龙中，玄宗在藩，力士倾心奉之，接以恩顾。"根据内官不得结交外臣的禁令，显然，当李隆基暗中策划推翻政变时，是主动通过关系拉拢高力士的，而精明的高力士也看出了唐中宗和韦皇后力量薄弱，遂暗中投靠到了李隆基的怀抱。李隆基也看中了高力士的能力，就在他发动唐隆政变之后，顺利地登上了太子之位，就奏请高力士留到了自己身边，提拔为朝散大夫、内给事。此后，高力士就成了李隆基的心腹，参与讨平太平公主一党的政变，等到李隆基当上皇帝，就任命他为右监门卫将军，知内侍省事。

各地送给皇帝的奏表，一定要先呈送给高力士，而后由高力士再送给唐玄宗，遇到一些小事，高力士自己就代替唐玄宗处理了。唐玄宗对他非常信任，经常说："每当遇到高力士值夜班，我就能睡得安稳。"因此，高力士也经常住在宫中，就住在皇帝寝殿旁边，很少回到外宅。皇帝的信任给予了高力士无形的权力，像宇文融以及后来的李林甫、李适之、盖嘉运、韦坚、杨慎矜、王鉷、杨国忠、安禄山、安思顺、高仙芝等人能当上宰相，都是走的高力士的路子；再如后来当上太子的李浚就尊称高力士为二哥，诸王、公主也都尊称高力士为阿翁，驸马们则尊称为爷。高力士本人虽然没有大错，也待人亲切，然而经他推荐当上宰相的李林甫等人后来扰乱朝纲，高力士也难辞其咎，另外，高力士还精于自保，善于观察朝廷动向，就算是自己的至亲招致大祸，也从不出手相救。

高力士富贵后，不仅娶了吕氏之女为妻，还找到了自己的生母麦氏。吕夫人的父亲吕玄晤也因之被授予少卿、刺史，吕氏子弟都当上了诸王的师傅。金吾大将军程伯献与高力士结为兄弟，麦氏去世时，程伯献像亲生儿子一样在灵堂上披头散发，穿戴孝子孝服，接受宾客的吊唁。吕夫人去世时，朝廷内外争相凭吊，从高力士的宅邸一直到城东吕夫人的坟墓，一路上车马不绝。开元十七年，唐玄宗又追赠高力士的生父为广州大都督，生母麦氏为越国夫人。

如果说高力士主内，那么杨思勖就是主外，二人是唐玄宗的左膀右臂。

杨思勖，本姓苏，罗州石城人。为内官杨氏的养子，后来也成为一名宦官。唐中宗景龙元年，太子李重俊发动政变，杨思勖参与平乱，被破格提拔为银青光禄大夫，行内常侍；此后，又参与了李隆基发起的唐隆政变，诛杀了韦皇后，自此，杨思勖就成了李隆基的爪牙，被晋升为右监门卫将军。

杨思勖膀大腰圆，残忍好杀，唐玄宗即位后，一直让他出外领兵，专门负责讨伐国内少数民族的叛乱，他担任内卫部队的司令。

开元十年，安南（今越南）首领梅玄成（又称梅叔焉）反叛，自称"黑帝"。他与林邑、真腊国通谋，攻陷了安南府，唐玄宗命令杨思勖率军前去讨伐。杨思勖来到岭南后，招募岭南少数民族子弟，组成了一支十余万人的大军，从伏波故道南下，出其不意，临阵斩杀梅玄成，将其党羽全部处死，积尸为京观而还。开元十二年，五溪蛮覃行璋发动叛乱，唐玄宗再次任命杨思勖为黔中道招讨使，率军平叛；杨思勖又是旗开得胜，生擒覃行璋，斩首三万级。开元十四年，邕州人梁大海盘踞宾、横等数州反叛。杨思勖领兵讨伐，生擒梁大海等三千余人，斩余党两万余级，积尸为京观。开元十六年，泷州首领陈行范、何游鲁、冯璘等聚众作乱，攻陷四十余城。陈行范自称为帝，何游鲁称定国大将军，冯璘称南越王，割据岭南。唐玄宗下诏命令杨思勖率领永、连、道等兵及淮南弩手十万人进讨。军至泷州，临阵生擒何游鲁、冯璘，斩首。陈行范潜逃到云际、盘辽二洞，杨思勖集中兵力发起进攻，生擒陈行范，斩首，又斩杀六万级。

杨思勖非常残暴、变态，他经常把抓到的俘虏活生生地剥去面皮，或者割开发际，揭去头皮；在杨思勖面前，将士们无不吓得不敢仰视。开元二十八年去世，时年八十余岁。

除了高力士和杨思勖二人外，唐玄宗还重用黎敬仁、林招隐、尹凤祥等宦官，他们的威势与高杨二人相同，黎敬仁、林招隐主要负责出使、宣布诏命，尹凤祥则负责书院事务，五人之下，还有孙六、韩庄、杨八、牛仙童、刘奉廷、王承恩、张道斌、李大宜、朱光辉、郭全、边令诚等人，或殿头供奉，或出外监军等等。

贞观年间，唐太宗制定制度，内侍省的最高长官内侍只是四品官，因此，从贞观年间一直到唐高宗永淳年间，凡七十余年，皇帝一直没有给宦官们权力，宦官也只是负责皇宫内廷阁门守备、负责皇帝的饮食起居罢了。到武曌时期，二十年间，稍稍增加了宦官的员额。从唐中宗开始，宦官势力有所抬头，神龙政变后，为了拉拢宦官集团，唐中宗将三千余名宦官中的三分之一都破格授予七品以上的员外官，然而当时宦官中能当上三品以上的人还是少之又少。到了唐玄宗时期，唐玄宗重视宦官集团，宦官办事稍稍让他称心，就提拔为三品将军，门前竖起长戟（门施棨戟）。《新唐书·百官志》记载，宫殿、庙宇门前设置二十四个长戟；太子宫门前十八个；一品十六个；二品以及京兆尹、河南尹、太原尹、大都督、大都护府门前十四个；三品以及上都督、中都督、上都护、上州府门前十二个；下都督、下都护、中州、下州门前十个。宦官们出使外地，各地官员曲意逢迎，唯恐不及，宦官们收受的贿赂少的也有一千串钱；宦官们一到军中，就想拿到千万钱，因此，京城内的上等宅邸有一半都是宦官们的。

宦官力量的增强其实与宦官数量猛增有关，而宦官数量的猛增又与内廷范围扩大有很大关系。过去，唐太宗喜爱晋王李治，一直留在宫内，唐玄宗的父亲李旦也因是武曌的幼子，也一直住在宫内，直到担任相王和皇嗣后，才出宫居住。唐中宗时期，谯王李重福失宠，被贬出京城，而温王李重茂已十七岁了，却还住在宫内。唐玄宗即位后，儿子们尚幼，也住在宫中，等到开元十三年东封泰山后，孩子们逐渐长大，唐玄宗就下令在安国寺东面挨着皇宫修建了一座大宅院，让儿子分院居住其间，号称为“十王院”，其实是十一王，分别是庆王、忠王、棣王、鄂王、荣王、光王、仪王、颍王、永王、延王、济王；后来，又住进了六个王，皇子们集中居住，由宦官统一管理。外面虽然有王府，有属官，有的还外领藩镇，但实际上只是空名，王府官员只在诸王读书时入内陪读，其余官员也只在每年元旦时通名问安而已，至于外领的藩镇官员更是连向诸王问安也不允许。后来，唐玄宗的孙子们也逐渐多了起来，唐玄宗又在十王院的外面修建了百孙院。每年，唐玄宗要去华清宫，在华清宫外也修建了十王院和百孙院。十王院每个院有宫女、宦官四百人，百孙院每个院也有宫女、宦官三四十人。另外，唐玄宗时期所谓的皇宫除了长安大内之外，还有大明宫和兴庆宫，号称三宫，东都洛阳还有大内、上阳两个宫，宫女共计有四万人，相应的宦官人数当不在此数之下，光是身穿黄色官服以上的宦官就有三千人，而身穿紫色官服的高级宦官就有上千人。如此庞大的宦官集团，自然是唐玄宗不可忽视的力量。

当然，宦官人数只是一个方面，关键是唐玄宗觉得宦官们忠诚，用起来得心应手，这就与一件具体事情有不小的关系。长期以来，王毛仲作为唐玄宗的心腹，一直受到唐玄宗的宠信，唐玄宗一会儿见不到他，就会怅然若失，而王毛仲也不负圣望，兢兢业业，办事得力，让唐玄宗更是欢喜。东封泰山后，唐玄宗在泰山脚下加授当时的宰相源乾曜、张说为左右丞相，王毛仲就加授了开府仪同三司，然而，王毛仲恃宠而骄，唐玄宗念及旧情，一直隐忍不发。王毛仲长期担任禁卫军高级将领，在禁卫军中的势力很大，与左领军大将军葛福顺、左监门将军唐地文、左武卫将军李守德、右威卫将军王景耀、高广济私交很深，葛福顺的儿子娶了王毛仲的女儿，有了王毛仲这个后台，葛福顺等人就经常干些不法之事。

王毛仲与宦官集团也存在很深的矛盾。宦官集团嫉妒他得宠，而王毛仲则全然不把宦官们放在眼里，对于那些低级宦官，稍不如意，就像对待自家的奴仆一样破口大骂，因此，像高力士等人对王毛仲是恨之入骨，都想推倒王毛仲，但不敢有所动作。有一次，王毛仲向唐玄宗要官，表示想当兵部尚书，唐玄宗听后很是不快，不置可否，王毛仲顿时显得很不高兴，君臣二人关系遂产生阴影。

开元十八年（公元730年），王毛仲的妻子生子，三日后，唐玄宗命高力士来到王家祝贺，送去了很多金银财物，又授予新生儿五品官。等到高力士回宫后，唐玄宗问他："王毛仲高兴不高兴？"高力士回答："王毛仲抱着襁褓中的婴儿让臣看，说道：'你看这孩子就不配当三品官吗？'"唐玄宗听后，顿时火冒三丈，说道："昔日诛除韦氏，此人首鼠两端，朕一直不提，今天还敢拿个小孩对我发牢骚！"高力士趁机说道："北门奴才（指北门禁卫军将领）们力量太大了，他们团结一心，不早早除掉，必定会生出大患！"

不久，王毛仲向太原军武器库总监索要武器装备，少尹严挺之得知后，向唐玄宗禀报，唐玄宗担心禁卫军将领们惊恐之下会激出兵变，就不提此事。开元十九年一月，唐玄宗下诏只说王毛仲"在公无竭尽之效，居常多怨望之词"，将其贬为"瀼州别驾员外置长任，差使驰驿领送至任，忽许东西及判事"；王毛仲的儿子太子仆王守贞，贬为施州司户；太子家令王守廉，贬为溪州司户；率更令王守庆，贬为鹤州司仓；左监门长史王守道，贬为涪州参军。王毛仲的亲信左领军大将军耿国公葛福顺，贬为壁州员外别驾；左监门将军卢龙子唐地文，贬为振州员外别驾；右武卫将军成纪侯李守德，贬为严州员外别驾；右威卫将军王景耀，贬为党州员外别驾；右威卫将军高广济，贬为道州员外别驾，有数十人受到牵连。继而，唐玄宗又下诏将王毛仲杀死，王毛仲行至永州，被勒死。

扳倒王毛仲以后，宦官的势力更盛。

三二一　初入盛世

这些年唐玄宗还十分重视农业生产。

开元十五年（公元727年）二月，唐玄宗下诏称："各州流民，过去经过劝农使核定后，还有逃来的，可以按照普通百姓的标准缴纳当年的赋税，遇到服兵役，要让这些人先服役。"同年，唐玄宗命令宫中嫔妃、宫女在宫内养蚕，让她们学习女红，五月，他赏赐给宫中贵妇和亲近侍女每人一些生丝。开元十六年，唐玄宗下令规范户籍制度，规定每三年核定一次，将贫富人家分成九等。开元十七年十一月，唐玄宗拜谒桥陵（李旦墓）、定陵（李显墓）、献陵（李渊墓）、昭陵（李世民墓）、乾陵（李治墓）五陵，此后，宣布大赦天下，免除全国百姓一半的地租。开元十九年二月，唐玄宗亲自在兴庆宫旁边的田地耕田，耕了三百步。开元二十一年，关中地区大雨不止，粮食价格上涨，唐玄宗打算前往洛阳，召来京兆尹裴耀卿商量，裴耀卿回答："关中是帝业的发祥地，其地位一百年也不能动摇，但是，这里土地狭窄，粮食产量低，所以，历代皇帝都是经常前往东都，以减轻关中的粮食压力。臣观察贞观、永徽时期，官员们的俸禄不多，每年只需从关东运来一二十万石粮食，就够用了，皇帝也不用经常前去东都。如今，朝廷用度增加，运来的粮食数倍于前，也还是捉襟见肘，致使陛下屡屡顶着寒暑东去，以照顾关中百姓的生活。因此，我建议，将农业部收来的粮食全部送到东都，再从东都运抵长安，假如关中有数年的粮食储备，就不怕出现旱涝灾害了。江南的船只对北方水道不熟悉，一路上走走停停，时间长了，就容易产生隐形损耗，因此，我建议：在河口修建粮仓，江南的运粮船到后，将粮食卸下，即可折返，朝廷自行雇佣船只从黄河、洛水运入洛阳；再在三门峡东西两侧各建一座粮仓，运粮船来到这里后，就存放起来，水势险恶时就停航，水势变缓时，再出发，或者开凿山路，雇佣车辆，绕过黄河河心的中流砥柱，就不会耽误时间了，也能节省上万的费用。黄河、渭河两岸都有隋朝时修建的粮仓，重修一下并不困难。”唐玄宗深表同意，任命裴耀卿为江淮、河南转运使，在河口（今河南省荥阳市西）修建粮食转运站，又在转运站以东修建了河阴仓，以西修建了柏崖仓，三门峡以东修建了集津仓，以西修建了盐仓；开凿十八里的漕渠，避开三门峡黄河天险。三年后，向关中运送七百万斛米，替朝廷节省运费三十万钱，有人劝说裴耀卿把省下来的钱送给皇帝，裴耀卿却说：“这是公家节约下来的，为何拿这去给自己邀功呢？”遂上奏唐玄宗，全部用作政府平抑粮价的基金。

唐玄宗还亲自在皇家园林中种上了小麦，开元二十二年五月，他带着太子、诸王割麦，对大家说：“这些小麦都是用来供奉给宗庙、祭祀祖先的，因此不得不亲自动手，另外，我也是想让你们知道稼穑的艰难。”他又把亲手割下的小麦对近臣们说：“过去，我派人到农村了解小麦收成，很难得到真实情况，所以才亲自耕种看看。”开元二十三年一月，唐玄宗举行亲耕仪式，亲自把犁，耕完九行才停了下来；百官们都耕满一亩，而后，唐玄宗宣布大赦天下，允许全国百姓大吃大喝三天。当时，唐玄宗驾临五凤楼与民同乐，下面人山人海，沸反盈天，乐师无法演奏，禁卫军挥舞棍棒，也无法遏止，弄得唐玄宗也很无奈。高力士称河南丞严安之非常严厉，百姓们都害怕他，请严安之来。严安之到后，用笏板绕着场地画圈，称：“越过此线者，处死！”于是，三日之内百姓指着他画的线，无人敢越。唐玄宗还命三百里之内的刺史县令各自带来辖区的乐队前来比赛助兴，怀州刺史带来了三百人的庞大队伍，都是穿戴华丽，驾车的牛也被打扮成虎豹犀牛大象模样，而鲁山县令元德秀只带来几名乐工，手拉着手唱《于蔿于》。唐玄宗说：“怀州的百姓遭难了吧！”当即把那位刺史贬为散官。

在选人用人方面，开元十七年三月二十六日，国子祭酒杨玚上书认为：“有关部门建议限制每年录取的进士、明经的员额，规定每年不超过一百人，我发现那些不是通过科举考试进入官场的每年就高达两千多人，明经、进士连他们的十分之一都不到，如此一来，那些精研学业的精英连不入流的胥吏都不如，臣担心会令社会风气逐渐变坏。假如觉得有当官资格的人太多了，应该予以裁减，那么也不该单单限制明经和进士的员额。”他又称：“在科举考试时，主考官出的填空题，不切中儒家经典的主旨，一味出一些冷题、偏题，甚至考一些年月日，建议从今往后要考那些常见的经典。”开元十八年裴光庭当宰相后，就实施了循资格来任用官吏。开元二十一年，裴光庭去世后，循资格受到普遍的攻击，到了六月，唐玄宗又下令称："从今往后，候补人选确有才能的，吏部可以随时提拔重用；从九品以下的流外小官，不再经过门下审核。"虽然有了这道诏书，但经过两年多运转的循资格，让吏部主管官员省去了很多麻烦，不会得罪人，因此，他们还是照旧办理。当时，唐朝全国官员有17686人，吏有57416人，当官的途径数不胜数，官员人数也一再膨胀。

随着国家实力的增强，唐玄宗也很重视提高官员的待遇。开元十八年二月八日，唐玄宗下令从今往后，百官正月可以休假十天，挑选风景名胜游乐，上至宰相下到各部副部长，朝廷安排十二桌宴席招待，各自赏赐五千钱。有时候，唐玄宗登上花萼楼，看到春游归来的官员，就邀请他们上楼饮宴，让他们轮流起舞助兴，经常是尽欢而罢。三月，唐玄宗又下令恢复了取消八年之久的京官职份田。根据唐初制度，亲王食封八百户，有至一千户；公主三百户，长公主加三百户，有至六百户。武曌、中宗、睿宗时期，制度受到冲击，唐玄宗即位后，敦睦亲情，以大哥宁王有让位之功，封五千五百户，岐王和薛王分别封五千户，其余皇妹则封一千户。此后，唐玄宗封王的儿子们也都封两千户，封公主的皇女封五百户，每户以三个男丁为限。公主们的收入太少，以致车马衣服钱不够用，有人对唐玄宗提及此事，唐玄宗却说："百姓缴纳的赋税，不是我的私人收入。战士们以死卫国，赏赐不过一点丝绸而已，女子们又有什么功劳，要那么多食邑？这也会让她们知道勤俭节约的道理。"后来，武惠妃的女儿咸宜公主出嫁才增封到一千户，其他公主利益均沾，也都自然增至一千户了。

国家强盛不仅仅表现在人们安居乐业，国库充裕，还表现在礼仪制度等软实力方面的建设。唐玄宗对此也十分重视，曾指使张说与学士们制定五礼，张说去世后，萧嵩又继续从事这项工作。起居舍人王仲丘请求根据《显庆礼》，祈求风调雨顺、祈雨、明堂祭祀，都要祭祀昊天上帝；萧嵩又建议按照上元的诏命，父亲健在，母亲去世，孝子要给亡母穿齐边的丧服三年，唐玄宗都采纳了。他下令：以后在天坛祭祀上帝、地坛祭祀土地神时，都由唐高祖李渊的牌位配享；在祭祀雨神和神州土地神时，由唐太宗李世民的牌位配享；明堂祭祀时，由唐睿宗李旦的牌位配享。开元二十年九月，新礼制定完成，呈给唐玄宗，号称《开元礼》。

开元二十年（公元732年），唐朝全国户口达到7861236户，人数达45431265

人。开元二十一年，唐玄宗将全国分为京畿（今陕西省西安市）、都畿（今河南省洛阳市）、关内（今陕西省西安市）、河南（今河南省开封市）、河北（今河北省大名县）、河东（今山西省永济市）、陇右（今青海省海东市乐都区）、山南东道（今湖北省襄阳市）、山南西道（今陕西省汉中市南郑区）、剑南（今四川省成都市）、淮南（今江苏省扬州市）、江南东道（今江苏省苏州市）、江南西道（今江西省南昌市）、黔中（今四川省彭山县）、岭南（今广东省广州市）十五个道，各道都设置了采访使，根据贞观时期的六条来监督地方官员；京畿、都畿的监察工作由御史中丞具体负责，其他地方的采访使由当地贤能的刺史兼任。采访使如果本官没有变更，就一直兼任。除非涉及朝廷制度，需要上报朝廷批准之外，其他事务，采访使可以独断专行，先斩后奏。

太府卿杨崇礼（隋炀帝杨广重孙）二十余年都在太府工作，当时，国家富强，太府寺内财帛堆积如山，每年对账，总还能多出数百万钱。开元二十一年，时年九十余岁的杨崇礼在户部尚书任上退休。

三二二　九龄为相

开元二十二年（公元734年）一月七日，唐玄宗从长安出发，二十七日抵达洛阳。张九龄从家乡韶州来到洛阳晋见，请求唐玄宗允许自己服完母丧，但唐玄宗没有答应。

张九龄，字子寿，一名博物。《九龄宗传》称，张九龄的母亲梦见九只白鹤从天而降，落在自家的院子里，遂将其取名九龄。《开元天宝遗事》称，张九龄年少时，养了很多鸽子，每当给人写信，总让鸽子传书，张九龄称鸽子们为飞奴。

张九龄自幼聪敏，擅长写文章。十三岁那年，他把自己写的文章送给广州刺史王方庆，王方庆大加赞赏，说："这个年轻人一定能干出一番事业！"张九龄参加科举考试，被拜为校书郎。唐玄宗当太子时，挑选天下文人才士，张九龄高分中选，被晋升为右拾遗。由于张九龄负有盛名，当时吏部在选人用人时，经常征询不在其位的张九龄的意见。开元十年，张九龄被晋升为司勋员外郎。当时张说担任中书令，对张九龄十分看好，经常对人夸奖道："这可是未来的词人之首啊！"并主动与张九龄续上了家谱。张九龄见宰相对自己如此看重，也主动接近张说，很快，张九龄就被提拔为中书舍人。

张说垮台后，张九龄也受到牵连，被调任太常少卿，不久又外调为冀州刺史，后又改任洪州都督、桂州都督。张说生前曾对唐玄宗说过张九龄的才华堪当学士，等张说死后，唐玄宗想到此言，就把张九龄从地方上召回，拜为秘书少监、集贤院学士、副知院事，不久又晋升为中书侍郎。在任期间，张九龄经常秘密给唐玄宗上奏，提出意见建议，很多都被唐玄宗采纳了。

张九龄当上宰相之初，就提出要废止过去禁止民间铸钱的禁令。禁止民间铸钱，是开元十七年八月宇文融在担任宰相的短暂时间颁布的一条命令，该命令出台的背景是民间私铸假钱泛滥，扰乱了经济秩序，内容是严禁民间私买私卖能够用于铸钱的铜铅锡等原料，严禁用铜制作器皿使用，所有开采铜铅锡的全部由官府统一收购，这项措施还是有好处的，由于这条禁令出自张说的政敌宇文融，所以，张九龄上任之初就提出要废止这条禁令，不能不令人怀疑他主要还是出于党派之争。

三月十八日，唐玄宗命令百官集体讨论此事。裴耀卿等人都持不同意见，认为："一旦废止此项禁令，恐怕百姓们背本逐利，而假钱将更加泛滥。"秘书监崔沔也反对说："钱贵在流通，而不在多，为何必须让民间私铸才够用呢？"右监门录事参军刘秩说："人要是太富有了，就很难受到物质上的鼓励；要是太贫困了，就难以用严刑峻法制止他们犯罪。假如允许民间私铸，贫苦之人肯定是办不到的，臣担心贫富差距会越来越大，贫民会更加依附于富人，而富人会越来越富，肆意妄为，给社会带来隐患。汉文帝时期，吴王刘濞比天子还有钱，就是因为朝廷允许他铸钱。"由于大家一致反对，唐玄宗这才作罢，张九龄第一把火算是没有烧起来。

唐玄宗挑选了张九龄和裴耀卿当宰相，但裴耀卿又兼任了转运使，一直在外忙活着漕运事务，中央政府全靠张九龄一人，因此，唐玄宗又考虑再挑选一人作为他的副手，于是，他就想到了黄门侍郎李林甫。李林甫表面上对人是一团和气，而内心却是诡计多端，中伤别人时不露痕迹；凡不是自己的人，总是千方百计予以陷害，只要是自己的人，就算是出身低下的奴仆，他也是想方设法予以重用；李林甫还特别能揣摩皇帝的心思，又经常巴结宦官、嫔妃之家，伺察唐玄宗的行动，因此，唐玄宗的一举一动，李林甫都是了如指掌，唐玄宗问起什么事情，李林甫的回答总能让唐玄宗非常满意。武惠妃一直深得唐玄宗的宠爱，她生下的寿王李清也是唐玄宗最喜爱的儿子，武惠妃渐渐产生了让李清夺嫡的想法；李林甫通过宦官给武惠妃传话，愿意竭尽全力保护寿王，这让武惠妃非常感动，暗中帮助李林甫，李林甫也由吏部侍郎升任为黄门侍郎。唐玄宗曾就此征求张九龄的意见，张九龄却说："宰相关乎国家安危，陛下如果起用李林甫，臣恐怕将来会令国家出现隐忧。"但唐玄宗不从。

开元二十二年五月，唐玄宗正式任命裴耀卿为侍中，张九龄为中书令，李林甫为礼部尚书、同中书门下平章事，构建了以裴、张、李为宰相的"三驾马车”。张说罢相后，唐朝宰相也是走马灯似的换来换去：鉴于张说贪污，唐玄宗用了相对清廉的李元纮和杜暹；李、杜二人冲突不断，又用了宇文融、裴光庭和萧嵩；宇文融罢相、裴光庭去世，又用了刚直的韩休；韩休又与萧嵩不和，双双罢相，唐玄宗这才重新回到重用文人气较浓的裴耀卿和张九龄。

张九龄为人正直，文名甚盛，又是盛世贤相，深受后世文人的推崇，但考察他为相期间，在制度建设等方面并没有多少建树，反倒只是一些小事流传了下来。《开元天宝遗事》称他口才很好，与客人们谈论起经史来，总是滔滔不绝。《云仙杂记》称，他曾对别人说：“学者们要有经常想吞下云梦泽一样的胸怀，笔下奔腾如若耶溪，兼收并蓄，文章就会浩瀚壮阔。”《南部新书》记载，过去的规矩是，大臣先把笏板系在腰带上，再上马，因张九龄身体太瘦弱了，这样非常费劲，朝廷就专门制作一个放笏板的布囊，让侍从拿着，走在马前，从此成为惯例。

开元十九年，殿中侍御史杨汪在调查嶲州刺史张审素贪污案时，被张审素部下围攻，回朝后，杨汪就弹劾张审素谋反，张审素因此被杀，两个儿子张瑝、张琇都很年幼，被流放到了岭南，不久，二人逃回京城，伺机报仇。开元二十三年三月，二人亲手杀死了杨汪，把奏表系在斧头上，留在现场，称自己的父亲是受到杨汪的冤枉被冤杀的。二人还打算南下江南，再杀死杨汪的一个同党，行至汜水，被抓获。朝廷群臣大多称二人的父亲死得冤枉，二人年纪又小，能替父亲报仇，应该予以宽恕，张九龄也表示同意，而裴耀卿和李林甫则认为这样就会坏了国法。唐玄宗同意二人的意见，对张九龄说：“孝子之情，不顾生死，然而，他们杀了人予以赦免，不能开了这个头。”下诏称：“国家制定法律，就是为了制止犯罪，假如儿子们都随心所欲以杀人来尽孝，冤冤相报，什么时候才能到头？应当交付河南府用棍棒打死。”

张守珪命令平卢讨击使、左骁卫将军安禄山讨伐反叛的契丹和奚人，安禄山轻敌冒进，被敌人击败。开元二十四年四月，张守珪上报将其斩首，临刑之际，安禄山大声喊道：“大人难道不想灭掉契丹和奚人吗？为何还要杀死我！”张守珪也觉得安禄山是位猛将，想留下他一命，就没有执行，而是将他押送到了京师。张九龄批示道：“昔日，穰苴出师，必杀庄贾；孙武练兵，也杀宫娥。守珪要想执行军令，就必须杀掉禄山。”等把安禄山押到中书省，张九龄与其交谈很久，遂上奏唐玄宗道：“安禄山狼子野心，面带叛逆之相，臣请求趁此将其处死，以绝后患。”但唐玄宗说：“你不要拿王衍看透石勒那个先例，来害我忠良。”只将其免官，以平民身份暂代原职。这一故事流传很广，不过在细节上各书稍有不同，《新唐书》称，安禄山曾以低级军官进京汇报工作，趾高气扬，张九龄对裴光庭说：“将来乱幽州的就是这个胡人！”《旧唐书》称，开元二十年，安禄山因偷羊事发，张守珪命人将其打死，安禄山大喊：“大人不是要灭掉契丹和奚人吗？为何要杀了我！”张守珪看他长得又肥又白，就把他放了，让他与他的同乡史思明一起当捉生将（负责抓“舌头”的特种兵），后来又把二人提拔为偏将。

三二三　朝廷政争（一）

安禄山，本无姓氏，名字叫轧荦山，原是营州柳城的杂种胡人。其母阿史德氏，是突厥的女巫，以占卜为生，突厥人称战斗为轧荦山，他的母亲就以此为其命名，战神之意。轧荦山从小就没有父亲，随着母亲流落在突厥国中，突厥将军安波至的哥哥安延偃娶了安禄山的母亲。开元初年，安延偃带着全家与突厥将军安道买的儿子一起逃出突厥，回到唐朝。当时，安道买的次子安贞节任岚州刺史，对安延偃非常感激，约定两家子弟结为兄弟，轧荦山也就冒姓安，取名禄山。等到安禄山长大后，残忍狡诈，善于揣摩出他人之心，通晓六种少数民族的语言，担任互市郎（市场管理员）。

此后就发生了安禄山偷羊，张守珪杀他未杀，让他担任捉生将的事。在任期间，安禄山曾经率领五位骑兵生擒数十名契丹人，逐渐引起了张守珪的注意，给他增加了一些部下，此后，每当遇到战斗，安禄山所部总是战无不胜，张守珪遂将其提拔为偏将。安禄山非常肥胖，担心张守珪讨厌，非常注意饮食，不敢大吃大喝，因安禄山非常骁勇，张守珪遂收养他为养子，其后，安禄山逐渐被晋升为平卢兵马使擢特进、幽州节度副使。《能改斋漫录》称，张守珪（原文为张韩公，系张仁愿封号，似误）脚底有黑痣，曾让安禄山给自己洗脚，安禄山看个不止。张守珪笑道："我脚下的黑痣是我的贵相，你看来看去，也有吗？"安禄山回答："我是个下贱之人，不幸的是脚上也有，还有纹理，不知何故。"张守珪看后，啧啧称奇，遂收其为养子。

安禄山的铁哥们叫史窣于，与安禄山是邻里，比安禄山大一天，二人十分要好。年少时担任特进乌知义的部下，经常带着轻装骑兵侦察敌情，常有斩获，他与安禄山一样都精通六个少数民族的语言，后也担任了互市郎。史窣于长相与安禄山恰恰相反，他长得非常瘦，两肩上耸，弯腰驼背，眼睛凸出，鼻子歪斜，头发稀少，与安禄山相同的是二人都十分狡诈。史窣于与安禄山一样也是因祸得福，在担任互市郎期间，他欠了官府的钱，无力偿还，就逃往奚人部落。途中，遇到奚人的巡逻骑兵，差一点被人家杀死。他急中生智，欺骗奚人骑兵说："我是大唐和亲使者，你们现在杀了我，将给你们国家带来灾祸，不如把我带去见你们的大王，大王如果饶我不死，你们自然会有功劳。"奚人巡逻兵就把他送到奚王那里。见到奚王后，史窣于只是拱手作揖，拒绝叩头，还振振有词地说道："天子的使者见到小国的君王，是不需要叩拜的，这是礼仪。"奚王虽然满心恼怒，但又畏惧唐朝，不敢杀他，最终以客礼将其安排在招待所里，又命一百人随他入朝。史窣于对奚王说："大王派遣的人数虽多，但我观察他们的才干都不足以觐见天子。我听说大王身边有一名叫琐高的名将，为何不让他随我一起入朝呢？"奚王毫无防备，就让琐高带着三百人的队伍浩浩荡荡地随史窣于入朝了。这一行人将至平卢，史窣于先让人对平卢军使裴休子报信说："奚王命琐高率领精锐部队前来，声称入朝进贡，实际上是想偷袭军城，应该提前做好戒备，先下手为强。"裴休子整顿军队，出城迎接，将奚人迎入招待所后，将其悉数活埋，唯独把琐高送到了幽州。张守珪上奏朝廷，晋升史窣于为果毅，后来又逐渐提拔其为将军。再后来，史窣于入朝面见唐玄宗，一番交谈，唐玄宗对他十分欣赏，给其赐名为思明。

这就是名震后世的安禄山和史思明的出身，一个特别肥胖，另一个特别消瘦，这一对奇葩，将要把大唐江山搅得一塌糊涂。

按下二人不提，我们回到李唐朝廷。

八月五日是唐玄宗的生日，开元二十四年（公元736年）这一天，群臣给唐玄宗献上各种宝镜祝贺，张九龄认为，用镜子能照见自己的容貌，以人的行为能判断出事情的吉凶，就总结了历代的兴亡事迹，写下五卷本的《千秋金镜录》献给唐玄宗，唐玄宗下书予以褒奖。

此时的唐玄宗已经五十二岁，也已在位二十余年，大唐国力日渐强盛，他本人也逐渐怠于政事、贪图享乐起来了，而朝廷内外的争斗却在悄然进行着。还是在这一年的上半年，就发生了信安王李祎被贬的事件。信安王李祎屡立战功，他西抗吐蕃，石堡城一战拓土千里，一举扭转了唐军的不利局面，迫使吐蕃向唐朝求和；北扫契丹，白山之战在前军不利的情况下仍能大破契丹，为张守珪最终平定契丹奠定了坚实的基础，由于他的赫赫战功，李祎在朝廷上享有巨大的声誉。然而，对于一个亲王而言，功高震主更容易引起皇帝的猜忌，唐玄宗本人就是以旁支庶子继承大统的，尤其对此心存疑虑。《新唐书》记载："祎功多，执政害之，赏不雠，为当时所恨。"实际上，不是执政大臣有意压制李祎，而是唐玄宗本人。如今，反观宇文融事件也很蹊跷，宇文融与李祎并无交集，为何宇文融要突然指使他人弹劾李祎呢？会不会是受到了唐玄宗的指使？当李祎提前得知消息后，唐玄宗不得不舍车保帅，把宇文融贬斥了呢？到了开元二十四年四月，唐玄宗突然下令将时任朔方、河东两节度使的李祎贬为衢州刺史，广武王李承宏（唐玄宗二伯父李贤之孙、李守礼之子）贬为房州别驾，泾州刺史薛自劝贬为澧州别驾，蒲州刺史王琚贬为通州刺史，连州司马武攸望（武瞾堂侄、武瞾时代曾被封为会稽王）的儿子武温昚，因与李祎来往而被乱棍打死。此案的详情已不得而知，涉及的人物背景复杂，有战功赫赫、又手握重兵的李祎，又有继承皇统更名正言顺的李承宏，还有在玄宗朝受到打压的武氏家族的武温昚等等，这自然是源自唐玄宗的猜忌。

与此同时，唐玄宗也逐渐对总是直言劝谏他的张九龄疏远起来了。同年十月，唐玄宗因东都宫中接连出现怪异现象，打算提前返回长安，裴耀卿和张九龄都说："如今秋收还未完毕，还是等到入冬再说吧。"李林甫早已知道了唐玄宗的心思，等裴张二人退下后，他故意留了下来，对唐玄宗说："长安和洛阳是陛下的东西两宫罢了，陛下想什么时候走就什么时候走，何必需要挑选日子！假如妨碍了农时，只需免除沿途百姓的赋税即可，臣请求立即通知各部门，即日西行。"这话说到唐玄宗的心坎里了，让他非常高兴，二日开始西行，二十一日，到达了长安。

回到长安后，唐玄宗打算提拔朔方节度使牛仙客为尚书，但张九龄不同意，他说："尚书，就是古代的纳言，我朝以来，只有前任宰相以及扬名中外的有德之士才能担任，牛仙客原本只是个小吏，如今骤然提拔到清要之位，恐怕会令朝廷蒙羞。"唐玄宗退一步说道："那么仅仅给其加封一个爵位可以吗？"张九龄仍然反对："不行。封爵是用来奖励有功之人的。边将充实仓库，整修武器，这只是其日常工作，不是什么功劳。陛下对其勤勉予以赏赐，只需赏赐给他一些金银财帛即可，分割国土，赏赐爵位，这恐怕不合适。"唐玄宗听后沉默不语。

张九龄退下后，李林甫对唐玄宗说："牛仙客，有宰相之才，当个尚书有什么了不起的？九龄不过是一介书生，不识大体。”唐玄宗听后大喜。第二天，唐玄宗见了张九龄，又提起牛仙客的事来，张九龄依然固执己见。唐玄宗顿时火了，拉下脸来说道：“朝廷上的事都得听你的吗？”张九龄叩头谢罪道：“陛下没有觉得臣愚蠢，让臣当上宰相，朝廷之事有不妥之处，臣不敢不言。”唐玄宗直指人心，说道：“你嫌弃牛仙客出身寒微，你又是什么高贵的出身？”张九龄回答：“臣出身岭南，孤寒卑贱，不如牛仙客生在中原，然而，臣出入朝廷，负责朝廷诏命已很多年了，而牛仙客只是一个边疆小吏，目不知书，假如陛下要重用他，恐怕会让众人不服。”李林甫退下后又对玄宗说：“如果一个人有见识，何必非有学问！天子用人，有什么不妥的！”开元二十四年十一月唐玄宗给牛仙客赐爵陇西县公，食邑三百户。

在是否提拔牛仙客一事上，张九龄说得振振有词，史书也在字里行间透露出褒张贬李的态度，但是，实际上还是寻常的朋党之争，双方也都没有多少正义性可言。牛仙客是前任宰相萧嵩提拔的，而萧嵩本人在当中书舍人时就被那些个自认有才学的同僚鄙视，这些同僚中是否有张九龄，我们不得而知，但从张九龄投靠张说成为文人党核心一员来看，张九龄一向也是鄙视那些没有“学问”的实干家的，他的老师张说对待宇文融，他对待张守珪、李林甫以及如今的牛仙客是如出一辙，极力进行打压。张九龄本人文章固然写得很好，但他打压张守珪、李林甫和牛仙客，实在没有多少道理。历史是文人写的，旧文人总带有明显的倾向，但张守珪等三人的功劳是明摆着的，史书依然不得不说张守珪“及守珪到官，频出击之，每战皆捷”、牛仙客“清勤不倦，接待上下，必以诚信”、李林甫“然二人皆谨守格式，百官迁除，各有常度”。像张守珪在西北苦战才保住了联络西域的孔道瓜州，在东北最终扑灭了契丹的叛乱，却换来张九龄：“刚刚破契丹，就给宰相，等灭尽契丹、突厥，又该如何？”张守珪有功，不该提拔为宰相，牛仙客有劳，张九龄又说这是你的本分，总之一句话，不是我文人党的有功也好，有劳也罢，都不该和我平起平坐！而反观张九龄，除了会写一点文章、自恃清高之外，在任期间又干出些什么令人称道的政绩来呢？后世文人把他抬举得很高，其实也是名不副实的。

三二四　朝廷政争（二）

李林甫当然知道张九龄曾经阻碍过自己的升迁，但当时唐玄宗对张九龄非常看重，李林甫内心虽然怨恨，却只能隐忍不发，曲意逢迎张九龄，静静地等待属于自己的春天。

李林甫深知，只有动声动色地讨好唐玄宗，赢得唐玄宗的信任，才有可能取张九龄而代之。张守珪晋升宰相未果，那时候，唐玄宗还是听张九龄的；到唐玄宗西返时，李林甫让唐玄宗大喜，不再与裴耀卿和张九龄商量，当即摆驾西返，已给二人一记无声的耳光；提拔牛仙客，虽然没有一步到位提拔其为宰相，多少照顾一下张九龄的情绪，但这种涉及人事的朝廷大事与西返事件是不可同日而语的，唐玄宗在这种大事上已不再听从张九龄的建议，此时，张九龄已岌岌可危了。《开元天宝遗事》称，一次，唐玄宗设宴款待近臣，对张九龄和李林甫说："栏杆外池塘中养的几条鱼，鲜活可爱。"李林甫回答："这都是陛下恩德波及所致。"张九龄却说："盆池之中的鱼，就好比陛下所用之人，只会充作景致供小儿女们戏乐罢了。"唐玄宗听后十分不快。

接下来，又发生了一件令唐玄宗疏远张九龄的事。话说唐玄宗在当临淄王的时候，曾经宠爱过赵丽妃、皇甫德仪和刘才人三个女人，赵丽妃生下如今的太子李瑛，皇甫德仪生下鄂王李瑶、刘才人生下光王李琚（本年年初，唐玄宗把儿子们的名字又从原来的水字旁都改为玉字旁），等他即位后，又移情别恋，宠幸武惠妃，再也看不上赵丽妃等人了。封武惠妃的生母杨氏为郑国夫人，弟弟武忠为国子祭酒，武信为秘书监。

武惠妃生的儿子寿王李清（现改名李瑁）、盛王李琦，生的女儿咸宜公主、太华公主形同嫡子、嫡女。太子李瑛与鄂王李瑶、光王李琚三人在内室聚会，各为其母鸣不平，发些牢骚。咸宜公主的丈夫、驸马都尉杨洄经常寻找李瑛等人的过失，得知此事后，就向武惠妃告密。武惠妃就哭着对唐玄宗说："太子暗中联络党羽，将要加害我们母子，还在背后说陛下的坏话。"唐玄宗听后，不禁勃然大怒，召来宰相们，打算废掉太子、二王。张九龄反对说："陛下登基已近三十年，太子、诸王从未离开过皇宫，每天接受陛下的训导，天下百姓都庆幸陛下在位时间长远，子嗣众多。如今，三子已经成年，没有听说他们犯了什么大错，陛下为何突然听信捕风捉影之言、情绪冲动之际统统废掉他们呢？况且，太子是国家的根本，不可轻易废易。昔日，晋献公听信骊姬的谗言杀死了申生，晋国接连三代都持续大乱；汉武帝听信江充的诬陷，加罪于戾太子，长安城内兵戈相见；晋惠帝采纳贾皇后的诬告，废黜了愍怀太子，致使中原涂炭；隋文帝采纳独孤皇后的建议，废掉了太子杨勇，册立隋炀帝，遂丢掉了天下，由此可见，在废立太子一事上，千万要慎重。陛下执意为之，臣不敢奉命。"唐玄宗听了，一脸不快。

李林甫一声不吭，等到退朝后，偷偷对交好的大宦官（当指高力士）说："这种事根本就是陛下的家务事，何必征求外人的意见！"唐玄宗听了李林甫的话，又犹豫起来。武惠妃暗中派贴身家奴牛贵儿给张九龄传话："有废必有立，大人能出手相助，可永保宰相之位。"张九龄严词拒绝，并将此事告诉给了唐玄宗，唐玄宗听后，为之动容，因此，张九龄在任期间，太子李瑛之位得以保全。李林甫时常中伤张九龄，唐玄宗也逐渐开始疏远张了。

李林甫推荐萧炅为户部侍郎。萧炅素来没有学识，曾当着中书侍郎严挺之的面把伏腊读成了伏猎，严挺之对张九龄说："朝廷上岂能有伏猎侍郎！"《青棠集》称：张九龄知道萧炅没有学识，一天，他故意送给萧炅一些芋头，信上却写着送的"蹲鸱"。萧炅果然回信道："接到了你送来的芋头，只是没见所送的蹲鸱。然而，我家总是出现些怪事，我也不愿见到这种恶鸟。"张九龄拿出萧炅的回信让客人们看，大家是哄堂大笑。原来，蹲鸱就是大芋头的别称。后来，张九龄在严挺之的建议下将萧炅贬为岐州刺史，所以李林甫对严挺之是怀恨在心，而张九龄却与严挺之私交甚深，打算举荐其为宰相。张九龄曾经劝严挺之说："李尚书正蒙陛下青睐，足下应该去他家走动走动，联络一下感情。"可是严挺之从来不把李林甫放在眼里，始终没有上门拜望，这让李林甫更是怨恨。严挺之的前妻嫁给了蔚州刺史王元琰，王元琰因贪污下狱，严挺之曾为其斡旋免罪，李林甫命人将此事禀报给了唐玄宗。唐玄宗知道后，对张九龄说："王元琰贪污属实，严挺之上下打点，为其解脱。”张九龄为严挺之辩护：“其妻是严挺之的前妻，严挺之又娶妻崔氏，不该有什么私情。”唐玄宗说：“你是不知道，虽然他们已经离婚，但还是有私情的。”

严挺之一事，让唐玄宗觉得张九龄等人结党营私，决心将其拿下。开元二十四年十一月，唐玄宗下令免去裴耀卿、张九龄的宰相职务，以裴耀卿为左丞相，张九龄为右丞相；以李林甫为兼中书令，牛仙客为工部尚书、同中书门下三品，领朔方节度使；贬严挺之为洺州刺史，将王元琰流放到岭南。据《唐诗纪事》记载，时值秋天，唐玄宗命人给张九龄送去一面白羽扇，隐晦地表达了令其退隐的意思。张九龄惶恐不安，写了一篇赋送给了唐玄宗，又给李林甫送去了一首《归燕诗》，诗称：“海燕虽微渺，乘春亦暂来。岂知泥滓贱，只见玉堂开。绣户时双入，华堂日几回。无心与物竞，鹰隼莫相猜。”李林甫见到后，知道张九龄一定会引退，怒气稍稍缓解。等到李林甫得知唐玄宗仍然保留裴耀卿、张九龄左右丞相一职后，不禁大怒，说道：“他们仍当左右丞相吗！”

李林甫当上宰相后，为了蒙蔽唐玄宗，独揽大权，将谏官们召集到一起，对大家说：“如今明主在上，群臣顺从还来不及呢，何须多言！诸位没见仪仗队的战马吗？吃三品官的马料，突然一鸣叫，就被斥去，后悔也来不及了！”

由于牛仙客是李林甫一手提拔的，所以，等到牛仙客当上宰相后，对李林甫是唯唯诺诺。史称：牛仙客“既居相位，独善其身，唯诺而已。所有锡赉，皆缄封不启。百司有所咨决，仙客曰：‘但依令式可也。’不敢措手裁决”。在人事任免方面，二人都谨守法令，全然按照规矩办事，即便是特别有才干的人也受到资历的限制，不免老死在下僚，而那些精于谄媚的人却仍然能通过其他途径被破格提拔。史称：他“自处台衡，动循格令，衣冠士子，非常调无仕进之门……每事过慎，条理众务，增修纲纪，中外迁处，皆有恒度”。《大唐传载》称，宁王给李林甫交代了十个人让其关照，李林甫问：“十人之中，可不可以淘汰一个？”宁王回答：“九个人都不能动，只有某某随你处置。”等到放榜，九个人都被破格提拔，选任清要之官，只有某某被淘汰，称：“根据你的文章，自应当官，但由于宁王叮嘱，暂且等到冬天再说。”《封氏闻见记》称：一个叫王如泚的进士，岳父因技艺供奉在唐玄宗左右，请求唐玄宗给王如泚进士及第，唐玄宗答应了。礼部侍郎李暐奉命来见李林甫，李林甫问：“王如泚文章能及第吗？”李暐回答：“在两可之间。”李林甫说：“要是如此，就不能给。明经进士，是国家选拔人才之地，如果圣恩优异，自可直接授予官职；如今给他进士及第，将如何取材？”李林甫顶住压力，遂亲自向唐玄宗汇报，听候旨意。当时，王如泚家已是高朋满座，只等圣旨下来，很快，中书省给礼部下来诏书称：“王如泚可按照惯例参加考试。”众人听后，无不面面相觑。

据《逸史》记载，李林甫是天上下凡的“谪仙人”，年二十岁还没读过书，整日里就知道游玩打猎，骑驴踢球。一天，他玩累了，枕着头在地上歇息，走来一个相貌十分丑陋的道士，对他说：“这有什么好玩的？你竟然如此喜爱？”李林甫回答：“关你屁事！”道士离开了。第二天，道士又这样对李林甫说，李林甫虽说贪玩，但非常聪明，感觉道士不是常人，就起身拜谢。道士说：“三日后五更天与你在此相会。”届时，道士却先到了，道士又说：“再过三日再来。”李林甫半夜三更就去了，过了很久，道士才来，见了李林甫，很是高兴，就对他说：“我在人间已经走动了五百年，五百年间只见到郎君一人。你已经名列仙班，可白日升天，如果你不愿意的话，则能当二十年宰相，大权在握。你先回去考虑考虑，等三日后再来答复我。”李林甫回家后决定当二十年宰相，等三日后见到道士说出自己的决定后，道士连连叹息，说道：“五百年间才见你一人，可惜！可惜！”李林甫听后又后悔了，但道士说：“已经不能再变了。”并告诫李林甫：“二十年宰相，威震天下，但千万不能干一些损阴德的事，要多做好事，三百年后还能白日升天。”后来，安禄山对身边的术士说：“我见到天子也没什么害怕的，只是一见到李林甫，就浑身不自在，这是何故？”术士说：“大人您身边有五百神兵暗中保护，都是铜头铁额，怎么可能这样呢？”安禄山就请李林甫到自己家中赴宴，让术士躲在帘后偷窥。罢宴后，术士啧啧称奇道：“我看李相公来之前，有一青衣童子手捧香炉先入，大人身边那些铜头铁额的神兵全都吓得破墙而逃，我也说不出缘故，可能是下凡的仙人吧。”《谭宾录》称，李林甫在相位十九年，排除异己，太子以下无不对其侧目而视。开元初年，姚崇、宋璟身为老臣，时常给唐玄宗尽忠言，后来，天下太平，唐玄宗也逐渐懈怠起来了。张九龄资历较浅，又是唐玄宗一手提拔的，唐玄宗内心对他并不看重，可张九龄却经常犯颜直谏，最终惹恼了唐玄宗，被罢相。唐玄宗雄才大略，任人不疑，等到李林甫为相后，从未说些逆耳之言，唐玄宗对他很是宠信，遂高枕深宫，群臣难得一见，大事小事都让李林甫全权处理。李林甫虽然没有多少文采，但熟悉政务，谨守法度，杜绝了非正常渠道的人事任免，其内心阴险残忍，喜怒不形于色。

三二五　盛世狼烟（一）

开元政治进入李牛时代，这也是开元的后期，此时，唐帝国进入了极盛。

虽然进入极盛，但此时的唐帝国与四夷之间的关系与唐太宗时期有着本质的区别：唐太宗时期，对周边少数民族政权恩威并用，他们臣服大唐，更多的是感激来自唐朝的恩德，而此时则主要是惧怕大唐的国威，就像史思明诓骗、设计坑杀契丹人，反而得到唐玄宗的赏识之类的事，在这一时期应该是屡见不鲜的，少数民族对唐朝仅仅畏威而不怀恩，就注定双方之间的和平不可能持久，因此，与开元盛世不匹配的是大唐的周边环境一直并不太平。

开元二十二年，张守珪虽然斩杀了契丹王屈剌和可突干，但契丹问题并没有得到彻底解决，此后，涅礼诛杀了归顺唐朝的契丹王李过折，继续维持半独立的状态，与唐朝关系冷淡，双方之间的零星战斗一直持续着。到开元二十五年（公元737年）二月，幽州节度使张守珪又在捺禄山击破契丹人，再到开元二十七年（公元739年），幽州将领赵堪、白真陀罗谎称奉幽州节度使张守珪之命，命令平卢军使乌知义领兵深入潢水以北截杀叛乱的奚人余党，乌知义不从，白真陀罗又谎称这是皇帝之命。乌知义不得已，只好出兵，与契丹人遭遇，先胜后败。张守珪隐瞒战败的消息，向朝廷报捷。此后，消息逐渐泄露，唐玄宗派遣内谒者监牛仙童前去调查。张守珪送给牛仙童巨额贿赂，将罪过推给了白真陀罗，逼迫白真陀罗上吊而死。牛仙童是唐玄宗身边的红人，宦官们对他都是羡慕嫉妒恨，一起到唐玄宗面前揭发了内幕，唐玄宗闻听后，勃然大怒，六月，命杨思勖将牛仙童打死。杨思勖将牛仙童捆绑起来，打了数百棍，截断四肢，活生生地挖出他的心脏，割下肉吃掉，肉被吃完，人才凄惨地死去。次年，时年八十余岁的杨思勖也死掉了。张守珪因此也被贬为括州刺史。太子太师萧嵩曾经送给牛仙童城南数顷良田，李林甫揭发此事，萧嵩因之也被贬为青州刺史。唐玄宗以御史大夫李适之兼任幽州节度使。李适之上任一年后，到了开元二十八年（公元740年）八月，又上报朝廷击破了契丹和奚人。平卢兵马使安禄山，精于巴结之道，朝廷上下对其一片称赞之声。前往平卢视察的唐玄宗身边的近臣，安禄山都会一一奉上重金，御史中丞张利贞为河北采访使，行至平卢，安禄山更是着意巴结，就连张利贞身边的随从也都被安禄山买通。张利贞回到朝廷后，盛赞安禄山的才能。开元二十九年（公元741年）八月，唐玄宗下令晋升安禄山为营州都督，充平卢军使，两藩（契丹、奚人）、渤海、黑水四府经略使。

开元后期，唐朝与西突厥突骑施的关系也出现了反复。突骑施一直作为唐朝在西域的支点，抵御大食、吐蕃、东突厥对西域的蚕食，但随着唐朝与东突厥之间关系趋于缓和以及突骑施的逐渐强盛，突骑施对唐朝的态度也开始变得暧昧起来了。开元十八年，突骑施派使者来到长安进贡，唐玄宗在丹凤楼上设宴款待，突厥使者也参加了宴会。两位使者争夺座位，突厥使者说："突骑施是个小国，原本是突厥的臣子，不可居在我之上。"突骑施使者反唇相讥道："今日的宴会是为我而设，我不可坐在下位。"唐玄宗遂命人设东西两席，突厥在东，突骑施在西。突骑施苏禄可汗勤勉节俭，爱民如子，深得下属的拥戴，唐玄宗曾以西突厥十姓可汗阿史那怀道之女为交河公主嫁给了苏禄，但由于安西都护杜暹对交河公主出言不逊，令苏禄大怒，暗中联络吐蕃劫掠安西四镇。史称：其"诡猾，不纯臣于唐，天子羁系之"。此后，突骑施时叛时降。

开元二十三年十月，突骑施骚扰北庭、安西拔换城。次年一月，北庭都护盖嘉运率领唐军大破突骑施，八月，突骑施派遣大臣胡禄达干前来请降，唐玄宗答应了。到开元二十六年（公元738年）突骑施汗国出现了大乱。原来，苏禄娶了唐交河公主后，又暗中与突厥、吐蕃和亲，娶了吐蕃和突厥公主，他以三国的公主为可敦（皇后），又将几个儿子立为叶护（类似宰相），国中开销增大，打仗劫掠的财物不再分给部下。苏禄晚年，患了中风，一只手不能动弹，下属各部逐渐离心离德。莫贺达干和都摩度两个酋长所部最强，而汗国内部自称是娑葛后裔的为黄姓，苏禄后裔的为黑姓，相互之间也是矛盾重重。不久，莫贺达干起兵趁夜偷袭苏禄，将其杀害。都摩度开始与莫贺达干联合，继而又背叛莫贺达干，拥立苏禄的儿子吐火仙骨啜为可汗，居住在碎叶城（今吉尔吉斯斯坦托克马克市），又联络黑姓可汗尔微特勒固守怛逻斯城（今乌兹别克斯坦塔什干市），一起进攻莫贺达干。莫贺达干派使者向碛西节度使盖嘉运求援，唐玄宗命令盖嘉运发兵招抚突骑施、拔汗那以西各个小国。莫贺达干与盖嘉运率领石王莫贺咄吐屯、史王斯谨提一起进攻吐火仙可汗。

开元二十七年（公元739年）八月十五日，吐火仙可汗领兵出战，被唐军击败，吐火仙可汗及其弟弟叶护顿阿波被生擒。盖嘉运又派遣疏勒镇守使夫蒙灵詧与拔汗那（今乌兹别克斯坦安集延市）王阿悉兰达干率领精锐部队掩袭怛逻斯城，杀死黑姓可汗尔微及其弟弟拨斯，并乘胜攻入曳建城（今哈萨克斯坦江布尔市），俘获交河公主及苏禄可敦、尔微可敦而还，又将俘获的数万流民都送给了拔汗那王。西域各国全都归顺了唐朝。处木昆匐延阙律啜等诸部皆上书谢罪称：“生于荒裔，国乱王薨，更相攻屠。赖天子遣盖嘉运率军诛除暴乱，救我等于水火之中，我们愿意率领部落归属安西都护府，永远作为大唐的外臣。”次年，唐玄宗以阙律啜为右骁卫大将军，以石王为顺义王，加拜史王为特进；盖嘉运将被俘的吐火仙骨啜献俘于太庙，唐玄宗赦免其罪，并拜为左金吾卫员外大将军、修义王，拜顿阿波为右武卫员外将军；以原十姓可汗阿史那怀道的儿子阿史那昕为十姓可汗，统领突骑施所部。莫贺达干听说后，大怒道：“平定苏禄，是我的功劳。如今却立阿史那昕，这是何故？”即引诱各部又背叛了唐朝。唐玄宗遂改任莫贺达干为可汗，统领突骑施各部，命盖嘉运前去招谕。开元二十八年（公元740年）十二月三日，莫贺达干投降。

进入极盛的唐朝与吐蕃也由和平进入了战争。开元十八年唐玄宗答应吐蕃求和后，两国之间又恢复了和平，到开元二十一年，两国划定以赤岭为边界。稳定了东部之后，吐蕃就将兵锋转向了西方，次年，吐蕃军队击破大勃律国（今巴勒斯坦克什米尔地区巴勒提斯坦），开元二十五年，吐蕃军队又击败了小勃律国（都城孽多城，今巴基斯坦吉尔吉特城）。再到开元二十八年（公元740年），小勃律王苏失利受到吐蕃赞普尺带珠丹的威逼利诱，迎娶了尺带珠丹的姐姐器玛lo，两国实现和亲后，小勃律臣服吐蕃，其余二十余国也改投到吐蕃门下，不再向唐朝进贡。

早在吐蕃进攻小勃律国的当年，即开元二十五年，吐蕃与唐朝之间就重新爆发了战争。当初，河西节度使崔希逸对吐蕃边将乞力徐说：“两国通好，成为一家，何必仍在边境驻军，妨碍百姓耕种放牧？希望两国都将驻军撤去。”乞力徐答复道：“常侍你忠厚，肯定不会欺骗我的，可是，朝廷未必会把边防大事全权交付给你，万一有奸诈之人从中进谗言的话，趁我不备，掩袭我的话，后悔都来不及了！”崔希逸坚决请求，乞力徐遂答应下来了，二人杀掉白狗盟誓，各自撤回边防军，于是，吐蕃的牛羊遍布原野。

当时，吐蕃军队正转兵西向，先后进攻大小勃律国，勃律国派遣使者向唐朝告急，唐玄宗命令吐蕃退兵，但吐蕃置若罔闻，并最终拿下了大小勃律国，这让唐玄宗十分震怒。正巧崔希逸派回朝廷的使者孙诲想建立军功，就上奏唐玄宗称，吐蕃边境没有防备，请求发兵掩袭，必定能大获全胜，唐玄宗遂命内给事赵惠琮与孙诲一起来到边境察看情况。赵惠琮等人来到后，就矫诏命令崔希逸发兵掩袭吐蕃。崔希逸不得已，只好率军从凉州以南突入吐蕃境内两千余里，一直挺进到青海以西，与吐蕃军队交战，大获全胜，斩杀两千多人，乞力徐侥幸逃脱。赵惠琮和孙诲均受到朝廷重赏，至于崔希逸此后情况不明。崔希逸在两唐书中均无传，这非常不正常，大约这次偷袭行动令他羞愧不已，做出令唐朝蒙羞的言行，史书才没有为其立传吧。

三二六　盛世狼烟（二）

开元二十五年唐军的偷袭行动令两国再次进入敌对状态。

唐玄宗对此也十分重视，开元二十六年，他就任命中书令李林甫兼任陇右节度副大使，以鄯州都督杜希望（代理留后），以侍中牛仙客兼任河东节度副大使，加强军政领导。三月，吐蕃军队发动反击，骚扰河西地区，河西节度使崔希逸将敌人击退。鄯州都督、知陇右留后杜希望率领唐军进攻吐蕃的新城（今青海省门源县），攻克之后，留下一千军队驻守在那里，改其地为威戎军。五月，以中书令李林甫兼任河西节度使，原节度使崔希逸调任河南尹。崔希逸因失信于吐蕃，内心一直饱受煎熬，不久就去世了。同月，唐玄宗又任命岐州刺史萧炅为河西节度使总留后事，鄯州都督杜希望为陇右节度使，太仆卿王昱为剑南节度使，从各个方向组织兵力向吐蕃境内发动进攻，唐玄宗又下令毁掉了赤岭上的界碑。杜希望是中唐宰相、《通典》作者杜佑的父亲，而杜佑则是晚唐著名诗人杜牧的祖父。

杜希望上任后，即率领鄯州军队夺取了吐蕃的黄河大桥，并在黄河西岸修筑了一座盐泉城（今青海省循化县）。吐蕃发兵三万人发动反扑，杜希望所部人少，将士们都十分害怕。左威卫郎将王忠嗣率领本部率先冲入敌阵，所向披靡，杀死数百敌人，搅得敌阵一片大乱。杜希望见状，指挥唐军发动总攻，顿时喊杀声震天动地，唐军将士无不以一当十，吐蕃大败。战后，唐玄宗遂以盐泉城设置镇西军；晋升王忠嗣为左金吾将军。

开元二十七年（公元739年）八月二十二日，吐蕃进攻唐朝白草军（今宁夏回族自治区同心县南，此时吐蕃似尚无力深入到此地）、安人军（又称安仁军，今青海省湟源县西北）等军镇，陇右节度使萧炅将其击破。次年，已平定西域的安西都护盖嘉运赢得盛名，深受唐玄宗的赏识，他又被唐玄宗任命为河西、陇右节度使，令其对付吐蕃。此时的盖嘉运无疑已成为渴望建功立业的人们心目中的英雄，而他自己也飘飘然起来，沉溺酒色，自恃皇恩，迟迟不发。左丞相裴耀卿上书认为：“臣近来与盖嘉运同列，观察其举动，确实是果敢有余，可言辞虚夸，骄傲自大，恐怕难以成事。春秋时的楚国大将莫敖沾沾自喜于蒲骚之战的胜利，最终导致全军覆没，如今，盖嘉运有骄敌之色，臣很担心。况且，秋季边防已经临近，可他却迟迟不动身，等边疆出现变故他才动身的话，主帅与部将之间还不相识，将如何抵御敌人！况且，将军接受命令之后，当即就应破凶门而出，如今，他却流连忘返，整日欢宴，毫无忧国忧民之心。假如陛下不收回成命，就该督促他立即动身，并严加告诫。”

在唐玄宗的督促下，盖嘉运这才去了前线。到前线后，他依然我行我素，没有加强戒备，反而走歪门邪道。为了博得唐玄宗的欢心，他献上著名的《甘州大曲》，唐玄宗听后，不禁拍案叫绝，从此该曲流行于唐朝宫廷，后来著名的词牌《八声甘州》就是该曲中的一段。盖嘉运自己写的诗也不错，我们熟悉的《伊州歌》：“打起黄莺儿，莫教枝上啼。啼时惊妾梦，不得到辽西。”就出自他之手。

盖嘉运接任河西、陇右节度使的这一年，金城公主去世了，吐蕃派人通报丧事，并前来求和，但唐玄宗没有答应。接着，到开元二十九年六月，经过精心准备，吐蕃调派四十万大军向唐朝发起大规模的反击，吐蕃大军推进到安人军（今青海省湟源县西北），浑崖峰骑将臧希液率领五千唐军将敌人击败。十二月二十八日，吐蕃重新部署军队，攻克了达化县（今青海省贵德县东），将城内军民悉数屠杀，接着，又乘胜攻克了重镇石堡城（今青海省湟中县，一说在今青海省湟源县西南）。易守难攻的石堡城陷落，让唐朝十三年前信安王李祎开拓的一千多里疆土又被吐蕃夺回，这让唐玄宗勃然大怒，遂将盖嘉运免职。

与西北战场同时进行的，还有西南战场。还是在唐高宗永隆元年（公元680年），吐蕃军队攻陷了唐朝用于切断吐蕃与西南山蛮之间联络的安戎城（今四川省马尔康市），此地地势险要，唐军屡屡进攻都未能得手。等到王昱担任剑南节度使后，就在安戎城两侧又修建了两座城堡，并在蒲婆岭（今四川省黑水县西南）驻扎军队，逼近安戎城。开元二十六年（公元738年）九月，吐蕃增派军队解救安戎城，王昱率领的唐军大败，损失数千人。王昱侥幸逃脱，唐军大批军需物资都落入了吐蕃之手。唐玄宗大怒，将王昱贬为括州刺史，再贬高要县尉。

为了遏制吐蕃，王昱在任期间，还上书唐玄宗，请求将云南的六诏合而为一。蛮族称王为诏，六诏的意思就是六王。六诏分别是：蒙舍诏（今云南省巍山县）、蒙越诏（今云南省大理市南）、越析诏（今云南省宾川县）、浪穹诏（今云南省洱源县）、样备诏（今云南省洱源县境内）、越澹诏（今云南省洱源县境内）。六诏属于汉代的哀牢夷，世代居住于姚州（今云南省姚安县）以西，东南与交趾（今越南）相接，西北与吐蕃相连。六诏国力相差无几，谁也灭不了谁，历代中原王朝因之分而治之。蒙舍诏位于六诏的最南边，故称南诏。唐高宗时期，南诏细奴逻最先入朝进贡，细奴逻生逻盛，逻盛生盛逻皮，盛逻皮生皮逻阁。南诏在皮逻阁时期逐渐强大，而其他五诏则日益弱小。正巧，皮逻阁在协同唐军击破洱海一带蛮族的战斗中立下战功，他趁机贿赂王昱，请求朝廷允许他将五诏吞并。王昱替他上奏唐玄宗，唐玄宗也未加深思，就答应了，并给皮逻阁赐名为蒙归义，册封其为云南王。于是，南诏蒙归义以兵威胁迫周边地区的山蛮，不服从者就将其灭掉，又将吐蕃势力赶了出去，遂迁居大和城（今云南省大理市），然而，统一后的南诏最终成了中原王朝在西南地区的一个威胁。不过，如今唐玄宗的措施未必就不适当，这是因为，当下对唐朝最大的威胁是吐蕃，而分裂的六诏势必逐渐被吐蕃蚕食，等到六诏被吐蕃吞并之后，吐蕃力量将更加强大，对唐朝的威胁就更大了，与其如此，倒不如让六诏团结起来，拧成一股绳，共同对付吐蕃，等于给吐蕃又树了一个强敌，这符合唐朝目前的利益。

王昱被贬后，唐玄宗又任命张宥为剑南节度使，然而，张宥是个文士，不懂军事，就把军务委任给团练副使章仇兼琼全权处理。章仇兼琼入京汇报工作，坚称能够夺回西南重镇安戎城，唐玄宗听后十分高兴，就提拔他接替了张宥，担任剑南节度使。章仇兼琼当上剑南节度使后，果然没有辜负唐玄宗的期望，遂于开元二十八年三月，暗中联络了安戎城内的吐蕃守将翟都局和维州（今四川省理县）别驾董承晏，让翟都局偷开安戎城门，引进唐军。唐军进入城内后，将吐蕃驻军全部杀死，留下许敬宗的曾孙、监察御史许远领兵驻守。

唐军夺取安戎城后，到了六月，吐蕃就派出大军包围了安戎城和维州。唐玄宗调派关中精锐骑兵赶赴增援，吐蕃军队这才无功而返。唐玄宗将安戎城改名为平戎城。

唐朝与吐蕃的拉锯战仍在继续。唐军虽然在西南方向夺取了安戎城这个据点，但到次年，吐蕃就以牙还牙，在西北地区集中了四十万大军夺回了石堡城，双方各有得失后，战事趋于停滞。

三二七　盛世狼烟（三）

在开元这最后几年里，唐朝内部也发生了一系列大事。

一是进一步完善科举制度。开元二十五年一月，唐玄宗下令设置玄学博士，每年纳入明经举中；二月，他又下令要求：“进士科往往只注重声韵，对历史缺乏研究；明经科则偏重于典籍的死记硬背，不钻研经典著作的精髓。从今往后，明经科要另行考察十条经典的大义，提交三篇时事政治作文；进士科要考大经十帖。”设置玄学博士，与这一时期唐玄宗迷信神仙有着直接关系。有一位名叫张果的术士自称是个活神仙，说自己是尧帝时期的侍中，已活了数千岁，他经常在恒山一带活动，武曌时期屡屡下书征召，他一直拒绝入京。到开元二十二年，恒州刺史韦济推荐了他，唐玄宗派中书舍人徐峤手持诏书前去迎接，三月，将张果接到东都宫中，恩礼甚厚。数月后，张果坚决请求返回恒山，唐玄宗下诏任命其为银青光禄大夫，号通玄先生，赏赐给他很多财物。再后来，张果去世，人称他是尸解成仙了，唐玄宗信以为真，更加相信神仙之说了。张果就是民间所说的八仙之一张果老。

二是以儒法道治天下。唐玄宗过去用的宰相大都是儒生，起用李林甫、牛仙客是他重视法家和实干家的标志，他命令二人与法官们编纂《律令格式》，这是对唐朝以来法律法规的一次系统的整理，到开元二十五年九月，编纂完成，唐玄宗下令在全国颁布施行。同月，大理少卿徐峤上奏称：“今年全年全国被判死刑的只有五十八人，大理监狱从来就是杀气很重，鸟雀不敢落在那里的树上，如今竟有喜鹊栖息其上。”朝廷群臣以此向唐玄宗道贺。唐玄宗归功于宰相，赐李林甫爵晋国公，牛仙客为豳国公。开元二十六年一月，唐玄宗下令全国各州、县、里都可以设置学校。里设置学校，这在历史上还属首次。开元二十七年四月，唐玄宗下诏称："阴阳占卜，除非红白喜事选择日子，一律予以禁止。"八月，唐玄宗追谥孔子为文宣王。过去在祭祀孔子时，周公面南，孔子面东。唐玄宗下诏称："从此以后，孔子面南而坐，身穿王者衣服，祭祀时演奏天子之乐。"并追赠孔子的子弟们为公、侯、伯爵。开元二十九年一月，唐玄宗梦见老子托梦给他说："我有一座雕像在京城西南一百多里的地方，你派人前去寻找，我将与你在兴庆宫相见。"唐玄宗派遣寻访，果然在盩厔（今陕西省周至县）的楼观山中发现了这尊雕像。闰四月，将这尊雕像迎入兴庆宫内。五月，唐玄宗命令画师绘出老子的画像，分别送入各州的开元观内供奉。

三是废立太子。唐玄宗早就产生了废黜太子李瑛的想法，但在张九龄执政时，一直持反对意见，没有实现。等到张九龄离职后，杨洄又告发太子李瑛、鄂王李瑶、光王李琚以及太子妃的哥哥驸马都尉薛锈密谋发动政变，唐玄宗召来宰相商议。李林甫回答："这是陛下的家务事，不是我们该插手的。"唐玄宗遂下定了决心。开元二十五年四月二十一日，唐玄宗命令宦官在宫中宣布诏书，废李瑛、李瑶、李琚为平民，将薛锈流放到瀼州。不久，又将李瑛、李瑶、李琚赐死在长安城东的驿站内，将薛锈赐死在蓝田。李瑶和李琚二人都非常好学，有才能学识，无罪而死，人们听说后都非常惋惜。二十二日，李瑛的舅家赵氏、妃子娘家薛氏、李瑶舅家皇甫氏，受到牵连而被贬官的就有数十人，唯独李瑶妃子娘家韦氏因妃子贤惠而免受处罚。

从史书透露的蛛丝马迹来看，太子李瑛产生怨恨之心、说出悖逆之言应该是有的，假如纯属杨洄诬告，自然会查个水落石出，而史书上仅仅说鄂王和光王无罪而死，人们感到惋惜，也从反面说明太子李瑛是罪有应得。以父子之情推断，如果没有确凿的把柄，唐玄宗是不会在自己五十多岁的时候一天处死三个儿子的。太子李瑛被杀后，李林甫多次劝说唐玄宗立寿王李瑁为太子，然而，不巧的是，此时李瑁之母武惠妃也在李瑛被杀八个月后去世了。（《大唐新语》称，是李瑛等人为祟致死）

人走茶凉，唐玄宗见三子忠王李玙年长，仁爱孝顺谦恭谨慎，又十分好学，内心倾向于立其为太子，因此摇摆了一年多。据《明皇杂录》称，李林甫从容对唐玄宗说："古代定下储君，必推贤德，若非立下大功，就该册立长子。"唐玄宗沉默很久，说道："朕的长子李琮，过去曾在苑中打猎受伤，给毁容了。"李林甫回答："毁容不是比毁国要好吗？望陛下深思。"李林甫当然知道李琮有问题，他这样说的目的其实是想让唐玄宗册立寿王李瑁，但就连聪明绝顶的李林甫也未必能够猜出唐玄宗的隐秘心迹。实际上也许唐玄宗自有一番不足为外人道的心病：寿王李瑁在三年前娶了蜀州司户杨玄琰十七岁的女儿杨玉环为王妃，这个杨玉环拥有绝世容颜，令唐玄宗目眩神迷，假如立寿王李瑁为太子的话，事情也许会变得非常麻烦……

纠结啊！一段时间里，唐玄宗一直是愁眉不展，闷闷不乐。高力士趁机询问缘由，唐玄宗说："你是我家老奴，岂能不知我的内心！"高力士说道："是不是太子未定下来？"唐玄宗说："就是。"高力士又说："陛下何苦为这事费神呢？只需推长而立，谁敢再争！"唐玄宗说："你说得对啊！说得对啊！"由此定下了此事。开元二十六年六月三日，唐玄宗封忠王李玙为太子。七月二日，唐玄宗驾临宣政殿册封太子，根据惯例，太子乘车来到殿门外面。如今，李玙为了表示谦虚，特意步行，从自己的宫中一直走到宣政殿。当日，唐玄宗宣布大赦天下。十二日，封王妃韦氏为太子妃。

据统计，到开元二十八年，唐帝国拥有1573个县，8412871户，48143690人。长安、洛阳每斛米不满二百钱，绢的价格也差不多。当时，四海富有，社会治安非常好，出门在外之人就算行万里之遥也不用身佩兵器。截至开元末年，当时唐朝管辖的州有331个，羁縻州有800个，在边境上设置了10个节度、经略使。其中，安西节度使统领西域，下辖龟兹（今新疆维吾尔自治区库车县）、焉耆（今新疆维吾尔自治区焉耆县）、于阗（今新疆维吾尔自治区和田县）、疏勒（今新疆维吾尔自治区疏勒县）四镇，治所设在龟兹，拥有24000兵力；北庭节度使防御突骑施和坚昆（今新疆维吾尔自治区阿尔泰市），下辖瀚海（今新疆维吾尔自治区吉木萨尔县）、天山（今新疆维吾尔自治区吐鲁番市）、伊吾（今新疆维吾尔自治区巴里坤县）三个军镇，驻扎在伊州（今新疆维吾尔自治区哈密市）、西州（今新疆维吾尔自治区吐鲁番市），治所北庭都护府（今新疆维吾尔自治区吉木萨尔县），有兵力20000；河西节度使切断吐蕃与突厥之间的联系，下辖赤水（今甘肃省武威市西南）、大斗（今甘肃省永昌县西）、建康（今甘肃省高台县西南）、宁寇（今甘肃省武威市东北）、玉门（今甘肃省玉门市）、黑离（今甘肃省瓜州县东南）、豆卢（今甘肃省敦煌市）、新泉（今甘肃省景泰县）八个军镇，张掖（今甘肃省天祝县西南）、交城（今甘肃省永昌县）、白亭（今甘肃省民勤县）三个守捉使（警备区），驻扎在凉州（今甘肃省武威市）、肃州（今甘肃省酒泉市）、瓜州（今甘肃省瓜州县）、沙州（今甘肃省敦煌市）、会州（今甘肃省靖远县）五州，治所在凉州，拥有73000兵力；朔方节度使抵御突厥，下辖经略使（今内蒙古自治区额克托旗）、丰安（今宁夏回族自治区中卫市）、定远（今宁夏回族自治区平罗县）三个军镇，三受降城（自西向东分别在：今内蒙古自治区乌拉特中后旗西南、今内蒙古自治区包头市西、今内蒙古自治区托克托县），安北（今内蒙古自治区包头市西）、单于（今内蒙古自治区和林格尔县）两个都护府，驻扎在灵州（今宁夏回族自治区灵武市）、夏州（今陕西省靖边县）、丰州（今内蒙古自治区五原县），治所在灵州，拥有64700人；河东节度使与朔方节度使一样，其任务也是抵御突厥，下辖天兵（今山西省太原市）、大同（今山西省朔州市）、横野（今河北省蔚县）、岢岚（今山西省岢岚县）四个军镇，云中（今山西省大同市）守捉使，驻扎在太原府的忻州（今山西省忻州市）、代州（今山西省代县）、岚州（今山西省岚县），治所在太原，有55000人；范阳节度使控御契丹、奚人，下辖经略使（今北京市）、威武（今北京市密云区）、清夷（今河北省怀来县）、静塞（今天津市蓟州区）、恒阳（今河北省曲阳县）、北平（今河北省顺平县）、高阳（今河北省高阳县）、唐兴（今河北省安新县）、横海（今河北省沧州市）九个军镇，驻扎在幽州（今北京市）、蓟州（今天津市蓟州区）、妫州（今河北省怀来县）、檀州（今北京市密云区）、易州（今河北省易县）、恒州（今河北省正定县）、定州（今河北省定州市）、漠州（今河北省任丘市）、沧州（今河北省沧州市），治所在幽州，拥有91400人；平卢节度使镇守室韦、靺鞨，下辖平卢（今辽宁省朝阳市）、卢龙（今河北省卢龙县）两个军镇，渝关（今河北省秦皇岛市）守捉使，安东都护府，驻扎在营州、平州，治所在营州，有37500人；陇右节度使抵御吐蕃，下辖临洮（今青海省海东市乐都区）、河源（今青海省西宁市）、白水（今青海省大通县）、安人（今青海省湟源县西北）、振威（今青海省同仁县）、威戎（今青海省门源县）、漠门（今甘肃省临潭县）、宁塞（今青海省化隆县）、积石（今青海省贵德县）、镇西（今甘肃省临夏市）十个军镇，绥和（今青海省湟中县南）、合川（今青海省化隆县南）、平夷（今甘肃省临夏市西南）三个守捉使，驻扎在鄯州（今青海省海东市乐都区）、廓州（今青海省化隆县）、洮州（今甘肃省临潭县）、河州（今甘肃省临夏市），治所鄯州，有兵力75000人；剑南节度使西抗吐蕃，南镇山蛮，下辖天宝（今四川省理县）、平戎（今四川省理县西北）、昆明（今四川省西昌市南）、宁远（今四川省盐源县西南）、澄川（今云南省姚安县东）、南江（今地不详）六个军镇，驻扎在益州（今四川省成都市）、翼州（今四川省茂县东北）、茂州（今四川省茂县）、当州（今四川省黑水县）、嶲州（今四川省西昌市）、柘州（今四川省黑水县西）、松州（今四川省松潘县）、维州（今四川省理县）、恭州（今四川省马尔康市）、雅州（今四川省雅安市）、黎州（今四川省汉源县）、姚州（今云南省姚安县）、悉州（今四川省黑水县东南）十三州，治所益州，有39000兵力；岭南五府经略使安抚岭南各族，下辖经略使（今广东省广州市）、清海（今广东省恩平市）两个军镇，桂州（今广西壮族自治区桂林市）、容州（今广西壮族自治区容县）、邕州（今广西壮族自治区南宁市）、交州（今越南河内市）四个管区，治所广州，兵力15400人。除此之外，还有长乐经略使，治所福州（今福建省福州市），兵力1500人；东莱守捉使，治所莱州（今山东省莱州市），东牟守捉使，治所登州（今山东省蓬莱市），各有1000兵力。以上全国各地守军共计49万人，马8万匹。开元初年，每年供应给边防军的衣服、粮食花费不过二百万钱，到开元末年、天宝年间，边防军人数逐渐增多，每年所费衣服达1020万匹，粮食190万斛，百姓因此开始困顿起来了。

三二八　步入天宝（一）

公元742年一月一日，唐玄宗驾临勤政楼接受百官的朝贺，宣布大赦天下，改元为天宝元年，从此，历史也步入不同寻常的天宝年间，仅仅六天之后，唐玄宗就下令将设置平卢节度使，以安禄山为之，此举似乎预示着安禄山将成为天宝年间的弄潮儿。

此年的唐玄宗已经五十七岁了，他也变得更加迷信祥瑞。一月八日，陈王李珪府参军田同秀宣称："我在丹凤门看见玄元皇帝（老子李耳）站在空中，对我说：'我在尹喜的旧宅藏了灵符。'"唐玄宗派人在旧函谷关尹喜台旁边找到了。数日后，朝廷群臣上书，称："函谷关取出的灵符，上应年号，请求在您的尊号前面加上'天宝'二字。"于是，唐玄宗的尊号就成了开元天宝圣神文武皇帝。二月十五日，唐玄宗在新落成的玄元皇帝庙里拜祭。十八日，又祭祀太庙。二十日，在南郊祭祀天地神，大赦天下。改侍中为左相，中书令为右相，尚书左右丞相改回尚书左右仆射，黄门侍郎改称门下侍郎；以东都洛阳为东京，北都太原为北京；州改称郡，刺史改称太守；改桃林县为灵宝县。晋升田同秀为朝散大夫。当时的人们都怀疑所谓的灵符就是田同秀自己伪造的。隔了一年，又有一个清河人叫崔以清的就没有这么幸运了，他又上书称："我在天津桥北遇见玄元皇帝，说他将灵符藏在武城（今山东省武城县）紫薇山中。"唐玄宗派人前去发掘。崔以清的把戏实在是毫无创意，东京留守王倕知道他是在胡说八道，派人严加审讯，崔以清终于认罪，但上报到唐玄宗那里后，唐玄宗也未予深究，只是将其流放而已。

天宝初年的唐朝政治大约可以概括为三句话：玉环入宫、林甫专权、禄山得宠。

开元二十五年武惠妃去世后，唐玄宗一直思念不已，再加上三子同日被杀，虽然后宫是佳丽数千，竟然无一人令他中意的，遂命高力士南下江南一带暗中选美。高力士一路走来，辗转行至莆田县，竟然发现了一位佳丽，此女唤作江采萍，她楚楚动人，能诗善赋，酷爱梅花，不喜铅华。入宫后，唐玄宗大为宠爱，戏称她为梅妃，但梅妃得宠也仅仅数年，唐玄宗就又不满足了，于是，就又有人向唐玄宗推荐寿王李瑁妃杨玉环美貌绝伦，绝世无双。难道唐玄宗没有见过他这个美貌的儿媳吗？还需别人推荐？显然不是，只不过是有人揣摩出了唐玄宗的心思、替他操作罢了。

寿王妃杨氏，正史不载其真名。《杨太真外传》称其小字玉环，《赤雅》称，其名玉奴，别字玉环，号太真。关于她的祖上，《旧唐书》称，她的高祖是杨令本，而《新唐书》则称她是隋末梁郡通守、为唐太宗所杀的杨汪的四世孙，《资治通鉴》称，她的父亲杨玄琰是杨汪的曾孙。但野史又有其是今广西壮族自治区容州人的说法，如《赤雅》言之凿凿，称：杨贵妃是今广西壮族自治区容州普宁县云陵里人，父亲名叫杨维，母亲姓叶，怀孕十三月生下她。都部署杨康收为养女，杨玄琰为长史，又从杨康处求为养女，携带到京师，选入寿王府，时年十四岁。按：据正史杨玉环选入寿王妃时十七岁。《杨太真外传》称：其为弘农华阴人，后来祖上迁居蒲州永乐的独头村。她生于蜀州，幼年曾误落入池中，此池被人唤作落妃池。杨玉环幼年就成了孤儿，被收养在叔父杨玄珪家中。开元二十二年十一月，被选为寿王妃。二十八年十月，唐玄宗临幸华清宫（对照正史，此时唐玄宗确实曾去华清宫，当时叫骊山温泉），命高力士从寿王府中将杨氏取出，度为女道士，号太真，住在宫中的太真宫内。回顾此前发生的一系列事件：开元二十五年武惠妃去世；次年唐玄宗犹豫不定，并没有册立自己一直宠爱的寿王李瑁为太子，而是在高力士的建议下立了忠王李玙；又仅仅过去一年，就把杨氏从寿王府中纳入后宫，且又是高力士一手操作。由此推断：一是《杨太真外传》记载的杨玉环入宫时间大约是真实的；二是杨玉环入宫与其丈夫寿王李瑁未被立为太子存在着直接的联系；三是唐玄宗早就看上了她这个儿媳，而并非如正史记载的那样是经别人推荐的，正史在推荐人上弄点手脚，并故意不提杨玉环确切的入宫时间，将其总述在天宝初年，其目的就是替唐玄宗遮羞。

唐玄宗比她这个儿媳大了整整三十三岁，假如《杨太真外传》记载真实的话，在杨玉环入宫的开元二十八年，杨玉环年仅二十二岁，而唐玄宗已经五十五岁了。为了掩人耳目，唐玄宗授意杨玉环请求出家为女道士，号为太真；另替寿王李瑁娶了左卫郎将韦昭训的女儿为妻；又偷偷把杨玉环纳入宫中的太真宫内。到天宝四载（公元745年）八月，唐玄宗册封杨太真为贵妃；追赠其父杨玄琰为兵部尚书；晋升其叔父杨玄珪为光禄卿，其堂兄杨铦为殿中少监，杨锜为驸马都尉。又册立武惠妃的女儿为太华公主，嫁给了杨锜——原本杨玉环与太华公主是姑嫂关系，如今，太华公主要称杨玉环庶母、妹妹。杨玉环的三个姐姐，大姐嫁给崔氏，二姐嫁给裴氏，三姐嫁给柳氏，也都在长安被赐予府邸，享受荣华富贵。

史称："太真姿质丰艳，善歌舞，通音律，智算过人。每倩盼承迎，动移上意。宫中呼为'娘子'，礼数实同皇后。"《开天传信记》称：太真妃最擅长击磬拊搏之音，泠泠然新声，虽太常梨园的能人，也比不过。《杨太真外传》称：一次，唐玄宗在便殿看《汉成帝内传》，杨贵妃从后面过来整理唐玄宗的衣领，问唐玄宗看的什么书。唐玄宗笑着说："别问，你知道了，又该缠人了。"杨贵妃夺去一看，原来上面写着赵飞燕身轻如燕的事。因杨贵妃稍稍丰满，唐玄宗就说："你咋样？"杨贵妃回答："我的一曲霓裳羽衣舞，能超过她。"《开元天宝遗事》称，杨贵妃体态丰腴，夏天总是口含一枚玉鱼儿，或者清晨去后苑吸吮花露，以解肺热。《致虚阁杂俎》记载，唐玄宗在宫中经常与杨贵妃玩捉迷藏游戏，唐玄宗总是捉不住杨贵妃，而杨贵妃总能捉住唐玄宗。一次，杨贵妃在身上挂了很多流苏香囊，杨贵妃总用香囊引诱唐玄宗，唐玄宗抓了很多香囊，却一直逮不着杨贵妃，这一游戏就被称为捉迷藏。《开元天宝遗事》称，唐玄宗与杨贵妃在宫中饮宴，酒酣耳热之际，总是让贵妃带着一百多宫女，唐玄宗带一百多宦官，列为两阵，相互打斗取乐，失败一方用大酒杯罚酒。《乐府杂录》称，唐玄宗刚得到杨贵妃时，高兴地对宫中嫔妃说："我得到杨氏，如同得到至宝啊！"遂亲自谱成一曲《得宝子》，以示纪念。《明皇杂录》称，贵妃每抱琵琶演奏，音韵凄清，飘于云外，诸王、公主竞相拜杨贵妃为师，贵妃每奏一曲，这些弟子们纷纷献上金钱。《津阳门诗注》称，唐玄宗善吹笛，杨贵妃善弹琵琶，唐玄宗每举酒，总让应娘歌《水调》数遍，杨贵妃则弹琵琶助兴。

杨钊，是杨贵妃的同曾祖父的族兄，武曌的面首张易之就是杨钊的舅舅。《天宝故事》却称，杨钊就是张易之的私生子。作为武曌的面首，张易之回家后，武曌下令其只能住在楼上，去掉楼梯。张易之的母亲担心这样下去张氏绝嗣，就密令女奴蠙珠上楼，遂怀孕生下了杨钊。

杨钊不学无术，品行不端酒量很大，又好赌博，很受同族、邻里的鄙视。受到刺激后，他发奋去蜀地当兵，因表现优异而晋升为新都县尉。任期届满，因家贫无法还乡，新政县的富人鲜于仲通时常资助他。杨玉环的父亲杨玄琰死在蜀地，杨钊经常出入于杨玄琰家，遂与杨玉环的二姐私通。鲜于仲通，名向，以字行于世，好读书，有才智，剑南节度使章仇兼琼任命他为采访支使（无任官资格的临时秘书），视为心腹。章仇兼琼曾经对鲜于仲通说：“如今，我只是受到皇帝一人的器重，假如朝中没有内援的话，肯定会受李林甫的倾轧。我听说杨贵妃深受陛下的宠幸，而人们还未敢依附杨家。你假如能替我前往长安一趟，与杨家拉上关系，我就可以高枕无忧了。”鲜于仲通回答：“我只是蜀地的乡下人，未尝去过京师，恐怕会误了大人的事，不过，我倒是可以给大人推荐一个合适的人选。”遂对章仇兼琼说了杨钊的家世。章仇兼琼就让鲜于仲通把杨钊召来相见，只见杨钊容貌魁伟，口齿伶俐，一见之下，章仇兼琼大喜过望，当即就征辟他为推官（法官）。此后，二人关系逐渐亲密，章仇兼琼就让杨钊去京师进贡春季的丝绸，临行之前，叮嘱他说：“我在郫县放了些东西，你顺道去取，作为路上的盘缠。”等杨钊来到郫县时，章仇兼琼早已让亲信等在那里，送给他大批蜀地精美的宝物，价值连城。杨钊喜出望外，昼夜兼行，来到长安，一一见过各个妹妹，拿出宝物相送，并称：“这是章仇大人所赠。”当时，杨钊的旧情人、杨贵妃的二姐刚刚守寡，杨钊索性就住在她家中，把带来的一半财宝送给了她。

于是，杨氏人人争相说章仇兼琼的好话，又在唐玄宗面前称杨钊擅长玩牌，杨钊也得以随着供奉官出入皇宫，不久改任其为金吾卫兵曹参军。在宫中，杨钊专门负责掌管牌局的输赢账目，唐玄宗对他的精明强干十分赏识，夸奖道：“真是个合格的度支郎！”诸杨又请托御史中丞王鉷推荐杨钊为判官。天宝五载（公元746年）五月，在诸杨的引荐下，章仇兼琼也被唐玄宗提拔为户部尚书。

三二九　步入天宝（二）

杨贵妃后来居上，风头很快就盖过了梅妃。

杨贵妃已俨然成为唐玄宗的心头肉，一会儿见不到，就会怅然若失，手足无措。杨贵妃骑马，都是高力士亲自给她牵马，递马鞭；专门替杨贵妃服务的织绣工人就高达七百人；朝廷内外竞相给杨贵妃送去各种奇珍异宝、服饰玩好。章仇兼琼当上户部尚书后，国库中的财物，只要是杨氏需要的，无不立马予以满足；前宰相张九龄的弟弟、岭南经略使张九章，广陵长史王翼送来的礼物十分精美，张九章被授予三品，王翼则被召回京师，当上了户部侍郎。从此，天下之人纷纷效仿，竞相巴结起贵妃来了。民间为之歌称："生男勿喜女勿悲，君今看女作门楣。"《国史补》称，杨贵妃生于蜀地，喜欢吃荔枝，而岭南生长的荔枝又比蜀地自产的要好吃，唐玄宗每年就命令岭南的快马向长安输送荔枝，等到长安，荔枝色香味还没改变。后人诗歌就曾记载此事，比较著名的有：晚唐诗人杜牧的《过华清宫绝句三首》其一："长安回望绣成堆，山顶千门次第开。一骑红尘妃子笑，无人知是荔枝来。"宋代大诗人苏轼的《荔枝叹》："十里一置飞尘灰，五里一堠兵火催。颠坑仆谷相枕藉，知是荔枝龙眼来。飞车跨山鹘横海，风枝露叶如新采。宫中美人一破颜，惊尘溅血流千载。永元荔枝来交州，天宝岁贡取之涪。至今欲食林甫肉，无人举觞酹伯游。我愿天公怜赤子，莫生尤物为疮痏。雨顺风调百谷登，民不饥寒为上瑞。君不见，武夷溪边粟粒芽，前丁后蔡相宠加。争新买宠各出意，今年斗品充官茶。吾君所乏岂此物，致养口体何陋耶？洛阳相君忠孝家，可怜亦进姚黄花。"

宫中妇人之间争宠之事稀松平常，据说，梅妃曾给杨贵妃赠首诗，称："撇却巫山下楚云，南宫一夜玉楼春。冰肌月貌谁能似，锦绣江天半为君。"隐晦地批评杨贵妃不顾人伦、抛弃夫君、攀附公公，而杨贵妃则回赠一首诗，称："美艳何曾减却春，梅花雪里减清真；总教借得春风草，不与凡花斗色新。"长久受到冷落的梅妃自然会生出些怨气，天宝五载的一天，趁杨贵妃不在身边，唐玄宗偷偷派贴身宦官请梅妃一见，结果却被杨贵妃发现，大吵大闹了一番，最终惹恼了唐玄宗，命高力士将其送出皇宫，送归其兄杨铦家。当天，唐玄宗一直闷闷不乐，焦躁不安，等到中午，他还是茶饭不思，身边的宦官们动辄得罪，横被鞭打。高力士想知道唐玄宗的真实想法，就建议把宫中杨贵妃的服饰玩好都送还给杨贵妃，唐玄宗答应了。宫中一片忙乱过后，仅这些物品就拉了一百多车，唐玄宗还把自己的御膳分出一部分也随车送了过去。杨贵妃被送回杨铦家后，杨家上下无不忧心忡忡，坐卧不安，等高力士送来杨贵妃的物品及唐玄宗的御膳后，大家多少放下一点心来。当夜，高力士请求迎回杨贵妃，唐玄宗点头同意，遂打开禁门用轻车将杨贵妃接入宫中。从此以后，唐玄宗与杨贵妃之间的感情更加亲密，后宫再无他人接近唐玄宗了。

宫中迷恋着杨贵妃，唐玄宗再也无心亲自处理朝政了，就把政务全权委托给了李林甫。天宝元年七月，左相牛仙客就去世了，唐玄宗任命刑部尚书李适之为左相。顺便一提的是：牛仙客去世后，还引发一起案件。牛仙客担任朔方军使时，姚崇的孙子姚闳当他的判官，等到牛仙客升任宰相后，姚闳也当上了侍御史。姚闳自称能通神，预知吉凶，牛仙客很是相信，等他病重后，姚闳自称愿替他祈福，遂逼迫牛仙客写一篇遗表，内容是推荐姚闳的叔父、尚书右丞姚弈以及兵部侍郎卢奂接替自己担任宰相，姚闳亲自起草。当时牛仙客已处于昏迷状态，无法署名，其妻趁宫中使者前来吊唁，将奏表送上。唐玄宗得知实情后大怒，将姚弈贬为永阳太守，卢奂贬为临淄太守，将姚闳赐死。姚闳竟敢铤而走险威逼临死的宰相，从一个侧面也说明了当时朝廷政治纪律已十分松弛。

李适之，一名李昌，他与李林甫一样也是李唐宗室，系唐太宗原太子李承乾的孙子。从辈分上讲，二人是平辈，都是唐玄宗的叔父辈，但李适之与唐玄宗的血缘更近。李适之历任左卫郎将、通州刺史、秦州都督、陕州刺史、河南尹、御史大夫、幽州长史、刑部尚书。他性格简率，办事能力很强，又好交朋友，酒量很大，夜里饮宴，白天办公，从不误事。《逢原记》称：李适之有九种酒器，分别为蓬莱盏、海川螺、舞仙盏、瓠子卮、幔卷荷、金蕉叶、玉蟾儿、醉刘伶、东溟样。蓬莱盏上有山像三座小岛，注酒以山被酒淹没为限；舞仙盏是酒倒满后，有仙人出来跳舞。

天宝年间以“二李”时代开场。据《唐将相大臣年表》，天宝初年唐朝朝廷重臣分别是：

天宝元年：司徒李琮、左相李适之（兼兵部尚书）、右相李林甫（加尚书左仆射）。

天宝二年：同上。

天宝三载（该年元旦，唐玄宗下令年称载）：同上。

天宝四载：同上。该年八月，立杨玉环为贵妃。

天宝五载：四月，李适之被贬为太子太保，门下侍郎陈希烈被提拔为同中书门下平章事。

天宝六载：三月，同中书门下平章事陈希烈被晋升为左相。司徒李琮、左相陈希烈、右相李林甫。

李林甫从开元二十二年（公元734年）当上宰相（礼部尚书、同中书门下三品）到天宝十一载（公元752年）死于右相任上，为相整整二十年，先是与裴耀卿、张九龄同僚，表面上曲意逢迎二人，私下里伺机予以中伤，寻找机会取代二人。三年后，终于取代二人成为正式宰相，举荐出身低微的牛仙客作为自己的同僚，在此后的五年多时间里，牛仙客听命于他，二人合作愉快，如今，又进入了二李时代。

熬过了一个又一个宰相，李林甫成为大唐政坛上的不倒翁，自有他的过人之处，即李氏厚黑学。为了巩固自己的地位，李林甫为相期间，凡是才能、名望、功业超过自己的，或者受到唐玄宗青睐的，或者李林甫感到有可能威胁到自己相位的，一定会千方百计地将他们打压下去；由于李林甫自己学问不高，尤其忌惮文学之士，或者装作与之友善，以好言夸奖而暗中则加以陷害，因此，时人称李林甫是“口有蜜，腹有剑”，这就是口蜜腹剑的来历。《开元天宝遗事》称，李林甫嫉贤妒能，经常陷害他人，人称其为肉腰刀；又称其是面带笑容，而肚子中在铸剑；又称其精神刚戾，如索斗鸡；又称，李林甫与大家讨论公直之事的时候，就像个呆子，一言不发，而一旦谈及阿谀奉迎之事时，就如同换了一个人一般，对答如流。过去，张九龄就曾对人说：“与李林甫议事就像是在听醉汉说话，没啥意思。”《开天传信记》称，李林甫旧宅在平康坊南街废蛮院，他在正堂后面另修一室，名为月堂，周围风景秀丽。李林甫每当要陷害一人，必定要入月堂之内，精思熟虑，而后喜悦而出。

《明皇杂录》记载，一天，唐玄宗在勤政楼下饮宴，宴会后，垂帘观看。兵部侍郎卢绚误以为唐玄宗已经回宫，就没有下马，垂着马鞭，按住马缰，横过楼下。卢绚有文雅之名，仪态潇洒，唐玄宗目送着他走过，禁不住脱口赞叹。李林甫以重金在唐玄宗身边安插有眼线，唐玄宗的一举一动，李林甫都是了如指掌。他担心卢绚会受到重用，第二天，就召来卢绚的子弟们，对他们说："你们的家长名望很高，现在，广州、交州需要人才，皇上有意让你们家长去那里任职，可以吗？如果不想远行，就要被降职。要是不想被降职，就以太子宾客、太子詹事的身份前去洛阳任职，这也算是对贤人的优待措施了。"卢绚被吓住后，就主动请求担任太子宾客或者太子詹事。李林甫又怕引起物议，于己不利，就改任卢绚为华州刺史。卢绚到任不久，李林甫又指使他人诬陷卢绚有病，不能很好地治理地方，又改任为编外太子詹事，待遇与正员一样。

天宝二年（公元743年），唐玄宗打算提拔右赞善大夫杨慎矜知御史中丞事，当时，朝廷公卿全出自李林甫的门路，不是他引荐的，他总要暗中加害。即便是唐玄宗的决定，杨慎矜也不敢贸然担任，坚决推辞，唐玄宗只好任命他为谏议大夫。后来，李林甫认为杨慎矜能屈从自己，就又任命他为御史中丞，充任诸道铸钱使。杨慎矜，隋炀帝杨广的玄孙，他的曾祖父是杨广次子齐王杨暕，其父就是开元二十一年退休的户部尚书杨崇礼。

张九龄已于开元二十八年病死，但唐玄宗一直对张九龄十分看重，以后每当宰相推荐人才时，唐玄宗总会问一句："其风度是否与张九龄相似？"时过境迁，唐玄宗又想起了张九龄引荐而被打压下去的严挺之，他问李林甫："现在严挺之在哪里？此人也堪使用。"严挺之是李林甫的死对头，当时受到李林甫的打压，以尚书左丞、知吏部选而被贬为洺州刺史，如今调任绛郡太守。李林甫退下后，就召来严挺之的弟弟严损之装作闲谈往事，称将要授予其员外郎一职，严损之自然是感激涕零。见严损之慢慢入港，李林甫趁机说："皇上仍然对你哥哥十分看重，还须想方设法回到京城，只要能与陛下见上一面，一定会受到重用的。"遂令严损之弄来一张绛郡的文书，称其哥哥严挺之"得了风疾，请求回京治疗"。拿到这张文书后，李林甫就对唐玄宗说："严挺之年事已高，近日又患上了风疾，需要给他安排一个闲差事，便于就医。"唐玄宗听后，叹息了很久。李林甫趁机建议授予严挺之员外太子詹事，令其到东都养病。严挺之与裴宽都是佛教徒，严为人仗义，重然诺，为世人所重，等他回到洛阳后，一直郁郁不得志，忧愤成疾，不久就去世了。汴州刺史、河南采访使齐澣也是朝廷老臣，为李林甫所忌惮，李林甫也以他为员外太子少詹事，与严挺之一起于东京养病。

三三〇　步入天宝（三）

如前所述，裴宽是张九龄时期的吏部尚书裴漼的从祖弟，出身于闻喜裴氏。

开元二十一年，裴宽已为户部侍郎，后来又历任吏部侍郎、蒲州刺史、河南尹、左金吾卫大将军、太原尹。天宝初年，裴宽又被任命为陈留太守、兼采访使，不久，范阳节度使李适之入京担任御史大夫，裴宽接替范阳节度使一职，当时，北平军使乌承恩自恃是少数民族头领，又有宦官当自己的后台，肆意贪赃枉法，裴宽依法予以惩处。天宝三载（公元744年），唐玄宗以安禄山为范阳节度使，就征召裴宽为户部尚书、兼御史大夫。

天宝三载一月，海盗吴令光等人劫掠台州、明州，唐玄宗命令河南尹裴敦复率军前去讨伐。裴敦复很快就消灭了吴令光，因功被晋升为刑部尚书。裴敦复入朝后，接受请托，虚报战功，夸大海盗力量，裴宽曾在唐玄宗面前点到此事。又过了几天，河北将士入朝上奏，盛称裴宽在范阳期间为政严明，深得各族百姓的爱戴，唐玄宗素来就看重裴宽，听后，连连点头，叹赏不已。裴宽原本就与左相李适之私交很好，而此时，李适之与李林甫已经产生了矛盾，当李林甫得知后，十分担心裴宽会拜相，如果那样的话，就会威胁到自己的地位，于是，他就把矛头对准了裴宽。《谭宾录》称：李林甫做梦梦见一个瘦高个、长胡子的人逼近自己，推又推不走。醒来后，李林甫说："这是裴宽想取代我啊！"

李林甫想到一条借刀杀人之计，他找来裴敦复，把裴宽对唐玄宗说的话告诉给了裴敦复。裴敦复虽然和裴宽是同族，但二人原本就不和，裴敦复为人又意气用事，以为李林甫对自己推心置腹，就把李林甫当作了自己人。过去，裴宽也曾嘱托裴敦复给自己的亲人请求军功，此时，裴敦复愤激之下，就把这事对李林甫和盘托出了，李林甫听后，说道："你要赶快上奏，别落到别人后面了！"虽然李林甫这么说，但裴敦复冷静过后，还是等待观望，没有告发。不久，裴敦复随唐玄宗一起前往骊山华清池，裴宽留在京师。事有凑巧，裴敦复手下的军将程藏曜、郎将曹鉴因他事为人所告，被裴宽逮捕下狱，裴敦复的判官王悦听说后，误以为是裴宽在找裴敦复的麻烦，连夜赶往华清池向裴敦复禀报。裴敦复大为恐惧，赶忙让家人拿出五百金送给杨贵妃的三姐，让她对唐玄宗说。第二天，唐玄宗即下诏将裴宽贬为睢阳太守。不过，裴敦复也是好景不长，仅仅过去数月，天宝四载三月，裴敦复被朝廷任命为岭南五府经略等使。五月，因其逗留不赴任，又将其贬为淄川太守，而以光禄少卿彭杲接替他的职务。这一切的幕后主使就是李林甫，由于唐玄宗对裴敦复平定海盗之功一直赞赏有加，令李林甫十分嫉妒，所以，李林甫才千方百计地加以陷害。

也许是因为东都是他的祖母武曌长期待过的地方，自从开元二十四年唐玄宗从东都返回长安后，就不愿再回去了。然而，由于粮食问题一直困扰着长安，再加上西北数十州都驻有重兵，更让关中雪上加霜，为了不让唐玄宗再东西奔波，并解决西北边防军以及关中军民的生活问题，李林甫、牛仙客上任之初就采纳了一个叫彭果的人的建议，采取朝廷用市价购买储备粮的办法。开元二十五年九月二十七日，唐玄宗下令：用高于市价百分之二三十的价格，由长安、洛阳两地政府各自从民间收购数百万斛的粮食。实施这一办法后，关中再也不闹粮荒了，数年来，关中粮仓丰裕。一次，唐玄宗满意地对高力士说："朕不出长安已近十年了，天下无事，朕打算高枕安卧，把政务都交给李林甫，你看如何？"高力士回答："天子巡视，是古代流传下来的制度。况且，天下权柄不可以送给别人，别人的威势一旦养成，谁再敢说三道四呢？"唐玄宗听后一脸不悦。高力士见状，赶忙叩头谢罪："臣得了疯病，口出狂言，罪该万死！"唐玄宗这才赏赐给高力士美酒，左右都松了一口气，山呼万岁。从此以后，高力士也不敢议论时政了，而李林甫的地位也更稳固了。

杨贵妃、李林甫和安禄山，是唐玄宗天宝初年最为宠信的三个人。天宝二年一月，已升任平卢节度使的安禄山来到长安，唐玄宗对他非常优待，不时接见。《次柳氏旧闻》称，安禄山入朝，唐玄宗对其非常好，专门在大殿之上安排一个座位，四周悬挂金鸡帷帐。太子劝谏道："自古以来从未有臣子坐在正殿上的道理，陛下对他宠爱太过。"唐玄宗却说："这个胡人相貌奇特，我这样做正是为了压服他。"《定命录》称，一次，安禄山喝醉了酒熟睡，变成一头龙头的猪，左右向唐玄宗禀报，唐玄宗说："他不过是个猪龙，成不了事的。"《分门古今类事》称，太子对唐玄宗说："为何不杀了安禄山？"唐玄宗回答："杀了一个假的，恐怕会再生出一个真龙。"退下后，太子请安禄山喝酒，想借机毒死他。提前对宫女说："我如果索要寿酒，就送来毒酒。"安禄山来到后，酒过数巡，太子给安禄山祝寿，敬上毒酒。安禄山正要喝下，正巧一只燕子吐到杯中一块泥土，安禄山遂放下酒杯，告辞而去。《安禄山事迹》称，安禄山经常在唐玄宗跟前表忠心，唐玄宗命其与太子相见。安禄山在太子跟前，故意不拜，还装傻说："臣是番人，不知太子是什么官。"唐玄宗说："是储君。"安禄山说："臣愚蠢，只知陛下，不知太子，罪该万死。"这才下拜。唐玄宗对他的"单纯""诚实"十分欣赏。

安禄山上奏称："去年秋天，营州的蝗虫吃麦苗，臣焚香祷告说：'臣如果心术不正，事君不忠，就让蝗虫吃了臣的心；如果臣没有欺骗神灵，就让蝗虫离去吧。'不一会儿，就从北面飞来一群鸟，将蝗虫吃完。请求将此事交付史官记载下来。"唐玄宗同意了。

李林甫虽然兼任吏部尚书，但整日在政府处理国家大事，把吏部的事都交给吏部侍郎宋瑶、苗晋卿二人全权处理。御史中丞张倚刚刚受到唐玄宗的青睐，宋、苗二人想巴结张倚，当年候选官员上万人，得官者才六十四人，而张倚的儿子张奭位列第一，弄得群情激愤。前蓟县县令苏孝韫把此事告诉了安禄山，安禄山入宫禀报给了唐玄宗，唐玄宗将入选的六十四人召入宫中复试，并亲自监考，结果，张奭手持试卷，一整天写不出一个字来，被人戏称为"曳白"。唐玄宗大怒，将宋瑶贬为武当太守，苗晋卿贬为安康太守，张倚贬为淮阳太守，礼部郎中裴朏等人也都被贬为岭南小官。

天宝三载三月，唐玄宗又任命安禄山兼任范阳节度使，将原任范阳节度使裴宽调回朝廷，担任户部尚书。礼部尚书席建侯担任河北黜陟使，夸奖安禄山公正、正直，李林甫和裴宽也都顺着唐玄宗的意思称赞安禄山，这三人都是唐玄宗信任的大臣，从此以后，安禄山的地位更加稳固了。《大唐新语》称，过去，郭元振、薛讷、李适之等人都是在边疆立下战功而拜相的，李林甫担心再出现此类事情，就建议唐玄宗重用胡人担任边将，他说："以陛下雄才，国家富强，而四夷未灭，其原因就在于文人胆小，不懂军事。陛下要想平定四夷，就要重用武将，而武将中胡人又是佼佼者。胡人生下来就威武，从小生活在马背上，长大后又经常在战场上摸爬滚打，如果陛下重用他们，就一定能平定四夷。"

三三一　步入天宝（四）

天宝元年，大唐帝国有1528个县，16829个乡，8525763户，48909800人，应该说，此时的大唐帝国已臻鼎盛，与此同时，帝国的周边环境也是非常好。

自从毗伽可汗开元四年即位以来，东突厥一直与唐朝保持着良好的关系。开元九年，唐军主动出击，东突厥后发制人，击败了唐军，但得胜后的毗伽可汗又派人求和，并请求当唐玄宗的儿子，两国又恢复了和平。开元十五年，吐蕃欲联合突厥一起进攻唐朝，毗伽可汗予以拒绝，并将吐蕃的书信送到了唐朝，唐玄宗对其非常赞赏，批准在西受降城建立互市。开元二十年，毗伽可汗的弟弟、左贤王阙特勒去世，唐玄宗命人前去吊唁、立碑，并亲自起草碑文。同年，毗伽可汗被大臣梅录啜毒死，未死前，他忍死率众杀死了梅录啜，尽灭其党。国人拥立毗伽可汗的儿子为伊然可汗。

开元二十八年，伊然可汗病死，在位期间，曾三次派人入朝拜谒唐玄宗。伊然可汗死后，其弟弟继位，为登利（果报之意）可汗。登利可汗继位后，即于开元二十九年一月派使者向唐朝进贡，并称："礼天可汗如礼天，今新岁献月，愿以万寿献天子。"登利可汗继位时还很年幼，其母就是曾辅佐其父毗伽可汗、让汗国转危为安的老臣暾欲谷之女婆匐，婆匐与突厥一个小臣饫斯达干私通，干预朝政，弄得突厥各部不服，上下离心离德。登利可汗的两个堂叔分别掌管着东西方面军，号称左、右杀。登利可汗与母亲合谋诱杀了右杀，夺取了他的军队，左杀判阙特勒害怕自己也会落得同样的下场，遂起兵进攻登利可汗，将其杀死，又拥立了毗伽可汗的另外一个儿子。不久，这位没有留下名字的可汗又为骨咄叶护所杀，骨咄叶护又立了这位可汗的弟弟，但很快，他又杀了这位，自立为可汗。

唐玄宗因突厥内乱，遂命左羽林将军孙老奴前去招徕突厥内部的回纥、葛逻禄、拔悉蜜等部落。在唐朝政府的鼓动下，拔悉蜜、回纥、葛逻禄三部一起进攻骨咄叶护，将其杀死，共同推举拔悉蜜的酋长担任可汗，号称颉跌伊施可汗，回纥和葛逻禄酋长分别担任左、右叶护。而突厥国内其余的部众则共同推举左杀判阙特勒的儿子为可汗，号称乌苏米施可汗，以其子葛腊哆为西杀。

唐玄宗派人劝诱乌苏米施可汗率众内附，但乌苏米施可汗不从。朔方节度使王忠嗣率领大军驻扎在碛口示威，乌苏米施可汗终于害怕了，向唐朝请降，但是，他还是心有不甘，迟迟不肯动身。王忠嗣知道他是在拖延时间，遂派人劝说拔悉蜜、回纥和葛逻禄三部对其发起进攻，乌苏米施可汗率众逃走。王忠嗣率领唐军趁机攻击，将其右厢俘获。天宝元年七月，乌苏米施可汗的西叶护阿布思颉利发、西杀葛腊哆、前可汗阿史那默啜的孙子勃德支、伊然可汗的小妻余塞匐、毗伽可汗的女儿大洛公主和登利可汗的女儿余烛公主等率领五千帐相继归降，九月，唐玄宗驾临花萼楼宴请突厥降众，以葛腊哆为怀恩王。

天宝三载八月，拔悉蜜等部斩杀了乌苏米施可汗，将其人头送至长安。突厥余众又拥立其弟鹘陇匐白眉特勒为可汗，号称白眉可汗。突厥国内大乱，一面是突厥本部的白眉可汗，一面是回纥等三部拥立的拔悉蜜酋长颉跌伊施可汗。唐玄宗见状，即命令王忠嗣出兵朝突厥境内挺进，行至萨河内山（今内蒙古自治区五原县以北塞外），击破其左厢阿波达干等十一部，右厢没有被攻破。

此时，回纥、葛逻禄两部又联合起来，一起进攻拔悉蜜颉跌伊施可汗，将其杀死。回纥酋长骨力裴罗自立为骨咄禄毗伽阙可汗，派使者向唐朝禀报，唐玄宗遂册封其为怀仁可汗，于是，回纥怀仁可汗就向南夺取了突厥的旧地，在乌德犍山（今蒙古国杭爱山）立下牙帐，本身回纥内部就有药罗葛等九姓，此后又兼并了拔悉蜜和葛逻禄，建立了回纥汗国，国内共有十一部，各自设置都督，对外战斗总以拔悉蜜和葛逻禄二部打头阵。

天宝四载（公元745年）一月，回纥怀仁可汗进攻突厥白眉可汗，将其杀死，并把人头送到长安。突厥毗伽可汗的皇后率领突厥残余部众向唐朝投降，唐玄宗封其为宾国夫人，每年送给她脂粉钱二十万，从此，突厥汗国灭亡。突厥汗国自土门可汗建立以来，立国一百九十四年，共计二十九位可汗。

回纥汗国取代突厥汗国，占据了北方，其地东到室韦，西至金山（阿尔泰山），南跨大漠，包括了突厥汗国极盛时的疆域。怀仁可汗很快就死去了，其子磨延啜继位，号称葛勒可汗。回纥汗国与唐朝建立了友好关系，唐朝北部边境从此也安全了。

在东突厥瓦解的同时，唐朝对原来不太顺从的西突厥突骑施莫贺达干也采取了行动。唐玄宗册立莫贺达干为突骑施可汗只是权宜之计，到天宝元年，唐玄宗发兵护送十姓可汗阿史那昕进入突骑施，当阿史那昕行至俱兰城（今哈萨克斯坦江布尔东卢戈沃伊附近）时，却为莫贺达干所杀。莫贺达干再次背叛了唐朝，其大纛官都摩度归降了唐朝。天宝元年六月，唐玄宗册封都摩度为三姓叶护。天宝三载五月，时任河西节度使的夫蒙灵察发兵讨伐莫贺达干，将其斩杀，另请朝廷册立黑姓伊里底蜜施骨咄禄毗伽，唐玄宗册立骨咄禄毗伽为十姓可汗，西突厥突骑施汗国彻底成为唐朝的属国。

开元二十九年十二月，吐蕃袭夺要塞石堡城，令唐玄宗勃然大怒，撤销了河西、陇右节度使盖嘉运的职务，改任皇甫惟明担任陇右节度使，王倕担任河西节度使，组织反击吐蕃。天宝元年十二月，皇甫惟明率军击破吐蕃大岭（大岭谷，在今青海省东部）等军；二十七日，吐蕃大将莽布支率领三万人马与皇甫惟明所部交战，唐军先锋骑将王难得率先出战，一枪将吐蕃赞普之子琅支都挑于马下。皇甫惟明挥军掩杀，吐蕃阵脚大乱，被唐军斩杀俘虏五千余人。与此同时，河西节度使王倕也上报称击破了吐蕃渔海、游弈等军。次年，皇甫惟明率军从西平（今青海省海东市乐都区）出发，进攻吐蕃，长途跋涉一千多里，进攻洪济城（今青海省贵德县西），一举将其攻破。此后，皇甫惟明开始部署夺回石堡城，天宝四载（公元745年）九月，皇甫惟明亲率大军进攻石堡城。吐蕃大将莽布支昼夜兼程，赶来增援，皇甫惟明正全力攻城，忽视了对敌人援军的防御，结果，吐蕃军队里应外合，将唐军击败，唐军副将褚俐战死。

天宝五载（公元746年），唐玄宗改任朔方、河东节度使王忠嗣为河西、陇右节度使，兼知朔方、河东节度事。王忠嗣年少以作战勇敢著称，但等到他当上边将时，非常持重。他曾经对别人说："国家太平之日，将领们的首要任务就是管理好军队，我不是那种轻易开启战端以换取个人功名的人。"王忠嗣治军有方，将士们都乐于为其效力，故师出必胜。天宝四年，王忠嗣兼任朔方、河东两节度使，自朔方到云中，凡数千里之间，王忠嗣组织人力于要害之地都修筑了城堡，向北方拓地各数百里。在任期间，每当与突厥互市时，王忠嗣都命人高估马的价格，北方各族百姓纷纷把马匹卖给唐朝，王忠嗣统统买下来，从此，胡人的马数量就少了，而唐军更强了。人们认为，自张仁亶以来四十余年，担任北方将帅的无人能超过王忠嗣。

王忠嗣来到陇右后，又将朔方、河东军队九千多匹战马充实到陇右、河西，这里的唐军军力也得到了加强。此后，王忠嗣连续指挥青海、积石之战，均大破吐蕃军队；又在墨离军（今甘肃省瓜州县一带）讨伐吐谷浑，将其全部俘虏，带回国内。数次大捷后，王忠嗣稍稍骄傲起来，再加上不熟悉河西、陇右的民情，与下级之间的关系不太融洽，名望稍减于过去。

与王忠嗣相反，野心家安禄山却是背道而驰。原本契丹、奚人已归顺了唐朝，到天宝四载三月，唐玄宗以外孙独孤氏为静乐公主、外甥杨氏为宜芳公主分别嫁给了契丹王李怀节和奚王李延宠。但安禄山为了立功，取得唐玄宗的宠爱，屡屡惹是生非，侵扰契丹人和奚人，这种背信弃义的行径最终令契丹和奚人十分恼火，契丹王和奚王分别杀死了唐朝公主，发动叛乱，但被安禄山击破。十月，安禄山还上奏忽悠唐玄宗称："在臣进攻途中，行至北平郡，梦见先朝名将李靖、李勣二人问臣索要吃的。"唐玄宗下令在那里给二位建庙，祭奠之日，安禄山又称庙梁上面长出了灵芝。安禄山的忽悠术已臻化境，两位名将的魂魄竟然找到他安禄山，他安禄山离名将也不远了吧？次年四月，唐玄宗又册立亲唐的奚人酋长李娑固为昭信王，契丹首领李楷洛为恭仁王。

三三二　二李相争

宇文融死后，唐玄宗一直在物色理财能手，终于他找到了三个人：韦坚、杨慎矜和王鉷。

韦坚，其姐姐是唐玄宗五弟、薛王李业的王妃，妹妹又是太子李亨的妻子，他的妻子是姜皎的女儿，而姜皎就是李林甫的舅舅，所以，韦坚在朝中关系复杂，很早就进入仕途。开元二十五年，他担任长安令，以能干闻名，唐玄宗命他负责督运江淮税赋，每年增收上万，令唐玄宗十分赞赏。天宝元年三月，唐玄宗提拔他为陕郡太守、水陆转运使。自西汉到隋朝，从潼关以西到长安开挖有运河运送江淮的税赋，为了加大运力，韦坚奏请唐玄宗在咸阳渭河段修筑大坝，截断灞水和浐水，令其向东流去，至潼关以西再流入渭河；又在长安城东九里长乐坡下、浐水上修筑城墙，东面修建望春楼，楼下开挖广运潭停泊船只，到天宝二年，工程竣工。

天宝二年三月，唐玄宗驾临望春楼出席竣工仪式。韦坚提前在东京洛阳、汴、宋三地征集数百只船，停泊在广运潭边，每只船上都标明所属郡名，船上满载本地特产，比如，广陵郡船上堆积广陵所出的锦、镜、铜器、海味；丹阳郡船上是京口绫衫缎；晋陵郡船是折造官端绫绣；会稽郡船上是铜器、罗、吴绫、绛纱；南海郡船上是玳瑁、珍珠、象牙、沉香；豫章郡船上是名瓷、酒器、茶釜、茶铛、茶碗；宣城郡船上是空青石、纸笔、黄连；始安郡船上是蕉葛、蚺蛇胆、翡翠等等，共有几十个郡。过去，民间就有歌谣称：“潭里船车闹，扬州铜器多。三郎当殿坐，看唱《得体歌》。”至此，陕县县尉崔成甫又把这首歌谣加以改编，命妇女们歌唱道：“得宝弘农野，弘农得宝耶！潭里船车闹，扬州铜器多。三郎当殿坐，看唱《得宝歌》。”崔成甫本人又谱写十首歌，坐在第一条船上带头歌唱，一百名衣着鲜艳的女子齐声合唱，余船徐徐跟进，场面蔚为壮观。韦坚跪着奉上各郡的宝贝，各地分别献上土特产品，乐队轮番演奏，唐玄宗大喜，加韦坚左散骑常侍，其余有功人员也都一一加官晋爵。当时，京兆尹韩朝宗也组织人力引渭河水入长安西街，形成一汪潭水储存木材。

杨慎矜父子都是理财能手，且勤勉清白，被唐玄宗提拔为大理评事、代理监察御史，兼任含嘉仓出纳使，在任期间，成绩突出，深得唐玄宗的信任；天宝初年，又被提拔为御史中丞，仍充诸道铸钱使。

王𫟹，是太原祁人。其祖父王方翼，唐高宗时为安西都护，平定西域，为当时的名将。王𫟹在开元十年担任鄠县尉、京兆尹稻田判官；二十四年，升任监察御史；二十九年，累迁户部员外郎，常兼御史；天宝二年，充任京和市和籴使、户部郎中。天宝三载，长安令柳升因受贿被查处。因柳升系京兆尹韩朝宗所举荐，再加上韩朝宗在终南山下购买别墅，有人称其等天下大乱后借以避难，唐玄宗大怒，指令王𫟹审理此案，将韩朝宗贬为吴兴别驾，王𫟹因此又加官为长春宫使。

李适之和李林甫共事三年，二人就产生了矛盾。

李适之兼任兵部尚书，驸马张洎［唐玄宗第二十一女兴信公主（后封宁亲公主、齐国公主）前夫］担任兵部侍郎，都让李林甫非常厌恶。张洎，是前宰相张说的次子，他与哥哥张均都以文章闻名，李林甫嫉恨张洎原因大约有四：一是他是张说的儿子。张说引荐的张九龄，而李林甫是张九龄的政敌，立场不同；二是张洎有文才。李林甫毫无例外地嫉恨这些文人；三是张洎是驸马。张洎的妻子恰恰是太子李亨的同母妹妹，而太子李亨并非李林甫拥立，自然处于不同阵营；四是张洎深得唐玄宗的青睐。张洎兄弟均曾供奉于翰林院，张洎常常拿出唐玄宗赏赐给自己的财物让哥哥张均看，张均戏称："这是岳父赏赐给女婿的，不是天子赏给学士的。"张洎兄弟很有才华，张洎又是唐玄宗十分看重的女婿，很有可能拜相，威胁到李林甫的地位，所以，李林甫就要拿兵部开刀。

李林甫命人调查兵部人事部门的舞弊案，将六十多名办事员都打入大狱，由京兆尹和御史会审。数日，毫无进展，京兆尹萧炅改命法曹吉温审理。吉温一进入大院，先让兵部的办事员们站在院外，而从后院提来两名重刑犯，严刑拷打，二人哀号不已，惨不忍闻，最后二人均说："假如能饶我不死，请求拿来纸笔，我全部招认。"兵部的办事员们过去就听说过吉温残暴，今天又亲身体会，都是吓得面如土色，进入院内后，全部按照吉温的意思招供。一会儿工夫，案件就结了，朝廷派人前来查验是否存在刑讯逼供现象，这些人的身上完好无损。

天宝四载六月二十五日，唐玄宗下诏斥责兵部前任和现任负责人事的侍郎以及尚书台负责兵部的官吏们，而后又将他们全部予以赦免。李林甫对李适之第一轮试探性攻击取得完胜。

吉温，是武曌时期的宰相吉顼侄子，阴险狡诈，擅长巴结奉迎。天宝初年，吉温曾任新丰丞，当时，太子文学薛嶷向唐玄宗举荐他，唐玄宗召见后，对薛嶷说："此人不是个好人，我不用他。"萧炅担任河南尹期间，曾因事受到朝廷追究，御史台命吉温前去处理，吉温把萧炅得罪很苦，萧炅因与李林甫关系很好，才得以免罪。等到吉温当上万年丞后，萧炅当上了京兆尹，成了吉温的顶头上司，很多人都替吉温捏了一把汗。吉温过去就与高力士结好，高力士从宫中回家后，吉温料定萧炅肯定会拜访高力士，向高力士道谢，就提前来到高力士家中，与高力士相谈甚欢。果然，萧炅后至，吉温假装惶恐躲避，高力士说道："吉七不用回避。"又对萧炅说："这是我的老朋友。"喊回吉温与萧炅坐在一起。萧炅见吉温是高力士老朋友，就不敢把过去的恩怨放在心上了。数日后，吉温专门拜谒萧炅，说道："过去，我不敢徇私枉法，从今往后，我将彻彻底底地侍奉大人您，您看如何？"萧炅遂尽弃前嫌，将吉温引为法曹。等到李林甫想要除掉异己分子时，寻找酷吏人选，萧炅就把吉温推荐给了李林甫，李林甫一见之下大喜。吉温常说："如果我遇到知己，能获重用，南山白额猛虎我也能轻松搞定！"当时，还有一个叫罗希奭的杭州人，他的舅舅鸿胪少卿张博济是李林甫的女婿，有了这一层关系，他也受到李林甫的青睐，从御史台主簿被提拔为殿中侍御史。吉温和罗希奭二人就成了李林甫的忠实走狗，凡是李林甫想要拿下的人，二人均能拿下，无人能全身而退，当时的人们称他们为"罗钳吉网"。

李适之性格直率，平易近人，没有多少坏心眼，口碑很好，遇事不让李林甫，招致李林甫的嫉恨。李林甫暗中在唐玄宗面前进谗言，称李适之酗酒，耽误了工作，其实，李适之酒量很大，喝下一斗酒头也不晕。一次，李林甫对李适之说："华山山下发现了一座金矿，开采起来可以令国家富强，只是陛下还不知道。"李适之觉得有道理，也没多想，遇着机会就对唐玄宗说了，唐玄宗听后大喜。随后，唐玄宗又问李林甫，李林甫却说："臣很早就知道了，然而，华山，是陛下的本命山，王气所在，开挖华山恐怕不妥，所以，臣一直不敢上奏。"唐玄宗听后，立马觉得李林甫关爱自己，感到李适之虑事不周，斥责李适之道：“以后再提建议，要先和李林甫商量再说，别再轻脱了！”唐玄宗这话等于把李适之置于李林甫之下了，从此以后，李适之就失宠了。韦坚春风得意是在天宝二年建成广运潭后，天宝三载一月，唐玄宗给他加官御史中丞，封韦城男，可是，好景不长，到了九月，唐玄宗就夺去了他身兼的各种使者，改任他为代理刑部尚书，而以杨慎矜取代了他的职务。因韦坚是李林甫舅舅的女婿，原本李林甫和韦坚关系很好，但当李林甫看到韦坚逐渐得宠后就疏远了他，而韦坚失宠后又开始靠拢李适之，二人同病相怜，关系迅速升温，这让李林甫更加嫉恨。

李林甫过去为了巴结武惠妃，曾有意拥立寿王李瑁为太子，然而，百密一疏，连李林甫这样绝顶聪明之人也没有揣摩透唐玄宗的心思，结果，唐玄宗以年长为由立了忠王李玙（如今已改名李亨），李亨当上太子，这一直是李林甫的一个心病，他担心将来太子登基后，自己会大祸临头，所以总想设法把李亨给弄下去，而韦坚又是太子妃的哥哥，因此，李林甫与韦坚之间的隔阂更深了。皇甫惟明出身于忠王府，原为忠王友，也是太子一党。皇甫惟明在青海击破吐蕃后，入京献捷，见李林甫专权跋扈，非常不满，等到他见到唐玄宗后，瞅个机会劝说唐玄宗疏远李林甫。李林甫在唐玄宗身边安插了很多眼线，很快就知道了皇甫惟明的话，遂命令御史中丞杨慎矜暗中监视皇甫惟明，搜集太子一党的黑材料。

天宝五载（公元746年）一月十五日，太子出外游玩，秘密与韦坚见面，当晚，韦坚又与皇甫惟明一起游玩，二人一起来到景龙观观内道士房中相会。杨慎矜上书弹劾韦坚，认为其作为皇亲国戚，不应与边将密会；李林甫趁机揭发韦坚与皇甫惟明密谋，企图发动政变，拥立太子。从武曌专权一直到唐玄宗即位，其间风风雨雨，政变频仍，因此，唐玄宗即位后，对兄弟系诸王和儿子系诸王的控制都十分严格。如今，太子妃兄与手握重兵的边将密会，犯了唐玄宗的大忌，唐玄宗当即下令将韦坚和皇甫惟明二人打入大牢，李林甫命御史中丞杨慎矜与御史中丞王铁、京兆府法曹吉温一起审理此案。在审理此案过程中，杨慎矜既不敢得罪李林甫，又不敢得罪太子，态度暧昧，令李林甫和王铁都不满意。原本杨慎矜与王铁的父亲王瑨是中表兄弟，是王铁的表叔，二人一直十分亲昵，但等到二人都当上御史中丞后，杨慎矜仍然把王铁看作晚辈，呼来唤去，而王铁则自恃背后有李林甫这棵大树，逐渐对这个表叔也不满起来了。

韦坚、皇甫惟明一案一直没有什么结果，说太子与二人合谋打算发动政变，查无实据，但是，唐玄宗也怀疑二人是有阴谋的，不过，假如真的牵连到了太子，这势必引起一场轩然大波。唐玄宗不愿把此事闹得天下皆知，考虑再三，他决定大事化小，从轻发落二人。一月二十一日，唐玄宗下制斥责韦坚求官不止，贪得无厌，将其贬为缙云太守；皇甫惟明离间君臣，贬为播川太守；又专门下了一道诏书，要求百官严格遵守过去的规章制度。

韦坚、皇甫惟明被贬后，左相李适之担心会连累到自己，也提出辞职，四月二十四日，唐玄宗改任他为太子太保，罢免了他的宰相一职，而以门下侍郎、崇玄馆大学士陈希烈为同平章事。李适之在位时，曾作诗道："朱门长不备，亲友恣相过。今日过五十，不饮复如何？"罢相后，又作诗："避贤初罢相，乐圣且衔杯。借问门前客，今朝几个来？"其子卫尉少卿李霅请客，大家都惧怕李林甫，竟然没有一个敢来。陈希烈，是宋州人，博学多才，尤其精通黄老之学。开元中，唐玄宗留心经学，自从褚无量、元行冲去世后，陈希烈和康子元、冯朝隐经常入宫给唐玄宗讲解经书，累迁中书舍人、集贤院学士、工部侍郎、门下侍郎，成为唐玄宗的贴身秘书。唐玄宗有所著述，全都出自陈希烈之手。李林甫见唐玄宗对陈希烈眷顾有加，又柔顺易制，遂推荐他为相。陈希烈为相后，对李林甫言听计从，政事全由李林甫一人决定，陈希烈只是一味附和，二人相得甚欢。过去的惯例是，宰相要在午后六刻才下班休息，李林甫上奏称，如今天下太平无事，宰相上午十点就可以下班回家了，从此，一切军国大事都在李林甫家中决定，文书官抱着公文找陈希烈签个名而已。史称："林甫居位日久，虽阴谋奸画足以自固，亦希烈佐佑唱和之力也。"

三三三　连兴大狱（一）

天宝五载（公元746年）七月六日，唐玄宗下制称：“流放犯总是在路上逗留，从今往后，凡是被贬之人每天要走十个驿站的路程。”从此后，很多被贬之人都死在了路上。

韦坚被贬后，并不死心。其弟弟、将作少匠韦兰，兵部员外郎韦芝不时替哥哥鸣冤，还请太子李亨出面求情，最终惹得唐玄宗大怒。太子李亨见父皇真的发火了，吓得上书请求与太子妃离婚，并请求不要以亲废法。天宝五载七月二十六日，唐玄宗下令将韦坚再贬为江夏别驾，韦兰、韦芝都贬到了岭南。唐玄宗素来知道太子李亨孝顺、谨慎，就没再连累太子。李林甫趁机称韦坚与李适之等人互为朋党，过了数日，唐玄宗再度下诏将韦坚永久流放到临封（今广东省封开县东南），将李适之贬为宜春太守，将太常少卿韦斌（韦安石的儿子）贬为巴陵太守，嗣薛王李琄（薛王李业之子、韦坚的外甥）贬为夷陵别驾，睢阳太守裴宽贬为安陆别驾，河南尹李齐物贬为竟陵太守，凡是韦坚的亲戚朋友均不同程度地受到牵连，多达数十人。

一波刚平，一波又起。

赞善大夫杜有邻的女儿是太子李亨的良娣（太子第一级的妾），良娣的姐姐嫁给了左校尉兵曹柳勣为妻。柳勣性格疏狂，喜欢交结各路豪杰，淄川太守裴敦复又将他介绍给了北海太守李邕，二人一见如故，成为知己。柳勣回到京师后，又与朝中名士著作郎王曾等人结下友谊。

柳勣与岳父家有矛盾，遂打算陷害杜家，投出匿名信，谎称杜有邻妄称图谶，离间东宫，指责皇上。李林甫命令京兆士曹吉温与御史一起会审此案，查明此事全系柳勣首谋。吉温指使柳勣供出王曾等人，天宝五载十二月二十七日，杜有邻、柳勣、王曾等人均被用乱棍打死，尸体堆积在大理寺，妻子、儿女流放到边地。嗣虢王李巨被贬为义阳司马。唐玄宗又命监察御史罗希奭前往北海处置李邕；太子李亨也将杜良娣逐出家门，废为庶民。

二十八日，邺郡太守王琚也因贪污而被贬为江华司马。王琚与李邕都曾参与过诛杀太平公主，自以为有功而长期得不到重用，一直心存不满，李林甫对二人一直十分厌恶，借机将其打压下去。

天宝六载（公元747年）一月五日，李邕、裴敦复均被乱棍打死。李邕才华出众，是唐代著名的书法家。他性格豪迈，不拘小节，疾恶如仇，他早享大名，一生替人撰写碑文等数百，得钱不计其数，《南部新书》称，自古以卖文获财的没有超过他的。《宣和书谱》称，李阳冰称赞他是书中仙手；裴休见过他写的碑文后，赞叹道："观北海书，想见其风采。"人们认为他的书法骨气洞达，奕奕有神力，杜甫曾专门作诗称赞道："声华当健笔，洒落富清制。"窦蒙在《述书赋注》中说：时议云："论诗则曰王维、崔颢；论笔则王缙、李邕；祖咏、张说不得预焉。"欧阳修在《试笔》中写道："余始得李邕书，不甚好之。然疑邕以书自名，必有深趣。及看之久，遂为他书少及者，得之最晚，好之尤笃。譬犹结交，其始也难，则其合也必久。余虽因邕书得笔法，然为字绝不相类，岂得其意而忘其形者邪？因见邕书，追求钟、王以来字法，皆可以通，然邕书未必独然。凡学书者得其一，可以通其余，余偶从邕书而得之耳。"

不过，《纪闻》则称，他发财还有另外一个门路，说的是：日本曾派来五百人的遣唐使团，带来巨额财宝，李邕将他们安排在馆驿后，禁止出入，而后将财物劫走，谎称海潮冲走了。然后，李邕上报朝廷，朝廷下令让他再制造十艘船，将日本使团送回，等船造好后，李邕又对船工们说："日本路途遥远，海中风浪，怎能安全返回？途中随你们处置。"结果，途中船工们将那五百日本使者全部杀死了。卢藏用曾经提醒李邕，称："你就像干将、莫邪剑一般，无人敢与你争锋，但恐怕终究会有折断的一天。"天宝四载，四十四岁的李白、三十三岁的杜甫曾拜会李邕这位早已名满天下的前辈，三人结下深厚的友谊。闻听李邕、裴敦复被杀的消息后，杜甫悲痛欲绝，写道："坡陀青州血，芜没汶阳瘗。"李白则在《答王十二寒夜独酌有怀》中痛苦地写道："君不见李北海，英风豪气今何在？君不见裴尚书，土坟三尺蒿棘居！"

这场大狱继续发酵。

李林甫又上奏唐玄宗，分别派御史前往皇甫惟明、韦坚等人的贬谪地，将其全部赐死。罗希奭奉命又从青州赶赴岭南，所到之处高举屠刀，郡县震恐。公文行至宜春，李适之吓得魂不附体，喝药自杀；行至江华，王琚也喝药自杀，却没有死掉，听说罗希奭将至，遂上吊自尽。罗希奭路过安陆，想吓死裴宽，裴宽见到罗希奭后，对着他叩头求生，罗希奭这才放他一马，当天就离去了，裴宽才得以活了下来。李适之的儿子李霅将父亲的灵柩拉回东京，李林甫又指使他人诬陷李霅，河南府将其乱棍打死。给事中房琯（房玄龄族孙房融的儿子）与李适之是好友，李林甫又将其贬为宜春太守。

韦坚受到贬谪后，李林甫又暗示有关部门派使者前往江淮、东京，调查沿河转运使，大肆搜集韦坚的黑材料；使者到地方上后，逮捕船纲（十条船称为一纲）主管，打入大牢，地方官强迫百姓缴纳拖欠的税赋，邻里也受到牵连，赤身裸体地死在狱中，比比皆是，这场大规模的运动一直到李林甫死后才停止。

天宝五载、六载的唐玄宗已六十二三岁了，此时的他对李林甫言听计从，已俨然成了一个昏聩之君，武曌时期的肃杀之气似乎又回来了。天宝六载一月十一日，唐玄宗祭祀太庙，次日又在南郊合祭天神地神，大赦天下，并免去全国百姓全年的税赋。唐玄宗想让百姓们把自己看作一个圣明仁慈的君主，下令将法律中的绞刑、斩刑废除，改为重打之后流放到岭南，可是，在实际操作过程中，有关部门往往把犯人乱棍打死；唐玄宗还规定，改嫁的母亲死后，儿子仍然要服丧三年。唐玄宗还想招揽天下有才之士，打算下令让凡是精通一门学问的士人都齐集京师。李林甫担心这些人会在对策时揭露他的罪恶，就劝阻道："举子们往往出身卑贱，言语粗鲁，恐怕他们的话会污染了陛下的耳朵。"遂建议令地方长官先行严加遴选，只有那些才华出众的，才开出名单送到中央，再由尚书省组织复试，御史中丞监考，录取名实相副的上报给皇帝。等到各地送来的举子们来到之后，出的题目全是诗词、歌赋和议论文，没有一人及格，李林甫遂上奏称民间没有遗漏一个人才，向唐玄宗表示祝贺。

后宫有貌美如花的杨贵妃，朝廷有一手遮天的李林甫，边地还有一个包藏祸心的安禄山，而此时的唐玄宗却以为天下太平，可以高枕无忧了。天宝六载三月二日，唐玄宗又晋升范阳、平卢节度使安禄山兼任御史大夫。安禄山命部将刘骆谷常驻京城，探查朝中风向，因此，朝廷的一举一动，安禄山都是了如指掌；当需要上表祝贺时，刘骆谷往往会及时代安禄山写出一道奏章递上去，在唐玄宗面前替安禄山挣分。安禄山每年都会向朝廷送来一批又一批的俘虏、奇珍异兽、美玉珍宝，数量很多，让沿途郡县都是疲于奔命。安禄山非常肥胖，自称体重三百斤，表面上看似豪爽开朗、憨憨傻傻，其实内心却非常狡猾，在唐玄宗面前常常反应敏捷，对答如流，还幽默风趣，令唐玄宗十分舒服。一次，唐玄宗指着安禄山的大肚子问："这个胡儿肚子里都装些什么，竟然这么大！"安禄山回答："别的什么都没有，只有一颗赤胆忠心！"唐玄宗听后大喜，还命杨铦、杨锜和杨贵妃三兄妹与安禄山结为兄弟。安禄山由此也得以出入宫中，遂请求认杨贵妃为干妈。唐玄宗与杨贵妃坐在一起，安禄山先向贵妃下拜，而后才拜唐玄宗。唐玄宗问是怎么回事，安禄山回答："我们胡人是先母后父。"安禄山一句话等于是又认了唐玄宗为干爹，唐玄宗听后十分高兴。

三三四　连兴大狱（二）

河西、陇右、河东、朔方四镇节度使王忠嗣功名日盛，李林甫担心他入相，威胁到自己的地位，逐渐对他心存忌惮。

此时的安禄山已经怀有异心，他借口防备契丹南下，扩大防御纵深，请求朝廷构筑雄武城（今河北省兴隆县南），储存大量军需物资，请王忠嗣派兵帮助兴修工程，还想趁机吞并了这一部分军队，不予放还。王忠嗣识破了安禄山的诡计，提前前往，未见到安禄山就回来了，屡屡上书断言安禄山必反，李林甫对王忠嗣愈发讨厌了。天宝六载四月，王忠嗣坚决推辞身兼的河东、朔方节度使，朝廷同意了。

唐玄宗把王忠嗣调任陇右、河西节度使，其目的就是要他夺回开元二十九年被吐蕃夺取的石堡城，但王忠嗣上任后却与唐玄宗的初衷背道而驰，他上言称："石堡城地势险要，城堡坚固，吐蕃倾国而守，如今顿兵坚城之下，除非损失数万将士的生命，无法攻克此城，臣担心此战得不偿失，如今之计不如厉兵秣马，耐心等待时机，然后再伺机夺取。"唐玄宗自然十分不快。将军董延光毛遂自荐，请求率军拿下石堡城，唐玄宗遂命令王忠嗣分拨出一部分军队协助董延光。王忠嗣不得已只好遵命，但没有完全满足董延光的要求，让董延光十分不满。

河西兵马使、充赤水军使李光弼对王忠嗣说："大人因爱护士兵生命之故，而不想让董延光成功，虽然迫于圣上旨意，实际上却在破坏他的计划。我为什么这么说呢？大人将数万大军交给董将军，却不设下重赏，将如何激发全军将士的勇气！大人财帛塞满府库，何必爱惜数万财帛之赏，不来堵塞其谗言之口呢？此行将士必定不会尽力，其也肯定难以成功，其也一定会归罪于大人啊！"

王忠嗣慷慨回答："李将军，忠嗣决心已下。我平生所望，岂是富贵？如今，以数万之众去与敌人争夺一座孤城，就算拿下这座城池也不足以制服敌人，就算得不到也对我们国家没有什么害处，忠嗣岂能以数万将士之命去换取我的一个官职？假如明主怪罪下来，不过将我贬为一个金吾或者羽林将军，回到禁卫军，最差也不过是把我再贬到黔中当一个郡的高级佐吏罢了，这都是我心甘情愿的，也是我预料到的。虽然如此，李将军，你所言确实是爱护我啊！”

李光弼道歉道：“前言是恐怕会连累到大人，才说出忠言。今大人能做出古人高风亮节之事，这不是光弼所能企及的。”遂转身退下。

李光弼，契丹人，其父就是契丹酋长、被封为左羽林将军、朔方节度副使的李楷洛。李光弼自幼孝顺，通读《汉书》，从小从军，起家左卫郎，天宝初年，累迁左清道率兼安北都护府、朔方都虞候。李光弼严肃坚毅，治军严整，号称名将。王忠嗣对他十分欣赏，经常说：“光弼一定能当上我这官。”天宝五载，王忠嗣举荐他为河西兵马使、充赤水军使。

与李光弼同时被王忠嗣举荐的名将还有一个叫哥舒翰。哥舒翰的父祖是西突厥突骑施别部哥舒部的酋长，其祖父哥舒沮，为左清道率，其父亲哥舒道元为安西副都护，世代居住在安西。哥舒翰家非常富有，他从小就重情重义，侠义洒脱。四十岁那一年，哥舒翰父亲去世了，他来到长安，客居三年，其间，受到长安尉的羞辱，遂发愤仗剑西去，决心立下功名，投军河西。开始，哥舒翰投靠河西节度使王倕，王倕发兵进攻新城，命哥舒翰具体实施，三军无不震慑，后来，王忠嗣又提拔他为衙将。哥舒翰好读《左传》《汉书》，仗义疏财，将士们都乐意替其效力，后又被王忠嗣提拔为大斗军（今甘肃省永昌县西）副使。王忠嗣曾命哥舒翰率军进攻新城，副将与哥舒翰职位相当，不听哥舒翰的话，哥舒翰大怒，当即下令将其斩首示众，全军战栗，后哥舒翰因功被晋升为左卫郎将。吐蕃军队前来骚扰，哥舒翰率军在苦拔海（今地不详）反击；敌人兵分三路，从山上迤逦而下，哥舒翰手持半段枪冲上前去，三路敌军无不溃败，他也一战成名。天宝六载，哥舒翰被提拔为右武卫员外将军，充陇西节度副使、都知关西兵马使、河源军使。过去，每当麦熟时节，吐蕃人都会前来，到积石军抢收小麦，唐军无人能挡，人们把积石军比作吐蕃的麦庄。至此，哥舒翰命令部将王难得、杨景晖等提前领兵埋伏在积石军附近，吐蕃派来五千骑兵，哥舒翰率领守军突然从城中杀出，把敌人打得大败，吐蕃残兵败将仓皇撤去，行至中途，又被唐军伏兵截杀，五千敌人无一生还。哥舒翰有个年仅十五六岁的家奴名叫左车，也非常骁勇；哥舒翰擅长用枪，每当追上敌人，总是用枪搭住敌人的肩膀上大喝一声，敌人往往会大吃一惊，扭头一看，哥舒翰的枪尖当即就刺入了敌人的咽喉，顺势将其挑起三五尺高摔下马来，左车下马一刀砍下敌人的脑袋，二人配合十分默契。唐玄宗听说哥舒翰后，将其召回长安，在华清宫接见了他，一番交谈后，唐玄宗对他十分欣赏。

就在哥舒翰被召回长安期间，董延光还在石堡城前线厮杀，却无功而返，果然，董延光把罪过推到了王忠嗣身上，上书称是王忠嗣从中使坏，唐玄宗大怒。李林甫一直在等待把王忠嗣拉下马来的时机，见状，他感到时机已经成熟，就命济阳别驾魏林告发称“自己过去担任朔州刺史时，当时，王忠嗣担任河东节度使，曾经说过自己从小在宫中长大，与忠王（如今的太子李亨）私交很好，打算拥兵尊奉忠王”。魏林的告发信直中唐玄宗的命门，唐玄宗顿时怒不可遏，下令将王忠嗣召回京师，命三司（御史台、尚书省的刑部、大理寺）会审。十一月十九日，唐玄宗以哥舒翰为代理西平太守、河西节度使；以朔方节度使安思顺为负责武威郡事，陇右节度使。安思顺和安禄山是没有血缘关系的所谓的堂兄弟关系，安禄山的母亲改嫁给胡将军安延偃，而安延偃的弟弟安波注就是安思顺的父亲。安思顺汉化较深，忠君爱国，他从军后一直在陇西与吐蕃作战，开元九年因军功升任洮州（今甘肃省临潭县）刺史、莫门军使，后任大斗军使。在任期间，副使哥舒翰并没有把身为上级的安思顺放在眼里，二人关系不和。

就在王忠嗣被打入大牢的同时，另外一场由李林甫主导的大狱也已酝酿成熟。

如前所述，已升任户部侍郎兼御史中丞的杨慎矜原本是李林甫用来打击韦坚和皇甫惟明的帮凶，但仅仅过去一年多，当杨慎矜逐渐取得唐玄宗信任后，立即就引起了李林甫的猜忌，而同为御史中丞的王鉷也对杨慎矜轻看自己不满。王鉷的母亲出身卑贱，杨慎矜把这种隐私告诉给了别人，还夺取了王鉷的职田，这让王鉷恨之入骨，可是，杨慎矜浑然不觉，曾经与其谈及谶言书中的预言。

在当时的社会上已经暗暗流传了一种天下即将大乱的谶语。术士史敬忠与杨慎矜关系较好，史敬忠称天下即将大乱，劝他在临汝山中购买庄园当作将来的避难之处。正巧杨慎矜父亲墓园中的草木都流出鲜血，令他惊恐万状，找史敬忠问计。史敬忠劝他在家中的后花园里设立道场，祭祀鬼神，杨慎矜下班后，就脱光身子，坐在枷锁当中施法，十日之后，墓园中的鲜血又奇怪地消失了，杨慎矜对史敬忠十分感激。杨慎矜有个叫明珠的婢女，长得非常漂亮，史敬忠每每盯着她看，杨慎矜就慷慨地把明珠送给了史敬忠，史敬忠大喜过望，用车子把明珠带回家去。还没到家，途中路过杨贵妃三姐柳夫人（八姨）楼下，柳夫人邀请史敬忠上楼，并索要车中的美人，史敬忠不敢不给。事有凑巧（令人怀疑这都是在李林甫的监视和主导之下），第二天，柳夫人带上明珠进宫，唐玄宗见到明珠后，十分诧异，就问她的来历，明珠不敢隐瞒，就把杨慎矜作法、答谢史敬忠的事和盘托出。

唐玄宗听后，觉得杨慎矜竟与术士搅在一起，做些妖法，顿时心生厌恶，只是强压怒火，没有发作。事后，杨钊就将此事告诉给了王鉷，王鉷顿时心花怒放，对杨慎矜开始傲慢起来，不时言语冲撞，二人关系破裂。李林甫密切观察着事态发展的动向，当他得知王鉷和杨慎矜这对叔侄彻底翻脸后，就暗中诱导王鉷着手打击杨慎矜。王鉷指使他人写出匿名信，揭发杨慎矜“是隋炀帝的玄孙，与凶恶之人往来，家中还藏有谶书，阴谋反攻倒算，恢复大隋帝业”。唐玄宗得报后，顿时勃然大怒，下令刑部尚书萧隐之、大理寺卿李道邃、少卿杨璹与侍御史杨钊、殿中侍御史卢铉一起审理此案。

三三五　连兴大狱（三）

太府少卿张瑄与杨慎矜关系要好，也被牵连了进来。

卢铉诬陷张瑄曾经与杨慎矜一起研究谶语，把张瑄打得皮开肉绽，但张瑄始终闭口不言。卢铉命人把张瑄的双脚绑在木头上，让人把套在张瑄脖子上的木枷用力往前拉，张瑄整个身体被拉长数尺，腰间细得几乎要被拉断，眼睛、嘴巴都流出了鲜血，这个酷刑被称为“驴驹拔撅”，但坚强的张瑄始终一句话都不说。

拿不出张瑄的口供，李林甫又指使京兆士曹吉温往东京逮捕杨慎矜的哥哥少府少监杨慎余、弟弟洛阳令杨慎名等人；又令吉温赶往汝州，去逮捕史敬忠。史敬忠与吉温的父亲吉顼也是老友，吉温年幼时，史敬忠还经常抱着他玩，然而，如今的吉温早已翻脸不认人了。见到史敬忠后，吉温一句话也不说，立即命人把史敬忠蒙上脸，套入枷锁，让其走在马前。行至戏水（今陕西省西安市临潼区西），吉温让衙役引诱史敬忠说：“杨慎矜已经招了，现在只需你一个人证了，如果你能让人满意的话，就饶你一命，不然一定会被处死，等我们到了华清池，想求生就来不及了。”史敬忠回头对吉温说：“七郎，给我一张纸。”吉温却故作不知，一直不答应。直到行至距离华清池仅十余里时，史敬忠再三恳求，吉温这才装模作样地坐在桑树下面，让史敬忠写供词。史敬忠完全按照吉温的意思，一口气连写了三页供词，吉温看后，这才慢慢说道：“伯伯，切勿见怪啊！”说完，起身以晚辈之礼向其叩拜。

骗得了史敬忠的供词，吉温有了底气，回到会昌（今陕西省西安市临潼区），他开始正式审理杨慎矜，让史敬忠当证人。这下，杨慎矜彻底崩溃，全部承认，可是，一直搜不出告发信中所说的重要物证谶书。李林甫感到事态严重，就命卢铉亲自再去杨家一趟，卢铉心领神会，袖中提前藏好一本谶书，当搜查到一个黑暗角落时，他突然破口大骂，然后高举谶书出来说道："这老贼竟然把这种书藏得这么深！"拿到会昌，向杨慎矜展示。杨慎矜叹息一声，说道："我从未藏匿过这种书，怎么能从我家搜出这种书呢？只不过我该死罢了！"

天宝六载十一月二十五日，唐玄宗下令赐杨慎矜以及哥哥少府少监杨慎余、洛阳令杨慎名自杀；史敬忠杖打一百，连同妻子儿女一起流放到岭南；张瑄杖打六十，流放临封，但在会昌就死掉了。嗣虢王李巨虽然并不知情，但因其与史敬忠相识，也被免职，发配到南宾（今重庆市忠县）。其余受到牵连的还有数十人。又命监察御史颜真卿将圣旨送到东京，殿中侍御史崔寓拉出杨慎名，命河南尹法曹张万顷宣布。杨慎名听到杨慎矜被赐死后，还流下了眼泪，但等听到杨慎余和自己也都被赐死，反而平静了下来。听完判决，杨慎名对颜真卿说："今日接到圣旨，本不敢耽误片刻，但年迈寡居的姐姐尚在，恳请让我给姐姐写下数行文字。"颜真卿同意了。杨慎名进入房中，写道："拙于谋运，不能静退。兄弟并命，唯姊尚存，老年孤茕，何以堪此！"又交代了几件事，而后将家中鱼池的鱼儿全部放生，上吊而死。监察御史平冽手捧圣旨到大理寺，杨慎余听到唐玄宗的判决，合掌指天自尽。杨慎矜兄弟三人均神采逼人，风度翩翩，喜爱结交朋友，在当时名气很大。杨慎名曾经照镜，放下镜子叹息道："我们兄弟三人，人人都是身高六尺有余，有如此才华，又兼有如此容貌，却能在当今世上全身保命，实在是太难了啊！老天为什么不让我稍稍体弱一些呢？"

杨慎矜案与王忠嗣案同时进行。如果说杨慎矜案是李林甫排除异己，那么王忠嗣案就不是那么简单了，其矛头已隐隐直指太子李亨。好在是唐玄宗还没糊涂到家，他说："我儿子身居深宫，岂能与外人合谋？这肯定是假的。只需追究王忠嗣破坏军功即可。"哥舒翰入朝时，军中有人曾劝他多带些财宝，替王忠嗣打点上下，哥舒翰却说："如果天底下尚有公道在，王大人就一定不会蒙冤而死；如果没了公道可言，拿去再多的财宝又有什么用呢？"遂只身入京。三司判决王忠嗣罪该处死，当时，哥舒翰刚刚受到唐玄宗的赏识，极力替王忠嗣辩解，并愿意将自己的官爵拿出来给王忠嗣赎罪，但唐玄宗不听。唐玄宗起身入宫，哥舒翰跪在地上，随着唐玄宗而前，一边跪行，一边磕头，一边慷慨陈词，声泪俱下，最终，唐玄宗感悟。十一月二十七日，唐玄宗将王忠嗣改判，贬为汉阳太守。朝廷上下都对哥舒翰的义气十分佩服，并认为他是个义士、壮士。次年，名将王忠嗣暴病而亡，年仅四十五岁。

李林甫连起大狱，在长安增设了一个审判机构推事院。因杨钊是杨贵妃的族兄，能经常出入皇宫，所言常被唐玄宗采纳，李林甫为了拉拢杨钊，就提拔他为御史。凡是稍稍能牵连到太子的，李林甫都交给杨钊搜集材料，予以弹劾，再交给罗希奭和吉温具体审理。杨钊得以为非作歹，经他之手排挤、陷害、杀害的，有数百家之多，幸而太子李亨仁厚、孝顺、小心、谨慎，又有张洎和高力士在唐玄宗面前替他周旋，李林甫的阴谋才没有得逞。

天宝六载十二月二十一日，唐玄宗下令征发冯翊、华阴两地的百姓修建会昌城，城内设置中央各部的办事机构；王公大臣们竞相在城内购买房产，地价暴涨，每亩高达一千金。二十五日，唐玄宗指使群臣在尚书省观看天下进贡的财宝，而后，下令将这些财宝统统送入李林甫家中。此时，唐玄宗对李林甫的宠爱已经达到登峰造极的地步了，李林甫的威望和地位也达到前所未有的水平。唐玄宗有时不上朝了，满朝文武都一窝蜂地跑到李林甫的家中报到，朝廷各部门几乎无人办公了，左相陈希烈就算坐在办公室里，也无人理睬。过去的宰相往往都是德高望重之人，不事威仪，随从不过几人，有时候走在街上百姓们也不回避。李林甫自知结怨太多，唯恐受到刺杀，每次出门卫士多达一百余人，守护在两旁，前面又有金吾卫队静街，前头数百步之外，公卿们都需要纷纷躲避；居家时也是如临大敌，道道门岗，石板铺地，层层夹墙，夹墙内又隔木板，每晚都要换几个地方睡觉，就算是家人也不知道他睡在何处。从李林甫开始，宰相们的卫队人数才多了起来。

李林甫的儿子、将作监李岫深感自己家过于显赫，为将来深为担忧，一次，与李林甫在后花园里游玩，指着工匠们说："大人长期身居高位，得罪了天下很多人，一旦大祸临头，想当个工匠恐怕也是不可能的了！"李林甫听后，一脸不快，说道："事已至此，又有什么办法呢？"

三三六　扬威域外

在唐朝陇西军队对吐蕃石堡城发起攻势的同时，安西军队也行动了起来。

如前所述，到开元二十八年（公元740年），小勃律王苏失利之受到吐蕃赞普尺带珠丹的威逼利诱，迎娶了尺带珠丹的姐姐器玛屡，两国实现和亲后，小勃律臣服吐蕃，其余二十余国也改投吐蕃门下，不再向唐朝进贡。唐玄宗曾命令安西节度使田仁琬、盖嘉运、夫蒙灵察夺回大小勃律，但都没有成功，如今，他把这一重任交给了安西副都护、都知兵马使，充安西四镇节度副使高仙芝去完成。

高仙芝，是高句丽人，其父高舍鸡，最初从军河西，累迁至安西四镇十将、诸卫将军。高仙芝长相俊美，擅长骑射，骁勇果敢，从小随父亲来到安西四镇，因父亲之功被授予游击将军，二十多岁就像父亲一样被拜为将军。后来，高仙芝在安西节度使田仁琬、盖嘉运手下，但并未受到重用，直到夫蒙灵察担任节度使后，才独具慧眼，屡屡提拔高仙芝，到开元末年，高仙芝被提拔为安西副都护、四镇都知兵马使，成了夫蒙灵察的副手。

这一次是唐玄宗点名以高仙芝为行营节度使率领一万步骑前去讨伐，当时，唐军马匹很多，即使步兵也往往有私人马匹，因此，部队行动非常迅速。天宝六载（公元747年）三月，唐玄宗下诏命令高仙芝出兵，接到命令后，高仙芝指挥大军从安西（今新疆维吾尔自治区库车县）出发，急行军十五日进抵拨换城（今新疆维吾尔自治区阿克苏市），又过十余日行至握瑟德（今新疆维吾尔自治区图木舒克市），又十余日行至疏勒（今新疆维吾尔自治区喀什市），又过了二十余日进抵葱岭（今帕米尔高原）。大军翻越葱岭，渡过播密川（应为阿姆河上游），又行军二十余日，来到特勒满川（当为今塔吉克斯坦的霍罗格）。在此，高仙芝兵分三路：第一路，疏勒守捉使赵崇玭率领三千骑兵从北面孔道直扑吐蕃军队据守的连云堡（今吉尔吉特城，一说在今阿富汗的瓦罕河与巴基斯坦的布罗吉尔河交汇处的萨尔哈德附近）；第二路，拨换守捉使贾崇瓘自赤佛堂路前进；第三路，高仙芝与宦官边令诚自护密国（今阿富汗喷赤河南边的汉杜德）出发，约定三路大军于七月十三日辰时在连云堡下会师。

连云堡地理位置非常重要，不仅是丝绸南道的交通枢纽，又是帕米尔高原南北的咽喉。连云堡南面依山，北临婆勒川（今布罗吉尔河），吐蕃人在这里设有重兵，堡垒中驻扎了一千人，又在城南十五里的山上构筑营寨，驻扎了八九千人。当唐军到来时，不巧的是婆勒川水涨，无法渡过，高仙芝用三牲祭祀河神，而后命令众将挑选人马，每人携带三天的干粮，清早到河边集合。将士们见河水暴涨，都觉得高仙芝是发疯了，然而，等到第二天大家来到河边时，惊喜地发现河水竟然退了，唐军顺利渡过了河，将士们手持的战旗和马匹的鞍鞯都没有被水打湿，很快就在对岸列好了阵势。高仙芝见状，高兴地对边令诚说："刚才假如我们刚渡过一半的时候，敌人杀来，我们就败了，如今，我们已经全军渡过了河，列好了阵势，这是上天把这帮敌人交给我啊！"

吐蕃人谁也没有想到唐军会突然来到这里，早已乱了阵脚。高仙芝对郎将李嗣业和田珍说："不到日中，要解决敌人！"李嗣业，身高七尺，壮勇绝伦，擅长使用陌刀（两刃的长刀），每次战斗都充当唐军的先锋，是一位不可多得的猛将，这一次，高仙芝就任命他和田珍为左右陌刀将。得令后，李嗣业立即率领步兵手持长刀向山上的敌人发起猛攻，而敌人则依托山险固守，霎时间滚木礌石落如雨下。李嗣业率领本部人马，从一处非常险要之地最先登上了山，大军随之而上。吐蕃人没有想到唐军竟然冲上山来，登时溃败，掉下悬崖摔死、落入水中淹死的不计其数，唐军斩杀五千多人，生擒一千余人，缴获战马一千余匹，各种军需物资不计其数。夺占连云堡后，边令诚见已经深入敌境，不敢再前进了，高仙芝遂留下三千羸弱之兵守住连云堡，自己率领大军继续前进。

三日后，唐军推进到坦驹岭（达尔阔特冰川）。坦驹岭山口，海拔4688米，是兴都库什山著名的险峻山口之一。登临山口，必须沿冰川而上，别无其他蹊径。从这里，唐军还需要向南通过四十余里布满冰雪的陡峭山坡，前方还有阿弩越城（今吉尔吉特西北）这座屏障，才能进抵小勃律国都（今吉尔吉特）。高仙芝看着前方，喃喃自语道："要是阿弩越城内的敌人能速速前来迎接，就最好了。"又担心唐军士兵不敢沿陡坡下去，就提前命二十余名骑兵假扮成阿弩越城的胡人前来迎候。等到大军来到坦驹岭后，果然将士们看到陡峭的山岭，不愿继续前进，说道："大人想把我们引往何方？"话音未落，那二十余名假胡人赶来，说道："阿弩越城胡人前来归降，通往吐蕃的娑夷河藤桥也已经被砍断了。"高仙芝佯装大喜，连忙下令进军，将士们纷纷响应。

幸运的是，当唐军下了坦驹岭，三日后，阿弩越城果然投降了，次日，唐军入城，高仙芝当即命令将军席元庆和贺娄余润先修桥铺路，明日进军。第二天，高仙芝命令席元庆率领一千骑兵先来到小勃律城下，对小勃律王苏失利之谎称："我们此次前来，不是要夺取你的城池的，也不会破坏你的桥梁，只是为了借道，去进攻大勃律国。"小勃律国内有五六个大臣都是心向吐蕃的，高仙芝提前对席元庆说："小勃律百姓听说我大军一到，必定会逃入山谷，就说有财物要赏赐给他们，等到他们的头领到后，全部捆绑起来，等我处置。"席元庆到后，按照高仙芝的指示，一一将其首领逮捕，小勃律王和吐蕃公主逃入山中石窟，未能抓获。高仙芝到后，杀死了五六个心向吐蕃的大臣，然后，立即命令席元庆率部前去砍断通往吐蕃的藤桥。藤桥距离小勃律国尚有六十里，席元庆率领唐军马不停蹄赶到后，等到日落才将藤桥砍断，刚刚砍断藤桥，吐蕃派来的救援大军已经来到桥对岸了。藤桥宽一箭之地，重修需要一年才能完工，过去就是因为吐蕃采取欺诈手段向小勃律国借道，才修建了这座桥。

八月，高仙芝押着小勃律王苏失利之和吐蕃公主从赤佛堂路班师，留下三千人驻守在那里。九月，回到连云堡，与边令诚等人会合，月底，唐军行至播密川（今阿姆河上游支流），令中使判官王廷芳回京告捷。

安西节度使夫蒙灵察对高仙芝越过自己，直接向朝廷报捷十分不满，当高仙芝率领大军回到河西（白马河西，今新疆维吾尔自治区库车县西）时，夫蒙灵察也不派人迎接，等到见了高仙芝后，更是破口大骂："你这个吃狗肠子的高句丽奴才！你这个吃狗屎的高句丽奴才！你当上于阗使是谁举荐的？"高仙芝回答："您。""焉耆镇守使你是怎么得来的？""您。""安西副都护使呢？""还是您。""安西都知兵马使呢？""您。"夫蒙灵察说道："你高仙芝的一切的一切都是我给你推荐的，岂能不先给我汇报就直接向朝廷报捷！就你这高句丽奴才犯的罪，真该处死，只因你新立大功，暂不处置！"高仙芝只是唯唯谢罪。边令诚给唐玄宗汇报称，高仙芝悬军万里，立下奇功，如今却忧愁早晚会被夫蒙灵察处死。

接到边令诚的汇报后，唐玄宗于十二月二十八日下诏任命高仙芝为鸿胪卿、安西节度使，代理御史中丞，将夫蒙灵察征召回朝，夫蒙灵察大为恐惧。然而，高仙芝每次拜见夫蒙灵察还是像往常那样毕恭毕敬，这样一来，反而令夫蒙灵察愈加不安。在安西都护府内，高仙芝得罪了不少人，像副都护程千里、押牙毕思琛、行官王滔、康怀顺、陈奉忠等人平时总在夫蒙灵察跟前说高仙芝的坏话。等到高仙芝当上节度使后，他对程千里说："你长得像男人，可是内心如同一个小心眼的女人那样，这是什么原因？"又对毕思琛说："你这胡人也太胆大了！你还记得我把城东的一千石种子庄给了你吗？"毕思琛回答："那是大人见我辛苦给的。"高仙芝说："我是当时怕你作威作福送给了你，岂是可怜你给你的？我本来不想说，但只怕你会不安，今天，我把胸中这些块垒都尽情吐出，说出来，也就没事了！"又把王滔等人召来，呵斥一番，将要痛打一顿，过了很久又把他们放了，军中也就安定了下来。

高仙芝征服小勃律国后，史称："拂林（罗马帝国）、大食（阿拉伯帝国）诸胡七十二国皆归国家，款塞朝献。"苏失利之被押到长安之后，唐玄宗赦免了他的罪过，任命他为右威卫将军。

三三七　盛世隐忧（一）

到了天宝中期，进入盛世多年的大唐帝国已出现了丝丝的隐忧，概括起来，主要有：一是君王志得意满；二是臣下骄奢淫逸；三是外重内轻格局形成；四是边将好大喜功。

到天宝七载（公元748年），唐玄宗已经六十四岁，也已当了三十六年的太平天子了，早已志得意满。从开元后期开始，唐玄宗就发起了一系列对外战争，也取得了一些胜利，东突厥瓦解，西突厥臣服，唐军扬威域外。在与吐蕃的战争中，到天宝七载，唐军继续采取攻势：哥舒翰接任陇右节度使后，又在青海上修筑神威军，还在青海中的龙驹岛上构筑堡垒，号称应龙城，吐蕃军队不敢再接近青海；天宝八载（公元749年），唐玄宗命令哥舒翰统领陇右、河西以及突厥阿布思的军队，又调来朔方、河东的军队，共计六万三千人马，向石堡城发起猛烈的进攻。石堡城三面悬崖，只有一条山路通到山上，吐蕃人在石堡城上仅仅驻扎了数百人，却囤积了大量粮食、滚木礌石，唐军屡次进攻都无功而返。这一次，哥舒翰率领大军势在必得，但进攻数日，唐军死伤累累，依然没有攻下，哥舒翰召来部将高秀岩、张守瑜，将要杀了二人，二人立下军令状，约定三日内一定拿下石堡城。果然，三日之内，唐军在付出巨大伤亡的代价下攻克了石堡城，俘虏吐蕃铁刃悉诺罗等四百人。不久，哥舒翰又派兵在赤岭（今青海省共和县）以西屯田，以两千名流放犯驻守在龙驹岛上，等到隆冬来临，湖面结冰后，吐蕃调集大军突然向龙驹岛发起突袭，两千唐军全军覆没。闰六月三日，唐朝以石堡城（今青海省湟中县）为神武军，又在剑南道西山索磨川（今四川省黑山县南）设置保宁都护府。天宝九载（公元750年），唐军继续采取攻势，关西游弈使王难得率领唐军攻克五桥（今青海省贵德县附近），夺取树墩城（今青海省贵德县西），唐玄宗晋升王难得为白水军使。

在开疆拓土的同时，大唐国内也呈现出一派欣欣向荣的景象。杜甫的《忆昔二首》就极为生动地记载了当时的社会状况："忆昔开元全盛日，小邑犹藏万家室。稻米流脂粟米白，公私仓廪俱丰实。九州道路无豺虎，远行不劳吉日出。齐纨鲁缟车班班，男耕女桑不相失。宫中圣人奏云门，天下朋友皆胶漆。百余年间未灾变，叔孙礼乐萧何律。"当时，全国各地都非常富裕，仓库里囤积的粮食布帛动辄上万，度支郎中兼侍御史杨钊因功也被晋升为给事中兼御史中丞，专门负责财政事务，深受唐玄宗的宠信。杨钊上奏建议各地在收取田赋之后就地购买成布帛，送往京师，他又屡屡上奏称国库充裕，超越任何朝代，请唐玄宗亲临视察。天宝八载二月十三日，唐玄宗率领文武百官前往国库视察，依照官阶，一一封赏，特意赏赐给杨钊三品以上官员佩戴的紫衣金鱼。唐玄宗见天下太平，国库充裕，遂视金玉布帛为粪土，赏赐起来毫无节制。

这一切都让唐玄宗感到十分满意，天宝七载五月十三日，群臣一致奉劝唐玄宗称开元天宝圣文神武应道皇帝这一尊号，唐玄宗欣然采纳，并下诏大赦天下，免除全国百姓来年一年的赋税，选择北魏皇族子孙中一人担任三恪。三恪，是中国古代新兴王朝对前朝的一种安抚手段，恪是值得尊敬的意思，唐朝的三恪是隋朝皇室子孙、北周皇室子孙，这一次唐玄宗又增加了北魏皇室子孙。同年十二月二日，有人宣称看到玄元皇帝李耳在朝元阁显圣，唐玄宗下诏改会昌县为昭应县，将新丰县并入昭应县。天宝八载，太白山人李浑等人上书称他们见到了神仙，神仙说金星洞内藏有玉板石，上面记载着唐玄宗的福寿双全的神符，唐玄宗下令御史中丞王鉷前往仙游谷中调查，果然发现了神符。唐玄宗认为，祥瑞屡屡出现，这都是祖宗保佑的结果，六月十五日，他尊奉李耳为大道玄元皇帝，唐高祖李渊为神尧大圣皇帝，唐太宗李世民为文武大圣皇帝，唐高宗为天皇大圣皇帝，唐中宗为孝和大圣皇帝，唐睿宗为玄真大圣皇帝，李渊妻子窦皇后以下的皇后都尊称为顺圣皇后。闰六月四日，唐玄宗前往供奉李耳的太清宫拜谒。次日，群臣又给唐玄宗上尊号开元天地大宝圣文神武应道皇帝，唐玄宗依然笑纳了，并宣布大赦天下，规定从今往后，皇家五年一次的大祭祀和皇族三年一次的祭祀均在太清宫举行。天宝九载（公元750年），群臣屡屡上书请求封禅西岳华山，唐玄宗答应了，命御史中丞王鉷负责整修华山山路，在华山山顶设立祭台，但因当年春天关中出现大旱，华山山神庙失火，唐玄宗不得不取消了大典。十月，太白山人王玄翼又上书称见到了玄元皇帝，称宝仙洞内藏有妙宝真符，唐玄宗命刑部尚书张均等人前往察看，果然又发现了。当时，唐玄宗尊崇道教，一门心思地想长生不老，所以各地一些投机分子纷纷上书称出现了祥瑞或者神符，群臣月月都要上表祝贺，李林甫等人更是请求把自家的宅院捐献出来，当作道观，给唐玄宗道贺，唐玄宗大为高兴。天宝十一载（公元752年）二月二十二日，唐玄宗下令朝廷拿出粮食布帛以及数十万钱来购买长安市场上流通的假币。过去，江淮之间很多人私铸假币，豪强们往往以一比五的价格购买大量假币，运到长安，致使长安城内假币泛滥，所以，李林甫上书要求朝廷予以严禁，以一个月为限，由官府收购，一个月之后再使用假币者严惩不贷。这一措施显然触犯了富商大贾们的利益，他们纷纷制造舆论，拦住杨钊（此时已被唐玄宗赐名为杨国忠）的马诉说，杨国忠又在唐玄宗面前替这些人说好话，唐玄宗改命只要不是由铅、锡铸造的或者是已经穿了孔的假币，其他的还可照常使用。八月，唐玄宗再次驾临国库查看，杨国忠上奏称在国库中发现了凤凰，出纳判官魏仲犀称在国库西边的通训门上挤满了凤凰。十月，唐玄宗改通训门为凤集门，魏仲犀也被晋升为殿中侍御史。杨国忠的很多手下都因此事而得到晋升。

此时的唐玄宗俨然一个昏聩的老人，他自恃天下承平已久，没有什么可担忧的，遂不理朝政，深居后宫，纵情声色，把国事都交给了右相李林甫全权处理。李林甫则巴结唐玄宗身边的宦官近臣，迎合唐玄宗的心意，保持唐玄宗对自己的信任；他堵塞言路，蒙蔽唐玄宗，以达到自己专权的目的；嫉贤妒能，排除异己，以巩固自己的地位；李林甫还屡屡兴起大狱，驱逐可能威胁到自己的高官贵戚，扩大自己的势力。直到天宝十一载李林甫去世之日，他一共位居宰相十九年，对于大唐走向衰落负有不可推卸的责任，而唐玄宗却始终没有察觉他的奸诈，对他还非常信任。

三三八　盛世隐忧（二）

上有所好，下必甚焉，天宝中期以来，大唐官场也日渐败坏起来了。正如《封氏闻见记》说的那样："则天以后，王侯妃主，京城第宅，日加崇丽。"到唐玄宗时期，士大夫们竞相过起奢华的生活，已成习惯。

天宝七载四月，唐玄宗加左监门大将军、知内侍省事高力士骠骑大将军，这也标志着宦官集团力量的进一步增强。高力士一直在唐玄宗身边服务，能量巨大，就连太子李亨也称其为兄，王公大臣们则尊称其为翁，驸马一辈的都直接尊称其为爷，李林甫、安禄山等人虽然各有各的门道，但无不敬畏高力士，而他们之所以能取得唐玄宗的欢心，也都有高力士一份功劳。高力士富可敌国，一般的王公贵族都没他富有，他曾出资在来庭坊建造宝寿佛寺一座，又在兴宁坊建造了一座华封道士观，寺观之内宝殿楼台，装饰华丽，耗费巨大；又在长安西北沣河上建了一座拦河坝，安置五轮水碾，每天能碾三百斛小麦。宝寿寺内大钟铸成后，高力士举办斋会庆贺，满朝文武无不参加。用木槌敲一下钟，要捐献成百上千钱，有些马屁精们多则能敲二十下，少的也敲十下。史称："其后又有华州袁思艺，特承恩顾。然力士巧密，人悦之；思艺骄倨，人士疏惧之。"也就是说，在大宦官们中间只有高力士为人比较低调，和顺谨慎，善于察言观色，故他也一直受到唐玄宗的宠信，朝野上下对其也不厌恶。

如果说高力士家代表了宦官集团的奢华，那么杨贵妃一家则是后妃集团奢华的集中体现。天宝七载十一月，唐玄宗下令封杨贵妃嫁给崔氏的姐姐为韩国夫人，嫁给裴氏的姐姐为虢国夫人，嫁给柳氏的姐姐为秦国夫人。唐玄宗一律称呼三人为姨姐，这三位夫人都是有才有貌，她们可以随意出入宫廷，三人都受到唐玄宗的眷顾，威风震动天下，唐玄宗对她们是言听计从。《开元天宝遗事》记载，韩国夫人购置了一枝高八十尺的百枝灯树，竖在高山之上，元宵夜里点燃，百里之外可见。《杨太真外传》称：虢国夫人自以为美艳，从来不施粉黛，经常素面朝见天子。中唐著名诗人张祜的《集灵台》就记录了这一历史事实：“虢国夫人承主恩，平明骑马入宫门。却嫌脂粉污颜色，淡扫蛾眉朝至尊。”辛辣地讽刺了唐玄宗与虢国夫人之间的暧昧关系。《云仙杂记》称，虢国夫人有一个夜明枕，放在屋内，室内尽亮，不需要点灯。《品物类聚记》记载：“吴兴米，炊之甑香，白马豆，食之齿醉。虢国夫人厨吏邓连，以此米捣为透花糍，以豆洗皮作灵沙霍，以供翠鸳堂。”《明皇杂录》称：虢国夫人深受唐玄宗的宠爱，她大肆修建宅第，其家华丽程度，举世无双。《杨太真外传》记载：当时，新丰县送来一位叫谢阿蛮的舞女，一天，唐玄宗在清元小殿设宴，令谢阿蛮舞蹈，唐玄宗亲自击鼓，宁王吹笛，杨贵妃弹琵琶，李龟年吹觱篥，张野狐弹箜篌，贺怀智拍板，从早上一直玩到中午，只有秦国夫人端坐欣赏。曲终，唐玄宗开玩笑道：“阿瞒（唐玄宗小名）是个乐工，今日有幸向夫人献艺，请夫人赏钱！”秦国夫人回答：“作为大唐天子的姨姐，岂能无钱？”当即拿出三百万钱作为赏赐。

三位夫人家以及杨铦、杨锜两家凡是向地方上提点要求什么的，地方政府是有求必应，比接到朝廷的命令跑得还快；各地来巴结五杨的人每天都是络绎不绝，争先恐后，五杨家是门庭若市，热闹非常。十王宅和百孙院的皇子皇孙们要想婚嫁，也总是先拿出上千钱来巴结韩国夫人和虢国夫人，请二人在唐玄宗面前求情，往往都能如愿以偿；每当有诰命的夫人们入宫拜谒，遇到三位夫人，就连唐玄宗的亲妹妹玉真公主等人都不敢擅自落座，总要先谦让一番，让这三位。唐玄宗赏赐给五杨的财物以及全国各地贿赂给他们的礼物，五家都是一模一样，而五家也是竞相修建豪华的宅第，穷极壮丽，往往一座楼宇的花费都高达千万钱，建成之后，看到其他人家的房屋超过了自家的，又毁掉重建。五杨之中尤其是虢国夫人更为奢侈放荡，无所顾忌。据《明皇杂录》记载，虢国夫人看中了前宰相韦嗣立家，一天，韦氏子弟正在家中午休，只见一位身着黄罗衣衫的美艳贵妇从步辇上下来，身边环绕了数十位侍女，贵妇谈笑自若，对韦氏子弟们说道：“听说你们这宅院要卖，价钱多少啊？”韦氏子弟诚惶诚恐，下台阶回答：“这是祖上所留，不忍舍弃。”话音未落，从贵妇身后就闪出了数百工匠，径直爬上东西厢房，开始拆房。韦氏子弟们无可奈何，只好匆忙跑入屋内将珍爱的琴书等物取出，放到大街上，而虢国夫人只给韦家十几亩狭窄土地作为交换而已。虢国夫人每次入宫，经常骑着青白相间的马，令一位十分俊俏的小宦官拉着。据说马的骏健，小宦官的秀美，都是举世无双。唐代画家张萱画的传世名作《虢国夫人游春图》就展现了虢国夫人游春的形象。该画作在北宋末期已成为稀世珍品，其上有宋徽宗的题字，可惜原画已经散失了。看了此画，宋代著名文学家苏轼还曾写下一首题画诗，取名《虢国夫人夜游图》："佳人自鞚玉花骢，翩如惊燕蹋飞龙。金鞭争道宝钗落，何人先入明光宫。宫中羯鼓催花柳，玉奴弦索花奴手。坐中八姨真贵人，走马来看不动尘。明眸皓齿谁复见，只有丹青余泪痕。人间俯仰成今古，吴公台下雷塘路。当时亦笑张丽华，不知门外韩擒虎。"讽刺了杨氏家族的奢靡生活。唐代大诗人杜甫也曾写下著名的《丽人行》："三月三日天气新，长安水边多丽人。态浓意远淑且真，肌理细腻骨肉匀。绣罗衣裳照暮春，蹙金孔雀银麒麟。头上何所有？翠微盍叶垂鬓唇。背后何所见？珠压腰衱稳称身。就中云幕椒房亲，赐名大国虢与秦。紫驼之峰出翠釜，水晶之盘行素鳞。犀箸厌饫久未下，鸾刀缕切空纷纶。黄门飞鞚不动尘，御厨络绎送八珍。箫鼓哀吟感鬼神，宾从杂沓实要津。后来鞍马何逡巡，当轩下马入锦茵。杨花雪落覆白苹，青鸟飞去衔红巾。炙手可热势绝伦，慎莫近前丞相嗔！"更是讽刺了杨氏兄妹的骄纵荒淫的生活，曲折地反映了唐玄宗的昏庸和朝政的腐败。据《旧唐书·杨贵妃传》记载，每年十月，唐玄宗前往华清宫，五杨扈从。每家一队，每队身穿一种颜色的衣服，五家合在一起，宛如百花绽放，而遗落在地的绣花鞋、珍珠翡翠，更是比比皆是；每当清晨朝贺之时，身着靓丽衣服的人都会塞满街巷，蜡烛照得如同白昼。

天宝九载二月，杨贵妃再次与唐玄宗发生冲突，第二次被送回杨家。户部郎中吉温通过宦官劝说唐玄宗："妇人没有什么见识，违背了陛下的旨意，陛下为何爱惜宫中一席之地而不令其死在宫中，却将她送出让她受辱呢？"唐玄宗也后悔起来，令宦官给杨贵妃送去了御膳。杨贵妃对使者哭泣道："妾罪该死，幸而陛下不杀而将妾送回，如今妾将永远离开皇宫，金玉玩好都是陛下所赐，只有妾的头发是父母所给，献上以表达我的一片诚心。"唐玄宗赶忙令高力士将杨贵妃接回了皇宫，二人和好如初。当时，皇亲国戚们竞相向唐玄宗进献各种美食，以表达忠心，唐玄宗为此专门设置了一个官职检校进食使，以宦官姚思艺充任，每次进献的美食往往有数千盘，一盘美食就能浪费中等人家十家的财产。一次，中书舍人窦华下班，正碰上公主家进献食物，大队人马挡在马路中间。窦华命令前导卫士高喊借路，自己则紧按马缰走在缝隙中间，突然，从人群中冲出数百年轻人手持棍棒朝窦华打来，窦华狼狈鼠窜，仅仅逃出一命。

天宝十载一月十六日，五杨夜游，与广平公主（唐玄宗第二十四女，《新唐书》记作广宁公主）家的随从在西市门口争道，双方发生争执，杨氏奴仆挥舞鞭子，鞭子竟然打到了公主的衣服，公主被打下马来，驸马程昌裔下马搀扶，也挨了几鞭子。公主向父皇哭诉，唐玄宗下令用棍棒打死了杨氏的家奴，但次日，又免去了驸马程昌裔的官职，禁止他朝见。

三三九　盛世隐忧（三）

由于连年的战争再加上宰相李林甫的个人因素，到天宝年间，大唐内轻外重的格局已经形成。

自从唐朝建立以来，实行府兵制，将天下分为十道，设置了六百三十四个兵府，其中关内就占了二百六十一个，形成了内轻外重的格局。府兵无事耕作，战时出征，战后兵散于府，将归于朝，将领无法拥兵自重。边防地带，大的叫军，其次为守捉、城、镇，由道统领。高宗、武后以后，府兵制遭到破坏，一如前述。此后，设置了九个节度使，分别为安西、河西、朔方、范阳、平卢、陇右、剑南、岭南、河东；又有长乐经略使，以福州刺史兼任；东莱守捉使，由莱州刺史兼任；东牟守捉使，由登州刺史兼任。全国镇兵共计四十九万人，八万匹战马，每年军费衣服需要一千零二十万段布帛、军粮一百零九十万石。

当初，唐朝所用的边将都是忠诚仁厚的名臣，并且，朝廷在实际操作中也形成了几个行之有效的制度：一是边将不得长期在一地任职；二是朝廷重臣也不在朝中挂个虚名，遥领边地的统帅；三是一地边将也不能兼任数地、统领数地的军队；四是立下战功的边将往往会被调离，入朝担任宰相，实际上也夺去了他们的军权，避免发生意外；五是少数民族将帅不得担任主帅，像阿史那社尔、契苾何力这样既尊贵又忠诚还足智多谋、战功赫赫的少数民族将领也无缘大将一职，出兵之时，朝廷总会另派朝廷重臣担任统帅予以节制。

然而，到了开元中后期以来，唐玄宗志在开疆拓土，边境战争不断，这些制度逐渐遭到破坏，主要表现在：

一是边将定期调换制度遭到破坏。由于连年战争，临阵换将为兵家大忌，导致了很多边将长期在一地任职，就极易形成个人势力，对朝廷产生潜在的威胁，像张守珪、王晙、郭知运等人都是长期担任边将，到后来的安禄山、哥舒翰等人也是如此。

二是朝廷重臣在朝遥领边地统帅现象出现。朝廷重臣遥领边地统帅实际上徒有虚名，毫无实际意义，像皇子庆王李琮、忠王李亨等都曾遥领过边将，宰相们则萧嵩、牛仙客也都遥领过。唐玄宗让皇子和宰相们遥领边将，原因各不相同：让皇子遥领边将似乎是为了协调各个军区，但又担心皇子们拥兵自重，才不让皇子们亲临前线，而宰相萧嵩和牛仙客遥领，一方面是二人对西北前线情况熟悉；另一方面大约是显示对吐蕃战争的重视程度。

三是边将兼任数个军区的情况出现。像盖嘉运、王忠嗣包括后来的安禄山都是兼任数个节度使，拥有的兵力很多，这虽然在一定程度上提高了对敌斗争的效率，却违背了分权制衡的原则，为地方军阀拥兵自重埋下了隐患。

四是边将开始使用少数民族将领。过去，因战功入朝为相的人很多，比如；像前朝的李靖、李勣、刘仁轨、娄师德等，唐玄宗时期也是比比皆是，像薛讷、郭元振、张说、张嘉贞、王晙、杜暹、萧嵩、牛仙客、张适之等都是如此。如前所述，李林甫为了一己之私，担心立功的边将入朝为相、与自己争权，遂想出一条自安之计，他认为胡人没有深厚的汉文化底蕴，就算立下天大的战功也不可能入朝为相，成为自己的威胁，就建议唐玄宗："文臣为将，胆小怯弱，不如重用那些门第低微的穷酸胡人；胡人本身就勇敢善战，又没有什么门第，孤立无援，假如陛下真能推心置腹对待他们，他们一定肯为朝廷尽心卖命。"唐玄宗听信了他的话，这才重用了安禄山。到天宝中期，唐朝手握重兵的边将已全部是胡人，而天下精兵都在边疆，这也最终导致了安禄山的叛乱、唐朝走向衰落。

与之相反的，是中央禁军的空虚和薄弱。这一现象的出现，与府兵制的被破坏有着千丝万缕的联系。在府兵制度时期，需要发兵时，要有木契符节、铜鱼等，比如，在皇帝出巡、由皇太子留守京师时，皇太子需要发兵，用木契符节；将领需要调动五百人的军队和马匹时也需要用木契符节等等，在皇帝下达调兵命令后，使者带着皇帝的诏书、木契符节、铜鱼符等与都督、当地官府的验证之后，即可派兵。然而，自从中央禁军改为募兵制、设置彍骑之后，府兵制就日渐弛微，原有府兵逃亡或者死亡的，地方政府不再招募新人补充，府兵府的马匹、兵器、资粮也随之消耗殆尽。原来，那些按规定轮番被征召入京担任禁军的府兵都被人称为侍卫皇帝的武官，地位尊崇，但到了后来，由于募兵制的出现，府兵地位下降，无缘再入禁军，当地府兵将领往往将府兵送入权贵之家充当奴仆，权贵们则把他们当作奴隶来驱使，致使长安百姓都以担任府兵为耻，致使府兵大量逃亡，而在边地戍守的府兵也受到边将的虐待，一心想着把这些府兵弄死，好霸占他们随身带来的马匹等资财，这种情况到了天宝中期已让各地的兵府没有兵员向朝廷提供。到天宝八载五月十日，宰相李林甫上奏取消府兵兵府掌握的兵符，从此以后，府兵折冲府成了一个徒有虚名的机关，担任折冲府领导的那些折冲、果毅也成了虚职，长期得不到朝廷的升迁和重用，那些士大夫子弟们也耻于担任此类官职。

府兵如此，原本是为了招募精兵的彍骑也好不到哪去。由于承平日久，国内无事，彍骑的兵员素质也日渐低下，应募的大多是些走投无路、游手好闲的无赖子弟、贩夫走卒，根本不会打仗，甚至有人还建议销毁国内的兵器，严禁民间拥有武器，当时，如果谁家的子弟当个武官，亲戚朋友们都以此为耻，看不起他。这样一来，唐朝的精兵猛将都集中在西北边疆，而中央腹地反而是非常空虚了，内轻外重的格局最终形成。

此时，大唐的精兵强将均在边镇，尤其以安西四镇为最。继天宝六载高仙芝占领小勃律国之后，大唐扼住了吐蕃向西发展的咽喉，继而，哥舒翰又率领陇右之兵向吐蕃发起进攻，于天宝八载以较大代价夺回了要塞石堡城，大唐声威也臻于极盛，同年八月，护密王罗真檀入朝，请求留在长安担任护卫，唐玄宗任命其为左武卫将军。

到了十一月，吐火罗（阿巴德）叶护失里怛伽罗派使者上书，称："朅师（今印度北部）王依附于吐蕃，企图困死大唐驻扎在小勃律国的军队，切断了粮道。臣志在消灭狂徒，希望陛下能够派出安西精兵，于来年一月进抵小勃律国（今吉尔吉特城），于六月抵达大勃律国（今吉尔吉特城东南四百里）。"唐玄宗答应了。安西节度使高仙芝率领唐军再次远征印度，于次年（天宝九载，公元750年）年初击破朅师国，生擒其国王勃特没。三月十二日，唐玄宗改封勃特没的哥哥素迦为朅师王。同年，高仙芝假装与石国（今塔什干城）和好，却率军偷袭，俘虏了石国国王及其部众，将老弱悉数屠杀。高仙芝十分贪婪，从石国掠夺来十余斛的大块珠宝和五六骆驼的黄金，其余各种财物、马匹等全都据为已有，送进自家。当初，高仙芝的父亲高舍鸡觉得高仙芝怯懦，如今却立下大功，挣得巨额家财，又非常慷慨，别人有所请求，言无不应。

高仙芝灭掉石国，显然是非正义的，战后，战利品不仅不上缴朝廷，也不犒赏部下，反而全部纳入自家，更是无法无天，这从一个侧面反映出当时的节度使已俨然割据一方的军阀了。也许是高仙芝的作风也引起了唐玄宗的警觉，当年，唐玄宗将他征召入朝，拜为开府仪同三司，不久，就解除了他的安西节度使的职务，改任为武威太守、河西节度使。原任河西节度使安思顺不愿离职，就暗示下属各个少数民族将领们割耳朵、划脸面的，恳请安思顺留下，监察御史裴周南向唐玄宗禀报了此事，唐玄宗下令安思顺留任，而以高仙芝为右羽林大将军。

贪功、贪财的节度使不只高仙芝一人，像朔方节度使张齐丘、剑南节度使鲜于仲通和范阳、平卢节度使安禄山也都是如此。张齐丘，是前国子祭酒张后胤的四世孙，在唐高祖李渊镇守太原时，张后胤就是他的宾客，因精通儒学而担任了李世民的老师。唐太宗即位后，张后胤上书称："陛下昔日在太原时就曾问过我：'隋朝将要灭亡，哪家能夺取天下？'臣当时的回答是：'你们李姓。大人一家，天下归心，如果首倡此议，长驱入关，建立帝业，谁不高兴？'这说明臣当初就知道了天命所归。"唐太宗说："这事我也记得。"遂召入宫中赐宴，与其话及平生，席间，唐太宗从容问道："你看我这个学生如今咋样？"张后胤回答："昔日孔子有三千弟子，其中地位最高的也没有一个能博取一个子爵、男爵的，而臣辅佐一人，就培养成了万乘之主，这样看来，臣的功劳要比先圣还要高啊。"唐太宗听后浑身舒服，不禁大喜，当即赏赐给他五匹好马，拜为燕王府司马，后又晋升为国子祭酒、散骑常侍，到唐高宗初年，张后胤退休。

两唐书并无张齐丘的传记，我们对其生平所知甚少，《资治通鉴》记载，天宝八载三月，朔方（今宁夏回族自治区灵武市）节度使张齐丘在中受降城（今内蒙古自治区包头市）西北五百多里的木剌山（今阴山）修筑横塞军（今内蒙古自治区五原县西北），以振远（今山西省大同市北）军使郭子仪为横塞军使。次年，因张齐丘在发放军粮上出现差错，令属下将士十分愤怒，激起兵变，将判官打得遍体鳞伤；郭子仪用自己的身体保护张齐丘，张齐丘才得以脱身。朝廷得知此事后，于同年八月，将其贬为济阴太守，以河西节度使安思顺暂时兼管朔方节度事务。《酉阳杂俎》也隐约记载了此事：张齐丘笃信佛教，每天清晨都要在佛像前念十五遍《金刚经》，几十年如一日，在他担任节度使期间，一名低级军官犯了罪，担心事发，就煽动了数百军士作乱。当时，张齐丘刚办完公，准备下班，突然有数十名乱兵手持利刃闯入厅堂，事发突然，张齐丘身边只有几个奴仆，他吓得夺路而逃。他边跑边回头看，却发现身后并无追兵，很是疑惑，以为是自己出现了幻觉。警卫部队听到消息后，立即赶来，到厅堂上却发现那几十个乱兵好像被钉子钉在了地上一般，武器都扔到了地上，垂手张口，一动不动，悉数被擒。事后，这些人称："我们刚要冲上厅堂，就见两个数丈高的甲士怒目呵斥，我们顿时就像中毒一般了。"张齐丘听后，从此更加信佛了，酒肉也给戒掉了。

三四〇　盛世隐忧（四）

太平盛世竟然会出现兵变，说明大唐军队的管理已出现了很大的问题，而更有甚者，是这些担任节度使的为了一己之私，不顾大局，欺压他族，令大唐与周边少数民族的关系逐渐恶化起来。

先说南诏。开元后期，南诏统一六诏之后，兵强马壮，又击败了吐蕃军队，成为大唐的附属国。大唐有意拉拢南诏，每次南诏派使者入朝觐见，都受到唐玄宗的恩遇，南诏王蒙归义也逐渐自大起来。当时的剑南节度使章仇兼琼曾经派人前往南诏，与蒙归义发生争吵，蒙归义一直耿耿于怀。到天宝七载，蒙归义去世，其子阁罗凤继位云南王，不久，在杨国忠的推荐下，鲜于仲通继任为剑南节度使，可是，鲜于仲通性格急躁，也无绥边之才，令各族百姓对大唐感到寒心。

鲜于仲通如此，他的下属亦是这样。根据惯例，南诏国的各级官员们经常会带着妻子一起前去拜谒节度使，途经云南郡（今云南省姚安县），云南太守张虔陀总是强行奸污他们的妻子。此外，张虔陀还肆意向阁罗凤索要大批财物，阁罗凤不给，张虔陀就派人去百般辱骂，又给唐玄宗打小报告说阁罗凤的坏话。阁罗凤恼羞成怒，遂于天宝九载起兵发动叛乱，攻陷了云南郡，杀死了张虔陀，夺占了唐朝设置在云南的三十二个羁縻州。

阁罗凤反叛的消息传来，唐朝立即作出反应，唐玄宗命令剑南节度使鲜于仲通率领八万大军南下讨伐。鲜于仲通兵分两路，从戎州（今四川省宜宾市）、嶲州（今四川省西昌市）南下，推进到曲州（今云南省昭通市）、靖州（今云南省大关县西）。阁罗凤派来使者谢罪，请求退还掠夺的财物，并重新修筑好云南城（今云南省姚安县），交到唐军手上后退兵，还称："如今，吐蕃大军压境，如果朝廷不答应，我将归顺吐蕃，那么，大唐将失去云南之地了。"可是，鲜于仲通却拒不接受，反而将南诏使者扣押了起来。唐军推进到西洱河（洱海），逼近南诏都城大和城（今云南省大理市），天宝十载四月三十日，两军会战，结果唐军大败，几乎全军覆没，被杀六万人，鲜于仲通侥幸逃脱。杨国忠隐瞒了鲜于仲通的败报，反而称其战胜，还替他论功行赏。

阁罗凤将唐军将士的尸体堆积成京观，以夸耀自己的武功，从此以后，南诏归顺了吐蕃。原本南诏是唐初牵制吐蕃的一个棋子，如今竟然归顺了自己，吐蕃赞普大喜过望，与阁罗凤以兄弟相称，吐蕃称弟弟为钟，称阁罗凤为赞普钟，号称东帝，赐给金印。虽然如此，阁罗凤内心深处还是仰慕大唐文化的，他令人在国门立下石碑，碑文上写出自己不得已反唐的苦衷，并称："我家世世代代侍奉唐朝，接受其封赏，假如后世子孙还能继续归唐，要把此碑让唐朝使者看看，就知道了我反唐并非出于本心啊！"

唐玄宗下诏在长安、洛阳、河南、河北大量招募军队继续讨伐南诏。各地百姓听说南诏之地到处是瘴气和瘟疫，士兵们还未打仗就会病死十之八九，因此，无人应招。杨国忠命人四处抓壮丁，用枷锁将百姓强行送到军中。根据过去的规定，百姓为国立下战功的可以免去税赋和差役，由于如今四处冒烟，各地兵员极度短缺，杨国忠就上奏取消这项优待，反而下令先征调过去立过功的百姓。这一混账政策弄得被征士兵们是又愁又怨，父母妻子前去送行，哭声震天动地。

对于大唐而言，天宝十载注定是一个屈辱的年份。南方鲜于仲通大败于南诏王阁罗凤，东北的安禄山也遇到了惨败。

安禄山的野心与高仙芝、鲜于仲通等人相比，有过之而无不及。在他看来，要想讨好唐玄宗，不仅要在唐玄宗和他的近臣们面前卖乖弄巧，而且还要源源不断地往京城里送去奇珍异宝，更重要的是还得立下功劳。而和平环境下，对于武将来说，就没有了用武之地，于是，安禄山就没事找事，故意生出一些事端来。

数年以来，安禄山前前后后四次引诱契丹、奚人酋长，谎称请他们前来喝酒欢会，等人家来后，就用毒酒将他们灌醉，然后予以活埋，每次总要屠杀数千人，再把这些酋长的人头送到京师给自己请功。安禄山的这一招，在已经昏聩的唐玄宗那里的确还很管用，让唐玄宗对他更加宠信。天宝九载十月，安禄山请求入朝，唐玄宗下令提前在昭应县（今陕西省西安市临潼区）给他修建府邸。安禄山行至戏水，杨国忠兄妹们亲自前去迎候，车队浩浩荡荡，唐玄宗也驾临城外的望春宫等待。十六日，安禄山献上八千名奚人俘虏，唐玄宗专门指示有关部门在考核安禄山成绩时要定为上上等。前不久，唐玄宗还曾允许安禄山可以在上谷（今河北省易县）铸造五炉钱币，此时，安禄山又献上一千串样钱。

次年年初，唐玄宗又命令有关部门在长安城内的亲仁坊另给安禄山修建一座豪华的府邸，他专门指示，不论花多少钱，一定要建得富丽堂皇。房子建成之后，各色用具一应俱全，有两张镶嵌着白玉的檀木床，都是长达一丈有余，宽六尺；还有一丈六尺的床帐以及金银镶嵌的屏风；连厨房、马厩里的物品也都镶嵌着金银，还有两个纯金铸成的面缸，两个银质的淘米盆，都能盛下五斗米，另有银质丝筐、笊篱各一个，其他物品不一而足，连宫中的物品也比不上。唐玄宗每次派宦官给安禄山办事时，总会把一句话挂在嘴上："胡人的眼眶大，别让他笑话我小家子气！"

在唐玄宗的亲自督促下，安禄山的新居很快就建成了，乔迁新居的安禄山设宴款待朝中群臣，请唐玄宗下手令命宰相李林甫光临。当天恰逢唐玄宗准备在楼下踢球，接到安禄山的请求后，当即就宣布取消原定活动，让宰相们去安禄山家赴宴。安禄山在京期间，唐玄宗每天都要派杨家人去陪伴他，与之一起游山玩水，饮酒作乐，并派梨园子弟前去演奏助兴。唐玄宗每吃到一个美味，或者在园林里打猎射到新鲜的飞禽走兽，都会命宦官们飞马送到安禄山的府上，充当此类使命的宦官在路上是络绎不绝。

天宝十载一月二十日，唐玄宗给安禄山庆生，唐玄宗和杨贵妃又给他赏赐了大量衣服、酒肉和宝物，三天后，唐玄宗又把安禄山召入后宫，杨贵妃命人用绸缎缝制了一个特大号的襁褓，把肥硕的安禄山放入襁褓之中，命宫女们用彩轿把他抬起来。唐玄宗听到后宫中传出嬉笑之声，追问原委，近臣回答是贵妇娘娘分娩三天正给禄儿洗澡。唐玄宗亲自前往观看，也很是高兴，当即赏赐给杨贵妃洗儿钱，又赏赐给安禄山很多钱，一直玩得兴尽而罢。从此以后，安禄山可以自由出入皇宫，有时与杨贵妃对面吃饭，有时通宵留宿后宫，民间逐渐传出安禄山与杨贵妃私通的丑闻，唐玄宗却毫不疑心。此时，唐玄宗可能已指使安禄山回镇以后发起对契丹的进攻，所以，安禄山趁机请求兼任河东节度使，二月二日，唐玄宗将河东节度使韩休珉调任左羽林将军，令安禄山兼任河东节度使。

从京师回去后，安禄山就开始部署对契丹发动一场大规模的进攻。天宝十载八月，他组织了六万大军开始讨伐契丹，他把部队分为三路，以两千投降的奚人骑兵为向导，一直深入平卢（今辽宁省朝阳市）以北一千多里，进抵土护真水

（西辽河支流老哈河）。此时，天降大雨，安禄山不顾恶劣的天气，又率军昼夜兼行三百多里，直插契丹王的大帐，契丹人大惊失色。由于雨水的浸泡，唐军将士们的弓弦因受潮疲软，失去弹性，大将何思德对安禄山说："我军人数虽多，但长途奔袭，已疲惫不堪，已成强弩之末，无力再战，不如安营扎寨，休养将士、威逼敌人，不出三天，敌人一定会投降的。"安禄山听了，认为何思德临敌怯战，顿时勃然大怒，喝令要杀了何思德。何思德为了保住一命，无奈请求率部充当先锋赎罪。何思德与安禄山长得很相似，契丹人见何思德冲在前面，拼尽全力向何思德发起猛攻，将其杀死；何思德被杀后，契丹人误以为杀死了安禄山，顿时勇气百倍，而此时一直首鼠两端的奚人见状，又临阵倒戈，与契丹人一起夹击唐军，唐军大败，六万唐军全军覆没。安禄山狼狈不堪，与手下二十余名亲信骑兵仓皇南逃，契丹人紧追不舍，一箭射中安禄山的马鞍，安禄山帽子上的簪子也折成两截，鞋子不知何时也弄丢了，直到天色渐暗，契丹人才停下追击，安禄山才得以逃入师州（今辽宁省朝阳市东北）。战败后，安禄山把罪过推给了左贤王哥解、河东兵马使鱼承仙，将二人杀了了事。

很快，契丹人又包围了师州。平卢守将史定方率领两千精兵赶来解救安禄山，契丹人见有唐军援兵，这才退去，安禄山才得以从师州回到平卢，但等他到了平卢后，麾下都已逃亡，只剩下他一个光杆司令了，又惊又怕，无计可施，而恰在这时，平卢兵马使史思明现身了。史思明也参战了，他在混乱中逃入山中，在山中东躲西藏了二十多天，收拢了七百多名残兵败将，辗转回到了平卢。安禄山见到史思明后不禁大喜，起身握住他的双手说道："有了你，我就没有什么可担心的了！"史思明退下后，偷偷对心腹们说："要是我早现身的话，恐怕已与哥解一起身首异处了！"契丹人又包围了师州，安禄山命令史思明将敌人击退。

三四一　盛世隐忧（五）

天宝十载大唐分别在西南和东北两个方向都遭到了空前的惨败，但是这还没有完，在遥远的西北方向也传来了兵败的消息。

天宝十载年初，就在安禄山入朝的同时，安西节度使高仙芝也带着他俘获的突骑施可汗、吐蕃酋长、石国国王、朅师国王，献给唐玄宗，然而，高仙芝对石国的偷袭行动以及唐军的掠夺和屠杀行径所带来的恶果是非常巨大的。石国的一位王子侥幸逃脱，他到各国诉说高仙芝贪婪、残暴、狡诈的情形，各国君臣听后无不义愤填膺，大家一致同意偷偷联络大食，引导大食军队夺取安西四镇。

如前所述，自从唐高宗龙朔元年（公元661年），大食的倭马亚家族的叙利亚总督穆阿维叶即位哈里发以后，就以大马士革为首都，建立了倭马亚王朝，他把哈里发改为世袭，大食帝国也步入了一个鼎盛时代。但是，随着帝国的不断扩张，其内部逊尼派、什叶派之间的矛盾并没有消除反而愈演愈烈，统治集团与被征服各族民众的矛盾也更加尖锐。到唐玄宗开元八年（公元720年），各种矛盾逐渐激化，各派反对力量开始团结起来，先知穆罕默德的叔父阿拔斯的后裔阿布·阿拔斯联合什叶派，于天宝九载（公元750年）推翻了倭马亚家族的统治，建立了阿拔斯王朝。阿布·阿拔斯非常残暴，号称屠夫，他将倭马亚家族几乎赶尽杀绝，只有倭马亚家族的阿卜杜勒·拉赫曼逃到西班牙，于天宝十五载（公元756年）建立了后倭马亚朝。我国史书上称阿拔斯王朝为黑衣大食，称阿卜杜勒·拉赫曼在西班牙建立的后倭马亚王朝为白衣大食。阿布·阿拔斯在位四年后死去，其弟曼苏尔继位，后将国都迁至巴格达。曼苏尔有勇有谋，逐渐消灭了各个反对派，奠定了阿拔斯王朝的基础，帝国也重新走向了强盛。大食早就觊觎西域，想夺取中亚霸主的地位，听了中亚各国的请求，正中下怀，决心发兵进攻安西四镇。

高仙芝听到消息后，并没有束手待毙，而是采取先发制人的策略，调集安西军队主动出击，唐军翻越葱岭，经过三个多月的长途跋涉，于天宝十载七月进抵中亚名城怛罗斯（今哈萨克斯坦江布尔城）城下，于是，在行将盛极而衰的大唐与刚刚建立起来的黑衣大食阿拔斯王朝之间就爆发了一场著名的对决——怛罗斯之战！

指挥这场战役的唐军主帅是安西节度使高仙芝，副将是右威卫将军、猛将李嗣业，参战别将有段秀实。高仙芝年初回京献捷之后，唐玄宗原本改任他为河西节度使，因原任节度使安思顺不愿离职鼓动下属挽留而未果，唐玄宗遂以高仙芝为右羽林大将军，大约西域局势发生突变，唐玄宗又将高仙芝调回了安西。段秀实，字成公，天宝四载，被安西节度使夫蒙灵察任命为别将，以讨伐护蜜国之功而被晋升为安西府别将。

黑衣大食方面的主帅是呼罗珊总督艾布·穆斯林，直接参战将领为其部将齐雅德·伊本·萨里和艾布达。艾布·穆斯林是黑衣大食开国之君阿布·阿拔斯的得力助手，也是黑衣大食的开国功臣，是一位具有杰出军事才能的将领，正是阿布·阿拔斯依靠他才得以推翻了倭马亚王朝，建立了阿拔斯王朝，王朝建立后，他也被阿布·阿拔斯任命为呼罗珊总督，经营东方。

当时唐军人数各说有异，我们采信《资治通鉴》三万人的说法，这三万人的构成主要是汉军两万，葛逻禄和拔汗那军共计一万人。根据《太白阴经》记载，唐军的装备大致是：一个标准的军团应该包括步兵12500人，骑兵5000~6000人，辎重兵1000~2000人，12500名步兵中，甲兵7500名、轻步兵5000名，其中甲兵又有2500名陌刀兵，这些陌刀兵每人在两腰分别挂有一把弓、30支箭，背后交叉插有长柄陌刀一柄，长枪一条；5000甲兵各有弓一把、箭30支，枪一条，短柄重刀一把。轻步兵又有2500人，各配弓一把、箭30支，短柄重刀一把，长枪一条，方形牛皮盾一面。2500轻兵，各配弓一把、箭30支，背后背一个箭袋，装箭100支，配弩一把，长枪一条。骑兵则每人身背长枪一条，配圆盾一面，弓一把、箭30支，长短唐样刀（横刀）各一把。从装备上看，唐军可谓齐全，然而，唐军长途袭远，无地利、人和优势，必须速战速决。

唐军经过三个多月的长途跋涉之后，于天宝十年七月兵临怛罗斯城下。据阿拉伯史书《创世与历史》记载，阿拉伯人在接到唐军进攻的消息之后，驻巴士拉的东方总督艾布·穆斯林立即命令部将塞义德·本·侯梅德率领数千人马抢先驻守怛逻斯城中，唐军只得强攻怛罗斯。

怛罗斯地势险要，易守难攻，唐军强攻五天无法攻破，而就在这时，大食援军已陆续赶到，齐雅德和艾布达·乌德率领河中一万人前来支援，艾布·穆斯林也率部赶往撒马尔罕一带。当大食援军赶到后，迂回到唐军背后向唐军发起了进攻，葛逻禄军见势不妙，临阵脱逃，唐军阵脚顿时大乱，全军覆没。夜幕降临后，大食军队得胜收兵，唐军仅有数千人马杀出一条血路，逃出战场。

副将李嗣业对高仙芝说："将军深入敌境，后无援军，如果全军覆没，我们都被敌人俘虏，将如何向陛下禀报？不如速速退守白石岭，早做逃跑的打算。"高仙芝回答："你是闻名天下的骁将，我打算搜集余众，明天再与敌人决战，希望能转败为胜。"李嗣业说："愚者千虑，或有一得，现在情况如此危急，不可太固执了！"在李嗣业的强烈要求下，高仙芝终于答应了。

撤退的命令一下，人马鱼贯而退，道路狭窄，拔汗那的军队抢先后撤，人与骆驼、马匹塞满道路，各军无法通过。李嗣业手持大棒冲上前去，人马应手倒毙，道路这才畅通。段秀实在黑暗中听见李嗣业的叫喊声，高声斥责道："躲避敌人，抢先逃跑，这是怯弱的表现；保全自己，丢下部下，这是不仁的行径，就算你侥幸逃了回去，内心难道就不羞愧吗！"李嗣业听后，紧握住段秀实的双手，向他道歉，二人一起整顿残兵败将，成军之后才安全回到了安西。

怛罗斯战败后，高仙芝上报李嗣业之功，唐玄宗给其加军号为骠骑左金吾大将军；李嗣业向高仙芝推荐段秀实，高仙芝提拔他为判官，授斥候府果毅。

怛罗斯之战令大唐失去了中亚霸主的地位，但此后不久，大食方面的主帅艾布·穆斯林因功高震主而被杀，其手下大将齐雅德·伊本·萨里也被处死，继而引发了一场大规模的内乱，大食忙于平叛，无暇乘胜继续东进。而大唐方面，此战战败后，唐朝政府不得不从各地抽调兵力，补充安西四镇，内部更为空虚，也为安禄山发动叛乱创造了条件，在随后的几年里，唐朝爆发了安史之乱、藩镇割据、内忧外患不断，再也无力经营西域了。

怛罗斯战败后不久，八月六日，长安武库又发生了莫名其妙的大火，一下子就烧毁了三十七万件兵器。当年秋天，又连日淫雨，毁坏了很多房屋，尤其是京师长安受灾最重。鲜于仲通进攻南诏惨败、高仙芝奔袭怛罗斯惨败、武库大火、安禄山讨伐契丹惨败、阴雨成灾等等，天宝十载，大唐帝国陡然发生了如此之多的祸事，不由得令人泛起丝丝的隐忧……

三四二　矛盾重重（一）

如果说天宝十载是大唐帝国的外患之年，那么，天宝十一载（公元752年）就是一个内忧的年份。

刚刚步入新年，安禄山就逼反了东突厥阿布思（李献忠）。去年安禄山败得一塌糊涂，令大唐帝国颜面扫地，唐玄宗遂决定对契丹发起更大规模的进攻，一雪前耻。如前所述，开元、天宝之交，东突厥最后一位可汗乌苏米施可汗被拔悉蜜、回纥和葛逻禄三部联军所杀后，东突厥灭亡，其西部叶护阿布思与其他东突厥贵族一起归降了唐朝，唐玄宗册封他为奉信王，赐名李献忠，将其部落安置在朔方节度使所属河南之地（今内蒙古自治区河套一带）。天宝八载，阿布思率部跟随哥舒翰西征吐蕃，攻取石堡城，因此功而被升为朔方军节度副使。

此时的安禄山身兼范阳节度使、平卢节度使、河东节度使、河北采访使、辖区营田使等诸多职务，已俨然河北之王，还意欲染指朔方军，而阿布思有胆有识，并不把安禄山看在眼里，这让安禄山一直怀恨在心。趁着唐玄宗决心再度北伐契丹之际，安禄山征调了蕃汉二十万大军，又请求唐玄宗命令阿布思率领数万骑兵参战，企图借机陷害阿布思，并吞并他的军队。阿布思担心受到安禄山的陷害，报告留后张暐，请求他上报唐玄宗，让自己留下，但张暐严词拒绝。阿布思决心叛逃，遂率部大肆劫掠了朔方军府的仓库，而后逃归漠北。

唐军还未出师，就逼反了阿布思，可谓是一乱未平，又生一乱，得不偿失。事变发生后，唐玄宗遂下令安禄山之军暂缓行动，以待后命。阿布思反叛之后，屡屡骚扰唐朝北方边境，到同年九月，阿布思率军包围了唐军的永清栅（中受降城，在今内蒙古自治区包头市西），唐军守将张元轨将其击退。

至此，唐帝国东北、北边、西北、南边狼烟四起，周边环境恶化，与此同时，唐帝国内部也是矛盾重重，败象已露。这些矛盾大致归结起来，主要有：一是唐玄宗与太子、诸子以及李林甫与太子之间的矛盾；二是李林甫与陈希烈、杨国忠之间的矛盾；三是李林甫、杨国忠与安禄山之间的矛盾；四是安禄山与哥舒翰等人之间的矛盾；等等。

先说唐玄宗与太子、诸子以及李林甫与太子之间的矛盾。

开元二十六年（公元738年）六月，李亨被立为太子，至今已过去十四个年头了，在这十四年里，李亨过得并不轻松。鉴于本朝建立以来，始终没有处理好皇位继承问题，雄才大略的唐玄宗本人也得位不正，因此，他对于太子、诸王势力的自我扩张一直十分警惕，唯恐威胁到自己的皇权。天宝五载，李亨的亲信、陇右节度使皇甫惟明进京，与太子妃兄韦坚暗中往来，试图罢免李林甫，李林甫奏称二人要拥立太子，当唐玄宗得知后，立即命人彻查，将皇甫惟明、韦坚贬谪。

唐玄宗深谙平衡之道，在李林甫打压太子李亨时，他不置可否，而当事情出来之后，对此事的处理仅限于皇甫惟明和韦坚二人，并没有影响到太子李亨，皇甫惟明的陇右节度使一职也由与李亨关系密切的王忠嗣接任，以防宰相李林甫一枝独大。然而，韦坚被贬不久，韦坚的三个弟弟却出来替哥哥鸣冤，并引太子李亨做证，令唐玄宗龙颜大怒，李亨连忙上书替自己辩解，并撇清与韦氏之间的关系，自请与太子妃韦氏离婚。

一波未平一波又起，到该年年底，又发生了一场太子杜良娣之父杜有邻案，再次将李亨卷入政治旋涡，杜有邻的罪名是“妄称图谶，交构东宫，指斥乘舆”，事发后，李亨为了自保，再次请求与杜氏离婚。这两场突如其来的政治风波令李亨受到极大的精神刺激，一次，当李亨入宫晋见唐玄宗时，唐玄宗发现他这个尚未到中年的儿子头发已有几分稀疏，还长出了白发，顿生恻隐之心。为了安慰李亨，此后，唐玄宗经常当众称赞太子仁孝、懂事，还替太子又娶了张氏为良娣。这个张氏是唐玄宗姨母窦氏的孙女，由于唐玄宗的母亲窦氏被武曌处死，一直由姨母将他抚养成人，所以，唐玄宗对他这个姨母有着很深的感情，将张氏嫁给李亨也是为了让他放心，而李亨也是处处小心谨慎，不敢越雷池半步。据《次柳氏旧闻》记载，一次，李亨侍奉唐玄宗吃饭，尚食局做的是熟食，唐玄宗有意让李亨去割熟羊腿。李亨割完，刀上（一说手上）残留些油渍，李亨顺手拿起饼子擦拭，唐玄宗见状一脸不悦之色。擦完刀子，李亨慢慢将饼子送入嘴中吃下，唐玄宗顿时喜出望外，对李亨说："就应该如此惜福！"

再说李林甫与陈希烈、杨国忠的矛盾。

从天宝六载三月陈希烈被任命为左相兼兵部尚书以来，已过去五六年了，开始时，李林甫与其一直合作得很好，逐渐地，二人也产生了矛盾，陈希烈时常与李林甫为敌。杨国忠也是如此。李林甫原本觉得杨国忠没什么才能，又是杨贵妃家的人，所以对他很好，而杨国忠对李林甫也很尊重，每次李林甫下台阶，杨国忠总是慌忙在一旁搀扶。杨国忠和王鉷都是御史中丞，也都是李林甫的心腹，是李林甫用来打压太子李亨的爪牙，然而，王鉷是李林甫心腹中的心腹。李林甫提拔杨慎矜，原本就是为了对付李亨，杨慎矜又向李林甫推荐了王鉷，然而，经过屡次试探之后，杨慎矜发现唐玄宗并无废黜太子之意，就深感害怕，与李林甫疏远起来了。韦坚案中，杨慎矜保持中立，这让李林甫十分恼火，次年，就指使王鉷、杨国忠除掉了杨慎矜。同样，杨国忠也为李林甫出过大力，在韦坚案和杜有邻案中，杨国忠借两场大狱提高自己的威信，所以很是卖力。史称："自是连岁大狱，追捕挤陷，诛夷者数百家，皆国忠发之。林甫方深阻保位，国忠凡所奏劾，涉疑似于太子者，林甫虽不明言以指导之，皆林甫所使，国忠乘而为邪，得以肆意。"

然而，诡诈的吉温让李林甫对杨国忠产生了丝丝戒心。吉温原本就是个反复小人，虽然他也是李林甫的心腹，但又与杨国忠和高力士结为兄弟，见安禄山、杨国忠受到唐玄宗的宠爱，就主动巴结二人，分别给二人出主意，让二人取代李林甫。杨国忠用了他的计谋，不久就兼任了兵部侍郎。紧接着，杨国忠又向李林甫的心腹京兆尹萧炅、御史中丞宋浑开刀，将二人贬出了京师，连李林甫都无力相救。在这种情况下，当御史大夫一职出现空缺时，李林甫自然就推荐了王鉷，而这又让杨国忠十分恼火，从此对李林甫怀恨在心。

到天宝十一载阿布思反叛后不久，王鉷就出事了，杨国忠终于等到了一个复仇的机会。王鉷受到李林甫的青睐后，又被任命为户口色役使，唐玄宗在位多年，宠幸的嫔妃越来越多，赏赐所需的财物也逐渐增加，可是他又顾及面子，不愿总是派人去左右藏去取，生怕影响不好，王鉷看透了唐玄宗的心思，每年奉上百亿万财物送入皇宫内库，算作唐玄宗的私房钱，以备唐玄宗赏赐之用。王鉷对唐玄宗说："这些钱都是额外，不在正税之列。"唐玄宗觉得王鉷有富国之术，是个人才，对他更加宠信。到天宝十一载，王鉷担任户部侍郎兼御史大夫、京兆尹，另外还兼任检察内作事、闲厩使、苑内营田五坊宫苑使、陇右群牧都支度营田使、殿中监等二十余个官职，威权甚盛，就连李林甫也让他三分。

王𫘝的办公室距离家很近，可是，办公桌上的文件堆积如山，官吏们想求他批复一个字，要等很多天都批不下来；唐玄宗从宫中派来赏赐他的使者一个接一个，挤破了他家的大门。虽然王𫘝权势很大，但他对李林甫还是非常敬重的，李林甫内心对他很是嫉妒，但又不忍加害，可是，王𫘝的弟弟户部郎中王銲和儿子卫尉少卿王准就不同了，二人都是得志便猖狂的主。

《明皇杂录》记载，王准和李林甫的儿子将作监李岫都在宫中服务，可是王准总是欺负李岫，李岫也一句都不敢回嘴；万年尉韦黄裳、长安尉贾季邻经常在办公室内准备数百串钱、好酒好菜，还藏匿些名妓，预备王准随时享用。一天，王准带着一群狐朋狗友去驸马都尉王繇家。王繇是唐中宗第三女定安公主与第一任丈夫王同皎所生的儿子，他又娶了唐玄宗的长女永穆公主，虽然自己的母亲和妻子都是公主，但王繇十分老实本分，而他的妻子永穆公主深得唐玄宗的钟爱，也同样很是实在。王繇遥遥望见王准他们，就出门拜伏于地，谁知王准却举起弹弓，一弹正中王繇的帽子，将帽子上的玉簪射得粉碎，王繇吓得面如土色，王准他们却是哈哈大笑。王繇将他们迎入家中设宴款待，永穆公主亲自给王准割肉夹菜。王准等人离去后，有人看不过眼，对王繇说："鼠辈虽然自恃他父亲的威势，可是，你竟然让公主伺候他吃饭，公主乃皇上钟爱的长女，你这样做岂不是太过分了吗？难道不怕皇上介意吗？"王繇回答："皇上发脾气没什么可怕的，可是假如得罪了七郎（指王𫘝），立刻便有性命之忧，怎敢不巴结他！"

王准的叔叔王銲更是有过之而无不及。如果说王准是个无法无天之徒，那么王銲就是个野心家。他曾经找来术士任海川，问道："我有没有王者之相？"任海川登时吓得魂不附体，躲了起来。王𫘝担心事情败露，立即命人前去抓捕，最终在冯翊郡将其抓获，找个借口将其打死了；王府司马韦会是定安公主与第二任丈夫韦濯所生之子，与驸马都尉王繇是同母异父兄弟，曾在家中与一位朋友闲谈中谈及此事，被家中侍女泄露给了外人，王𫘝知道后，又指使长安尉贾季邻将韦会打入大牢，趁夜将其勒死，次日清晨把尸首送回家。王繇眼睁睁地看着弟弟被杀，也不敢出面讲一句话。

三四三　矛盾重重（二）

王銲与前鸿胪少卿邢璹之子邢縡是好友，天宝十一载四月，邢縡密谋控制右龙武军的万骑部队，决定十一日发动政变，先杀死龙武将军，烧毁长安各门和街市，趁乱分出数百人杀掉李林甫、杨国忠和陈希烈等朝中大臣。

在他们约定的日子前两天，即四月九日，事情败露，唐玄宗亲临大殿，召见王鉷，将密报交给他，命其逮捕邢縡。王鉷好下棋，而邢縡是个弈棋高手，王鉷通过王銲认识了邢縡，当然知道二人关系非同一般，此时，王鉷担心王銲就在邢縡家中，先派人去找王銲，一直等到天色将晚，才命万年尉薛荣光、长安尉贾季邻等人前去逮捕。薛荣光和贾季邻等人在化度寺门外碰见了王銲，王銲对贾季邻说："我和邢縡是老友了，如今邢縡谋反，我担心他会胡乱供出我来，还望你不要听信他的话。"薛荣光等人来到邢縡门外，邢縡等十余人手持大刀、弓箭突出门外，双方一场恶斗。王鉷和杨国忠随后率兵增援，贾季邻把王銲的话告诉了王鉷，王鉷回答："我弟弟岂能与邢縡同谋！"在打斗中，邢縡的手下相互提醒道："不要伤了御史大夫（王鉷）的人！"杨国忠的亲信暗中对杨国忠说："贼党有暗号，不可盲目攻击！"邢縡等人边打边撤，一直逃到皇城的西南角，恰在这时，骠骑大将军、内侍高力士率领四百名飞龙（皇宫内六个马厩之一）小宦官组成的骑兵赶到，邢縡为乱军所杀，生擒其同党中的神射手韦瑶等人。

杨国忠把逮捕邢縡过程中的种种反常情况都向唐玄宗作了汇报，并说："王鉷肯定是同谋。"唐玄宗却不以为然，认为王鉷深受皇恩，绝对不会谋反，他觉得王鉷和王銲不是一母同胞，肯定是王銲嫉妒自己的哥哥，故意想陷害王鉷。李林甫也替王鉷说话，唐玄宗遂赦免了王銲，不予追究，然而他这么做其实是想考验一下王鉷，内心想让王鉷大义灭亲，让他上书请求追究王銲之罪。唐玄宗暗中命杨国忠去提醒王鉷，杨国忠不敢把唐玄宗的意思全部透漏给王鉷，只是委婉地说：“皇上对大人恩重如山，如今大人应该大义灭亲，只需大人上书请求追究弟弟，你弟弟未必会被杀，大人也一定会保全，这不比两人一起死要好？”王鉷低头想了很久，才回答：“我这个弟弟是父母的骨肉，平日里我经常教导，大义让我不想苟活而抛弃他。”说完此番话后，才递上奏表，唐玄宗听了杨国忠的转述，顿时火冒三丈。

十二日，王鉷入朝，遇见左相陈希烈，陈希烈指斥王鉷，王鉷不服，反唇相讥。王鉷下朝后，在中书侍郎办公室写奏表，命人送入皇宫，门卫已受到指令不得接收了。不一会儿，宫中就传出唐玄宗命令陈希烈、杨国忠会审王鉷的圣旨，又以杨国忠兼任京兆尹。王鉷把奏表交给李林甫看，李林甫说：“晚了啊。”

不一会儿，王銲被押来。杨国忠问：“王鉷知道吗？”王銲还没来得及回答，侍御史裴冕担心他会牵出王鉷，抢先骂道：“你为臣不忠，为弟不义。圣上看在大夫（王鉷）的面子，任命你为户部郎中，又加五品，恩泽也够深厚的了，大夫岂能知道邢縡的事？”杨国忠听了，愕然变色，又对王銲说：“真的知道，就不能隐瞒；如果不知道，也不可乱说。”王銲这才说：“我七哥确实不知。”贾季邻做证证明王銲有罪，于是，任海川、韦会等事也被揭露出来了，到当天傍晚，审理完毕，上报给了唐玄宗。

唐玄宗下令将王鉷赐死，将王銲在朝堂乱棍打死；王鉷的儿子王准、王偁被流放岭南，途中又被处死；王鉷的妻女也一并被流放。据《封氏闻见记》记载，王鉷被杀后，有关单位查抄王鉷在太平坊的家，数了几天都数不完一共有多少房间。王鉷家中建有自雨亭，亭上引水流下，夏日身在亭内仿佛在深秋一般；还有珠宝镶嵌的井栏，价值连城。

前有阿布思反叛，后有王鉷大案，让右相李林甫十分恐惧。李林甫兼任朔方节度使，阿布思是他的部下，发动了叛乱，他自当承担失察之责，李林甫请求辞去朔方节度使一职，并推荐河西节度使安思顺接任，唐玄宗同意了。王鉷一案后，唐玄宗把王鉷兼任的职务都给了杨国忠，杨国忠不仅担任京兆尹、御史大夫，还兼任京畿、关内采访使等职，权倾天下。在杀掉王鉷之后，杨国忠继续深挖邢縡一案，逼迫嫌犯们交代李林甫与王鉷兄弟以及阿布思来往的证据，陈希烈和哥舒翰又站出来做证，从此唐玄宗开始疏远了李林甫，而杨国忠与李林甫之间的矛盾也公开化了。

面对杨国忠咄咄逼人的攻势，李林甫立刻发起了反击。自前年南诏叛乱之后，去年大败鲜于仲通，接着屡屡进犯唐朝南部边境，益州请求遥领剑南节度使的杨国忠到任，尚书左仆射兼右相李林甫上书唐玄宗，令杨国忠前往。杨国忠当然知道这是李林甫的调虎离山之计，一旦杨国忠离开京师，各种谗言会随之而来，不仅是杨国忠本人，到时候恐怕整个杨家都会危若累卵了。杨国忠决定孤注一掷，临行之前，他在唐玄宗面前哭诉，称此去自己一定会受到李林甫的陷害，杨贵妃也在一旁请求让其留下。唐玄宗对杨国忠许诺道："爱卿暂去蜀地指挥军务，朕数着指头等到爱卿回朝，到时候还任卿为宰相。"杨国忠不得已只好硬着头皮南下。

峰回路转。杨国忠预计的糟糕局面并没有出现，李林甫还没有来得及组织对杨国忠的打击，自己反倒是先病倒了！十月，病中的李林甫随从唐玄宗来到华清池，病情也逐渐加重，最后是卧床不起。巫师建议称与皇上见上一面，病情会有所好转，唐玄宗听说后，就要起驾前往李林甫那里探病，但左右亲信坚决劝谏，于是，唐玄宗就命李林甫从屋内来到院子里，自己则站在华清宫的降圣阁上眺望，远远挥舞着红手巾。此时的李林甫已不能跪拜，就命人替自己跪下。

见李林甫行将不起，唐玄宗就命人快马追回杨国忠。杨国忠已快走到了成都，接到诏书后，他火速返京，行至昭应，在病榻之前拜见李林甫。鸟之将死，其鸣也哀；人之将死，其言也善。李林甫流着眼泪对杨国忠说："我李林甫就要死了啊！大人一定会担任宰相，我的后事就托付给大人了！"杨国忠连声推辞，称不敢当，汗流满面。果然，十一月十七日，杨国忠就被唐玄宗任命为右相，兼任文部尚书，他原来兼任的其他职务不变。二十四日，李林甫就去世了。

李林甫去世后，被唐玄宗追赠为太尉、扬州大都督，给班剑、西园秘器。李林甫死后，一直对他怀恨在心的杨国忠就指使安禄山诬陷李林甫与阿布思谋反，安禄山命归降到自己那里的原阿布思部落的人来到长安，诬告李林甫与阿布思结为父子。唐玄宗信以为真，命有关部门调查，李林甫的女婿、谏议大夫杨齐宣见风头不对，立即见风使舵，按照杨国忠的意思出面做证，于是，李林甫与叛匪沆瀣一气、阴谋作乱的罪名就这样成立了。当时，李林甫还未下葬，天宝十二载（公元753年）二月十一日，唐玄宗下令夺去李林甫的官爵，李氏子孙凡是当官的全部除名，流放到岭南或者黔中，只准带上随身衣服和粮食，其余财产全部没收；另有五十余名近亲和同党被贬官。打开李林甫的棺材，拿去口中所含的宝珠，剥去身上所穿的紫袍，改用小棺材以平民之礼予以安葬。为了嘉奖陈希烈和杨国忠之功，唐玄宗又赐陈希烈为许国公，杨国忠为魏国公。

李林甫是历史上有名的奸相，旧史对他大多是贬低的，《旧唐书》称："开元任姚崇、宋璟而治，幸林甫、国忠而乱。"《新唐书》把他直接放在《奸臣传》里，把他作为大唐由盛转衰的祸根。如今，人们开始能够较为客观地评价李林甫了，在继续否定他为人奸诈，善于使用权术倾轧他人的同时，能够肯定他的一些历史贡献。大唐由盛转衰的原因是多方面的，绝不是李林甫一个人的原因，反过来说，唐玄宗时期所用宰相有二十六人之多，姚崇和宋璟两人各自才干了三年多一点，而李林甫却从开元二十二年五月一直干到天宝十一载去世近二十年，此间唐玄宗不理政事，深居禁中，以声色犬马自娱，军国事务全由李林甫一人操心，而此时正是大唐最为强盛的时期，因此，把盛唐到来的功劳全给了姚崇和宋璟，把盛唐衰落的责任都推到李林甫的身上，的确是有失公允的，相反，恰恰李林甫是在维系盛唐的第一人。这一点就连旧史也不得不承认："林甫性沉密，城府深阻，未尝以爱憎见于容色。自处台衡，动循格令，衣冠士子，非常调无仕进之门。所以秉钧二十年，朝野侧目，惮其威权。及国忠诬构，天下以为冤。"

三四四　矛盾重重（三）

回顾开元、天宝历史，我们也许能够大致勾勒出李林甫这个复杂的历史人物来。

李林甫聪明过人，城府极深，这自不待言，他也卷入了残酷的宫廷斗争之中，连兴大狱，打压对手，然而，这种事情何代无之？就连所谓的贤相姚崇为了自己的权位也曾打压他人，那么，为何单单李林甫受到后人的指责呢？究其原因，大致有以下几点：一是李林甫是在打压张说、张九龄之后才得以上位的。到盛唐时期，虽说南北朝时期严格的门阀制度已受到极大的冲击，但深藏于士人内心深处的鸿沟尚难以完全消弭，科举制度的兴起，也让出身高贵又以科举及第的士子们自视甚高，鄙视其他途径入仕的人，大体上来说，张说、张九龄等即属于此类人，他们个人文化素质都很高，是天下文人的核心，把持着社会舆论，是儒家思想的代表，而像李林甫和牛仙客等人没有经过科举，李林甫是通过裙带关系上位，牛仙客则完全是从最底层一步一步爬上来的，在张九龄等人的眼里宰相都应该是风度翩翩、雍容华贵的君子，李林甫和牛仙客等不过是“小才”，用他们为宰相会令“朝廷蒙羞”。在张九龄反对提拔牛仙客时，唐玄宗就曾一针见血地斥责他道：“卿以仙客无门籍耶？卿有何门阀！”李林甫通过打压张九龄等人上位，自然得罪了天下文人，而史书都是出自文人之手，李林甫自然不会有什么好评。二是执政理念的分歧。总体上说，中国古代正统儒家思想是以德治天下，正统知识分子往往把虚无缥缈的德说得天花乱坠，但一遇到具体的社会问题，往往显得束手无策，甚至是昏招迭出，可谓是百无一用是书生，写文章在行，办实事不行。如前所述，名气很大的张九龄在相位数年，并未留下多少实实在在的政绩，倒是在拜相之初就提出不再禁止民间私铸假币的惊世之言，第一条建议就被全体朝臣否决了，此后，在制度、治国理政这些具体事务中再无建树。而像李林甫、牛仙客等人则更加了解社会世情，以法家思想应对纷繁复杂的军国事务，这一点恰恰是唐玄宗放弃张九龄等人而选择李林甫、牛仙客的根本原因。李林甫担任宰相后，即奉命主持大规模的法律修订工作，经三年努力，编写完成了律十二卷，律疏三十卷，令三十卷，式二十卷，《开元新格》十卷，又编撰了《格式律令事类》四十卷，进一步规范和总结了大唐的法律制度。紧接着，他又主持完成了著名的行政法典《唐六典》，详细规范了各个行政部门的职责、规则，在这些法律法规的制定过程中，体现了他依法治国的理念，尽可能做到详细周到，具体可行，避免含糊不清、模棱两可。徒法无以自行。李林甫在实际工作中，还能处处依法办事，以身作则，尤其是在人事选拔方面，全部按照法律规定行事，甚至被人认为是太小心谨慎了，就连史书也不得不承认："每事过慎，条理众务，增修纲纪，中外迁除，皆有恒度。""自处台衡，动循格令，衣冠士子，非常调无仕进之门。"扭转了开元以前唐代用人的不良风气。如前所述，一次，唐玄宗答应了一个叫王如泚的进士岳父的请求，到李林甫这里，李林甫问："王如泚文章能及第吗？"官员们回答："在两可之间。"李林甫说："要是如此，就不能给。明经进士，是国家选拔人才之地，如果圣恩优异，自可直接授予官职；如今给他进士及第，将如何取材？"他坚持原则，顶住压力，亲自向唐玄宗汇报，最终唐玄宗收回了成命。在选人用人方面坚持原则，杜绝私谒，李林甫可谓是抓住了治国理政的要害，这也为大唐步入盛世奠定了坚实的基础。在其他方面也是如此，比如，开元十六年，他任御史中丞，奏称用统一的标准处理全国各地的贪赃罪，以避免或轻或重，说："天下定赃估互有高下，如山南绢贱，河南绢贵，贱处计赃不至三百即入死刑，贵处至七百以上方至死刑，即轻重不侔，刑典安寄？请天下定赃估，绢每匹计五百五十价为限。"（《唐会要》卷四十）玄宗批示执行。再如，边将张审素的贪赃罪被告发，监察御史杨汪奉命前往处理，奏称张审素谋反，张审素被执行死刑。开元二十三年，杨汪被张审素的两个儿子暗杀，当时，人们普遍认为这两兄弟"幼稚孝烈，能复父仇，多言其合矜恕者。中书令张九龄又欲活之"，但李林甫坚持认为"国法不可纵报仇"，最终，唐玄宗拒绝了张九龄的建议。儒法之争，让由儒家人物撰写的史书对法家人物都采取了贬低的态度，像韩非子、商鞅、王安石等人都难逃此运，李林甫当然也不会例外。三是李林甫在位时间太长，权势太大，得罪了方方面面很多人。李林甫在位期间，受到唐玄宗的高度信任，权倾内外，其子就深以为惧，但其势已骑虎难下，李林甫本人也是无可奈何，李林甫死后，这些人伺机反攻倒算，不过，正是由于李林甫在治国理政方面很少错误，史书也不得不替他说一些“自处台衡，动循格令”的好话，从政务上无可挑剔，只好从私德方面下手，这其实也是中国官场上惯用的伎俩，一个人工作各方面都干得十分出色，要想打压他，就从他的私生活下手，往往会取得意想不到的收获，因为社会层面的普通人更关心这些捕风捉影的花边新闻，仅仅一个“口蜜腹剑”，这个不知出自谁人之口的概括性的描述，就收到了让李林甫永远钉在历史的耻辱柱上的奇效！再无人具体研究他做的什么政绩了。然而，稍有脑袋的人都会发现一个无法解释得通的道理：一个持续数十年的大唐盛世，竟然是一个坏得无以复加的人操持着，这难道不是太不合逻辑了吗！而把李林甫死后发生的安史之乱也安到李林甫头上，更是欲加之罪，恰恰相反，假如李林甫还活着，安禄山未必有胆子敢与李林甫为敌，这我们下面马上说到。当李林甫刚刚去世时，人们还是认为他们失去了一个贤相的，假如没有安史之乱，李林甫的名声也许不会如此糟糕，正如史书上所说的那样，当杨国忠诬陷李林甫与阿布思勾结、全家被流放后，“天下以为冤”。

回过头来再说李林甫、杨国忠与安禄山之间的矛盾。

与李林甫和杨国忠之间矛盾产生的原因相似，李林甫与安禄山之间的矛盾也源于那个喜乱乐祸的小人吉温。李林甫“动循格令”，吉温升迁无望，就盘算着扳倒李林甫，他不仅鼓动杨国忠发力，还把目光投到深受唐玄宗恩宠的安禄山身上，与安禄山结为异姓兄弟，继而，开始挑拨安禄山与李林甫之间的关系，他对安禄山说：“李右相虽然与三哥您亲近，但肯定不肯推荐您当宰相，我吉温也是如此，虽然一直受其驱使，也是升迁无望。三哥您如果推荐我，我也一定会在皇上面前称赞三哥您才堪大任，我们一起把李林甫排挤下去，如此一来，哥哥您就一定能当上宰相了！”安禄山大喜，屡屡在唐玄宗面前说吉温的好话，而唐玄宗也忘了自己过去对吉温是个反复小人的判断，安禄山兼任河东节度使后，趁机奏请以吉温为河东节度副使、知留后，以大理司直张通儒为留后判官，全权负责河东的事务。

李林甫完全是以个人魅力震慑住了安禄山。安禄山与李林甫交往伊始，对李林甫很不以为然。当时，安禄山和王鉷都是御史大夫，安禄山前去拜会李林甫时，很是无礼。李林甫顿时心生一计，佯装以别的事情让人把王鉷叫来，王鉷来到后，对李林甫是毕恭毕敬，安禄山见状，一下子茫然若失，不知不觉之间收回了傲慢的嘴脸，对李林甫更为恭敬了。二人交谈之间，还未等安禄山开口，李林甫总能知道他想说什么，把他想要说的话提前讲出来，令安禄山张口结舌，大惊失色，这次交锋之后，安禄山对李林甫佩服得五体投地，此后，安禄山对满朝文武都是傲慢无礼，随意侮辱，唯独见到李林甫，是又服气又害怕，即便是寒冬腊月，也常常是吓得汗流浃背。李林甫也是刻意予以安抚，将其引至中书省大厅上落座，说一些安慰他的话，还将自己的皮衣脱下披在他的身上，安禄山深受感动，满心欢喜，不知不觉之间把李林甫当成亲人，直抒胸臆，无话不谈，还亲热地称李林甫为十郎，二人关系迅速升温。回到范阳之后，安禄山安插在长安的间谍刘骆谷每次回去复命，安禄山总是第一个问："十郎是怎么说的？"假如听到李林甫说了自己的好话，就会喜出望外，有时听李林甫说："回去给安大夫说，要好好检讨一下。"安禄山就会一脸愁容，用手拍着卧榻说："哎呀！这回我可是要死了啊！"

总之，李林甫在世时，虽说有吉温在安禄山那里鼓动，但安禄山根本不敢与李林甫正面为敌，更不敢明目张胆地发动叛乱。李林甫死后，杨国忠为人口齿伶俐，轻率浮躁，没有什么威严，当上宰相后，以天下为己任，裁决军国大事，雷厉风行，不假思索；在朝堂之上，总是高谈阔论，紧握手腕，挽起袖子，对满朝文武呼来喝去，颐指气使，排挤异己，朝廷各部有才有德的官员，只要不依附于自己的，杨国忠统统将他们都贬出京师。有人劝说陕郡的进士张彖去走杨国忠的门路，说："见了杨国忠，能立马得到富贵。"张彖却说："你们依附于杨右相，自以为有泰山之固，但在我看来不过是冰山而已！一旦骄阳当空，你们难道不会失去依靠了吗？"遂隐居嵩山不出。杨国忠以司勋员外郎崔圆为剑南留后，征召魏郡太守吉温为御史中丞，兼任京畿、关内采访使等职。吉温赶往范阳与安禄山辞别，安禄山让自己的儿子安庆绪将吉温送出辖境，亲自牵着吉温的马，走出驿马站数十步。吉温回到长安以后，朝廷方面的一举一动都会用快马禀报给安禄山，路上只需两个晚上，消息就会传入安禄山的耳中。

安禄山自忖李林甫的智商要高出自己很多倍，所以才对李林甫既害怕又服气，等到杨国忠拜相后，安禄山根本不把他放在眼里，对他十分轻蔑，双方矛盾开始激化。杨国忠在唐玄宗面前屡屡称安禄山有谋反之状，但唐玄宗根本不相信。

最后说说安禄山与哥舒翰等人的矛盾。

哥舒翰和安禄山、安思顺之间产生矛盾的原因不详，但双方之间的矛盾由来已久，唐玄宗对此也是明知的，常常出面和解，让他们结为异姓兄弟。天宝十一载冬天，三人均入朝，唐玄宗命高力士在城东设宴款待。安禄山对哥舒翰说："我的父亲是胡人，母亲是突厥人，大人的父亲是突厥人，母亲是胡人，我们的种族差不多，有什么理由不亲近呢？"哥舒翰回答道："古人说过：狐狸对着洞口嚎叫，是不祥之兆，原因是它忘本了。老兄如果愿意与我相亲，我岂敢不尽心！"安禄山却认为哥舒翰说狐狸的典故是嘲讽自己是胡人，顿时勃然大怒，破口大骂："你这个突厥竟敢如此！"哥舒翰想要回嘴，高力士赶忙给他递个眼神，哥舒翰这才作罢，假装喝醉，离席而去，从此以后，双方之间的隔阂更深了。

三四五　风雨欲来（一）

李林甫的死其实影响很大，李林甫死后，大唐朝局发生了深刻的变化。

杨国忠上台后，改弦易辙，为了一己之私，把李林甫留下来的很多制度都废弃了。

为了拉拢人心，杨国忠刚刚上台一个月，就向唐玄宗建议说：“文部选拔官员，不要再以贤能为标准，而要论资排辈，遇有空缺，谁的资历深就让谁当官。”这一措施的实施，让那些长期得不到升迁的人拍手称快，至于对国家究竟有多少好处，杨国忠才不放在心上，他所实行的其他措施也大多如此，只求让一些人高兴，提高自己的声誉，毫无经国远略。依照惯例，兵部、吏部尚书如果加授了宰相职务，就会自动把选拔人才的工作交给兵部侍郎、吏部侍郎以下的官员去办理，候补人选在经过三次考试（第一次考试是笔试，主要考核文字功底和具体办事能力；第二次考试是口试，主要考核口才；第三次考试是面试，主要是当面考察综合能力），三次都通过之后，还要经过门下省的复核，这一过程会从春天一直持续到夏天，周期较长。等杨国忠当上宰相并兼任文部尚书后，一方面是为了显示自己的聪明；另一方面还是为了揽权，就让令史先到自己家中汇报情况，自己提前核定人选。天宝十二载（公元753年）一月二十日，杨国忠召集左相陈希烈以及给事中、各部尚书、侍郎等高官齐集尚书都堂，一天之内就完成了选拔官员的工作。事毕后，杨国忠说道：“今日左相和给事中都在座，等于是已经经过门下省的复核了！”当天的选拔出现了很多差错，但碍于杨国忠的权势，无人敢言。从此以后，严格的选人用人制度遭到破坏，门下省的复核形同虚设，门下侍郎只在考试卷子上署名而已。门下侍郎韦见素、张倚奔走于杨国忠的私宅，与一个一般办事员没有什么两样。

杨国忠的亲信、京兆尹鲜于仲通暗示那些选拔上的士子们上书，请求在尚书省的大门外给杨国忠刻石立碑，赞颂功德，唐玄宗下令命鲜于仲通撰写文辞，写成之后，唐玄宗略微改动数字，鲜于仲通命人用金子把那几个字填起来——这与李林甫坚决推辞国子监学生给自己立碑颂德形成了鲜明的对比。（事出《封氏闻见记》卷五）

杨国忠的儿子杨暄学业荒废，参加明经考试不及格。吏部侍郎达奚珣畏惧杨国忠的权势，派儿子昭应尉达奚抚先去禀报。达奚抚等杨国忠入朝上马之际，瞅准机会快步上前伺候，杨国忠误以为儿子肯定是当选了，面露喜色，谁知达奚抚却说："我家大人让我禀报相公，郎君考试不及格，可是我不敢不予以录取。"达奚珣原本是想要个聪明，把杨暄录取的责任推给杨国忠，杨国忠当然是心知肚明，闻言后不禁勃然大怒，吼道："我的儿子还怕得不到富贵！还用你等鼠辈来卖弄人情！"当即策马而去。达奚抚惶恐不安，给其父写信道："他依仗权势，令人叹息，对他这种人还讲什么是非曲直？"达奚珣遂把杨暄拔为前几名。杨暄及第后，很快就被提拔为太常卿兼户部侍郎，而他的考官达奚珣才从礼部侍郎平调为吏部侍郎，即便如此，杨暄还对亲信们抱怨自己升迁得太慢，达奚珣晋升得太快了。

杨国忠的这一做法也引起了一些正直的士人的反感。当时，中书舍人宋昱具体负责人事选拔工作，前进士刘迺认为如今的选举制度存在很多弊端，上书宋昱认为："大禹、后稷、皋陶都是舜帝时期的臣子，当时的选拔制度还规定要选拔那些具备九种品德的贤人，还需要经过九年之久的考察，如今我们的选拔制度却仅凭一篇文章的优劣，一次面试的印象，为何古今快慢相差如此之大！就算周公和孔子活在当下，让他们参加科举考试，他们的辞采也比不过徐陵和庾信，考察他们的口才也比不过伶牙俐齿的啬夫，还说什么去完成圣贤的事业呢！"说归说，世事如此，谁又能怎么样呢？

杨国忠为相后，大唐与周边地区的战事仍在进行中。

首先是北方叛乱的阿布思。到天宝十二载五月，阿布思为回纥所破，安禄山引诱阿布思部落归降自己，兼并了阿布思残余部落之后，安禄山实力更加强盛，天下精兵尽归安禄山。九月，北庭都护程千里率部追击穷途末路的阿布思，一直追到碛西（大致在今新疆维吾尔自治区西北部），写信通知葛逻禄部派兵夹击阿布思。阿布思走投无路归降了葛逻禄部，但葛逻禄叶护顿毗伽不愿得罪唐朝，接到程千里的书信后，即逮捕了阿布思及其妻子儿女，连同其数千残余部众，都送给了唐军。九月十六日，唐玄宗加封顿毗伽为开府仪同三司，赐爵金山王。

其次是安西。天宝十载高仙芝怛罗斯惨败后，安西军队很快就得到了补充，次年十二月，唐玄宗将高仙芝调离安西，改任安西行军司马封常清为安西四镇节度使，以稳定西域局势。

封常清，是蒲州猗氏人。他的外祖父是个文化人，因犯罪被流放到安西从军，负责守卫胡城南门，经常在城门楼上教封常清读书。外祖父去世后，封常清十分贫困，当时，安西节度使夫蒙灵察为四镇节度使，高仙芝为都知兵马使，因高仙芝很有才能，颇得夫蒙灵察的看重，每次出兵，高仙芝就请带上三十余名随从。这些随从衣着华丽，封常清见状，内心十分羡慕，就投书请求当高仙芝的一名亲随。封常清时年已三十有余，却长得非常瘦弱，个子矮小，眼睛斜视，走路还一瘸一拐的，让这种相貌的人当自己的亲随简直太丢份了，高仙芝一见之下是断然拒绝，可是，这个封常清锲而不舍，次日又来到高家门前投书求见。高仙芝愠怒道："我的随从人数已满，怎么还来！"封常清当时也火了，不卑不亢地反唇相讥道："我封常清仰慕大人的品行，才心甘情愿地在大人鞍前马后伺候，所以才毛遂自荐来投奔你，为何你回绝得如此干脆呢？大人如果以规矩取人的话，这才是君子乐于看到的；如果以貌取人，恐怕要'失之子羽'了！"就算封常清说出这种话，高仙芝依然没有同意，可是，封常清认准的事，非要达到目的不可，从此以后，他每天都待在高仙芝的家门口，一看到高仙芝出门，就上前迎候求情，就这样一直缠了几十天之久，最终高仙芝被缠得没有办法，才把他接纳为亲兵。

开元末年，达奚部落叛逃，从黑山向北而后又向西逃往碎叶城，唐玄宗命令夫蒙灵察发兵截击。夫蒙灵察命令高仙芝率领两千骑兵从副城向北进至绫岭下，与敌人遭遇。达奚部众人困马乏，被唐军杀得片甲不留。封常清在大帐内私下里写出一篇报捷文书，把此次行动沿途山川形势、遭遇敌人的情况、唐军作战的战略战术、战斗经过等等说得有条有理，一目了然，凡是高仙芝想要表达的，文书中都提到了，高仙芝看后，大为震惊。等到高仙芝凯旋后，安西判官刘眺、独孤峻等人迎上前去，连连追问："送来的报捷文书，是谁写的？你是怎么把这样的人才弄到手下的？"高仙芝回答："是我的随从封常清所写。"众人都恳请让封常清入室相见，一见之下，宛如旧时相识，自此，大家才对封常清刮目相看。后来，封常清以军功逐渐升为镇将、果毅、折冲等职。天宝六年高仙芝击破小勃律之后，就取代夫蒙灵察当上了安西节度使，随即他就奏请朝廷任命封常清为庆王府录事参军，充节度判官，赐紫金鱼袋，不久，又加朝散大夫，专知四镇仓库、屯田、甲仗、支度、营田事，封常清也成了高仙芝名副其实的大内总管，高仙芝每次出征，总是让封常清作为留后。

封常清不仅有才学，而且做事还十分果断。高仙芝对乳母的儿子、郎将郑德诠亲如手足，让他掌管自己家的家务，全军上下对他也是敬畏三分，因此，郑德诠从来不把封常清放在眼里。封常清留后期间，一次，封常清出门，众将都谦让着让他走在前面，郑德诠见状，心里很不服气，故意从封常清的身后飞马而去，吓了封常清一跳。封常清来到节度使衙门后，命亲信将郑德诠骗到衙门，而后关上了层层院门。见到郑德诠后，封常清离席怒斥道："我封常清出身低微，想当大人的亲随，而大人再三拒绝，郎将你岂能不知？如今，大人却让我当上了留后使，郎将对我这个堂堂的朝廷大员岂能无礼？郎将必须暂且一死，以整肃军容！"说完，即下令将郑德诠杖打六十军棍，脸朝下拖出门外。高仙芝的妻子和乳母在门外哭号求情，但封常清不为所动，不得已给高仙芝送信。高仙芝见信后，大吃一惊，说道："已死了！"等见到封常清后，高仙芝也无话可说，而封常清也不道歉，从此军中一片整肃。

天宝十载，王正见担任安西节度使，奏请朝廷任命封常清为安西四镇支度营田副使、行军司马。天宝十一载，王正见去世，朝廷又晋升封常清为安西副大都护，摄御史中丞，持节充安西四镇节度、经略、支度、营田副大使，知节度事。

三四六　风雨欲来（二）

封常清担任节度使之后，即于次年部署对大勃律的进攻。

封常清率军进击大勃律国，行至菩萨劳城（确址不详，当在今克什米尔中部一带），唐军先锋屡战屡胜，封常清决定全军发起追击。斥候府果毅段秀实劝谏道："敌人全是老弱残兵，又屡屡败北，这是敌人在引诱我们深入；请命令部队搜索两边的山林。"封常清同意了，果然搜出了大勃律的伏兵，遂大破大勃律军队，大勃律王不得不投降了。封常清进攻大勃律国，是大唐在西域最后一次攻势，此后，安史之乱爆发，安西军队内调，大唐再也无力有效地控制西域了。天宝十三载，封常清入朝，被朝廷晋升为代理御史大夫，赏赐一子为五品官。不久，北庭都护程千里生擒阿布思，被调回京师担任右金吾大将军，朝廷又命封常清兼任权知北庭都护使、持节充伊西节度使。封常清勤奋节俭，赏罚严明。按：程千里，京兆人。身长七尺，身材伟岸，骁勇善战，以军功官至安西副都护、御史中丞、兼北庭都护、充安西北庭节度使。

封常清在西南方向进攻大勃律，其实是要堵死吐蕃的西进之路，与此同时，陇右节度使哥舒翰也向吐蕃发起了攻势。唐军攻克洪济（今青海省贵德县西）、大漠门（今青海省共和县西南）等城池，终于收复了四十余年前因金城公主出嫁而送给吐蕃的河西九曲之地，当了六年陇西节度使的哥舒翰终于长长地吁了一口气。

当初，高句丽人王思礼与哥舒翰都在王忠嗣手下当押牙（内营管理官），后来，哥舒翰当上了节度使，而王思礼也当上了兵马使兼任河源军使。此次收复九曲之战中，王思礼的军队没有按期抵达，哥舒翰一开始要杀了他，不久，又把王思礼召来赦免了他。王思礼毫无所动，只是慢悠悠地说道："要杀便杀，又把我召来做什么！”

九曲之战后，杨国忠想拉拢哥舒翰，以排挤安禄山，就上书推荐让哥舒翰兼任河西节度使。要知道，河西节度使是安思顺的禁脔，曾几何时，高仙芝就曾被任命为此职而未得，如今，安思顺又兼任了朔方节度使，杨国忠把河西节度使给了哥舒翰，显然是在挖安家的墙脚。天宝十二载八月三十日，唐玄宗下令赐哥舒翰爵位西平郡王，哥舒翰举荐侍御史裴冕为河西行军司马。当时，大唐强盛，从长安城西的安远门到大唐最西边一共有一万两千里之遥，沿途集镇相望，桑麻蔽野，天下号称富庶的无出陇右之上的地方。哥舒翰每次派使者上奏，使者们总是骑着白色的骆驼，这些白骆驼竟然与骏马一般，每日能跑五百余里。

九月六日，唐玄宗加封突骑施黑姓可汗登里伊罗蜜施为突骑施可汗。到了次年三月，哥舒翰给自己的部将们请功，唐玄宗下诏：晋升陇右十将、特进、火拔州都督、燕山郡王火拔归仁为骠骑大将军；加封河源军使王思礼特进；临洮太守成如璆、讨击副使鲁炅、皋兰府都督浑惟明三人均加封云麾将军；陇右讨击副使郭英乂（郭知运之子）为左羽林将军。哥舒翰又举荐严挺之的儿子严武为节度使判官，吕諲为度支判官，封丘尉高适为掌书记，曲环为别将。七月二十日，哥舒翰又上奏请求在新占领的九曲之地设置洮阳（今甘肃省临潭县西南）、浇河（今青海省贵德县西）二郡和神策军（今甘肃省临潭县西南），以临洮太守成如璆兼任洮阳太守，充神策军使。

再说与南诏的战争。

天宝十一载六月二十日，时任御史大夫的杨国忠就上奏称，吐蕃六十万大军救援南诏，在云南（今云南省姚安县）被剑南的唐军击破，唐军又攻克了故隰州等三个城池，俘获六千三百余人，因路途遥远，只挑选了一千余名精壮者和酋长送到了长安。次年六月二十三日，唐玄宗命令左武卫大将军何复光率领岭南军队进攻南诏。到天宝十三载六月，侍御史、剑南留后李宓率领七万大军进攻南诏。阁罗凤采取了诱敌深入的策略，一直退至太和城（今云南省大理市），闭城不战。唐军粮食吃尽，士兵们除了饥饿之外，还染上了传染病，大批死亡，未战就死了十之八九，只好狼狈北撤。阁罗凤立即部署军队跟踪追击，唐军主帅李宓被擒，全军覆灭，可是，杨国忠一手遮天，隐瞒了这场大败，反而向唐玄宗报捷，又向南方增兵。自从与南诏开战以来，唐军屡战屡败，前后数年间就死伤惊人，高达二十万人，这在盛唐时期是十分惊人的，而面对已昏聩的唐玄宗和一手遮天的杨国忠，满朝文武竟然无一人敢于说出真话。蒙在鼓里的唐玄宗还毫无察觉，信心满满，一次，他对高力士说："朕如今已年老啦，把政务都交给宰相处理，边事交给边将们应付，还有什么忧虑的呢！"高力士趁机劝谏道："臣听说云南屡屡战败，而边将又拥兵自重，陛下将如何应对！臣担心一旦出现意外，将无法挽救，为何说没有忧虑啊！"唐玄宗说道："爱卿别说了，朕慢慢想想再说。"

唐玄宗自以为可以高枕无忧，而当时其实已危机四伏了。如果说四方的战事是疥癣之疾的话，那么大唐内部的争斗尤其是安禄山的野心已是迫在眉睫的心腹之患了。

自从安禄山兼任三镇节度使、大权在握之后，日益骄傲，肆意妄为，他第一次尝到了当上土皇帝的滋味。当他看到唐玄宗年事已高，而自己过去见到太子不拜，演戏演得过头，想到太子一旦继位，自己肯定没有好日子过，内心十分担心；数次进京，安禄山又看到内地军备废弛，逐渐产生了轻视朝廷之心，与此同时，安禄山的孔目官严庄、掌书记高尚趁机给他解说图谶，劝说他起兵作乱。

为巩固自己的实力，发动叛乱，长期以来，安禄山做了大量的准备工作。他豢养了八千余名同罗、奚人和契丹的降众，称之为"曳落河"（壮士之意），这些人都是百战余生的死士，作战非常骁勇，另有一百多名家僮，均是百里挑一，可以一当百。安禄山又养了数万匹战马，聚集了大量的武器、粮食，向全国各地派去商人贸易，每年盈利数百万。他还私自制作了上百万的绯紫袍、鱼袋，以备将来赏赐之用。安禄山以高尚、严庄、张通儒及将军孙孝哲为心腹，以史思明、安守忠、李归仁、蔡希德、牛廷介、向润荣、李庭望、崔乾祐、尹子奇、何千年、武令珣、能元皓、田承嗣、田乾真、阿史那承庆为爪牙。

高尚，本名高不危，幽州雍奴（今天津市武清区）人。高尚从小就渴望出人头地，其母年迈，家贫沿街乞讨，而他却忙于四处求官，不回家赡养老人。曾游学于河朔县一带，与令狐潮比邻而居，与其一名婢女私通，生下一女。高尚自视甚高，曾对汝南人周铣叹息道："我高不危宁可举事而死，也绝不会终生啃草根求活！"怀州刺史李齐物向朝廷举荐了高尚，并给中官将军吴怀实写信请求关照，吴怀实向高力士推荐了高尚，在高力士的斡旋下，天宝元年，朝廷拜其为左领军仓曹参军同正员。天宝六载，安禄山奏请朝廷任命其为平卢掌书记。安禄山肥胖贪睡，高尚在一旁执笔写文书，常常熬到通宵，因此，安禄山逐渐对他看重起来。高尚负责奏疏，严庄负责账簿。严庄生平不详。张通儒，是前太仆卿张万岁的儿子。孙孝哲，是契丹人。身高七尺，有勇有谋，性格残忍，果于杀戮。其母美艳，与安禄山私通，孙孝哲遂得到安禄山的亲近。一次安禄山进京，对着侧门等待唐玄宗召见，恰在这时，衣带断了，顿时十分狼狈。谁知孙孝哲早有准备，只见他从随身带着的针线盒中拿出针线，从容不迫地缝好了，令安禄山非常高兴。安禄山身材胖大，只肯穿孙孝哲为其缝制的衣服。田承嗣，平州人，世代在卢龙军效力，其祖父田璟、父亲田守义都以行侠仗义闻名于当地。田承嗣在开元末年担任安禄山的前锋兵马使，他治军严整，屡立战功，后升任为武卫将军。安守忠，生平不详。李归仁，安禄山手下猛将，后被安禄山封为北平王。蔡希德与安守忠、李归仁等人齐名。能元皓，《册府元龟》记作熊元皓，柳城人。田乾真，小名阿浩，文武双全，是安禄山手下有名的骁将。向润荣等人均生平不详。除了上述十余位猛将之外，还有张孝忠、李宝臣、王武俊、李怀仙、程元皓等人。张孝忠，奚人，开元中，其父张谧降唐；张孝忠身长六尺多，十分魁梧，性格宽厚，孝顺，以骁勇闻名于燕赵，与王武俊齐名，号称张阿劳、王没诺干。阿劳是张孝忠的本名，王没诺干是王武俊的本名，天宝中以军功被安禄山举荐为偏将、果毅折冲。李宝臣，也是奚人，被原任范阳守将张鏁高收为养子，改为张姓，名忠志。他从小精通骑射，为安禄山的射生官。天宝中，随安禄山入朝，被唐玄宗留为射生子弟，出入禁中。王武俊，契丹人，祖父名可讷干，父名路俱。王武俊年十五时即能骑射，后为李宝臣裨将。李怀仙，柳城胡人，原属契丹，后降唐，守营州。程元皓，定州安喜人，安禄山手下猛将，其子程日华。

此时的安禄山可谓是兵强马壮，人才济济。如果说李林甫还能震慑住安禄山，那么杨国忠在安禄山看来就是一个不学无术、靠着裙带关系爬上高位的小人，他根本没把杨国忠放在眼里，二人之间的矛盾在李林甫死后迅速激化起来了。

三四七　风雨欲来（三）

天宝十三载（公元754年）一月三日，安禄山再次入朝。

当时，杨国忠屡屡在唐玄宗面前称安禄山必反，并一口咬定："陛下试着征召他入京，他肯定不会前来。"唐玄宗命人宣召安禄山，可是，安禄山接到诏书当即就赶到了长安。四日，安禄山在华清宫拜见唐玄宗，哭诉道："臣原本是个卑贱的胡人，陛下恩宠，将臣提拔到如此高位，然而，臣受杨国忠的嫉妒陷害，死期不远了啊！"唐玄宗听了，顿生怜悯之情，当即赏赐给安禄山很多财物，从此对安禄山更加信任，再也不听杨国忠的谗言了。太子李亨也断定安禄山肯定会谋反，曾向唐玄宗进言，但唐玄宗仍然置若罔闻。

为了进一步安抚安禄山，唐玄宗打算给其加官为同平章事，已令太常卿兼翰林学士张洎起草诏命。杨国忠听说后，劝谏道："安禄山虽有军功，但目不识书，岂能担任宰相？一旦诏书下发，臣恐怕四夷会轻视我大唐的！"唐玄宗听了这才作罢。九日，唐玄宗下令加安禄山尚书左仆射，给其一子赠三品官，一子赠四品官。但安禄山的胃口很大，他还请求兼任闲厩、群牧官（御马总监和全国马匹总监），二十四日，唐玄宗任命他为闲厩使、陇右群牧使。仅仅掌管陇右的群牧，安禄山还不满足，他想掌管全国的马匹，在他的多方请求下，唐玄宗于二十六日，又下令让其知总监事。安禄山还奏请以御史中丞吉温为武部侍郎，充闲厩副使，杨国忠这才看出吉温已投靠到了安禄山的门下，从此对吉温厌恶起来。安禄山暗中派遣亲信挑选了数千匹骏马，专门饲养起来，以备不时之需。

此时，安禄山已经决心反叛，为了拉拢军中中下级军官，二月二十三日，他上奏称："臣所部将士在讨伐契丹、奚人、同罗、九姓等的战斗中，立下的战功很多，希望陛下能够不拘一格，破格升赏，写好委任状由臣带回军中颁发。"唐玄宗答应了，于是，安禄山军中被晋升为将军的就多达五百多人，有两千多人被晋升为中郎将。

三月一日，安禄山辞别唐玄宗返回范阳。唐玄宗亲自解下龙袍赏赐给他，安禄山又惊又喜，惶恐接受，以为是自己当皇帝的先兆。出城之后，安禄山唯恐杨国忠会奏请玄宗把他留下，遂快马加鞭，奔出潼关。出关之后，乘船顺流而下，命纤夫沿途等待，十五里一轮换，昼夜兼行，一日行数百里，所过郡县也不下船中途停留。当时，凡是说安禄山要谋反的都被唐玄宗下令捆绑送交安禄山处置，所以，人人都知道安禄山要谋反，但无人敢言。

安禄山从长安出发时，唐玄宗命高力士在长乐坡为其饯行，高力士回宫后，唐玄宗问："安禄山满意吗？"高力士回答："我看他怏怏不乐，肯定知道了陛下原本要命其为相而又中途变卦了。"唐玄宗把这话又转告了杨国忠，杨国忠回答："此事无人知晓，一定是张洎兄弟泄露的。"唐玄宗勃然大怒，遂将张均贬为建安太守，张洎贬为卢溪司马，张洎的弟弟、给事中张埱贬为宜春司马。

安禄山回到范阳后，即于四月二十八日向朝廷上奏称，击破了奚人，俘虏奚王李日越。

天宝十三载是一个山雨欲来的年头。安禄山回到了范阳，一直虎视眈眈地注视着遥远的长安，在这一年里，虽然大唐在西北对吐蕃攻势不减，夺取了黄河九曲之地，但在南诏方向李宓却是全军覆没，尤其是从去年以来，大雨六十余日，水灾、旱灾接踵而至，关中闹起严重的饥荒，而在这种情况下，杨国忠排除异己的内讧还在继续。

虽然陈希烈在打击李林甫的内争中站在了杨国忠的一方，但等到杨国忠上台之后，内心却对陈希烈暗生猜忌，陈希烈害怕大祸临头，遂主动提出辞职。唐玄宗打算让吉温接替陈希烈担任宰相，但杨国忠觉得吉温是安禄山一党，遂极力反对。杨国忠征询中书舍人窦华、宋昱等人意见，二人以文部侍郎韦见素温和柔顺，易于控制，遂推荐，唐玄宗也觉得韦见素是相王府旧人，就答应了。天宝十三载八月二十三日，唐玄宗下令以陈希烈为太子太师，免去宰相职务，而以韦见素为武部尚书、同平章事、充集贤院学士，知门下省事。

韦见素，字会微，京兆万年人。其父韦凑，在开元中担任太原尹。韦见素在景龙中担任相王府参军，历任卫佐、河南府仓曹、大理寺丞、库部员外郎、谏议大夫等职。天宝五年，充江西、山南、黔中、岭南等黜陟使，回来后，晋升为给事中、检校尚书工部侍郎。天宝九载，晋升为吏部侍郎，加银青光禄大夫。韦见素是位宽厚长者，他多年负责人事工作，口碑很好。韦见素知道自己是杨国忠引荐的，对杨国忠是感恩戴德，当时杨国忠和安禄山的矛盾已经公开化了，韦见素明哲保身，不置可否，只是在文书上署名而已。

杨国忠见京兆尹李岘不依附自己，就把近年来关中的灾祸归咎于他。九月，唐玄宗下令将李岘贬为长沙太守。李岘，是唐朝宗室，他是太宗皇帝第三子、吴王李恪之孙。李恪第三子李琨生下信安王李祎，李祎又生了三个儿子，分别为李峘、李峄、李岘。史称：李岘“乐善下士，少有吏干”。历任高陵令、万年令、河南少尹、魏郡太守、金吾将军、将作监、京兆府尹，“所在皆著声绩”。李岘被贬后，京城米价陡涨，百姓们怀念李岘，歌曰：“欲得米粟贱，无过追李岘。”

唐玄宗对连绵的淫雨忧心忡忡，担心收成不好，杨国忠就命人挑选长得好的秧苗送进宫，说：“虽然雨水很多，但庄稼长势很好。”唐玄宗完全被蒙在鼓里，竟然信以为真了。扶风太守房琯上书坦言辖境遭遇水灾，杨国忠却命御史将房琯抓来审问。当年，各地地方官们无人再敢上报受灾。一次，唐玄宗询问身边的高力士道：“淫雨不止，爱卿可说出实话。”高力士回答：“自从陛下把大权都交给了宰相以后，赏罚再无规矩，阴阳失调，臣岂敢多说啊！”唐玄宗听后，沉默不语。房琯，河南人，是武曌时期宰相房融的儿子。房琯从小好学，仪表堂堂，不慕仕进，曾在山中隐居读书十余年。开元十二年，唐玄宗封禅泰山，房琯上《封禅书》，受到时任中书令的张说的赞赏，被授予秘书省校书郎，此后历任卢氏令、监察御史、睦州司户、慈溪、宋城、济源县令、主客员外郎，天宝五年被提拔为给事中，赐爵漳南县男。后因与李适之、韦坚等人是好友而被贬为宜春太守，又历任琅邪、邺郡、扶风太守，所在有政绩。

河东太守兼本道采访使韦陟，是前尚书左仆射韦安石的儿子，其才学器度都享誉当时，杨国忠嫉妒韦陟的才华，唯恐其入相，就指使他人告发韦陟涉嫌贪污。韦陟被打入大牢后，给御史中丞吉温送礼，又派人前去范阳向安禄山求救，但这件事又被杨国忠揭发了出来。闰十一月，唐玄宗下令将韦陟贬为桂岭县尉，吉温贬为醴阳长史。安禄山替吉温鸣不平，并上书指斥杨国忠陷害忠良，唐玄宗不置可否。

当年，户部上奏称，大唐拥有321个郡，1 538个县，16 829个乡，9 069 154户，52 880 488人，此时，大唐人口达到极盛。

三四八　渔阳鼙鼓

时光悠悠进入天宝十四载（公元755年），这个注定要载入史册的一年。

年初，原臣属于吐蕃的苏毗（今青海省杂多县）王子悉诺逻在唐军的压力下，背叛吐蕃降唐。四月，唐玄宗以其为怀义王，赐名为李忠信。

二月二十二日，安禄山指使副将何千年入京上奏，请求以三十二名蕃将取代汉将的职务，唐玄宗当即命人制作委任状。韦见素对杨国忠说："安禄山久蓄异志，今日又如此请求，这是肯定要造反了。明天，我见到皇上后一定极力相劝，陛下如果不从，还请大人帮忙。"杨国忠答应了。

次日，杨国忠和韦见素入宫晋见唐玄宗。唐玄宗还未等二人开口，就对二人说："你们来见我，是因为怀疑安禄山吗？"韦见素强调安禄山谋反的迹象已经很明显了，这次他以蕃将取代汉将的请求，绝不可答应，唐玄宗听了，一脸的不高兴，而自始至终杨国忠犹豫不定，不敢说一句话，最后，唐玄宗还是答应了安禄山的请求。又过了几天，杨国忠和韦见素再次见到唐玄宗，建议道："臣等有对付安禄山的计策：如今，提拔他为平章事，把他召入京师，而后任命节度副使贾循为范阳节度使，吕知诲为平卢节度使，杨光翙为河东节度使，那么，他的势力自然就瓦解了。"唐玄宗听从了。诏书已经写好，可是，唐玄宗扣留下来，迟迟不发，而是派遣中使辅璆琳带着奇珍异果赶往范阳，名为犒赏，实为侦察。谁知辅璆琳到了范阳之后，接受了安禄山大批财物，被其买通，回来之后，此人盛称安禄山竭忠为国，绝没有二心。辅璆琳的汇报正中唐玄宗的下怀，也是他乐于看到的，遂对杨国忠和韦见素说："朕对安禄山推心置腹，此人必无二心。东北方向的契丹人和奚人还需要他来对付。朕给你们担保，你们就别再担心了！"此事也就不了了之了。

虽然如此说，但唐玄宗毕竟也是狐疑不定，三月十八日，遂派遣给事中裴士淹前往安禄山的辖区河北进行考察。到了四月，安禄山上报称击破了契丹和奚人。此时，河北形势已变得十分紧张了，自从安禄山回到范阳之后，每次迎接朝廷来的使者，他总是称病不出城迎候，在接见时也是戒备森严。裴士淹来到范阳后，等了二十余日才见到了安禄山，整个见面过程中，安禄山态度傲慢，以种种理由不再行人臣之礼。

与此同时，京城内的杨国忠也是竭尽全力搜罗安禄山谋反的证据。他下令京兆尹包围了安禄山的府邸，逮捕安禄山的宾客李超等人，送入御史台暗中杀掉。安禄山的儿子安庆宗娶宗室之女荣义郡主为妻，住在京师，派人偷偷将京师的情况告诉给了安禄山，安禄山心中更为恐惧。六月，唐玄宗因儿子成婚，写手诏请安禄山前来观礼，安禄山称病不来。

七月，安禄山上书请求派人向长安送来三千匹战马，每匹马选派两名马夫，由二十二名蕃将带队。河南尹达奚珣觉察一旦成行，这可是一支近万人的军队啊，他深感其中有诈，连忙上奏请求唐玄宗“下旨告诉安禄山，送马之事等来年冬天再说，届时，有朝廷配备马夫，不用麻烦范阳军队护送了”。至此，唐玄宗才有所觉悟，开始怀疑起安禄山来了。恰在此时，辅璆琳收受安禄山贿赂的事也被人泄露出来，唐玄宗为了不打草惊蛇，假借他事将其杖杀，而后，派中使冯神威手持亲笔诏书前去范阳，按照达奚珣的计策阻止安禄山献马，并说：“朕特意给爱卿开凿了一孔新的温泉，十月，我在华清宫等你。”冯神威来到范阳宣布圣旨，安禄山平躺在床上，只是微微欠一欠身子，也不下拜，只是淡淡地说道：“圣人安好。”又说：“不献马就不献，十月，我昂首进京！”说完，就把冯神威晾在馆驿之内，再也不见了。数日后，安禄山才让他回去，也不另上一篇奏章答复。冯神威匆匆返回京师，见到唐玄宗后，哭着说道：“臣差一点再也见不到陛下了啊！”

八月四日，唐玄宗下诏免去全国百姓本年的赋税。此时，安禄山也在范阳拉拢人心，屡屡大摆筵席，犒赏三军，厉兵秣马。当时，有奏事官从京城回来，安禄山谎称接到诏书，将属下将佐悉数召来，对大家说：“接到皇上密旨，命令我安禄山率军入朝讨伐杨国忠，各位要立即整顿军队出征！”众人面面相觑，无人敢出言反对。《幽闲鼓吹》称：安禄山造反前几天，将手下十余名大将召入府中，赏赐甚厚。在大厅之上放满了大地图，将地图给每人发了一张，称：“违抗将令者斩！直至洛阳！”众将不敢出声而退。

十一月九日（甲子日），安禄山动员所辖军队以及同罗、奚人、契丹、室韦部众共计十五万大军，号称二十万人，正式于范阳起兵。命范阳节度副使贾循留守范阳，平卢节度副使吕知诲留守平卢，别将高秀岩留守大同，各部连夜一路南下。

第二天清晨，安禄山在蓟城（今北京市）城南举行阅兵仪式，宣布起兵讨伐杨国忠，并传令全军："有胆敢异议，妖言惑众者，诛杀三族！"遂率领全军南下。安禄山乘坐防箭铁轿，所部步骑军队均为天下精兵，一路上烟尘张天，千里之内，鼓声震地，声势十分浩大。当时，大唐国内百年太平，百姓世代没有遭逢乱离，突然听说范阳起兵，远近惊骇。河北之地本是安禄山的辖境，叛军所到之处，州县官吏均望风而降，有的开门迎接，有的弃城遁逃，有的被叛军擒杀，无人能挡。安禄山提前派何千年、高邈率领二十名奚人骑兵，谎称向朝廷献射生手（神箭手），乘坐驿马车来到太原。十一月十日，北京（今山西省太原市）副留守杨光翙出城迎接，何千年、高邈命令部下将其劫持而去。太原留守官员向朝廷禀报情况；东受降城（今内蒙古自治区托克托县南）也向朝廷上报安禄山已经谋反了，但唐玄宗仍然不信，认为是安禄山的政敌的有意陷害。

一直等到安禄山已起兵五日之后，即十一月十五日，河北很多郡县已经沦陷，各种奏报纷至沓来，唐玄宗才确认安禄山真的已经反了，这才召集宰相们商量应对之策。而此时的杨国忠却盲目乐观起来，他面露得意之色，一副成竹在胸的样子，安慰唐玄宗道："如今只有安禄山一人造反，将士们内心都是不愿意的。不出十日，安禄山的人头一定会被送到陛下面前。"唐玄宗也觉得有理，只有群臣们面如土色。唐玄宗作出以下部署：一是命令特进毕思琛前往东京，招募数万军队防守；二是派遣金吾将军程千里赶往河东（今山西省太原市），招募数万军队。十六日，安西节度使封常清入朝，唐玄宗征询他的意见，封常清夸口道："如今，天下太平时间长了，所以百姓们一听说安禄山造反了，都吓得要死。然而，什么事情都有顺有逆，形势也有变数，臣请求快马赶往东京，打开仓库，招募壮士，挥舞马鞭，北渡黄河，不出几天，一定将这个叛匪的人头送到皇宫门前！"唐玄宗听了非常高兴。次日，他任命封常清为范阳、平卢节度使，当日就命其赶赴洛阳招募军队。封常清来到洛阳后，十余日之内就招募了六万人，拆除了黄河河桥，组织对洛阳的守备。

十一月十九日，安禄山行至博陵（今河北省定州市）南，何千年等人将杨光翙押到安禄山面前，安禄山斥责杨光翙依附杨国忠，然后将其斩杀。移书朝廷称："杨光翙已经就擒，杨国忠还能活多久？"安禄山命养子、奚人安忠志率领精兵驻扎在土门（今河北省鹿泉市西），又以张守珪之子张献诚为博陵太守，控御河北腹地。安禄山行至藁城（今河北省石家庄市藁城区），常山（今河北省正定县）太守颜杲卿自忖无力抵抗，遂与长史袁履谦前往迎接。安禄山赏赐给颜杲卿金紫色的官服，将其子弟留作人质，仍命其驻守常山；又派部将李钦凑率领数千人马驻扎在井陉口，以抵御朝廷从山西方向发起的进攻。颜杲卿返回后，指着安禄山赏赐的官服对袁履谦说："为何要穿这东西？"袁履谦明白了他的言外之意，二人遂暗中商议组织义军讨伐安禄山。颜杲卿的五代祖颜之推，官至北齐黄门侍郎，著有《颜氏家训》；曾伯祖颜师古，唐太宗时期担任秘书监，以注释《汉书》闻名天下；曾祖颜勤礼与其兄弟颜师古、颜相时同为崇文馆学士；祖父颜甫为曹王侍读；父亲颜元孙曾任太子舍人、亳州刺史。颜元孙的弟弟颜惟贞共有七个儿子，其六子就是大名鼎鼎的颜真卿，也就是说颜真卿是颜杲卿的堂弟。颜杲卿性格刚直，曾任魏州录事参军，政绩天下第一，天宝十四载，被安禄山推荐为代理常山太守。

安禄山行至巨鹿郡，本想住下，突然惊恐地想道："我的名字有禄，不该住在这里！"遂移营沙河县，谄媚的博陵太守张万顷献上《汉高祖不宿柏人颂》，把安禄山比作汉高祖刘邦。

十一月二十一日，唐玄宗回到宫中，下令将安禄山的儿子、太仆卿安庆宗杀死，赐其妻荣义郡主自尽；征召朔方节度使安思顺为户部尚书、安思顺的弟弟安元贞为太仆卿。接着，他又作出如下部署。

一是，以朔方右厢兵马使、九原太守郭子仪为朔方节度使。

二是，以右羽林大将军王承业为太原尹。

三是，以卫尉卿张介然为河南节度使，统领陈留等十三个郡。

四是，以程千里为潞州长史。以上凡在敌人必经之路上的各郡又都设置了防御使。

五是，以荣王李琬为元帅，右金吾大将军高仙芝为副元帅，率领各军东征。拿出大内金帛，招募京城壮丁，组织了十一万人的大军，号称天武军，十余日内就集结完毕了，然而，招募来的都是未经过战阵的一些市井无赖，其战斗力可想而知。

是年，唐玄宗七十一岁，杨贵妃三十七岁，安禄山五十三岁。

三四九　岁末决斗

安禄山首要目标就是以迅速动作夺占东都洛阳。

安禄山自十一月上旬起兵之后，进展异常迅速，到月底即底定河北，兵临黄河北岸，而东都洛阳不仅是关东地区的枢纽，又是保护长安的一道屏障，还是收复河北的战略策源地，地理位置十分重要，因此，朝廷方面在震惊之余，也把东都洛阳的防御放到了重要位置。

十二月一日，继封常清于半月前来到洛阳之后，副元帅高仙芝率领飞骑、彍骑以及新招募的军队和部分驻防京师的边防军共计五万人马，从长安出发，进驻陕（今河南省陕县），构筑洛阳西边的第二道屏障。唐玄宗派遣监门将军、宦官边令诚作为监军。荣王李琬是唐玄宗的第六子，本来唐玄宗任命其为天下兵马元帅，对其寄予厚望，然而，祸不单行，李琬受命仅仅数日，就莫名其妙地死掉了，故此，不得不令高仙芝一人率部出征，但唐玄宗对高仙芝又放心不下，这才命边令诚充作了监军。

就在高仙芝奉命东征的次日，即十二月二日，安禄山所部就自灵昌（今河南省滑县境内）强渡了黄河天险！东都形势愈发紧张起来！至此，距离他起兵之日仅仅过去二十四天！时值隆冬，安禄山命令部队用粗绳绑住一些破船和木材、野草，投入黄河河道，一夜之间，河面结冰，形成一座天然坚固的河桥，安禄山的军队遂渡过了宽阔的黄河，击破河南岸的昌郡。杀过黄河之后，叛军继续南下，并迅速向周边地区扩大战果，他们部伍不整，远远望去，是漫山遍野，无人知道他们的确切人数，所过之处屠杀摧残，无恶不作，很快，叛军即进抵陈留郡（今河南省开封市）。

新任河南节度使张介然才刚刚赶到陈留郡数日，叛军就到了。陈留当南北水陆要冲，是一座大都市，人户有上万家，然而，素来不习战斗。张介然到任之后，即招募军队，分发武器，登城固守，然而，安禄山的十余万叛军，烟焰张天，鼓角雷鸣，兵强马壮，弥漫数十里之遥，声势浩大，陈留守军见状，早已军无战心。

十二月五日，陈留太守郭纳献出城池，率领近万名守军向安禄山投降。当初，唐玄宗在河南各个交通要道上悬挂榜文，悬赏捉拿安禄山，榜文上还写明已经诛杀了其子安庆宗等人。安禄山进入陈留北城，安庆绪看到了榜文，遂报告给了安禄山。安禄山得报后，坐在轿子上双手抚摸自己的胸口，大哭几声，说道："我安禄山有什么罪过？竟然已经把我儿子给杀了！"当即，他怒从中来，立即下令将排列在大路两旁的近万陈留降卒悉数杀死，顿时哭声震天，血流成河；又在营门前将张介然斩首。安禄山怒气稍稍平息，遂驻军陈留城下，以部将李庭望为节度使，镇守在此。

十二月七日，唐玄宗下诏决定亲征，命令朔方、河西、陇右三镇的军队，除去留下少数部队守卫城池之外，其余军队全部赶赴长安集结，由本镇节度使统领，二十日之内必须到达。平原太守颜真卿，是常山太守颜杲卿的堂弟，他早已觉察出安禄山意欲图谋不轨，遂借口阴雨连绵，请求整修城池，暗中征调壮丁，储备粮食，又佯装与文士聚会，泛舟城外，饮酒赋诗，以麻痹安禄山。果然，有人向安禄山告密，安禄山就派人前来察看，线报回复后，安禄山以颜真卿不过是一介文人，不足为虑，也没把他放在心上。安禄山造反后，命令颜真卿组织平原、博平两郡七千郡兵防守黄河一线，以博平太守张献直为副将。颜真卿遂趁机招募勇士，不出十日即组织起一万人的军队，命录事参军李择交统领、选拔，以刁万岁、和琳、徐浩、马相如、高抗朗等担任将领，又派遣平原司兵李平从小路辗转赶往长安向唐玄宗禀报。李平经过洛阳时，封常清打开信函，当即给颜真卿复信，要求他坚守城池，并让李平带回数十封悬赏安禄山人头的榜文。唐玄宗得知安禄山造反、河北郡县纷纷投降的消息后，不禁叹息道："河北二十四郡竟然没有一个义士！"等到李平来到长安后，唐玄宗大喜，说道："朕连颜真卿长什么样都不知道，他竟然能如此忠心啊！"李平返回后，颜真卿即派心腹怀揣悬赏安禄山的文书秘密赶赴河北各郡联络，为在后方打击安禄山做准备，在颜真卿的努力下，河北已经投降安禄山的各郡很多都起来响应他的号召。颜真卿，字清臣，他从小勤学，尤其擅长书法，系开元甲科进士，四次担任监察御史，秉公执法；五原曾有冤案，颜真卿到后，当即就把案件查了个水落石出，当时天旱，案情大白后，天下大雨，百姓们欣喜地称这场雨为“御史雨”！因颜真卿不愿依附杨国忠，被杨国忠贬出京师，当了个平原太守。

在陈留稍作停留之后，安禄山即率军西进，向荥阳（今河南省郑州市）杀来。荥阳太守崔无诐率众抵御，然而，面对穷凶极恶的叛军，未经战阵的郡兵惊慌失措，听到叛军震天的鼓声，望见如烟的战尘，很多士兵都吓得魂不附体，竟然纷纷从城墙上摔落下来。

十二月八日，安禄山不费吹灰之力即攻陷了荥阳，杀死崔无诐，留下部将武令珣镇守，继而，又以田承嗣、安忠志、张孝忠为先锋，浩浩荡荡地继续西进，朝武牢关杀来。此时，镇守武牢关的是先期赶到的新任范阳、平卢节度使封常清，封常清虽说也是扬名西域，但此时已是今非昔比了，彼时，他率领的都是安西精锐之兵，而如今自己的手下却是刚刚从东京招募来的新兵，根本没有经过训练，只是充个人数罢了，而对手却是屡战屡胜、士气高涨的叛军，结果可想而知。史称：“禄山所统，皆蕃汉精兵，训练已久；常清之众，多市井之人，初不知战。”显然，在战前，封常清对敌情估计不足。

双方在武牢关下会战，叛军以铁骑发起冲锋，官军大败；封常清收拾残兵败将，退至葵园（今河南省荥阳市西），叛军先锋随后追来，封常清命精锐骑兵突然发起反击，杀死数十上百名敌人，不一会儿，叛军后援部队赶到，封常清抵挡不住，只好继续西撤，退至洛阳上东门（洛阳东门）。双方在上东门内再次发起激战，封常清再度战败，叛军趁机鼓噪而进，十二月十二日，安禄山攻进洛阳，大肆屠杀抢劫，杀死数千人。在洛阳大城内，两军又在都亭驿交手，封常清又败，只好退守宣仁门（洛阳皇城东门），但再次战败了。眼看已无力回天，封常清拆毁皇城西墙，率部砍伐大树堵塞道路，逃过谷水，而后继续向西逃往陕县，投奔高仙芝。

河南尹达奚珣投降了安禄山。留守李憕对御史中丞卢弈（卢怀慎的儿子）说：“我等深受国家厚恩，虽然自知无力抵抗，但也要决心一死报国！”卢弈点头答应。李憕率领数百弱兵，打算与敌人拼命，但还未见敌人，手下的兵丁都是一哄而散，各自逃命去了，李憕独自端坐在留守府内；卢弈已提前让妻子怀揣官印从小路返回长安，此时，他身边的下属也都逃命去了，只留下他一人身穿朝服坐在御史台内。安禄山占领洛阳之后，驻扎在御马苑内，命人将拒不投降的李憕、卢弈和采访判官蒋清抓来。卢弈面对安禄山，面无惧色，对其破口大骂，痛陈他的罪行，又对安禄山的手下们说："只要是个人，都应该知道什么是反逆，什么是忠顺，如今，就算我死了，也没有失去节操，又有什么遗憾的呢！"安禄山下令将三人全部斩杀，以其部将张万顷为河南尹。李憕，文水人，张说的外甥女婿，为官以公直闻名。

封常清来到陕郡后，陕郡太守窦廷芝已逃奔河东，官民也都弃城而逃。封常清对天下兵马副元帅高仙芝说："敌人兵锋甚锐，难以与之交锋，潼关没有守军，一旦失守，京师就危险了！不如立即西撤，守好潼关。"高仙芝听从了，遂率领本部五万人马撤向潼关。然而，叛军的进军速度非常之快，就在唐军西撤途中，叛军先锋部队已经杀来，唐军顿时陷入混乱，大军争先恐后夺路而逃，人马自相践踏，未经战阵就死伤了很多人。所幸的是，唐军终于退入潼关，整修好了城防工事，很快叛军就进至潼关关下，望关兴叹，只好撤去。安禄山命令部将崔乾佑率部驻扎在陕郡，此时，南面的临汝（今河南省汝州市）、西部的弘农（今河南省灵宝市）、东面的济阴（今山东省菏泽市定陶区）和濮阳（今山东省鄄城县）、西北的云中郡（今山西省大同市）都纷纷归降了安禄山，叛军在短短一个月的时间里就占据了北中国大片土地，唐军则屡战屡败，朝廷征调各道的军队还未能抵达长安，关中一片震恐。而安禄山却没有战略眼光，未能抓住唐军军民士气低落的有利时机，趁着初起的兵锋向关中发起总攻，反而在占领洛阳之后，盘算着登基称帝，过一把当皇帝的瘾，逗留不进，给了朝廷方面宝贵的喘息机会，各路勤王军也陆续抵达京师，做好了应敌的准备。

也许，安禄山的打算是：以东都洛阳为首都，登基称帝，巩固潼关以东的占领区，切断东南至关中的漕运，然后再西进与唐朝争夺天下。因此，在占领洛阳之后，他并没有全力西进，而是分兵四出掠地，在东南、西北方向扩展自己的势力范围。

东南方向：安禄山以张通儒的弟弟张通晤为睢阳（今河南省商丘市）太守，与陈留长史杨朝宗率领一千余胡人骑兵向东方掠地，东部郡县官吏均望风而逃，唯独东平（今山东省东平县）太守嗣吴王李祗、济南（今山东省济南市）太守李随起兵抵御。李祗，是唐太宗与杨妃所生的儿子、吴王李恪的孙子，是李恪第三子李琨的次子，是信安王李祎的同母弟。没有归顺安禄山的东部郡县都打出吴王的旗号，号召军民抵抗叛军。单父（今山东省单县）县尉贾贲率领本县军民南下，夺回了睢阳，斩杀了安禄山任命的太守张通晤。睢阳反正后，叛军陈留节度使李庭望原本打算率部向东掠地，听说这一消息后，也不敢再继续东进了，只好率军返回了陈留。《新唐书·张巡传》称，贾贲为阆州刺史贾璇之子。

西北方向：安禄山大同军使高秀岩率军进攻振武军（今内蒙古自治区和林格尔县），朔方（今宁夏回族自治区灵武市）节度使郭子仪奉命东征，将其击败，唐军乘胜又攻克了静边军（今山西省右玉县），杀死敌将周万顷。叛军大同兵马使薛忠义反攻静边军，郭子仪命令左兵马使李光弼、右兵马使高浚、左武锋使仆固怀恩、右武锋使浑释之等率部迎击，大败敌人，斩杀七千敌骑，生擒薛忠义的儿子。唐军乘胜扩大战果，又包围了云中（今山西省大同市）。郭子仪又派遣部将公孙琼岩率领两千骑兵进攻马邑（今山西省朔州市东北），一举将其攻克，打通了通往东陉关（今山西省代县）的通道。十二月二十九日，朝廷加郭子仪为御史大夫。

三五〇 封、高被杀

郭子仪，字子仪，华州郑（今陕西省华县）人，他出身于官宦人家，其父郭敬之，曾历任刺史。

郭子仪身长七尺二寸（《旧唐书》称六尺余），容貌魁伟。以武举入仕，初任左卫长史，逐渐晋升为单于副都护、振远军使。天宝八载，担任横塞军使，后因其地苦寒，无法耕种，迁至永清，号称天德军，担任天德军使并兼任九原太守。

李光弼出身已见前述。据杜牧《张保皋传》记载，安禄山之乱后，安思顺因系安禄山的从弟而被赐死，以郭子仪为朔方节度使，十余日后，朝廷又命令李光弼持节分朔方一半人马，东征河北。安思顺担任朔方节度使时，郭子仪和李光弼均为牙门都将，二人素来不和，即便是一桌吃饭，彼此也经常是吹胡子瞪眼的，等郭子仪当上节度使后，李光弼一度想改投他处，他找到郭子仪说道："我一死也没什么，恳请大人免了我妻子儿女。"郭子仪此时已接到了朝廷的命令，急忙走下台阶，将李光弼拉到堂上坐在一起，他诚恳地说道："如今国难当头，除了大人之外再无他人能担当东征重任，岂是我等泄私愤之时！"遂召来各级军官，将一半军队交给了李光弼，临别之时，二人握手洒泪，以誓死报国相勉励。

高浚生平不详。

仆固怀恩，铁勒人，出身于铁勒九大姓中的仆骨部（亦称仆固部）。贞观二十年，铁勒九姓首领各自率部降唐，太宗皇帝在夏州分别设置了瀚海、燕然、金微、幽陵等九个都督府作为蕃州，护卫唐帝国的边境，授予仆骨部首领歌滥拔延为右武卫大将军、金微都督。歌滥拔延生乙李啜拔，乙李啜拔生仆固怀恩，祖孙三人世袭金微都督。天宝中，仆固怀恩被晋升为左领军大将军同正员、特进。他一直在节度使王忠嗣和安思顺手下任职，以勇猛善战，并熟悉少数民族民情，又有统御之才而深受王、安二人的器重。

浑释之，是铁勒九姓中浑部的酋长，浑部在太宗皇帝时期与仆骨部一起降唐，被安置在皋兰州（今宁夏回族自治区银南黄河河曲两岸），为皋兰世袭都督。浑释之就是中唐时期的名将浑瑊的父亲，他们父子二人均武艺高强，从军朔方，屡立战功，名震塞上。浑瑊本名浑进，十余岁就精通骑射，随父亲征战，曾击破贺鲁部，攻克石堡城，收复龙驹岛，勇冠三军，被晋升为折冲果毅。后来，节度使安思顺命浑瑊率领偏师深入敌后，大破阿布思部，以军功被晋升为中郎将。

唐玄宗一方面命令郭子仪、李光弼的朔方军从西北一路东征；另一方面也没有忘记巩固西南大后方。十二月十五日，唐玄宗下诏以永王李璘为山南（今湖北省襄阳市）节度使，以江陵长史源洧为节度副使（《旧唐书》称，以杨国忠为副使）；以颍王李璬为剑南（今四川省成都市）节度使，蜀郡长史崔圆为副使，二王均为名义上的节度使，只是遥领。永王李璘是唐玄宗的第十六子，其母郭顺仪早死，李璘从小由三哥李亨抚养成人。李璘从小聪明好学，但长相丑陋，是个斜眼。开元十五年被任命为荆州大都督（遥领）。颍王李璬，是唐玄宗的第十三子，开元十五年遥领安东都护、平卢军节度大使。源洧，是宰相源乾曜的从曾孙，其父源光裕曾任尚书左丞、郑州刺史，号称良吏。源洧少有美名，历任清要之官，天宝中，被任命为给事中、襄州刺史等职。源洧被任命为节度副使不久，就因病去世了。崔圆，清河东武城人。自幼孤贫，但志向远大，好读兵书。开元中，京兆尹萧炅推荐他为会昌丞，累迁司勋员外郎。后受到宰相杨国忠的赏识，被授予尚书郎，兼蜀郡大都督府左司马，知节度留后。关于崔圆的发迹，野史中记载得颇为有趣：《逸史》称，崔圆年少时十分贫寒，进京投靠他的姨父刑部尚书李彦允，想求一个小官。李彦允念及亲戚关系将他送入学堂，与自家子弟们一起就读，但平时对其十分漠视。一天，李彦允突然做了一个奇怪的梦，梦见自己被人押到大堂，堂上坐着一位身穿紫色官服的大官，定睛一看，竟是崔圆。李彦允连忙哀叫求救，崔圆笑着说："暂且关起来。"梦醒之后，李彦允就把此梦告诉给了夫人，夫人说："一定要厚待此人，谁能说清这梦有什么预兆呢？"从此以后，李彦允开始对崔圆关爱有加。过了数月，崔圆要辞别回家，李彦允设宴款待崔圆，饭后，在崔圆的一再追问下，李彦允夫人才说出了缘由，并恳请等崔圆富贵后一定要救李彦允一命。此后，李彦允就把崔圆推荐给了杨国忠，杨国忠一见之下，对崔圆非常欣赏，遂奏请唐玄宗任命其为蜀郡大都督府左司马，知节度留后。后来，李彦允身陷叛军中，唐军收复长安后，已任宰相的崔圆终于救了他一命，一切完全与梦中一样。

不久，唐玄宗又设置了南阳（今河南省邓州市）节度使，以南阳太守鲁炅担任，命其率领岭南、黔中、襄阳子弟五万人驻扎在叶（今河南省叶县）北，以防止安禄山向襄阳渗透。鲁炅上表请求以薛愿（原太子李瑛的内兄）为颍川太守兼防御使，以庞坚（隋末将领庞玉的玄孙）为副使。

与此同时，唐玄宗还打算亲征。十二月十六日，唐玄宗下诏命令太子李亨监国，他对宰相们说："朕在位近五十年了，身心俱疲，去年秋天就有传位太子之心，正值水旱灾害频仍，我不想把灾害留给子孙，所以才等了又等，是想等到年成稍好之后再传位。谁知逆贼突然发动叛乱，朕将亲征，暂且命太子监国，等到事定之后，朕就要高枕无忧，过一过清净日子了！"一直与太子李亨矛盾重重的杨国忠听了唐玄宗的这番话，十分害怕，退朝后对韩国夫人、虢国夫人、秦国夫人说道："我杨家专权时间太久了，太子素来对我们十分厌恶，一旦他当上皇帝，我们兄妹马上就命在旦夕了啊！"说完，四人抱头痛哭，而后，杨国忠让三夫人进宫劝说杨贵妃，又让杨贵妃嘴里塞满泥巴，苦苦哀求唐玄宗收回成命。在杨贵妃的压力下，唐玄宗遂搁置了亲征和让太子监国的事了。

京师内部矛盾重重，而前线接连惨败也让唐玄宗火冒三丈。

高仙芝率军东征中，监军、宦官边令诚屡屡干涉军政，但很多建议都被高仙芝给挡回去了，这让边令诚大为不满。等到高仙芝和封常清退守潼关之后，边令诚借入京汇报之机，在唐玄宗面前着实地告了高仙芝和封常清一状，并对唐玄宗说："封常清以敌情造谣惑众，动摇军心，致使高仙芝不战而丢掉陕郡数百里之地，二人还擅自减少朝廷对将士们的赏赐、军粮。"听了边令诚的汇报，唐玄宗不禁勃然大怒，十二月十八日，唐玄宗派遣边令诚携带诏书，即在军中将高仙芝和封常清二人就地斩首。

封常清战败西撤后，曾三次派使者回京汇报叛军的形势，解释自己西撤的缘由，但蓄怒未发的唐玄宗拒不接见。封常清自知情况严重，遂赶赴长安，想亲自向唐玄宗解释。但他还没有抵京，行至渭南，就接到了唐玄宗的诏书，削去他的官爵，命令其返回高仙芝军中以平民身份效命。当时朝廷上下依然一片乐观，以为安禄山是发了神经病，不出数日就将被杀，封常清此时已完全领教了叛军的实力，他已料到自己将会因战败而被处死，遂写下奏表，称："臣死之后，恳请陛下不要轻视安禄山，也别忘记了臣今日所言！”

边令诚来到潼关军中后，先召见了封常清，把唐玄宗的诏书拿给他看，封常清就把写的奏表让边令诚带给唐玄宗。封常清被杀后，尸体被放在粗布席上。高仙芝与边令诚一起从刑场上回来，来到衙门后，边令诚向高仙芝要来一百余名长刀武士保护自己，而后，才对高仙芝说道：“皇上对大人也有指示！”高仙芝听后，赶忙从台阶上下来，边令诚遂开始宣布诏书。听罢诏书，高仙芝说：“我遇到敌人就率军退却，确实该死。如今，我头顶苍天，脚踏大地，说我私自减少皇上对将士们的军粮和赏赐，却是诬陷啊！”当时，周围的将士们都大呼冤枉，声震大地，但皇命难违，高仙芝也被杀掉。高仙芝和封常清被杀后，唐玄宗以将军李承光统领潼关守军。

高仙芝和封常清被杀后，唐玄宗想到河西、陇右节度使哥舒翰。哥舒翰乃一酒色之徒，他不仅嗜酒如命，又纵情声色，年初时，他入朝述职，行至土门军，进入浴室洗澡，偶遇风寒，当场窒息，倒地不起，经人抢救，过了很久才苏醒过来，回到京师后，就杜门不出，留在家中养病。此时，唐玄宗想要借重他的威名，又考虑到他素来与安禄山不和，就召见了他，拜其为兵马副元帅，命其率领八万军队讨伐安禄山，并重申全国各路兵马从四面八方向洛阳发起进攻。哥舒翰以病重推辞，但唐玄宗没有答应，于是，唐玄宗以皇太子李亨为先锋兵马元帅（留在京师），以哥舒翰为副元帅，以田良丘为御史中丞，兼任行军司马，以王思礼、钳耳大福、李承光、苏法鼎、管崇嗣及番将火拔归仁、李武定、浑萼、契苾宁等为裨将，率领河陇、朔方兵及番兵与高仙芝旧部共二十万大军，驻扎在潼关。唐玄宗亲自在勤政楼上一一劝勉，朝廷百官在长安郊外设宴送行。

哥舒翰到潼关后，病情依然没有好转，以致无法处理军务，就把日常事务都交给田良丘处理，而田良丘自知责任重大，不敢独断专行，又让王思礼主管骑兵事务，李承光负责步兵，可是，王思礼和李承光二人地位相当，互不服气，二十万唐军实际上处于一个群龙无首的状况，没有一个统一的指挥体系。哥舒翰高高在上，用法严厉，又不知体恤将士，唐军上下军备松弛，没有一点斗志。

听说高仙芝和封常清被杀后，安禄山改变了主意，决心趁机率领大军向潼关发起总攻，一举夺占长安。

一场关乎唐帝国存亡的潼关决战即将展开！

三五一　二颜举义

当安禄山亲率大军行至新安（今河南省新安县）时，他的大后方河北腹地却传来了一个惊人的消息——常山太守颜杲卿和平原太守颜真卿这兄弟二人起兵了！一时之间，河北各地纷纷高举义旗，安禄山的统治顿时土崩瓦解。得到消息后，安禄山倒吸一口凉气，急忙传令撤回洛阳，并命令部将蔡希德率领一万人马火速北返，前去对付颜杲卿。

话说安禄山攻克洛阳之后，遂命手下段子光携带被杀的洛阳留守李憕、卢弈和蒋清三人的人头赶赴河北，威慑各郡官民。当段子光一行来到平原（今山东省陵县）后，颜真卿担心他们会动摇军心，就对众将谎称："我认识他们三人，这人头根本不是他们的。"十二月十七日，颜真卿下令将段子光逮捕，腰斩示众，把李憕三人的人头藏了起来。过了几天，才用草木接续肢体，隆重地将三人安葬了。

安禄山原来任命海运使刘道玄为代理景城（今河北省沧州市东南）太守，而清池县尉贾载、盐山（今河北省海兴县）县尉穆宁在颜真卿的感召下，一起率众斩杀了刘道玄，缴获五十余艘满载铠甲、武器的叛军船只，携带刘道玄的人头送交长史李暐，李暐逮捕了安禄山谋臣严庄的宗族，全部予以斩杀。就在颜真卿腰斩段子光的同日，李暐等人将刘道玄的人头送到了平原。颜真卿召集贾载、穆宁以及清河县尉张澹同到平原商议大事。饶阳（今河北省深州市）太守卢全诚固守城池，拒不接受安禄山派来的接管大员；河间（今河北省河间市）司法李奂杀死了安禄山任命的长史王怀忠；济南（今山东省济南市）太守李随派游弈将訾嗣贤率军渡过黄河，杀死了安禄山任命的博平（今山东省聊城市）太守马冀；这几处义军各自拥众数千、一万不等，公推颜真卿为盟主，都听从他的指挥。次年年初，李随来到睢阳（今河南省商丘市），拥众数万，唐玄宗任命其为河南节度使，以前高要县尉许远为睢阳太守兼防御使。在濮阳的尚衡也聚众起兵，以本地人王栖曜为衙前总管，攻克济阴（今山东省菏泽市定陶区），杀了安禄山的部将邢超然。

安禄山命令张献诚率领上谷（今河北省易县）、博陵（今河北省定州市）、常山（今河北省正定县）、赵郡（今河北省赵县）、文安（今河北省任丘市北）五郡的郡兵约一万人，包围了饶阳。

颜真卿起兵之后，即派遣颜杲卿的外甥卢逖赶赴常山，动员颜杲卿也起兵响应，东西呼应，切断安禄山的北归之路，以延缓其西进行动，给朝廷方面赢得宝贵的时间．而此时，颜杲卿也早已为起兵做好了充分的准备工作，其参军冯虔、前真定县令贾深、藁城县尉崔安石、手力（官府小吏）翟万德、内丘县丞张通幽等人都参与了计划，颜杲卿还派人给太原尹王承业捎话，暗中与之联络。

当时，安禄山命自己的金吾将军高邈、李钦凑率领五千人马驻守在井陉口，而高邈奉命前往幽州征兵，尚未返回，颜杲卿趁机以安禄山之命召请李钦凑率部前来常山接受犒赏。

十二月二十二日傍晚，满心欢喜的李钦凑率部来到了常山，住在馆驿。颜杲卿派袁履谦、参军冯虔、县尉李栖默、手力翟万德等人携带酒肉、女妓前去慰问，把李钦凑等人灌得烂醉，当场砍下李钦凑的人头。夜半，袁履谦将李钦凑的人头送到颜杲卿的面前，二人悲喜交加，相对而泣。当夜，藁城县尉崔安石禀报高邈已经南返，行至藁城，颜杲卿当即命令冯虔、翟万德随崔安石前去擒杀。次日晨，高邈的数名亲随提前来到藁城馆驿，崔安石将他们全部杀死。不一会儿，高邈随后赶到，崔安石谎称："太守已在馆驿内准备下酒宴。"高邈正要下马，冯虔等人趁其不备，一拥而上将其拿下。与此同时，常山城内，颜杲卿等人也将李钦凑的同党一一处死，投尸滹沱河，又收缴了五千兵丁武器装备，将他们全部释放。刚刚处理完毕，又传来叛将何千年从东都而来的消息，冯虔、翟万德在醴泉馆驿设下伏兵，又将其生擒活捉。颜杲卿派儿子安平县尉颜泉明及贾深、翟万德，携带李钦凑的人头，押送着高邈和何千年，辗转送往京师。张通幽哭着对颜杲卿说："我的哥哥张通儒陷入贼党，恳请与泉明等人一起西去，以救宗族。"颜杲卿顿生怜悯之心，答应下来了。

行至太原，张通幽想靠上节度使王承业这棵大树，就劝说王承业留下颜泉明等人，把颜杲卿的功劳贪为己功，张通幽的话正中王承业下怀，他厚赏了颜泉明等人，劝他们返回，却暗中命壮士翟乔于半路上杀害他们。颜泉明等人东返后，王承业藏下颜杲卿的奏表，自己新写了一篇奏表，将二人送到了长安，唐玄宗不知就里，提拔王承业为大将军，押送官吏受赏的有近百名。

何千年被送往长安前，对颜杲卿说："如今大人想替朝廷效力，既然已开了个好头，就该想到要一个好的结果。贵郡招募来的多属乌合之众，难以与敌争锋，应该深沟高垒，不要与敌野战。等到朔方军来到后，并兵齐进，传檄赵魏，切断燕蓟腰背、胳膊，敌人就完蛋了。如今，应当声称：'李光弼已率领一万步骑从井陉关杀出'，再命人去对张献诚说：'足下率领的都是一些团练兵，没有坚甲利兵，难以抵御山西强兵'，张献诚一定会解饶阳之围而去。这也算是一条奇计吧。"颜杲卿听后大喜，就采用此计，称李光弼率领二十万大军从井陉关而来，又派郭仲邕率领一百名骑兵为先锋，马尾拖柴，疾驰而南，远远望去，烟尘大起，张献诚果然逃去，其手下团练兵也随之溃散。颜杲卿命人进入饶阳城内，犒赏将士，又命崔安石等人前往河北各郡，称："大军已攻下井陉关，旦夕将至，先平定河北各郡，先归降者受赏，后归降者斩杀！"于是，河北各郡纷纷响应，一共有十七个郡又都重新归顺了朝廷，赵郡、巨鹿郡、广平郡、河间郡军民都杀死安禄山任命的刺史，将人头送到常山，而乐安、博陵、上谷、文安、信都、魏郡等郡都拥兵自固，颜杲卿的总兵力已达二十余万之多。河北只有范阳（今北京市）、卢龙（今河北省卢龙县）、密云（今北京市密云区）、渔阳（今天津市蓟州区）、汲郡（今河南省卫辉市）、邺郡（今河南省安阳市）还听命于安禄山。

颜杲卿又命人潜入渔阳招诱范阳节度副使贾循，郏城（今河南省郏县）人马燧劝说贾循道："安禄山忘恩负义，犯上作乱，就算暂时占领了洛阳，终归是要覆灭的。大人如果能够诛杀其部将向润客、牛廷介等不服从的将领，以范阳归降朝廷，倾其巢穴，安禄山西不能入关，则会坐而被擒，天下可定，如此一来，大人也将立下不世之功啊！"贾循虽然表示同意，但犹豫不决。马燧，字洵美，年少即立下大志，曾与哥哥们一起读书，扔下书本叹息道："天下将乱了啊，大丈夫应当在当世建功立业，以济苍生，岂能终生当一个无用的儒生呢？"他长大之后，容貌魁伟，身长六尺二寸，深沉勇毅，足智多谋，博览群书，尤其精通兵法。

隔墙有耳。马燧之谋不幸被牛润客知道了，告知了安禄山。安禄山得报后大吃一惊，连忙派遣部下韩朝阳前往范阳征召贾循。韩朝阳来到范阳后，请贾循到密室谈话，埋伏壮士用弓弦将其勒死，诛灭了他一族，而以牛廷介知范阳军事。又命令史思明、李立节率领一万步骑南下进攻博陵、常山。马燧侥幸逃入西山，被一名叫徐遇的隐士藏匿起来，月余，从小路逃归平原，平原陷落后，又逃往魏郡。

转眼就是新年，到了天宝十五载（公元756年），一月一日，安禄山自立为大燕皇帝，改元圣武元年，以原河南尹达奚珣为侍中，张通儒为中书令，高尚、严庄为中书侍郎。

颜杲卿起兵才八日，常山守备还未整修完毕，史思明和蔡希德的军队即从南北两路杀来了。颜杲卿向王承业告急，而王承业既已窃夺了颜杲卿的功劳，根本不愿颜杲卿活着回来，只想借叛军之手把颜杲卿陷于死地，接到告急文书后，他是拥兵不救。颜杲卿率部昼夜奋战，最终弹尽粮绝，城内井水枯竭，天宝十五载一月八日，在抵抗了六天之后，常山城池被叛军攻克。城破之后，叛军大开杀戒，纵兵屠杀了一万多人。叛军抓住颜杲卿和袁履谦等人后，逼迫颜杲卿投降，但颜杲卿一句话也不说。叛军又把颜杲卿最小的儿子颜季明拉到颜杲卿的面前，大刀架在颜季明的脖子上，威胁道："投降了，就放了你这个儿子！"但颜杲卿视死如归，依然不答。敌人遂将颜季明和卢逖一起杀害，而将颜杲卿和袁履谦等人押送洛阳。

而此时，颜泉明等人还在东返途中，他们既不知道王承业已经更换了奏表，也不知道常山已经陷落，更不知道王承业已派壮士翟乔要在路上杀死他们！所幸的是，翟乔还是一个忠义之人，他接到王承业的制令后，内心替颜泉明等人不平，不仅没有前去截杀，反而亲自赶赴长安，替颜杲卿等人辩白，不久，水落石出，唐玄宗又加颜杲卿为卫尉卿兼御史大夫，以袁履谦为常山太守，贾深为司马。但颜杲卿等人并没有接到这一任命，常山就已经陷落了。后来，颜泉明得知常山陷落的消息后，就滞留在了寿阳（今山西省寿阳县）。

颜杲卿等人被押到洛阳后，安禄山怒道："你原本只是个范阳户曹，我把你提拔为判官，不出几年又把你破格提拔为太守，我有哪一点对不起你？你却造我的反！"

颜杲卿大义凛然，怒目直视安禄山，骂道："你原本只是个营州的牧羊羯奴，天子将你提拔为三道节度使，恩幸无比，有哪一点对不起你？你竟然造反？我世代为大唐忠臣，俸禄官位都是朝廷所有，虽然是你上报的，岂能跟着你来造反！我是替国家讨伐乱臣贼子，只可惜没能杀了你以报答天子之恩，胡说什么造你的反？浑身膻味的猪狗！何不速速杀我！”

颜杲卿的话直刺安禄山心窝，他恼羞成怒，下令将颜杲卿、袁履谦绑在天津桥桥柱之上，肢解而死，将肉吃掉。行刑中，颜杲卿、袁履谦二位英雄一直是骂不绝口，敌人用铁钩割断颜杲卿的舌头，问道：“还能再骂不？”颜杲卿口含胡须而死，终年六十五岁。袁履谦被砍断手足，当时何千年的弟弟恰巧在一旁，袁履谦将满嘴黑血吐了他一脸，敌人大怒，将袁履谦也千刀万剐。旁观的百姓见之无不暗暗垂泪。颜家一门被刀砍、斧锯的有三十余人。

恶有恶报。张通幽因其兄投敌，又在杨国忠面前说颜杲卿的坏话，朝廷对其没有升赏，后来，唐肃宗即位后，颜真卿上表细数哥哥蒙受的不白之冤，当时张通幽已任普安太守，唐玄宗下令将其用棍棒打死。唐肃宗追赠颜杲卿为太子太保，谥号忠节，当时还有人认为颜杲卿不是朝廷大臣，只用一个忠字，但舆论坚决反对，遂将这两个字都用上了，另封其妻为清河郡夫人；卢逖、颜季明等都追赠五品官，此后又追赠颜杲卿为司徒。

三五二　年初鏖战（一）

显然，安禄山过高地估计了自己对河北的控制力。二颜举义让安禄山措手不及，继之而来的河北大部降唐，也打乱了安禄山的部署，令其惶惶不可终日。好在是，他行动迅速，义军初起，史思明等人作战得力，再加上太原尹王承业拥兵不救，安禄山这才在较短时间里攻克了常山，夺回了这一连接范阳与洛阳的战略要地。

常山陷落后，史思明、蔡希德、李立节等人率领叛军分头进攻河北各郡，所到之处，烧杀抢掠，无恶不作，邺郡（今河南省安阳市）、广平郡（今河北省邯郸市永年区）、巨鹿郡（今河北省邢台市）、赵郡（今河北省赵县）、上谷郡（今河北省易县）、博陵郡（今河北省定州市）、文安郡（今河北省任丘市北）、魏郡（今河北省大名县）、信都郡（今河北省衡水市冀州区）等又重新投靠了安禄山。唯独饶阳（今河北省深州市）太守卢全诚拒不从命，史思明等人率军又将饶阳团团包围。河间（今河北省河间市）司法李奂等人率领七千人、景城（今河北省沧州市）长史李暐派遣儿子李祀率领八千人前去救援，均被史思明击败。

截至目前，面对突如其来的巨变，唐玄宗的一系列部署还是十分妥当的。而从大的战略布局上，安禄山却存在诸多失误，也留下了诸多隐患，概言之，安禄山的失误主要如下：一是过高地估计了自己的实力和对河北地区的控制力；二是过低地估计了唐朝内地的组织力；三是对山西屋脊的重要地位估计不足。虽然在初起之时，安禄山也曾经命令大同军使高秀岩进攻振武军，以解除后方威胁，但是，该部属于偏师，力量不足，更重要的是，安禄山没有把该部的主攻方向放在南下夺取太原、与主力部队遥相呼应上，从安禄山部署少量部队防守井陉口以及命令高秀岩北上进攻振武军这一系列部署上看，其战略重点只是着眼于用高秀岩屏护范阳老巢的西翼，以井陉口守军确保河北腹地，抵御来自太原方向的唐军，并无以相当军队夺取山西屋脊，继而兵临蒲津，与潼关之军配合共同入关的计划。这也充分说明了安禄山对山西战略地位重要性认识不足，山西屋脊俯瞰三面，假如安禄山能够夺占这一唐朝的龙兴之地，不仅能够消除唐军对河北腹地的威胁，扭转一字长蛇阵的不利态势，而且对关中造成巨大的压力，整个战略格局将瞬间改观。反观唐玄宗的应对措施，则极为妥当，当高秀岩部发起攻势之后，唐玄宗即命令郭子仪率领朔方精兵一路东去，消除来自太原北方的威胁。

等到听说河北义军纷纷而起之后，面对瞬息万变的河北局势，唐玄宗迅速调整战略部署，命令郭子仪撤去云中之围，返回朔方，调派更多的军队去进攻洛阳；另外，再挑选一名良将分别东出井陉关，先平定河北，把战火主动引入叛军的内线。郭子仪推荐了李光弼，天宝十五载（该年后为肃宗至德元载，公元756年）一月九日，唐玄宗任命李光弼为河东节度使，分出朔方一万军队交付给他，不久，又加授李光弼为魏郡太守、河北道采访使。

一月十五日，安禄山派遣儿子安庆绪率部进攻潼关，被哥舒翰击退。与此同时，新年伊始，在各个战线上，战局都朝着向唐朝有利的一方在发展着。

河北地区：饶阳太守卢全诚固守饶阳，吸引了史思明、李立节、蔡希德等大军，给李光弼的东进唐军赢得了宝贵的时间。史思明等人围攻饶阳二十九天，一直未能攻克，而就在此时，李光弼已经率领蕃汉步骑一万余人，加上三千太原强弩手乘虚东出险要的井陉关，出现在河北平原之上了！

二月十五日，李光弼率领的唐军推进至常山（今河北省正定县），常山团练兵闻讯，反戈一击，击杀胡兵，生擒叛将安思义使其归降。李光弼对安思义说：“你自忖你该不该死！”安思义低头不应。李光弼接着说道：“你长期在军中打仗，以你看来，我的军队能否与史思明匹敌？你现在就给我出出主意，该如何抵敌？你的计划可行，我就不杀你。”安思义回答：“大人兵马远道而来，已疲惫不堪，一旦遭遇强敌，恐怕难以抵敌。不如转至城内，做好防御，先判断胜负，有必胜的把握之后再出城决战。胡人的骑兵虽然锐不可当，但难以持久，一旦在短时期内决不出胜负，就会士气沮丧，军心不稳，到时候我们的机会就来了。史思明就在饶阳，距离这里不过二百里，昨晚火急军书已经从这里送出，算起来，史思明的先锋部队明天一早即可进抵常山城下，其大军将接踵而至，大人不可不小心谨慎啊！”李光弼听后大喜，当即解下捆绑在安思义身上的绳索，命令部队即刻入城。

话分两头。史思明也是深通兵法之人，当他接到李光弼已逼近常山的军报后，当即就撤离了饶阳，向常山杀来。果然不出安思义所料，就在李光弼拿下常山的第二天天还未亮，史思明的先头部队已回到了常山城下，史思明等人也率领大军随后赶到，叛军共有两万多骑兵。

叛军直逼城门，李光弼派遣五千步兵打算从东门出城迎战，可是叛军誓死不退。李光弼命令五百名强弩手登上城楼，同时向城下发射，敌人这才从城门口稍稍退却，而后，李光弼又将一千名强弩手分成四组，冲入城外，命其一箭接着一箭发射，霎时间空中布满箭雨，叛军骑兵死伤累累，只好撤至大路以北。李光弼的五千唐军推进到大路以南，两军以滹沱河为界布下阵势，叛军骑兵接连发起冲锋，试图冲破唐军的军阵，但唐军布下长枪阵，层层长枪一致对外，后面又是层层的强弩手，顿时箭如飞蝗，叛军骑兵人仰马翻，又死伤大半，史思明见状，只好传令收兵，退下休整等着步兵到来。

不久，就有村民跑来向李光弼禀报，发现有五千叛军步兵从饶阳赶来，一日一夜行一百七十里，已行至九门（今河北省石家庄市藁城区西北）以南的逢壁（今河北省石家庄市藁城区北），在那里安营休息。得到密报后，李光弼立即派遣两千骑兵和两千步兵，偃旗息鼓，沿着滹沱河一路秘密北上，突然出现在逢壁。当这支唐军奇袭部队来到逢壁时，叛军刚刚开饭，唐军立即投入战斗，叛军做梦也没有想到唐军从天而降，糊里糊涂地就做了无名之鬼，被唐军全歼。史思明闻讯，不敢恋战，只好从常山北撤，退入九门。当时，常山下辖九个县，有七个县［真定（今河北省正定县）、石邑（今河北省石家庄市）、行唐（今河北省行唐县）、井陉（今河北省井陉县）、平山（今河北省平山县）、获鹿（今河北省鹿泉市）、灵寿（今河北省灵寿县）］又重新回到了唐军的怀抱，只剩下九门（今河北省石家庄市藁城区西北）和藁城（今河北省石家庄市藁城区）还在叛军手中。李光弼派遣部将张奉璋率领五百人驻守石邑，其余县城也都派了三百人驻守，两军陷于僵持状态。

李光弼与史思明僵持了四十余日，史思明派军切断了常山唐军的粮道。常山城内缺乏草料，将士们只好把草垫粉碎喂马。李光弼派出五百辆马车前往石邑取草料，驾车的士兵们都身穿铠甲，李光弼又派遣一千名强弩手护卫，结成方阵而行，叛军试图沿途截击，却未能得手。为了釜底抽薪，史思明派遣蔡希德率军强攻石邑，唐将张奉璋苦战，将敌人击退。

由于处于外线作战，李光弼的唐军渐渐处于劣势，而内线作战的史思明则可以源源不断地补充兵员，在这种情况下，李光弼急忙派人向郭子仪求援。

郭子仪在年初奉唐玄宗之命返回朔方发兵之后，很快就又返回了前线，于三月五日率领生力军进至代（今山西省代县）。此时，接到李光弼的求救信后，郭子仪当即率领大军东出井陉，四月九日，郭子仪的大军来到常山，与李光弼会师，两军蕃汉步骑共有十余万人，声势浩大。

郭子仪到来后，唐军即刻转守为攻，兵临九门城下。四月十一日，唐军与史思明等叛军在九门城南会战，史思明大败。九门之战中，猛将、中郎将浑瑊临阵一箭射杀敌将李立节，威名大振。史思明收拾残兵败将，退至赵郡（今河北省赵县），蔡希德逃到巨鹿（今河北省巨鹿县）。继而，史思明又逃到博陵（今河北省定州市），当时博陵已经投降了唐军，史思明来到后，将郡县官员统统处死。

九门大捷前后，河北军民因痛恨安禄山叛军的暴行，纷纷起义，组成民团，保卫家乡，少的有上万人，多的有两万人，各自屯聚，抵御叛军，等到唐军到来后，他们纷纷投至麾下，为国效命。四月十七日，唐军进攻赵郡，战斗仅仅进行一天，赵郡就投降了。城破之后，士兵们大肆抢掠财物，李光弼端坐在城门之上，予以没收，一一返还给百姓，百姓们大喜。郭子仪将生擒的四千名叛军士兵全部释放回家，只杀了安禄山任命的太守郭献璆。李光弼领兵进攻博陵，围攻十日，未能攻下，遂撤围而去，退往恒阳（今河北省曲阳县）就地取食。史称："自禄山反，常山为战场，死人蔽野，光弼酹其尸而哭之，为贼幽闭者出之，誓平寇难，以慰其心。"博陵之战详情不知，但从唐军退往遥远的恒阳这一点来看，郭子仪和李光弼在此战中是失利了。

双方休整之后，郭子仪和李光弼率领唐军从曲阳回攻常山，史思明等人则率军紧随其后。郭子仪挑选精锐骑兵轮番挑战，两军边打边行，三日，唐军推进到行唐，敌人已精疲力竭，只好退去。郭子仪趁机跟踪追击，又在沙河（今滹沱河支流大沙河）将叛军击败。为了挽回颓势，蔡希德返回洛阳求救，安禄山命其率领两万步骑北上增援史思明，又命令牛廷介征调范阳等郡一万郡兵，共计五万人马，以打退唐军，在这五万叛军中，五分之一是同罗、曳落河的少数民族士兵。

当郭子仪的军队推进到恒阳时，史思明等人也随之赶到了。郭子仪深沟高垒静待敌军，敌人前来进攻，唐军就固守，敌人一旦退去，就追击，白天则耀武扬威，夜里就去偷营，骚扰敌人，让敌军无暇休息，疲于奔命。数日之后，郭子仪和李光弼商议道："敌军已经疲惫，是出战的时候了！"五月二十九日，唐军在嘉山（今河北省定州市西）与叛军会战，大破敌人，斩首四万，生擒一千余人。激战中，叛军主将史思明在慌乱中掉下马来，头盔和马靴全部遗失，披头散发，光着脚丫，仓皇逃命，直到傍晚，才拄着折断的枪杆逃回军营，而后又逃回了博陵。李光弼乘胜又包围了博陵，史思明已如同惊弓之鸟，不敢出战，唐军声威大震。

嘉山大捷后，河北十余郡再度举义，杀掉安禄山任命的官吏，纷纷归降唐朝。从洛阳到渔阳之间的联络再次被唐军切断，敌人的信使只能偷偷穿越河北腹地，但很多都被唐军俘获，失去家乡消息的洛阳叛军将士们无不忧心忡忡。

三五三　年初鏖战（二）

说完了河北方向，我们再说河北东部和山东方向。

当李光弼和史思明在常山周边地区苦苦相持之时，李光弼没有向平原的颜真卿求援，而且颜真卿也未向李光弼发一兵一卒，其间的曲折我们已不得而知了。但透过史书的一些蛛丝马迹，也许我们会窥探出一些端倪来。

颜杲卿举义后，由于王承业等人从中作梗，在唐玄宗面前说了很多颜杲卿的坏话，朝廷方面不明真相，发布诏书任命颜杲卿为卫尉卿，是要把他征召入朝的，但诏命未至，常山已经陷落，颜杲卿被杀。至于王承业在唐玄宗面前究竟说了颜杲卿什么坏话，已不得而知，但推测起来不外乎称二颜欲乘乱侥幸、心存不测之类的，因此，唐玄宗才没有让颜杲卿继续驻守常山，对颜真卿也没有施以重赏。颜杲卿很快就被安禄山残忍杀害，而他却蒙受着不白之冤，这在颜真卿心中应该产生了巨大的冲击，在天宝十五载年初，在李光弼未到来之前，河北义军的实际首领是颜真卿。史称："土门既开，十七郡同日归顺，共推真卿为帅，得兵二十余万，横绝燕、赵。诏加真卿户部侍郎，依前平原太守。"但唐玄宗给他的官职不过是虚名的户部侍郎，实名则是本郡防御使。这实际上是让他搞好自己平原郡的防御即可，没有赋予其收复河北的使命。等到李光弼来到后，唐玄宗以其为河北道采访使，继而又晋升为范阳长史、河北节度使，而为了安抚颜真卿，也象征性地将其从户部侍郎兼本郡防御使，晋升为河北采访使。李光弼的资历并不比颜真卿高多少，且是个外来户，已经是河北义军名义上主帅，在这种情势下，可想而知，一门忠烈的颜真卿内心是何等翻江倒海啊！从唐玄宗的一系列措施中，他对于曾经担任过安禄山下属的颜真卿等人并不信任，更倾向于李光弼，这从后来他重视贺兰进明而非颜真卿，也可见一斑，这也许就是颜真卿一直按兵不动的根本原因吧？

然而，一个二十多岁的年轻人给颜真卿上了一课。一个在清河县（今河北省清河县）做客的叫李萼的年轻人，在三月间来到了平原，他受郡人重托，请求颜真卿发兵支援。来到平原后，他对颜真卿说："大人首倡大义，河北各郡把大人比作可以背靠的长城。如今，清河县是大人的西邻，国家昔日把江淮、河南的粮食金钱都贮存在那里以供应我北方边防军，清河也号称天下的北方国库。如今，这里储存了三百余万匹布，八十余万匹帛，三十多万串钱，三十余万斛粮食。过去，朝廷讨伐阿史那默啜的时候，武器铠甲全都储存在清河的府库，现在还有五十多万套，清河县尚有七万户人家，十余万口人，我私下认为，清河的财物要比三个平原都多，兵员则是平原的两倍。大人如果真能借给他们士兵，安抚郡民，将平原和清河作为核心，那么剩余的郡就如同人的四肢一般，可以随意驱使了。"

颜真卿回答："平原的部队刚刚招募，尚未经过训练，自保不暇，岂能顾及邻郡！即便如此，如果接受你的请求，给你一支军队，你将如何使用？"李萼回答："清河县命我来见大人，并非自身力量不足，而把大人的军队拿去送死的，其实也是想通过此事来展示一下大人高尚的气节罢了！如今，听了大人的弦外之音，在下岂敢说出我的打算！"

颜真卿听后，觉得李萼不是一个寻常之人，打算答应他的请求，可是，平原县的其他人都认为李萼年纪轻轻的，轻视敌人，给了他一部分军队将徒劳无益，反而兵分力弱，不会有什么好结果的，颜真卿不得已只好拒绝了李萼的要求。李萼回到馆驿之后，又给颜真卿写信劝说，他在信中写道："清河县抛弃叛军，归降朝廷，甘愿拿出粮食、布帛、武器供应义军，而大人却心怀狐疑，拒不接纳，我回去以后，清河县独木难支，势必投靠一方，一旦归顺了叛军，将成为大人西面的一个强敌，届时，大人岂能不后悔！"看过书信后，颜真卿大惊失色，立即亲自来到李萼所住的馆驿，将六千人马借给了李萼。

颜真卿一直把李萼送到境上，握手而别。颜真卿问道："部队已经上路，可不可以告诉我你的打算？"李萼回答："我听说朝廷已经派遣程千里率领十万精兵从崞口（今河南省林县西）出击讨伐叛军，敌人占据险要，官军无法突破。如今，我当率领部队先进攻魏郡（今河北省大名县），抓住安禄山任命的太守袁之泰，迎回原太守司马垂，让其作为我们西南面的屏障；而后，我再分兵进攻崞口，扫清官军东进之路，趁势进攻汲郡（今河南省卫辉市）、邺郡（今河南省安阳市）以北以至于幽陵（指范阳，今北京市）之间背叛的郡县；平原、清河则率领各郡的同盟军合军十万，南临孟津（今河南省孟津县黄河渡口），分兵沿着黄河，扼守险要，切断安禄山的北逃之路。我估计官军东进的军队不下二十万，黄河以南的义军总数也不下十万，大人只需上书朝廷，请求潼关守军坚守不战，不出一个月，敌人一定会内部崩溃，发生突变！”颜真卿回答：“说得好！”遂命令录事参军李择交和平原县令范冬馥率领这支军队，再加上清河县的四千人马以及博平（今山东省聊城市）的一千团练兵，驻扎在堂邑（今山东省聊城市境内）西南。

安禄山的魏郡太守袁之泰派遣部将白嗣恭等人率领两万人马前来迎战，三郡郡兵齐心协力，苦战一整天，叛军大败，被斩杀一万余级，被俘一千余人，义军缴获一千匹马以及大量武器装备，袁之泰逃奔汲郡，义军顺利收复魏郡，军威大振。

当时，北海（今山东省青州市）太守贺兰进明也起兵了。《唐才子传》载：“进明，开元十六年虞咸榜进士及第。仕为御史大夫。”颜真卿给贺兰进明写信，请他率军前来会师，贺兰进明遂率领五千人马渡过黄河，来到平原。颜真卿列阵以待，二人在马上互拜，失声痛哭，哀感三军。贺兰进明的军队驻扎在平原城南，颜真卿每每前去咨询军务，从此以后，军权慢慢就转到了贺兰进明的手上了，而颜真卿却毫不在意。颜真卿把堂邑之战的战功都归于贺兰进明，而贺兰进明却心胸狭隘，他负责撰写奏表，随心所欲，朝廷接到奏表后，即晋封贺兰进明为河北招讨使，只给主将李择交和范冬馥晋升了一点，而清河、平原的其他有功将领均未受到升赏。

贺兰进明主持平原军务后，并没有按照李萼原来的计划，继续向西南方向进击，而是率军北攻信都郡（今河北省衡水市冀州区）。其间原因不得而知，但分析起来大约是：一是郭子仪和李光弼在博陵之战中失败北撤，连接洛阳与常山之间的河内之地已不再空虚，平原、清河义军已失去了南下的条件。二是来自朝廷的命令。据《旧唐书·第五琦传》称：“第五琦，京兆长安人。少孤，事兄华，敬顺过人。及长，有吏才，以富国强兵之术自任。天宝初，事韦坚，坚败贬官。累至须江丞，时太守贺兰进明甚重之。会安禄山反，进明迁北海郡太守，奏琦为录事参军。禄山已陷河间、信都等五郡，进明未有战功，玄宗大怒，遣中使封刀促之，曰：‘收地不得，即斩进明之首。’进明惶惧，莫知所出，琦乃劝令厚以财帛募勇敢士，出奇力战，遂收所陷之郡。”贺兰进明围攻信都很久也未能攻克，录事参军第五琦劝说贺兰进明拿出充足的金钱来招募壮士，重赏之下必有勇夫，最终，义军终于攻克了信都。

安禄山命平卢（今辽宁省朝阳市）节度使吕知海诱杀了安东（驻节今辽宁省锦州市）副大都护马灵察（曾任安西节度使的夫蒙灵察）。平卢游弈使刘客奴、先锋使董秦以及安东大将王玄志密谋讨伐吕知海，派人渡海与颜真卿联络，提出夺取范阳为朝廷效力。颜真卿派遣判官贾载满载粮食和军衣资助，当时，颜真卿膝下只有一个年仅十余岁的儿子颜颇，为了让刘客奴放心，颜真卿把儿子也送给刘客奴当人质。朝廷听说后，遂以刘客奴为平卢节度使，赐名刘正臣，又任命王玄志为安东副大都护，董秦为平卢兵马使。董秦，平卢人，从小从军，曾担幽州节度使薛楚玉、张守珪、安禄山等人的部下，屡立战功，历任折冲郎将、将军同正、平卢军先锋使。

三五四　年初鏖战（三）

再说东南方向。

唐玄宗和安禄山二人均深知东南方向的重要性，这是因为：不论是长安抑或洛阳都要仰仗江淮的钱粮，而东南方向正是江淮漕运的必经之路，夺取东南，就可以控制维系持久战争所需的军需物资，因此，在安禄山夺占洛阳前后，就命令其河南节度使李庭望率部东进，扩大控制区，不久，又任命张通晤为睢阳（今河南省商丘市）太守，与陈留长史杨朝宗一起向东南方向进发，以期控制运河沿线各个要地。

唐玄宗也不傻，但由于关中鞭长莫及，唐玄宗也无可奈何。就在这时，单父（今山东省单县）县尉贾贲举兵，南击睢阳，又夺回了这一战略要地，致使李庭望担心老巢陈留的安全，不得不又从东线撤回。

敌退我进。

贾贲夺回睢阳之后，唐玄宗即命令山东之兵西进，济南太守李随奉命率领数万大军入驻睢阳，唐玄宗遂任命李随为河南节度使，以前高要县尉许远为睢阳太守兼睢阳防御使，不久，唐玄宗又任命吴王李祗为灵昌（今河南省滑县）太守、河南都知兵马使，从东面和东南面完成对洛阳的远距离包围。

叛军占领陈留后，雍丘（今河南省杞县）县令令狐潮投降了叛军，安禄山任命其为大将，命其率部南下进攻来自淮阳（今河南省淮阳县）的唐军援军，双方在襄邑（今河南省睢县）交手，令狐潮取胜，俘虏了一百多名唐军，他将这一百多名俘虏关押在雍丘，而自己则回到陈留面见李庭望报功。被俘的这一百多人趁机杀死了守卫，夺取了雍丘，并向睢阳的唐军告急。就这样，贾贲得以率领本部两千余人占领了雍丘。《旧唐书》称：“时雍丘令令狐潮欲以其城降贼，民吏百余人不从命，潮皆反接，仆之于地，将斩之。会贼来攻城，潮遽出斗，而反接者自解其缚，闭城门拒潮召贲。贲与巡引众入雍丘，杀潮妻子，婴城守备。吴王祇承制授贲监察御史。”

贾贲夺下雍丘之后，又迎来了另外一支由真源（今河南省鹿邑县）县令张巡率领的生力军。原来，谯郡（今安徽省亳州市）太守杨万石献出城池投降了安禄山，逼迫张巡担任自己的长史，率众西进迎接叛军接管。张巡回到自己的县城真源后，率领军民前往玄元皇帝庙里哭祭，决心讨伐叛党，招募了数千名义军，当他听说贾贲夺占了雍丘以后，就挑选了一千名精兵，赶来与贾贲会师。

二月十六日，当李光弼尚在常山与史思明相持之际，这里，李庭望命令令狐潮率领精兵反攻雍丘，贾贲出城迎战，战败被杀。史称，贾贲在城门处被众人踩死。张巡率众经过苦战，终于击退了敌人，遂统领贾贲留下的部众，自称为吴王先锋使。

张巡，《旧唐书》称其为蒲州河东人，《新唐书》称其为邓州南阳人。他博览群书，通晓战法，倜傥大度，不与俗人交往。史称：“巡长七尺，须髯每怒尽张。读书不过三复，终身不忘。为文章不立稿。”开元末年进士及第，当时他的哥哥张晓已经担任监察御史了，兄弟二人均名重一时，不久，张巡即由太子通事舍人出任清河县令，政绩第一，任满回京。当时，杨国忠炙手可热，有人劝张巡拜投其门下，张巡不从，调任真源县令，当时县吏华南金作威作福，百姓们称：“南金口，明府手。”张巡到任后，依法将其诛杀，百姓大悦。

三月二日，令狐潮与敌将李怀仙、杨朝宗、谢元同等人率领四万叛军再度前来争夺雍丘。《旧唐书》称：“李怀仙，柳城胡人也。世事契丹，降将，守营州。禄山之叛，怀仙以裨将从陷河洛。安庆绪败，又事史思明。善骑射，有智数。”叛军突然来到雍丘城下，看着无边无际的敌兵，城内将士莫不心惊胆战，没有斗志。张巡对大家说：“敌兵精锐，轻视我们，如今，我们出其不意，主动出城迎击，其必然惊慌溃逃。只有打下敌人嚣张的气焰之后，才能守住此城！”于是，他命令一千余人登上城墙守城，他则亲率一千人分成数队，打开城门出击。张巡身先士卒，冲到队伍的最前面，大喊着直扑敌阵，敌人大吃一惊，他们没有料到一个小小的雍丘城，里面的守军自守尚且不足，竟然还主动出击，丝毫没有心理准备，顿时被杀得人仰马翻，仓皇撤退。第二天，敌人卷土重来，在城外四周架设上百门大炮，朝城墙发起猛烈攻击，城墙上的城楼和女墙全部被巨石摧毁，张巡赶忙命人在城墙上修筑木栅进行防卫。炮轰过后，敌人步兵发起冲锋，像蚂蚁一样向城墙涌来，张巡命令部队把蒿草束成草绳，浸满油脂，用火点燃，向城下扔去，阻挡敌人爬墙。就这样，张巡率领雍丘军民与四万叛军苦战了六十余日，大小经过三百多次激烈的战斗，守城将士们昼夜奋战，身披铠甲吃饭睡觉，包裹着伤口出战；张巡还瞅准敌人懈怠之时，出城偷袭，或者趁夜从城上把士兵们用绳索放下，偷袭敌营，敌人见无法攻克此城，再加上河北战事吃紧，遂撤围而走。张巡乘胜追击，俘获了两千胡人，差一点生擒令狐潮，凯旋，军威大振。战后，张巡分别给朝廷和吴王李祗写信告捷，吴王李祗遂将兖州以东交给张巡经略。

三月十五日，河南度知兵马使吴王李祗率军进攻谢元同，将其击败，唐玄宗改任李祗为陈留太守、河南节度使。

五月，令狐潮第三次率军进攻雍丘。令狐潮与张巡是老相识了，二人城上城下互道寒暄，还像往常一般。令狐潮趁机劝说张巡道："唐朝已危若累卵，兵不敢东出潼关，天下大势已去，足下坚守孤城，你究竟是为谁而守呢？何不随我一起以图富贵呢？"张巡义正词严地回答："古代之人就算父亲是被国君杀掉的，于大义来说也不可复仇。足下却怀揣着为妻子儿女报仇的心态，向叛军借力，来与朝廷为敌，你平时以忠义自许，今日所为，忠义何在！我能看见你的人头将高悬于大街之上，为后代百世之人所耻笑！你看你是否是这个下场！"令狐潮听罢，顿时满脸通红，羞惭而退。

最后说南面。

右相杨国忠询问左拾遗张镐和萧昕谁堪担任大将，二人举荐左赞善大夫来瑱。张镐，博州人，身材伟岸，胸怀大志，好谈王霸大略。四月二十三日，朝廷任命来瑱担任颍川（今河南省许昌市）太守。来瑱，邠州永寿人。其父来曜，出身行伍，开元十八年，为鸿胪卿同正员、安西副都护、持节碛西副大使、四镇节度使，后为右领军大将军、仗内五坊等使，名著西陲。来瑱从小慷慨有大志，随父在四镇任职，天宝十一载，为左赞善大夫、殿中侍御史，充伊西、北庭行军司马。唐玄宗曾下诏令朝臣举荐智谋果决、才堪统众者各一人。拾遗张镐推荐了来瑱，因来瑱母亲去世，未莅任。等到安禄山造反之后，张洎又推荐了他，朝廷令其兼任汝南太守，还未成行，又改任颍川太守。

颍川城内粮食素来都很多，来瑱到任后治理有方，构筑了坚固的城防。叛军相继来到城下骚扰，来瑱总是亲自弯弓，箭无虚发。降将毕思琛曾是来瑱父亲的部下，敌人命其前来招降来瑱，毕思琛在颍川城下拜伏悲泣，吊唁来瑱，来瑱不应。来瑱指挥颍川军民前前后后杀伤了大量敌人，被人称为“来嚼铁”。他也因功被朝廷加银青光禄大夫，摄御史中丞、本郡防御使及河南淮南游奕招讨等使。

唐玄宗和安禄山同时看到了南阳的重要性。唐玄宗任命的南阳节度使鲁炅率军在滍水（流经今河南省鲁山县）以南安营扎寨，构筑防御工事。安禄山命令荥阳太守武令珣、降将毕思琛率军进攻。五月四日，鲁炅的军队崩溃，鲁炅退守南阳，叛军乘胜将南阳团团包围。太常卿张洎推荐夷陵太守、嗣虢王李巨有勇有谋，唐玄宗遂征召吴王李祇为太常卿，而以李巨为陈留、谯郡太守、河南节度使，并统领岭南节度使何履光、黔中节度使赵国珍、南阳节度使鲁炅。赵国珍，本是牂牁郡（今贵州省瓮安县）的苗族，南诏阁罗凤反叛后，朝廷以赵国珍为黔中都督，赵国珍治军有方，屡败南诏军队，遏制了南诏北进的势头。史称：其“护五溪凡十余年，中原兴师，唯黔州封境无虞”。李巨，是唐高宗李渊第十四子李凤之后，李巨在天宝五载、六载分别牵扯到太子杜良娣案件和杨慎矜案，而被贬为义阳司马，再被贬官软禁，后被赦免，提拔为夷陵太守。

张洎为什么要举荐李巨呢？张洎是宁亲公主的丈夫，而宁亲公主则是太子李亨的亲妹妹，李巨呢？李巨的王妃张氏又是太子李亨最宠爱的妃子张良娣的堂妹！看出来了吧？安禄山起兵之后，太子李亨并没有闲着，他也趁着这场大乱在隐秘地培植着自己的势力。

当然，这是政敌杨国忠所不愿意看到的。杨国忠早就与李巨相识，张洎举荐李巨之后，杨国忠却百般阻挠，对人说道：“此等小儿岂能拜见圣主？”李巨来京一个多月都没能入宫见到唐玄宗。唐玄宗最终还是见到了李巨，一见之下大喜过望，遂命宦官带着李巨去找杨国忠颁布正式任命，可是杨国忠打了折扣，只给了他个陈留谯郡太守、代理御史大夫、河南节度使。第二天，李巨入宫拜别，口称自己的官职，唐玄宗听后大惊，说道：“怎么变成了代理？”当即改为兼任御史大夫。李巨上奏道：“如今世事艰难，一旦突然召见微臣，不知以什么作为凭据？”唐玄宗遂命人分开木制符契，给他一半。

因鲁炅战败，唐玄宗下诏将其贬为果毅，以颍川太守来瑱兼任御史中丞。李巨上奏称：“如果鲁炅能守住南阳孤城，将功补过，将如何予以安置？”唐玄宗回复道：“随你处置。”

叛军围攻南阳月余，颍川太守来瑱和襄阳节度使魏仲犀分兵救援。魏仲犀派弟弟魏梦驯领兵进抵明府桥，不战而败，援军被叛军追杀，大败而还。

就在万分危急关头，李巨已率部行至内乡（今河南省内乡县、西峡县一带），毕思琛听后，遂撤离南阳北返。李巨命令赵国珍和何履光一起来到南阳，宣布诏书贬鲁炅官职，令其随军效力，到了傍晚，又以唐玄宗的名义奖励了鲁炅守城之功，恢复了他的官位。

三五五　灵宝大败

天宝十五载（公元756年）上半年的战事一直朝有利于朝廷一方发展着。

河北地区郭子仪和李光弼接连取得了九门、嘉山大捷，沉重地打击了史思明叛军，切断了洛阳与范阳之间的联系；贺兰进明、颜真卿所部也向北推进，收复了信都郡；东面和东南方向，虽然没有很大进展，但叛军一方也未能实现东进和夺取东南运河要地的目标，就连陈留眼皮底下一个小小的雍丘城都迟迟未能攻下；南面朝廷从南方和西南调集的重兵已相继抵达南阳，阻遏了叛军南下和从武关西入关中之路；而西面和西北面，朝廷方面还牢牢地控制着山西高地，潼关天险又有哥舒翰的二十余万大军，这二十万大军就如同泰山压顶一般虎视着洛阳，让当了半年大燕皇帝的安禄山坐立不安，心惊肉跳。

面对迟迟没有进展的战局，安禄山把高尚和严庄召入宫中，破口大骂："你们几年来一直劝我造反，说万无一失。如今，朝廷驻守潼关，我军数月以来难以前进半步，北方的通路又被切断了，朝廷各军从四面八方朝我压来，我控制的仅有汴州（今河南省开封市）、郑州（今河南省郑州市）等几个州而已，你们说的万无一失又在哪里？从今往后，你们再也不要见我了！"安禄山的一番发作让高尚、严庄二人也吓得魂不附体，数月不敢入宫。田乾真从潼关回到洛阳复命，见状后，就在安禄山跟前替二人求情："自古帝王要建立大业，都有胜有败，岂能一举成功？如今，朝廷四方的军队虽多，但都是一些新近招募的乌合之众，从未打过仗，怎能与我蓟北精兵为敌？陛下何必担忧？高尚、严庄二人都是佐命元勋，陛下一旦与二人决裂，其他将领们谁听了不会恐惧？如果我们上下离心离德，臣实在替陛下担忧啊！"

安禄山也不是傻子，一点就破，听后顿时大喜说道："还是阿浩（田乾真的小名），一句话点醒了我！”当即传令高尚、严庄入宫饮宴，并亲自唱歌替二人助兴，还像过去那样对待他们。

安禄山君臣和好之后，就开始密商放弃洛阳，退守范阳事宜，但这件事还没有最终定下来，就发生了一件惊天的大事，直接扭转了整个历史的走向！

安禄山起兵对外宣称是要诛杀奸臣杨国忠，而杨氏一门的确骄纵奢华，令天下人切齿痛恨，此时，也都把矛头对准了杨国忠。河源军使、高句丽人王思礼遂暗中劝说手握重兵的天下兵马副元帅哥舒翰，趁机给唐玄宗上表请求诛杀了杨国忠，哥舒翰听后，深知此事非同小可，沉默不语，不置可否。王思礼又请求率领三十名精锐骑兵前往长安，将杨国忠劫持到潼关杀掉。哥舒翰回答：“如此一来，造反的人就是我哥舒翰，而非安禄山了！”虽然哥舒翰并无杀死杨国忠的打算，但此时的杨国忠也已感到甚嚣尘上的舆论压力，早已如同惊弓之鸟，惶惶不可终日，对哥舒翰忌惮起来了。

还是在数月前，安思顺事件让杨国忠领教了哥舒翰的手段。安思顺虽然是安禄山的堂兄弟，但在安禄山起兵之前，就向唐玄宗告了密，只是当时唐玄宗并不相信，等到安禄山造反之后，唐玄宗想起安思顺的话，就没有牵连到他。然而，哥舒翰过去就与安禄山、安思顺兄弟矛盾很深，等他当上天下兵马副元帅后，就设下毒计，派人伪造了一封安禄山写给安思顺的信，又自导自演地在潼关将送信人擒获，献给了唐玄宗，捎带着又列出安思顺的七桩大罪，并请求唐玄宗杀掉他。三月三日，户部尚书安思顺及其弟弟、太仆卿安元贞均被唐玄宗下令处死，其家属被流放到岭南。杨国忠虽然同情安思顺兄弟，却无力援救，遂开始对哥舒翰惧怕起来了。

此时，又有人告诫杨国忠说：“如今朝廷重兵均在哥舒翰之手，假如哥舒翰率兵西来，大人岂不危险了！”杨国忠听后非常害怕，就上奏唐玄宗道：“潼关大军虽然很强，但没有后援，万一失利，京师就危险了。请求挑选三千宫中青年在园林中训练。”唐玄宗同意了，命剑南军将李福德等人统领。杨国忠又让人招募了一万人驻扎在灞上，让自己的亲信杜乾运统领，名义上是防御敌人，其实是为了对付哥舒翰。哥舒翰听说后，也担心自己会被杨国忠暗算，就上表请求把灞上之军编入自己的部队序列，唐玄宗也答应了。六月一日，哥舒翰召见杜乾运，随便找了借口就把他给杀了。闻听杜乾运被杀的消息后，杨国忠更加恐惧起来。

就在这时，有人向唐玄宗禀报称，叛军将领崔乾佑率部驻扎在陕（今河南省陕县），其兵力不足四千人，均是一些老弱残兵，又懈怠无备，唐玄宗信以为真，就命令哥舒翰出兵，收复陕洛。

哥舒翰上书提出反对意见，他分析说：“安禄山熟悉用兵，如今刚刚造反，岂能没有防备？这一定是用羸弱之军想引诱我们出战，如果我军出关迎敌，正中敌人的下怀。况且，敌人远道而来，速战速决对他们最为有利，我军扼守险要，最好的办法是固守不战。作战的最终目的在于胜利，何必要求速成！如今，各道所征召的军队还未完全抵达，恳请暂时再等一段时间。”此时在河北与史思明鏖战的郭子仪和李光弼也上书唐玄宗提出了他们的计划，二人的计划几乎与哥舒翰一致，二人说道：“请求陛下允许我们率军北上，直扑范阳，将安禄山的老巢端掉，把叛军将士们的妻子儿女都抓住当作人质，叛军必定会从内部瓦解。潼关大军一定要固守不战，以疲敝敌人，不可轻易出击。”

哥舒翰拒绝出战，让心怀鬼胎的杨国忠更加疑神疑鬼，他确信哥舒翰拥兵自重，其目的是杀掉自己，遂极力劝说唐玄宗催促哥舒翰出关决战，并称，敌人现在毫无防备，而哥舒翰却逗留潼关，将失去战机。唐玄宗听了，觉得杨国忠说得有理，就接二连三地派出使者前往军中，逼迫哥舒翰出战。哥舒翰万般无奈之下，捶胸顿足，号啕大哭。六月四日，潼关大军出关东进。

唐玄宗难道不知道此举的严重性吗？为什么他要作出这一重大决策？应该说唐玄宗自有他的道理。首先，关中需要大量物资供应，每年经黄河要运来四百万石粮食。现在安禄山把这条运输线给掐断了。物资只能经长江入汉水，然后从陆路运到关中，这样一来数量大为减少，相反，如今各路大军云集关中，关中的粮食问题更加突出，安禄山拖不起，唐玄宗同样也拖不起，他自然盼着尽快收复洛阳。其次，全国各地义军风起云涌，尤其是郭子仪和李光弼的朔方军并不亚于彪悍的范阳军，甚至连战连胜，把安禄山的控制区搞得七零八落，其他方向的团练兵虽然没有收复失地，但在作战中也能顽强抗击敌军的进攻，把安禄山压制于洛阳、郑州、汴州一线，让其几乎成了瓮中之鳖，而潼关二十万大军，却寸功未立，这实在也说不过去。最后，哥舒翰手握重兵，盘踞潼关，迟迟不出，也让唐玄宗感到有些不安。安禄山叛乱以来，朝中各派势力明争暗斗，日趋激烈，唐玄宗最担心的就是日久生变，节外生枝，从他的内心来讲也想尽快平定叛乱，恢复秩序，可是，这恰恰中了安禄山的诱敌之计……

六月七日，哥舒翰的大军与崔乾佑的叛军在灵宝西边的高地上遭遇。这里是叛军早已预定好的战场，此地北面是波涛汹涌的黄河，南面则是险峻的高山，中间则是长达七十里的狭窄通道，而崔乾佑已早早地率军占据了险要，静静地等待着唐军的到来。

六月八日，会战开始。

哥舒翰和行军司马田良丘坐在船上，观察敌情，发现崔乾佑的军队人数很少，就下令唐军迅速通过这条通道。王思礼等将率领五万精兵冲在最前面，庞忠等将率领下余的十万大军紧随其后，哥舒翰则亲率三万人马登上黄河北岸的高岗上眺望，擂起战鼓以壮声威。

此时，崔乾佑早已在险要之处埋下伏兵，又派出不足万人出现在唐军前方。这支诱敌之军三五成群，或疏或密，忽前忽后，散如群星，不成部伍，唐军见状不禁哈哈大笑，而实际上，崔乾佑不仅埋下了伏兵，而且在这支诱敌军的后面也部署了一支精锐后备军，正摩拳擦掌地准备着！

唐军与敌人前锋一交手，叛军就偃旗息鼓，仿佛将要抽身遁逃，唐军顿时放松了警惕，不再戒备。就在这时，山崖之上的叛军伏兵突然出现了，从山上朝小道上投掷滚木礌石，杀伤山下通过的很多唐军士兵。险道十分狭窄，唐军士兵们一个挨着一个行进，武器无法施展，既出不去，又退不了，只能被动挨打。哥舒翰意识到问题的严重性，立即下令唐军先锋部队用战马驾驶毡棚车朝敌人发起冲击，试图突破敌阵。

激战到中午，天上突然刮起了猛烈的东风，顿时飞沙走石，唐军将士不得不逆风苦战。叛将崔乾佑将数十辆草车堵在唐军毡棚车前面，然后纵火焚烧，顿时烟焰张天，唐军被呛得睁不开眼睛，遂相互残杀，慌乱中，又有人称敌人就在烟雾之中，遂集中弓弩朝烟雾中射击。战至傍晚，唐军的箭矢射完，才发现那里并无敌人。

崔乾佑派遣同罗的精锐骑兵从南山一路西去，绕到唐军的背后发起突然袭击，唐军首尾和中部均受到攻击，顿时惊慌失措，遂失去战斗力，瓦解崩溃。兵败如山倒。二十万大军丢盔卸甲，有的逃窜到山谷中藏匿起来，有的被挤入滚滚黄河里淹死，哭喊声震天动地，敌人趁机发起猛攻。唐军后军看到前军已败，顿时崩溃，就连黄河北岸的唐军见状，也不战而败，四散而逃，顿时，黄河两岸二十万唐军已无影无踪，被叛军全歼。

唐军原本在潼关关城外面挖了三条各宽两丈、深一丈的壕沟，败兵退下，落入壕沟之中，瞬间就把壕沟填满了，后面的人踩着尸体蜂拥退入关内。侥幸入关捡回一命的唐军士兵仅余八千人。哥舒翰也只带上一百多名护卫亲兵狼狈西逃，从首阳山往西渡过黄河进入关中。仅此一战，唐军就损失了十七万两千人！

叛军乘胜追击，第二天，即六月九日，崔乾佑指挥叛军就顺利地攻克了潼关天险！

三五六　狼狈西逃

哥舒翰逃到关西驿（今陕西省华阴市东），张贴榜文，收集残兵败将，打算反攻，收复潼关。

番将火拔归仁等人率领一百多名骑兵包围了驿站，入内面见哥舒翰，说道："敌人马上就到了！请大人上马！"哥舒翰上马走出驿站，火拔归仁等人率众磕头，请求道："大人率领二十万大军一战全军覆没，又有什么脸面去见天子？况且，大人没有看到高仙芝和封常清的下场吗？请大人往东走！"哥舒翰没有答应，打算下马。火拔归仁等人用绳索把哥舒翰的双腿绑在马鞍上，又逮捕了其他不愿投降的将领，一起往东而来。不久，一行人就遇上了叛将田乾真的部队，遂将他们一起押回了洛阳。

安禄山见到哥舒翰后，问道："你素来经常轻视我，如今看来究竟咋样？"哥舒翰拜伏于地，回答："臣肉眼凡胎，看不出圣人，如今天下未定，李光弼在常山（今河北省正定县），李祗在东平（今山东省东平县），鲁炅在南阳（今河南省邓州市），陛下能饶臣一命，臣写一封信招抚他们，很快就能把他们拿下。"

安禄山大喜，任命哥舒翰为司空、同平章事。又对火拔归仁说："你背叛主子，不忠不义。"将其斩杀。哥舒翰给李光弼等将写信，诸将均回信将其痛斥一番，安禄山见哥舒翰毫无用处，就将他关押在宫中。

潼关失守后，关中唐军已成惊弓之鸟，河东（今山西省永济市）、华阴（今陕西省华阴市）、冯翊（今陕西省大荔县）、上洛（今陕西省商洛市商州区）的防御使均弃城而逃，所部守军亦丢下武器溃散了。

就在潼关失守的当天，即六月九日，就有败兵逃回长安，向唐玄宗告急，可是，唐玄宗没有及时召见，只是命令李福德等人率领宫中军队增援潼关。等到傍晚时分，唐玄宗没有看到按惯例燃起的平安烽火，这才开始害怕起来。六月十日，唐玄宗召集宰相们商议逃跑方向，杨国忠身兼剑南节度使，他早在安禄山谋反之初，就已经命剑南节度副使崔圆暗中准备资粮，以备不测，因此，当唐玄宗问及此事时，杨国忠首先提出了西逃蜀地的计划。唐玄宗听了表示同意。

六月十一日，杨国忠在朝堂上召集百官询问对策，群臣都吓得六神无主，涕泗横流，哪里还有什么良策？均无言以对。杨国忠说道："别人告发安禄山将要谋反，已有十年了，可是皇上就是不相信。发生今日之事，并不是我这个当宰相的错。"朝会结束后，人们看到长安百姓个个惊慌失措，不知该逃到哪里，昔日繁华的长安街市已变得一片萧条。杨国忠退朝后，又赶忙让韩国夫人和虢国夫人进宫劝说唐玄宗逃往西蜀。

六月十二日，文武百官入宫早朝的不到十分之一二。唐玄宗驾临勤政楼，下诏称自己将要亲征，所有听到的人都明知是句空话，无人相信。唐玄宗又任命京兆尹魏方进为御史大夫兼置顿使；京兆少尹崔光远为京兆尹，兼任西京留守；边令诚掌管内廷门禁；对外谎称剑南节度大使、颖王李璬将要莅任，命令沿途做好接待工作。当天，唐玄宗移住北内（太极宫。按：大明宫为东内、兴庆宫为南内）。日暮，唐玄宗命令龙武大将军陈玄礼集合禁卫各军，赏赐给大家很多金钱财帛，挑选了九百多匹御马，这些措施都是在极其秘密的情况下进行的，外人一概不知。崔光远，滑州灵昌人。他的祖父崔敬嗣因对在庐陵流放的唐中宗有恩，等到唐中宗即位后，任命其子崔汪为洛州司功，又改为五品。崔光远继承了父祖之风，他身高六尺多，虽然没有什么学问，但任侠好义，后任蜀州唐安令；与杨国忠因赌博而成为好友，后崔光远被京兆尹鲜于仲通举荐为长安令，天宝十四载，被晋升为京兆少尹。

六月十三日黎明，唐玄宗与杨贵妃姐妹、诸位皇子、王妃、公主、皇孙、杨国忠、魏方进、陈玄礼以及亲信宦官、宫女从延秋门（太极宫西门）出宫，那些住在宫外的王妃、公主、皇孙们也来不及带上，都顾不上了。唐玄宗一行路过左藏（中央仓库）时，杨国忠请求放一把火烧掉。唐玄宗凄凉地说道："敌人进京后，搜刮不到金钱，就会把手伸向老百姓们；不如就送给他们吧，别再让我的百姓们再受二遍苦了！"

唐玄宗已逃出了长安，但长安城内的人还兀自不知，当天还有上朝的官员，他们来到宫门外还看到值班的禁卫军，像往常一样戒备森严，还能听到深宫传来报时的滴漏声，然而，等到宫门打开之后，人们发现从宫中涌出神色慌张的宫女们，此时，人们这才慌乱起来，一时间谣言四起，都不知道皇上究竟逃到了哪里。于是，城内的王公大臣、平民百姓开始四散而逃，而城外的小民则纷纷闯入城内，进入皇宫、王府，劫掠金银财宝，甚至有人骑着毛驴踏上金銮宝殿。又有人趁乱焚烧了左藏所属的大盈库房，崔光远和边令诚领人救火，又招募人代理府县官吏，守卫着仓库，杀掉十几个作乱的歹徒，秩序这才稍稍得以恢复。崔光远派自己的儿子东去拜见安禄山，边令诚也把自己掌握的宫中钥匙献给了安禄山。

唐玄宗一行过了渭河便桥，杨国忠命人烧桥。唐玄宗看见后，说道："百姓们都将逃避敌人活命，为何要切断他们的求生之路？"留下内侍监高力士，命其把大火扑灭后再赶来。唐玄宗派遣宦官王洛卿负责打前站，告诉沿途郡县安排食宿。十三日吃早饭的时候，唐玄宗一行来到了咸阳的望贤宫（距长安四十里），到了这里以后，却发现无人接待，不仅当地的县令已经逃跑，而且负责打前站的王洛卿也逃了，随行的宦官召唤当地百姓，可是没有一人出面的。一直等到天将中午，唐玄宗还饿着肚子，杨国忠亲自到百姓家里买了一个烧饼让唐玄宗充饥。《天宝乱离记》记载：这时，才有一些百姓聚拢过来，唐玄宗亲自对大家说："你们家中有饭没有？不论好坏，只用拿来就是。"百姓们才确信皇帝就在这一行人当中，这才争相献上粗米饭，饭里掺杂着小麦、大豆；饿得快晕过去的皇孙们再也顾不上什么礼仪了，争先恐后地用手抓来吃下，一会儿就吃完了，还只是吃个半饱。唐玄宗把钱拿出来送给送饭的百姓，一一予以安慰，众人均失声痛哭，唐玄宗也悲从中来，掩面而泣。有一位名叫郭从谨的老人对唐玄宗说道："安禄山包藏祸心，已不是一天两天了，也有人到宫门前揭发他的阴谋，可是陛下把他们都给杀了，这才令安禄山的阴谋得逞，致使陛下出逃。先王一定要征询忠良之臣的意见，其目的就是让自己耳聪目明，就是担心此事的发生啊！臣还记得宋璟当宰相的时候，屡进忠言，天下才得以太平无事。后来，朝廷群臣都害怕再进忠言了，都是唯唯诺诺，看陛下的脸色行事，所以，宫门之外的事情陛下是一无所知，而朝野的官民早已知道一定会发生今日之事，可是皇宫森严遥远，一片赤子之心无从令陛下知晓。要不是出现今日之事，臣又有什么可能能见到陛下，当面向陛下诉说此事呢！"唐玄宗回答道："这都是朕糊涂，现在后悔也来不及了。"安慰他一番，把他打发走了。不一会儿，皇家御膳官送来御膳，唐玄宗命令先赏赐给随行官员，而后自己才开始吃。然后，唐玄宗命随行士兵们各自前往附近村落里找吃的，约定到未时（下午1点到3点）集合出发。当天，快走到深夜时，一行人才抵达金城（今陕西省兴平市）。

金城县的县令也早已逃掉了，县城内的市民也逃得无影无踪，只剩下一座空城。好在是，城内家家户户的粮食、器皿都还在，人们得以吃上一顿饱饭。当时，很多随行人员都逃跑了，就连内侍监袁思艺也逃掉了。驿站之内没有油灯，人们一个挨着一个睡觉，再也没有了贵贱之别。幸赖月光入户，唐玄宗和贵妃及其皇孙等人才稍稍有所差别。王思礼从潼关也逃到此地，唐玄宗这才得知哥舒翰已经被擒，遂任命王思礼为河西（今甘肃省武威市）、陇右（今青海省海东市乐都区）节度使，当即命令其奔赴本镇，招募军队，为将来的东征做准备。

三五七　马嵬惊梦

六月十四日，唐玄宗一行来到了金城西北的马嵬驿。

当时，随行将士们又累又饿，都很不满。陈玄礼认为这场大祸全是杨国忠造成的，想趁机杀掉杨国忠，遂通过太子宫的宦官李辅国禀报给了太子李亨，李亨犹豫不决，还没有答应。

正在这时，有二十余名吐蕃使者拦住杨国忠的马，诉说找不来吃的，让杨国忠解决。还未等杨国忠开口说话，就有士兵高喊道："杨国忠与胡人密谋造反！"一时间群情激愤，有人当即弯弓搭箭，一箭正中杨国忠的马鞍。杨国忠赶忙拍马而逃，逃至西门内，被士兵们追上，将其杀死，然后，乱兵们肢解了杨国忠的尸体，用枪尖挑起他的人头插在马嵬驿的大门外；接着，众人又杀死了杨国忠的儿子、户部侍郎杨暄以及秦国夫人和韩国夫人。御史大夫魏方进说道："你们岂敢杀害宰相！"不说则已，众人一听他这话，也一拥而上，将其杀害。左相韦见素听说发生了兵变，从驿站内出来准备制止，反被乱兵打得头破血流，有人说："不要伤害了韦大人！"韦见素这才侥幸逃过一死。

乱兵包围了马嵬驿，唐玄宗听到外面一片喧哗吵闹之声，就问发生了什么事，身边的人回答是杨国忠造反了。唐玄宗手持拐杖，脚蹬便鞋，走出大门，安慰将士们，命令大家回归本处，但众人不听。唐玄宗让高力士询问原委，陈玄礼回答："杨国忠谋反，杨贵妃不该继续留在皇上身边，希望陛下能忍痛割爱，将杨贵妃一并正法。"唐玄宗回答："朕会亲自处理。"他返身进门，伤心欲绝，浑身无力，拄着拐杖，把头深埋在胸前，久久站立。

时间凝固了。

过了很久，京兆录事韦谔（韦见素之子）上前对唐玄宗说："如今众怒难犯，安危就在顷刻之间，还请陛下速速决断！”遂扑通跪下，连连叩头，连头都磕破了。

唐玄宗凄然说道：“贵妃居住深宫，岂知杨国忠谋反？”

高力士说道：“贵妃的确无罪，可是，将士们已经杀了杨国忠，而贵妃还留在陛下身边，大家岂能心安？愿陛下慎重思量，将士们安心了，陛下也就安全了。”

唐玄宗这才命令高力士将杨贵妃送至佛堂内，将她绞死。时年杨贵妃三十八岁，唐玄宗七十三岁。

杨贵妃死后，众人将她的尸首抬至马嵬驿的大院内，然后，将陈玄礼等将领们召入检查。陈玄礼等人看后，脱去铠甲，叩头请罪，唐玄宗忍受悲痛，予以安慰，令他们出外向将士们通报。陈玄礼等人高呼万岁，叩头而出，于是，开始整顿军队，准备继续西行。杨国忠的妻子裴柔和最小的儿子杨晞以及虢国夫人及其儿子裴徽同行西逃，行至陈仓（今陕西省宝鸡市），县令薛景仙率领衙役将他们追上杀掉。

《致虚阁杂俎》记载：在天宝十三载的时候，宫中下了一场艳若桃花的红雨，杨贵妃非常高兴，让宫女们用碗盛着，用来染衣，染成的衣裙非常艳丽，唯独衣襟上隐然露出一个马字，心里很不高兴。至此马嵬驿之变，杨贵妃的鲜血染满衣衫，与红雨的颜色毫无二致，更让唐玄宗十分悲痛。《客退纪谈》记载：出城前，杨贵妃的侍女红桃早上梳妆，玉环落地，唐玄宗听到响声问道：“什么声音？”红桃回答：“玉环碎了。”唐玄宗默然不语，很不高兴，后来就有了马嵬驿之变。《国史补》和《姚鹭尺牍》称：杨贵妃被勒死在佛堂的梨树下，马嵬驿客店的老妇捡到一双杨贵妃的高靿袜，其女名玉飞，捡到一双雀头鞋，鞋上镶嵌珍珠，以薄薄的檀香木做鞋垫，仅有三寸长。《津阳门诗》注称：杨贵妃被匆匆安葬在马嵬驿西北十几步远的地方，只用紫色被褥包裹，胸前香囊中装着冰麝香。后来改葬时，尸体已经腐烂，只得到了那些冰麝香，唐玄宗哭着将香囊佩戴在胸前。

大唐第一美女就这样凄惨地死去了，那个女人的美貌曾经将李白惊呆，一口气为她写下三首脍炙人口的诗歌：“第一首：云想衣裳花想容，春风拂槛露华浓。若非群玉山头见，会向瑶台月下逢。第二首：一枝红艳露凝香，云雨巫山枉断肠。借问汉宫谁得似？可怜飞燕倚新妆。第三首：名花倾国两相欢，长得君王带笑看。解释春风无限恨，沉香亭北倚阑干。”那个让大诗人白居易用“回眸一笑百媚生，六宫粉黛无颜色”的诗句赞美的美丽女人，就这样随风而去，然而，她给后世的人们留下了数不尽的叹息和怅惘，令后世之人来到马嵬驿凭吊，有同情，有惋惜，也有鞭挞的。同情的主要有：李商隐的《马嵬二首》之一：“冀马燕犀动地来，自埋红粉自成灰。君王若道能倾国，玉辇何由过马嵬?”李益的《过马嵬》：“汉将如云不直言，寇来翻罪绮罗恩。托君休洗莲花血，留记千年妾泪痕。”等；惋惜的主要有：明代唐寅《题太真图》：“古来花貌说仙娥，自是仙娥薄命多。一曲霓裳未终曲，金钿早委马嵬坡。”清代诗人王士祯《马嵬怀古》：“何处长生殿里秋，无情清渭日东流。香魂不及黄幡绰，犹占骊山土一丘。”责难的主要有：杜牧的《过华清宫》：“长安回望绣成堆，山顶千门次第开。 一骑红尘妃子笑，无人知是荔枝来。”明代石川席的《马嵬怀古》：“玉貌红颜称太真，当时寄发宠恩新。胡儿向事先忘母，是使妖姬逼上宾。”清代诗人李化楠的《杨贵妃墓》：“香肌红颜貌如仙，一曲霓裳绝可怜。谁使君王西出走，当时还赐洗儿钱。”还有由杨贵妃的死引发出对广大人民群众不幸遭遇同情的诗歌，著名的有：宋末隐逸诗人真山民的《杨妃》：“三郎掩面马嵬坡，生死恩深无奈何。瘗土驿傍何足恨，潼关战处骨埋多。”清末袁枚的《马嵬》（四）：“莫唱长年长恨歌，人间亦自有银河。石壕村里夫妻别，泪比长生殿上多。”

这些诗歌角度各不相同，但都是写了一点诗人各自的感慨，而真正完整地描写了唐玄宗和杨贵妃之间爱情的，还属白居易的《长恨歌》，这首流传百世的长诗让人读起来荡气回肠，久久不能平静。

汉皇重色思倾国，御宇多年求不得。杨家有女初长成，养在深闺人未识。
天生丽质难自弃，一朝选在君王侧。回眸一笑百媚生，六宫粉黛无颜色。
春寒赐浴华清池，温泉水滑洗凝脂。侍儿扶起娇无力，始是新承恩泽时。
云鬓花颜金步摇，芙蓉帐暖度春宵。春宵苦短日高起，从此君王不早朝。
承欢侍宴无闲暇，春从春游夜专夜。后宫佳丽三千人，三千宠爱在一身。
金屋妆成娇侍夜，玉楼宴罢醉和春。姊妹弟兄皆列土，可怜光彩生门户。
遂令天下父母心，不重生男重生女。骊宫高处入青云，仙乐风飘处处闻。
缓歌慢舞凝丝竹，尽日君王看不足。渔阳鼙鼓动地来，惊破霓裳羽衣曲。

九重城阙烟尘生，千乘万骑西南行。翠华摇摇行复止，西出都门百余里。
六军不发无奈何，宛转蛾眉马前死。花钿委地无人收，翠翘金雀玉搔头。
君王掩面救不得，回看血泪相和流。黄埃散漫风萧索，云栈萦纡登剑阁。
峨嵋山下少人行，旌旗无光日色薄。蜀江水碧蜀山青，圣主朝朝暮暮情。
行宫见月伤心色，夜雨闻铃肠断声。天旋地转回龙驭，到此踌躇不能去。
马嵬坡下泥土中，不见玉颜空死处。君臣相顾尽沾衣，东望都门信马归。
归来池苑皆依旧，太液芙蓉未央柳。芙蓉如面柳如眉，对此如何不泪垂。
春风桃李花开日，秋雨梧桐叶落时。西宫南内多秋草，落叶满阶红不扫。
梨园弟子白发新，椒房阿监青娥老。夕殿萤飞思悄然，孤灯挑尽未成眠。
迟迟钟鼓初长夜，耿耿星河欲曙天。鸳鸯瓦冷霜华重，翡翠衾寒谁与共。
悠悠生死别经年，魂魄不曾来入梦。临邛道士鸿都客，能以精诚致魂魄。
为感君王辗转思，遂教方士殷勤觅。排空驭气奔如电，升天入地求之遍。
上穷碧落下黄泉，两处茫茫皆不见。忽闻海上有仙山，山在虚无缥渺间。
楼阁玲珑五云起，其中绰约多仙子。中有一人字太真，雪肤花貌参差是。
金阙西厢叩玉扃，转教小玉报双成。闻道汉家天子使，九华帐里梦魂惊。
揽衣推枕起徘徊，珠箔银屏迤逦开。云鬓半偏新睡觉，花冠不整下堂来。
风吹仙袂飘飖举，犹似霓裳羽衣舞。玉容寂寞泪阑干，梨花一枝春带雨。
含情凝睇谢君王，一别音容两渺茫。昭阳殿里恩爱绝，蓬莱宫中日月长。
回头下望人寰处，不见长安见尘雾。惟将旧物表深情，钿合金钗寄将去。
钗留一股合一扇，钗擘黄金合分钿。但教心似金钿坚，天上人间会相见。
临别殷勤重寄词，词中有誓两心知。七月七日长生殿，夜半无人私语时。
在天愿作比翼鸟，在地愿为连理枝。天长地久有时尽，此恨绵绵无绝期！

三五八　另起炉灶

六月十五日，这是唐玄宗从长安出逃的第三天。

唐玄宗一行人将要出发，而朝臣中只剩下韦见素一人，只好令韦谔担任御史中丞，兼任置顿使。而就在这时，关于出逃的目的地又发生了分歧，将士们都说：“杨国忠谋反，其下属都在西蜀，不能去那里。”于是，有人说去河西、陇右，有人说去灵武，还有人说去太原，甚至有人还说返回长安的，唐玄宗本意还是去西蜀，但又顾及大家的意见，遂不置可否，一言不发。

韦谔说道：“说回京，必须做好抵御敌人的准备工作。如今我们的军队太少了，不如暂且前往扶风（今陕西省凤翔县），再慢慢商议去向。”

唐玄宗征求大家的意见，大家都觉得有理，于是，大家就继续动身西行。

临行前，当地父老百姓挡在唐玄宗的马前，说道：“皇宫，那是陛下的家；陵寝，那是陛下祖先的陵墓。陛下如今舍弃了长安，又将往何处安身？”唐玄宗驻马良久，遂命太子李亨留在后面给大家作解释。

唐玄宗先行后，百姓们对太子李亨说道：“皇帝陛下既然不肯留下来，我等愿意率领子弟追随殿下东进，收复长安。如果殿下与至尊一起入蜀，那么，谁还肯替中原百姓做主？”不一会儿，李亨身边就聚集了数千人。

李亨不同意，他说道：“至尊远涉险阻，我岂能忍心一刻离开他的身边。况且，我还没有当面向父皇辞别，应当去至尊那里，听候父皇的指示。”遂掩面而泣，做出要打马西去的样子。

这时，李亨的第三子、建宁王李倓和宦官李辅国拉住李亨的马，劝谏道：“逆贼叛乱，进攻京师，四海分崩，不顺应民心，将谈何恢复！如今，假如殿下随至尊入蜀，如果敌人烧毁栈道，则中原之地将拱手送给敌人了。人心一旦离散，就难以复合，虽然再想打到此地，也不可能了！不如暂且收集西北的边防军，从河北召回郭子仪和李光弼，与之合力东进讨伐逆贼，收复两京，平定四海，令社稷复安，宗庙复存，清扫宫禁，迎回至尊，这难道不是最大的孝顺吗！何必只想着嘘寒问暖，像小儿女一般眷恋那一点温情呢？”李亨的长子、广平王李俶也劝李亨留下。李辅国，此时尚名李静忠，他原本是皇家御马厩的牧马小儿，从小就入宫为宦官了。其长相丑陋，多少识了点字。后侍奉高力士，年将四十余，才被推荐到东宫内任职。

这时，众人簇拥着太子李亨的马，不让其西行。太子李亨这才命令李俶飞马赶上唐玄宗说明情况。唐玄宗在前头一直等着太子一行，等了很久，也不见太子的踪影，命人前去察看，才得知实情，遂仰天长叹，说道：“这是天意啊！”遂将两千名后军以及飞龙的厩马（最上乘的御马）送给了太子。唐玄宗对将士们说：“太子仁孝，足以主持宗庙，你们要好好辅佐。”又给太子传话：“你要努力，不要挂念我。西北的胡人部落，我素来对他们很好，你一定会受到他们的帮助。”

太子李亨面朝南方，号啕痛哭。

唐玄宗又将太子宫中的官属、宫女都送还太子，并宣布打算传位给太子，太子拒不接受。

六月十七日，唐玄宗来到岐山（今陕西省岐山县）。有人传言敌人先锋即将来到，唐玄宗惊吓之余，加快行进速度，夜晚留宿到了扶风郡（今陕西省凤翔县）。

当时，很多士兵都心存疑虑，不想入蜀，常常出言不逊，连陈玄礼也弹压不住，这让唐玄宗甚为忧虑。正巧，成都方面进贡十余万匹彩色丝绸的车队也来到了扶风，唐玄宗命人把这些丝绸陈列在厅堂之上，把将士们召入，给大家训话。他沉痛地说道：“近年来，朕已年老昏聩了，用错了人，致使逆贼叛乱，需要暂时避开其兵锋。我也知道你们临行仓促，未能与父母妻儿道别，翻山越岭来到此地，十分辛苦，朕内心很是惭愧。入蜀的路途艰险、漫长，郡县也偏远、狭小，我们人马众多，也许无法满足粮食供应，如今，我允许你们各自回家，朕独自与朕的儿子、孙子和宦官们前行入蜀，也能走到那里。今天，朕就此与你们分别了，你们可以把这些绸缎分一下，拿去换取盘缠。如果你们回到长安，见到父老乡亲，就替朕向他们问声好，希望他们洁身自爱，好好活下去！”说完，唐玄宗的眼泪一直流到了衣襟上面。

众人听了，都失声痛哭，纷纷表示：“臣等以死追随陛下，不敢怀有二心！”

唐玄宗沉默了很久，才说：“是去是留，朕听你们的。”

从此以后，各种流言才平息了。

太子李亨留在马嵬驿，却不知前去何处。广平王李俶问道：“太阳即将落山，此处非久留之地，大家说打算去哪里？”众人无言以对。建宁王李倓说道：“殿下曾经当过朔方节度大使，朔方将领们每年年初送来的贺年书信，我多少还能记起他们的名字。如今，河西和陇右之众已经在潼关之战中归降了敌人，他们的子弟都在敌人军中，那里的人也许会有异心。朔方路途较近，兵强马壮，行军司马裴冕出身名门望族，一定不会有二心。敌人闯入长安以后，正在劫掠财物，无暇扩大控制区，我们正好趁此机会火速前去，慢慢商议中兴大业，这是上策。”

众人均表示同意。

一行人行至渭河河岸，正遇上从潼关败退下来的残兵败将，双方互以为对方是安禄山的军队，慌乱之中发生一场激烈的战斗，双方均死伤惨重。战罢，李亨这才收拢剩余部众，找了一处浅水区，骑马渡过了渭河，没有马匹的人只好洒泪而返。

李亨从奉天（今陕西省乾县）一路北上，一路上快马加鞭，一日一夜飞驰三百里，等来到新平（今陕西省彬县），追随的士兵、武器损失过半，身边只剩下数百人。新平太守薛羽弃城而逃，李亨命人将其抓获，斩首；当天，他们又来到安定（今甘肃省泾川县），太守徐彀也逃了，李亨也让人将他抓住杀了。

六月十九日，唐玄宗从扶风出发，晚上住在陈仓（今陕西省宝鸡市）。同日，太子李亨抵达乌氏（今甘肃省泾川县东），彭原（今甘肃省宁县）太守李遵出城迎接，献上衣服、粮食。李亨等人来到彭原，在那里招募了数百将士后，于同日到达平凉（今宁夏回族自治区固原市）。在平凉，李亨检阅了牧马苑中的马匹，挑选了数万匹战马，又招募了五百余名将士，这才稍稍有点实力。

六月二十日，唐玄宗行至散关（今陕西省宝鸡市西），将要入川。他把将士们分成六股，命颍王李璬率领先头部队前行，寿王李瑁等人则分别率领其余各军依次前进。二十四日，唐玄宗抵达河池郡（今陕西省凤县）。已升任剑南节度副大使的崔圆携带奏表，亲迎车驾，他向唐玄宗汇报说，蜀地土地肥沃，物产富饶，士卒强盛，武器充足，唐玄宗听后十分高兴，当天即又晋升其为中书侍郎、同平章事，蜀郡长史不变；又以自己的侄儿、陇西公李瑀（唐玄宗长兄李宪的第六子）为汉中王、梁州都督、山南西道采访防御使。

马嵬驿之变，杨氏一门被杀，接着李亨就与父皇分道扬镳，令人多少怀疑这场政变幕后指使者就是太子李亨本人。唐朝建立以来，皇帝父子关系十分恶劣，皇族内部的斗争一直没有停止，唐玄宗本人也不例外，他不仅与兄弟们貌合神离，而且对儿子们尤其是太子李亨也是非常忌惮，唯恐自己的大权旁落。李亨自从当上太子以后，一直战战兢兢地生活着，唯恐步了前任太子的后尘，始终装出一副仁孝的样子，任凭宰相李林甫、杨国忠等人打压，安禄山的叛乱给了李亨一个出头的机会，他当然会利用这个机会把死敌杨国忠除掉，杨国忠一死，杨贵妃也得死，而杨贵妃的死等于直接剜了父皇的心头肉，李亨岂敢继续待在唐玄宗的身边？

至于史书上分道扬镳之前李亨所言以及唐玄宗的表现，都显得十分虚假，没有多少可信度。

三五九　李亨即位

河西有两个突厥羁縻州、四个思结羁縻州；陇右有三十个突厥羁縻州。

王思礼被唐玄宗任命为河西、陇右节度使后，来到平凉，却听说河西和陇右的这些胡人部落发生了内斗，只好折身返回，被唐玄宗任命为行宫都治兵马使。原来，河西的胡人部落听说他们的都护思结进明等人在灵宝、潼关之战中被杀，就开始争夺权位起来，继而演变成一场大战。实际上，思结进明虽然确实跟着哥舒翰在黄河北岸，而北岸并未发生战斗，思结进明也没死，等到哥舒翰逃入关中后，火拔归仁等人劫持哥舒翰投降，思结进明又侥幸得以逃脱。唐玄宗听了王思礼的汇报后，就任命周泌为河西节度使，以陇右兵马使彭元耀为陇右节度使，命二人与思结进明等人一起赴任，招徕各个部落。

六月二十六日，扶风百姓康景龙等人自发组织起来，讨伐叛军任命的宣慰使薛总，斩杀二百名敌人；二十八日，陈仓县令薛景仙杀死敌将，收复了扶风。

安禄山没有想到唐玄宗会匆忙丢下长安西逃，因此派人制止崔乾佑，命其驻扎在潼关，就这样，叛军在潼关停留了十日。直到得到唐玄宗确实已经弃城而逃的确切消息后，安禄山这才派遣孙孝哲率军杀入长安。安禄山任命张通儒为西京留守，崔光远为京兆尹，命安忠顺率军驻扎在苑中，镇抚关中。孙孝哲是安禄山跟前的红人，在安禄山的伪朝中很有势力，还经常与严庄争权夺利；安禄山命其监督关中诸将，张通儒等人都受其节制。孙孝哲恃宠而骄，豪爽奢侈，嗜杀成性，部下都很害怕他。安禄山命其搜捕关中的百官、宦官、宫女等，成百成百地送往洛阳；那些追随唐玄宗入蜀的王侯将相，他们的家属留在长安的，小到怀抱中的婴儿全都被孙孝哲下令屠杀了。安禄山还命令孙孝哲在崇仁坊屠杀了霍国长公主（唐玄宗的姐妹）以及未来得及逃出长安的王妃、驸马们，全部挖出心脏，以祭奠死去的儿子安庆宗；又杀掉了杨国忠和高力士的八十三名同党以及安禄山素来讨厌的官员，刽子手们把这些人用铁棒撬开天灵盖，残酷地虐杀，鲜血洒满长安大街；后来，又杀害二十多名皇孙、郡主、县主。

前宰相陈希烈晚年失宠，心生怨恨，等到叛军到来后，他与张均、张洎等人都投降了安禄山，安禄山以陈希烈和张洎为宰相，其余投降的群臣都一一授官，于是，安禄山的气焰更加嚣张，西面威胁到陇西，南面侵扰到长江、汉水一带，北面夺取河东大半。不过，叛军将领们都是一些胸无大志之徒，等他们轻易拿下长安后，都自以为可以高枕无忧了，日夜纵酒狂欢，一心只想着声色犬马之事，再无继续西进的打算了，因此，唐玄宗和太子李亨均得以顺利而去。

潼关失守的消息传到河北，李光弼正率军围困博陵，得知此信后，他赶忙撤围南下。史思明率部跟踪追击，反被李光弼击败，而后，李光弼与郭子仪合兵一处，留下常山太守王俌率领景城和河间的团练兵守卫常山，二人率领主力部队退入井陉。郭李二人在河北鏖战时，平卢节度使刘正臣也率部南下，“攻长杨，战独山，袭榆关、北平，杀贼将申子贡、荣先钦，擒周钊送京师。”（《李忠臣传》）又击破渔阳，叛将李归仁、李咸、白秀芝等来拒战，均被刘正臣击破。河北形势一片大好之时，刘正臣将要偷袭范阳，郭李撤军，史思明得以率军北上，迎头痛击，把刘正臣打得大败，丢下妻子儿女，夺路而逃，士兵被杀七千余人。奚王阿笃孤原来率众协助刘正臣，中途变卦，谎称率领一万人马与刘正臣一起偷袭范阳，等奚人军队到来后，却趁夜反攻刘正臣，董秦率军奋战，一直战至温泉山，才将奚人击破，生擒其大将阿布离，斩首示众。

当初颜真卿听说李光弼率军东进以后，就收军回到了平原，等待李光弼的命令，此时，当他听说郭子仪和李光弼退入井陉后，就开始处理河北的军务了。

太子李亨来到平凉几天后，朔方留后杜鸿渐、六城水陆运使魏少游、节度判官崔漪、支度判官卢简金、盐池判官李涵等人商议道：“如今，羯胡叛乱，两京陷落，主上南幸巴蜀，太子整军平凉，然而，平凉地势开阔，不适合防守，而我们灵武兵强马壮，如若想要取胜，非灵武不可。如果迎接太子到此，回纥汗国正强盛，与国家交好，北面集中各城的军队，西面调发河西陇右的精锐骑兵，南下以平定中原，这是千载难遇的建功立业之机啊！”商量以后，几人让李涵携带书信送给太子李亨，并把朔方的军队、粮食、武器等造册献上。李涵来到平凉后，太子李亨大喜。正巧河西司马裴冕被唐玄宗招为御史中丞，路过平凉，也劝太子前往朔方，于是，太子李亨答应了。杜鸿渐，是前宰相杜暹的同族侄儿。其祖父杜慎行任益州长史，父亲杜鹏举官至王友。杜鸿渐聪明好学，进士及第，由王府参军而逐渐升任朔方留后、支度副使。李涵是李唐宗室，是唐高祖李渊的堂兄弟、永安王李孝基之后。

杜鸿渐和崔漪听说李亨从平凉出发后，就让魏少游留在后方，整修房屋，储备物资，而他们则亲自来到平凉的北界百草顿迎接，慰问随行官员及将士们，并向李亨进言道："朔方军是天下精兵所在，灵武又是用武之地。如今，回纥请和，吐蕃归附，天下郡县均人自为战，固守待命。其中有一些城池虽然被敌人暂时占领，不日也将会被收复，殿下在灵武整军，长驱南下，号令四方，延揽忠义之士，逆贼不足灭啊！"李亨连连点头。魏少游大力兴修宫室，帷帐都效仿皇宫的样式，给李亨准备的食物也都是美味珍馐。七月九日，李亨来到灵武后，下令将这些东西统统撤换下来。

七月十二日，唐玄宗来到普安（今四川省剑阁县），宪部侍郎房琯赶来拜见。唐玄宗离开长安时，群臣大多并不知道，行至咸阳，唐玄宗对高力士说："你说群臣中谁会跟来，谁不会来？"高力士回答："张均、张垍父子两代都深受陛下厚恩，还是陛下的亲戚，他们兄弟二人一定会来；舆论认为房琯当为宰相，可是陛下没有用他，况且，安禄山曾经举荐过他，恐怕他不会来吧？"唐玄宗说："事情恐怕没有那么简单。"等到房琯来到后，唐玄宗询问张均兄弟的下落，房琯回答："臣本欲与他们一起前来，二人却推推拖拖，逗留不进，臣看他俩内心似乎另有打算，又不好意思说出口。"唐玄宗对高力士说："朕早就知道了。"当日，唐玄宗即任命房琯为文部侍郎、同平章事。张垍是宁亲公主的丈夫，唐玄宗爱屋及乌，对张垍非常宠爱，甚至把他的家也安在了宫中。陈希烈罢相后，一次，唐玄宗来到张垍宅内，征求他的意见看谁堪为相，还未等张垍回话，唐玄宗脱口说道："没人能比得过爱婿你啊！"张垍立即走下台阶，叩头舞蹈谢恩，可是，最终唐玄宗没有实现诺言，因此，张垍一直耿耿于怀，快快不乐。当时，张均、张垍兄弟以及姚崇的儿子、尚书右丞姚弈，萧嵩的儿子、兵部侍郎萧华，韦安石的儿子、吏部侍郎韦陟、太常少卿韦斌，均以才能、名望而担任高官，唐玄宗曾经说过："我要拜相，将一一任用前任宰相的儿子们。"话虽这么说，但过了一段，唐玄宗又改主意了，竟一个也没有任用。《剧谈录》称，唐玄宗行至骆谷，下马登高，对高力士说："我仓皇离开长安，连宗庙都没来得及辞别。此山很高，可以望见秦川，我今天遥辞宗庙。”遂向东叩拜，呜咽流泪。又对高力士说：“我当初要是采纳了张九龄的话，不至于到此地步！”遂命人前往韶州祭祀张九龄。上马后，唐玄宗要来长笛吹奏，曲成，潸然流泪，伫立很久。唐玄宗到成都后，左右请唐玄宗给此曲命名。唐玄宗思索很久说：“我记起来了，当时我因怀念张九龄，但还另有一番用意，就把此曲命名为《谪仙怨》吧！”其实，唐玄宗还有纪念杨贵妃的意思，只是当时不便明说罢了。此曲哀怨深长，非他曲可比，后世之人不明就里，只称之为《剑南神曲》。

太子李亨来到灵武之后，裴冕和杜鸿渐等人就上书，请求太子遵奉马嵬驿唐玄宗之命，登基即皇帝位，李亨没有答应。裴冕等人又说：“将士们都是关中人，日夜盼望着能打回老家，之所以历经险阻追随殿下，来到这沙漠边塞，就是希望能建立尺寸之功啊！一旦散去，就难以再组织起来了。希望殿下为了江山社稷，委屈自己听从大家的意见吧。”裴冕等人上了五次请愿书，李亨这才答应下来。

也就是在唐玄宗驾临普安的当天，即七月十三日，李亨就在灵武登基即皇帝位了，史称唐肃宗。他登上灵武南门城楼，接受群臣的叩拜，内心显得十分复杂，毕竟自己的父皇还活着，他自己却即位了！这似乎让人觉得有点太着急了吧？因此，他表现出一副十分无奈的样子，唏嘘流泪。屈指算来，距离马嵬驿与父皇分道扬镳还不足一月。

李亨追尊唐玄宗为上皇天帝，宣布大赦天下，改元为至德元载；任命佐命功臣杜鸿渐、崔漪为知中书舍人事，以裴冕为中书侍郎、同平章事；改关内采访使为节度使，治所移至安化（今甘肃省庆阳市），任命前蒲关防御使吕崇贲担任关内节度使；以陈仓县令薛景仙为扶风太守兼防御使；陇右节度使郭英乂为天水太守兼防御使。当时，塞上精兵都被挑选东征，只剩下老弱残兵，文武官员不足三十人，大家筚路蓝缕，草创朝廷，武将骄横傲慢。大将管崇嗣在朝堂上背对宫门而坐，谈笑自若。监察御史李勉（唐高祖李渊之子郑王李元懿的曾孙）上书弹劾，将其关押起来。唐肃宗特意下诏予以赦免，叹息道：“我有李勉，朝廷才受到尊重。”李亨登基十余日之间，前来归附的人渐渐多了起来。

李亨身边的张良娣十分聪慧机敏，很得李亨的欢心，陪伴李亨来到灵武。当时侍卫人数不足，每晚睡觉，张良娣总是躺在李亨的外侧。李亨说：“抵挡敌人，这不是妇女该做的事。”张良娣回答：“危急之际，妾将以身体为殿下遮挡，殿下可以从后面溜走。”到灵武后，张良娣产下一子，生子三天后，她就起来给战士们缝补衣服。唐肃宗劝阻，张良娣却说：“现在不是妾身休养的时候。”唐肃宗听了，对她更加爱怜。

三六〇　即位之初

这时，中国大地上出现了三个皇帝：唐玄宗、安禄山和唐肃宗。

入蜀途中的唐玄宗对儿子称帝浑然不知。七月十五日，他下诏称："任命太子李亨为天下兵马元帅，统领朔方、河东、河北、平卢节度都使，南取长安、洛阳；任命御史中丞裴冕兼任太子左庶子，陇西司马刘秩代理太子右庶子；以永王李璘担任山南东道、岭南、黔中、江南西道节度都使，以少府监窦绍作为其高级辅佐，以长沙太守李岘为都副大使；任命盛王李琦为广陵大都督，统领江南东路、淮南、河南等路节度都使，以前江陵都督府长史刘汇为其高级辅佐，以广陵长史李成式为都副大使；以丰王李珙为武威都督，统领河西、陇右、安西、北庭等各路节度都使，以陇西太守邓景山为其高级辅佐，并兼任都副大使。所需士兵、马匹、武器、粮食等物均由各路自行解决。其余各路节度使以及虢王李巨等人官职照旧，下属官员以及辖区郡县官员，均可自行挑选任命，任命之后再上报。"实际上，李琦和李珙都未赴任，唯独李璘上任了。唐玄宗还下令设置山南东道节度使，统领襄阳等九个郡；把五府经略使升格为岭南节度使，下辖南海等二十二个郡；把五奚经略使升格为黔中节度使，统领黔中等郡；将江南分为江南东道和西道两个节度使，江南东道下辖余杭等郡，西道下辖豫章等郡。开始时，全国各地均不知唐玄宗的下落，直到颁布了这道诏书以后，大家才知道唐玄宗入蜀了。

仔细品味唐玄宗的这道诏书，我们似乎能够看出，唐玄宗对于太子李亨在马嵬驿分道扬镳已心存芥蒂，但是国难当头，也不好说些什么，虽然他依然任命李亨为天下兵马元帅，却把全国划分为几个战区，把几个儿子都派到各地，而李亨也仅仅是一个战区的统帅，这实际上分割了李亨的权力。至于李琦和李珙之所以没有上任，是他们上任不了，个中缘由大概在于，李亨称帝之后，即向各地派使要求向自己效忠，而李琦统领的江南和李珙统领的安西地方官员在权衡利弊之后决定投靠到了李亨一边，拒绝接受唐玄宗任命的领导。不久以后，河西节度副使李嗣业接到李亨命令观望犹豫的态度即可见一斑，另外，当李璘上任后发兵东进，而李亨则命令其返回成都，也都说明了江南地方官员投靠到了李亨的一边。

七月十八日，唐玄宗来到巴西（今四川省绵阳市）。巴西太守崔涣（废黜武曌而被封为五王之一的崔玄暐的孙子）出城迎接，交谈之下，唐玄宗对他非常欣赏，房琯又从中举荐，当天，唐玄宗就拜其为门下侍郎、同平章事，又以韦见素为左相。

七月二十八日，经过一个半月的长途跋涉，唐玄宗一行终于来到了成都，随行人员仅有官吏军士一千三百人，宫女二十四人。

八月二日，唐玄宗下诏大赦天下。北海太守贺兰进明派录事参军第五琦入蜀，面见唐玄宗。第五琦认为："如今正在与敌人交战，财务是第一要务，而田赋捐税绝大多数都来自江淮，希望陛下授予臣一个官职，臣保证我们的军事供应不会出现短缺。"唐玄宗大喜，即任命其为监察御史、江淮租庸使。

八月十二日，李亨从灵武派来的使者抵达成都，直到此时，唐玄宗才知道李亨已经在灵武登基即皇帝位了！长安陷落、宰相被杀、爱妃赴死、太子离去、狼狈西逃、山河分崩，惊魂甫定的唐玄宗此时又接到了太子登基的消息，这个消息对于唐玄宗来说可谓是先斩后奏，逼迫自己退位，他能高兴到哪儿去呢？不过，唐玄宗深知此时的自己只能接受既成事实，绝不能意气用事，于是，他做出一副十分高兴的样子，欣然接受了儿子给自己的尊号——上皇，并表示："我儿顺应上天民意，我还有什么可担心的呢！"经过四天的讨价还价，唐玄宗与来人达成一致，十六日，他接受了灵武方面要求，下诏称："从今往后，我的制书改称为诰，官员上书改称我为太上皇。"次日，太上皇李隆基正式宣布退位，并册封太子为皇帝，命令左相韦见素、文部尚书房琯、门下侍郎崔涣等人携带册命前往灵武，册命中称："朕从此称太上皇，天下的军事事务，均先听命于皇帝，然后再禀报给我知晓；等到收复两京以后，朕就颐养天年，不再干预世事了。"唐玄宗与唐肃宗父子之间的权力交接就这样在这种看似平静之下完成了，唐玄宗在承认唐肃宗合法性的同时，也给自己保留了一定过问政务的权力，同时，他也给出了自己最终交出全部权力的期限，即收复长安、洛阳之后。

至此，持续了一个多月的唐朝最高指挥权的混乱期结束了，而唐玄宗七月十五日的诏书也随之失效，这大约就是李琦和李珙未能赴任的根本原因，而李璘因为距离江陵路途较近，已经到任，虽然唐肃宗不予承认，但也无可奈何，这又即将导致李唐内部的一场内讧，暂且不提。

且说唐肃宗即位以后，除了协调与成都方面的关系、争取唐玄宗的认可之外，摆在他面前的头等大事不外乎：尽最大努力扩充自己的实力！

朔方军主力全都在河北与史思明交战，后方军队所剩无几，仅靠后方这点军队自守尚且不足，更不要说收复两京了，因此，唐肃宗即位后，就向各地派人调兵，还发布诏命将河北的朔方军调回灵武。唐肃宗命令河西节度副使李嗣业率领五千人马赶赴灵武护驾，当时，唐玄宗还不知李亨已经即位，李嗣业接到的还是唐玄宗七月十五日的诏书，该诏书明确河西属于新任武威都督、丰王李珙统领，李亨并非河西的直接上级，因此，李嗣业与节度使梁宰商议，梁宰心怀异图，决定还是暂时观望，不出兵为好。绥德府折冲段秀实责备李嗣业说："哪里有君主告急而臣子袖手旁观的道理！大人经常自诩为大丈夫，以今日看来，你不过是个小儿女罢了！"李嗣业听后一阵羞愧，当即禀报梁宰，按照唐肃宗的要求发兵，并让段秀实充当自己的副将，赶赴灵武。唐肃宗又向安西征兵，行军司马李栖筠选调七千精锐部队，号召他们奔赴国难，将其送往灵武。郭子仪、李光弼接到唐肃宗的诏命后，即从河北折返灵武，不久，郭子仪率领五万朔方军主力就回到了灵武，这下唐肃宗才安下心来，也才有了与父皇讨价还价的砝码。八月一日，唐肃宗以郭子仪为武部尚书、灵武长史、同平章事，以李光弼为户部尚书、北都留守、同平章事，其余官职照旧。接到命令后，李光弼即率领五千景城（今河北省沧州市东南）、河间（今河北省河间市）的团练兵奔赴太原。原来的河东节度使王承业治军无方，军纪涣散，唐玄宗派侍御史崔众接管了太原军队，不久，又命人将王承业杀了。崔众平素对王承业很是轻视，李光弼早已看在眼里，内心很是反感，此时，唐肃宗下令崔众将兵权交给李光弼，但崔众拒不服从灵武方面的命令，拖延着不交，李光弼大怒，即将其逮捕杀掉。《南部新书》对此有过生动的记载，由此也可看出李光弼的个性：当时，唐肃宗已任命崔众为御史中丞，中使来到太原，怀揣诏书，问崔众在何处。李光弼回答："有罪已被下狱。"中使把诏书拿出让李光弼看。李光弼却说："今天，我只杀一个侍御史崔众。如果你宣布了诏命，我就杀御史中丞；如果其被拜为宰相，我就杀宰相！"中使害怕了，遂不敢宣布而还，第二天，李光弼下令将崔众拉至碑堂之下斩杀。除了向各地征兵之外，唐肃宗还向回纥、吐蕃派出使者，希望他们能出兵支援平叛，回纥和吐蕃出于不同目的分别派人前来洽谈，唐肃宗设宴款待，礼送回国。

除了在各地征兵之外，唐肃宗还初步构建了自己的军政班子。唐肃宗从马嵬驿北行之后，即派人召回了自己的心腹李泌。李泌，字长源，是西魏太保、八柱国司徒李弼的六代孙。其父李承休，吴房县令。李泌从小就很聪明，博览群书，擅长诗文，精通易经，张九龄、韦虚心（韦凑堂侄）、张廷珪对他都很器重。据《邺侯外传》记载，李泌生下来头发就长及眉毛。其母周氏生下其他儿子都折腾得疲惫不堪，唯独李泌降生时非常顺利，因此，就给他起了个小名叫顺。开元十六年，唐玄宗驾临御楼与民同乐，夜里在楼下设置高椅，命人讲论。李泌的表兄员俶仅九岁，也身穿儒生衣服，坐在高椅上侃侃而谈。唐玄宗看到后，就把员俶召入楼上询问其姓名出身，又问："还有像你这样的神童吗？"员俶就说出了李泌。唐玄宗暗中记下李泌家的地址，派宦官偷偷将他抱入宫来。唐玄宗正与张说下棋，一见之下就说："这孩子仪表真是国家的栋梁啊！"命张说出题考试。张说就让李泌诵方圆动静，李泌说："方如行义，圆如用智，动如逞才，静如遂意。"唐玄宗大喜，把李泌抱在怀中，拿果品喂他，然后，又把李泌送到忠王院，两个月后才放回家去，并叮嘱道："小儿年龄太小，怕伤了他，所以才没给他官职，好好看护，这可是国家的栋梁之材啊！"张说也把李泌请到家里做客，让两个儿子张洎、张均与其交友。又称，李泌年少时，身轻如燕，能站在屏风、熏笼之上。有道士说，此儿长到十五岁，定能白日升天。父母亲戚听说后，都非常担心，一旦听见空中有音乐之声或者香气传来，李家上下都对着天空谩骂，一年八月十五，李家正在欢宴，却见屋外一朵彩云停在庭院的树上，全家人赶忙捣了很多大蒜、韭菜，等香气飘来时，李家派人偷偷爬到屋顶，把捣碎的大蒜、韭菜向那团香云泼去，以后，就再也没有发生过这种事情了。过了两年，李泌做《长歌行》，自夸道："天覆吾，地载吾，天地生吾有意无？不然绝粒升天衢，不然鸣珂游帝都。焉能不贵复不去，空作昂藏一丈夫。一丈夫兮一丈夫，平生志气是良图，请君看取百年事，业就扁舟泛五湖。"张九龄劝诫道："早得美名，必有所折。藏器于身，古人所重，何况你一个儿童呢？以后写诗只用写一些风景，吟咏古代的贤人，切不可自我夸耀才是。"李泌含泪接受，后来，李泌也曾规劝过张九龄，张九龄将他视为小友。张九龄被贬至荆州后，李泌也随其来到了荆州，并在那里遇见神仙桓真人、羡门子、安期生，教授给他羽化登仙之术，并告诫他说："太上老君有命，只因国运中危，朝廷多难，你要以文武之道辅佐圣人，然后再求真登仙。"天宝年间，李泌在嵩山上书谈论世事，受到唐玄宗的召见，被授予侍诏翰林，命其在东宫服务。杨国忠为了打击太子党，称其曾写了一首《感遇诗》，意在讽刺时政，唐玄宗遂下诏将其贬于蕲春郡安置。李泌接到唐肃宗的召唤后，即刻赶赴灵武，唐肃宗一见大喜，像太子那时出门二人并驾齐驱，入内对床休息，事无大小都征求他的意见，对他是言听计从。唐肃宗想任命李泌为右相，但李泌坚决推辞道："陛下把我当成宾客和朋友，这比宰相还尊贵，何必非让我委屈当个宰相呢！"唐肃宗遂将其拜为银青光禄大夫，执掌朝廷核心政务，实际权力比宰相还大。《南楚新闻》记载，一次，唐肃宗夜里召颍王等三个弟弟来饮宴，因李泌不吃粮食，唐肃宗总是亲自给他烧两个梨子让他吃。颍王自恃尊贵，故意要吃一个，唐肃宗不给，说道："你们吃肉，先生绝粒，为何还要争这梨子？"颍王说："我就是试一试皇上是不是偏心，要不然我们兄弟三个一起要这一个梨？"唐肃宗还是不给，让人赏赐给他们其他果实。三王又说："我们之所以索要这个梨，就在于这是皇上您亲自烧的，给我们其他果品又有什么意思呢？"遂建议大家联句。颍王先说："先生年几许？颜色似童儿。"信王接道："夜抱九仙骨，朝披一品衣。"益王接着说："不食千钟粟，唯餐两颗梨。"唐肃宗最后说："天生此见气，助我化无为。"

三六一　河北失守

由于安禄山对灵宝大捷乃至潼关失守、唐玄宗弃城西逃估计不足，他对迅速占领长安以后下一步的方略没有一个通盘的预案，因此，叛军占领长安后的攻势很快就陷于停顿，而安禄山除了仓促任命几个长安地方官员之外，就是发泄私愤，诛杀李唐宗室，大肆劫掠长安财宝、子女、玩好。安禄山听说在唐玄宗西逃之后，长安城内的百姓趁乱偷盗了很多国库内的财物，就下令军队进入长安以后，在城内大肆搜查了三天，百姓家中不管是公私财物悉数收缴，他还命令长安下属郡县严查，即便是一铢钱也要予以收缴，牵连了很多百姓，闹得沸反盈天，百姓们开始怀念唐朝了。安禄山派兵进攻扶风，被薛景仙击退，而后又命部将高嵩携带诏书、丝绸招诱河西、陇右将士，大震关使郭英乂将其斩杀。

唐玄宗自己就是个音乐鉴赏家，他每次举办的宴会，同时又是一场盛大的演奏会：他把太常所属的正统音乐分为两个部分，一个是坐部、一个是站部，也就是说一群坐在堂上演奏，另一群是站在堂下演奏；雅乐演奏完毕后，接着上演鼓吹乐曲、胡人乐曲、戏剧歌舞、地方乐曲、杂要；并用旱船等载着他们巡回演出；还让宫女们出来起舞《霓裳羽衣舞》；又训练了一百匹骏马，令它们口含酒杯祝寿；还训练了犀牛、大象等起舞助兴。安禄山哪见过这些玩意？见过之后就一直是念念不忘，等到占领长安以后，就下令搜捕乐工，将乐器、舞衣、马匹、犀牛、大象等都运到了洛阳，供自己享用。安禄山在洛阳的凝碧池设宴款待自己的臣下，命乐工们给自己演奏。想到亡国之痛，梨园子弟都是泪如雨下。乐工雷海清忍不住满腔怒火，将乐器扔到地上，面西大哭，安禄山大怒，命人将雷海清绑在试马殿前，肢解而死！据《明皇杂录》补遗记载，当时，王维也被安禄山软禁在菩提寺内，听说此事后，赋诗哀悼道：“万户伤心生野烟，百官何日更朝天。秋槐叶落空宫里，凝碧池头奏管弦。”

安禄山只顾在洛阳享受，刚刚占领的长安就发生了变故。叛军中的同罗、突厥军队驻扎在长安园林中，七月二十二日，其酋长阿史那从礼率领五千骑兵，盗窃了两千匹御马，在大肆劫掠一番之后，逃出了长安。阿史那从礼打算在朔方联络各地胡人，割据一方，谁知唐肃宗先一步来到了朔方，在唐肃宗的安抚下，很多同罗、突厥部众归降了。同罗、突厥叛逃后，长安城内一片大乱，官吏纷纷外逃，囚徒从狱中也逃了出来。安禄山任命的京兆尹崔光远认为叛军可能要逃离长安，遂率领衙役们监控了叛将孙孝哲的住所。孙孝哲发现后，向安禄山禀报，崔光远遂与长安县令苏震（苏瑰之孙）率领郡县官员十余人逃到了灵武。唐肃宗任命崔光远为御史大夫兼京兆尹，命其前往渭河以北招徕军民；又任命苏震为御史中丞。侍御史吕諲、右拾遗杨绾、奉天令崔器也相继来到灵武，唐肃宗分别任命吕諲、崔器为御史中丞，以杨绾为起居舍人、知制诰。崔光远叛逃灵武后，安禄山又任命田乾真为京兆尹。

自从唐肃宗从马嵬驿北去之后，民间就谣传太子将要收复长安，长安百姓日夜北望，每每惊呼：“太子大军到了！”长安街市为之一空，叛军望见北方烟尘，也都惊恐不安，时刻打算东逃。当地豪强大户经常纠集人众，杀掉叛军任命的官吏，响应唐军，刚开始的时候，叛军占领了长安、鄜（今陕西省富平县）、坊（今陕西省黄陵县）一直到岐（今陕西省凤翔县）、陇（今陕西省陇县）一带，继而，仅剩下一座长安城，城西门以外就是义军的营垒。其势力范围西不过武功（今陕西省武功县），北不过云阳（今陕西省淳化县），南不过武关（今陕西省丹凤县），而江淮之间送来的贡品都改经襄阳，取道上津（今陕西省山阳县），运抵扶风（今陕西省凤翔县），而后或运至灵武，或送到成都，一路畅通，这都是薛景仙的功劳。

在占领长安以后，安禄山方面有失误，唐肃宗方面也是有失误。从某种程度上说，安禄山之乱对唐肃宗个人是带来一定利益的，他借机培植了自己的势力，消灭了对手杨国忠，并最终登上了皇帝宝座，然而，从大唐帝国的整体利益上来说，马嵬驿分道扬镳，未必有多少好处。首先，帝国在一个较短的时期内政令、军令出现一定程度的混乱，削弱了对敌斗争；其次，让帝国几乎陷于分崩离析的险境。更要命的是，唐肃宗即位，为了个人安全和个人的实力，召回了在河北前线的郭子仪和李光弼，让原本非常有利的战略态势转为被动。虽然郭李二人在得知潼关失守后，主动转攻为守，但只要郭李率领的朔方主力还在常山一线一天，对洛阳的安禄山和河北的史思明就是一个极大的威胁，对整个河北义军就是一个巨大的支持，对河北战局起到决定性的作用，而河北战局又时刻影响和左右着全国尤其是关中局势。由于河北不稳，安禄山在占领长安以后才无法调出充足的军队穷追猛打，夺取陇西，而唐肃宗把朔方精兵调回灵武，虽然个人地位得以巩固，但对河北义军是一个巨大的灾难。

郭李主力退出河北之后，河北很多城池都还站在朝廷一边。常山太守王俌见势头不对，遂打算投降叛军，可是，他手下的将领们却不从，众将趁蹋马球之际，纵马将其踩死。当时，信都（今河北省衡水市冀州区）太守乌承恩（原为平卢先锋使，其父乌知义曾为史思明上级，乌承恩与族弟乌承玼被誉为辕门二龙，曾受到裴宽的惩处。按：史籍缺载，实际情况可能是这样的：信都被贺兰进明攻下后，原为叛军将领的乌承恩归降，其就地被任命为信都太守）麾下有三千朔方军队，常山众将派使者宗仙运一行前往信都，想把乌承恩迎至常山。乌承恩推辞称没有朝廷的命令，不可擅自前去，宗仙运说："常山北控燕、蓟，南通河、洛，西有井陉之险，足以扼住叛军的咽喉。前不久，皇上大驾西去，李大夫（指李光弼）收兵，退守晋阳，王太守统领后军，想举城投降敌人，众人不从，已将其诛杀。大将军您兵精马壮，远近无敌，如果以国家为重，请大人移驾常山，与李大夫首尾相应，就能立下不世之功！如果狐疑不定，又不戒备，常山陷落以后，信都岂能独立！"但乌承恩依然不从。宗仙运又说："将军不接受在下的劝说，一定是担心兵少不敌。如今，河北百姓民不聊生，都想着要报效国家，他们各自屯聚，盘踞乡里，如果将军提高赏金，派人前去招抚，不出十日，很快即可凑出十万大军，与三千朔方精兵配合使用，足以成事。如果把要害之地拱手让人，住在四通八达之地而自以为很安全，这就好比是把剑柄让别人握着，剑尖对着自己一样，是取败之道啊！"然而，乌承恩始终狐疑不决。

果然，在郭李西撤后，史思明很快就转入了反攻，开始各个击破，逐一收复河北失地。

七月，史思明、蔡希德率领一万叛军南下，进攻九门（今河北省石家庄市藁城区西北）。叛军进攻十日后，九门守军诈降，在城墙上埋下伏兵，史思明登上城墙，伏兵突然出击，史思明从城墙上摔到地上，鹿角刺伤了他的左肋，当夜，史思明率部逃回了博陵（今河北省定州市）。

郭李西撤后，唐肃宗重新重用起颜真卿来，此时，颜真卿派人用蜡丸密封奏表也送到了唐肃宗的手里。唐肃宗遂以其为工部尚书兼御史大夫，并保留其过去的河北招讨使、采访使、处置使职务，还给他送来了大赦诏书。颜真卿将诏书传至下辖各郡，又派人送到河南、江淮各地。东南各地这才知道唐肃宗已经在灵武即位的消息，人心也安定了下来。

八月，史思明卷土重来，再度围攻九门。八月十日，叛军攻克九门，诛杀数千守军，然后向东转攻藁城（今河北省石家庄市藁城区）。二十日，史思明攻克藁城。九月一日，史思明包围赵郡（今河北省赵县）。五日，攻克赵郡。紧接着，他又领兵包围了常山（今河北省正定县）。经过十天战斗，常山陷落，数千守军被杀。

与此同时，叛军将领尹子奇也包围了河间（今河北省河间市），敌人强攻四十余天，依然没有攻下。史思明在攻克常山以后，即率军赶来增援。颜真卿派遣部将和琳率领一万两千军队救援，史思明纵兵迎击，唐军大败，遂乘胜攻克河间，生擒李奂，将他送往洛阳后杀掉；接着，史思明又南下攻克了景城（今河北省沧州市东南），河间太守李暐投河自杀。史思明命两名骑兵手持招降书前去乐安（今山东省惠民县），乐安即刻投降。又派遣部将康没野波率领先锋进攻平原，叛军还未到来，颜真卿自知寡不敌众，十月二十二日，弃城南渡黄河逃去。史思明又用平原（今山东省陵县）的军队去进攻博平（今山东省聊城市）、清河（今河北省清河县），全部攻陷。史思明则率领主力北上包围了信都的乌承恩，乌承恩见大势已去，举城投降。他亲自引导史思明入城，将军队、马匹、仓库完好无损地交给了史思明，共计有三千匹战马、五万军队。史思明把乌承恩送到了洛阳，安禄山恢复了他的官爵。

至此，河北全境只剩下一个饶阳（今河北省深州市）了。叛军一直进攻饶阳一整年还未能攻下，等到河北各郡均已陷落，史思明集中各军一起进攻，此时，饶阳外无援军，独木难支，太守李系走投无路，纵火自杀，饶阳最终被叛军攻陷。饶阳猛将张兴，智勇双全，力大无穷，史思明将张兴生擒后，拉到马前，对他说道："将军真是位壮士啊！能与我一起同享荣华富贵吗？"张兴回答："我张兴乃大唐忠臣，肯定是不会投降你的。如今，我不过是再活几刻钟的人罢了，希望能听我一言再杀我。"史思明说："那你说吧。"张兴说："主上对待安禄山，恩同父子，群臣不及，可是，他不知感恩戴德，反而起兵犯上，致使生灵涂炭。大丈夫就算不能剪除凶顽，岂能忍心当他的臣子！我有一条计策，足下能听进去吗？足下之所以要一起反叛，不过是想求得荣华富贵罢了，但你这么做就好比燕子在一条布幔上筑巢，岂能久安？为什么不趁机诛杀了安禄山，转祸为福，永远享受荣华富贵，这难道不是件美事吗！”史思明听后勃然大怒，下令将张兴绑在一根圆木上，用大锯残忍杀害。行刑中，张兴毫无惧色，骂不绝口，直到咽气才罢。

叛军每攻破一座城池，就把城中百姓的衣服、钱财、女人劫掠一空。逼迫强壮的男子充当挑夫，而将老弱病残用长矛大刀杀死，以此为乐。当初，安禄山把三千人马交给史思明，命其平定河北，到至德元载（天宝十五载、公元756年）十一月，经过一年的苦战，史思明终于平定河北全境，每个郡部署了三千守军，配备一定的胡兵，而后，史思明回到了博陵。尹子奇打算率部乘胜南渡黄河，进攻北海，并打算继续南下夺取江淮地区。正巧，回纥可汗应唐肃宗的请求，派遣大臣葛逻支率军支援唐朝，先命两千骑兵突然推进到范阳城下。尹子奇闻讯，这才率军北返。

三六二　东南苦战

当史思明等人逐次进攻河北各郡时，安禄山叛军也加大了对东南方向的进攻。

长安陷落之后，极大地鼓舞了叛军的士气。令狐潮卷土重来，将张巡包围于雍丘城内四十余日，雍丘与朝廷之间的联络彻底被叛军切断。令狐潮听说唐玄宗已经入蜀，再次写信劝说张巡投降。雍丘城内有六名都是官至开府、特进大将，联合起来劝说张巡，他们说敌众我寡，况且皇帝是死是活也没有个确切信息，不如投降。张巡听后，佯装同意。第二天，张巡命人在大堂之上高悬唐玄宗的画像，率领全体将士们进行叩拜，大家都深受感动，满面泪水。这时，张巡命人把那六名大将拉到自己面前，一番痛斥之后，全部斩首示众。

城内箭矢已经射光了，张巡心生一计，命人扎了一千多个身披黑衣的稻草人，趁夜用绳索放到城下。叛军发现后，不明真假，争先恐后地朝稻草人射箭，射了很久才发现是些稻草人，张巡命人再把满身是箭的稻草人拉上城来，轻松地取得了数十万支箭。后来，张巡又趁夜用绳索放下士兵，敌人发现后，以为张巡故技重演，遂禁不住哈哈大笑，无动于衷。谁知，这次张巡来真格的了，他放出城外的是五百名敢死队员，只见他们直扑令狐潮的大营，一阵砍杀，叛军一片大乱，只好烧毁营盘而逃，张巡率军又追杀了十余里才得胜而还。令狐潮屡战屡败，更是恼羞成怒，增兵继续包围雍丘。

张巡命郎将雷万春在城墙上与令狐潮交谈（《刘宾客嘉话录》称，是张巡与雷万春在城墙上说话，似乎更合理一些），叛军埋伏的弓弩手突然朝雷万春射箭，雷万春脸上连中六箭，却站在那里纹丝不动。令狐潮以为是个木头假人，命人询问才知道是雷万春，不禁大惊失色，远远地朝张巡喊道："刚才看了雷将军，才知道你的军令是如此森严，可是天道如何能够改变！”张巡对他说：“你连人伦都不知道，还谈什么天道！”不久，张巡率军出战，生擒敌将十四人，斩杀一百多人。令狐潮见无法攻下雍丘，只好趁夜撤围，回到陈留，不敢再出。

不久，有七千叛军驻扎在白沙涡（今河南省宁陵县西），张巡得知后，趁夜出城奔袭，大破这支敌军。回师途中，行至桃陵（今河南省杞县东南），又碰到敌人四百援军，也将其全部活捉。张巡将俘虏按种族和地域分开，凡是出生在妫川郡（今河北省怀来县）、檀州（今北京市密云区）的以及少数民族士兵，全部予以斩杀，而那些荥阳和陈留的胁从兵则释放还乡。此举传出后，十余天内，就有一万多户百姓逃出敌占区，投奔到张巡麾下。

到了八月，叛军河南节度使李庭望率领两万蕃汉步骑进攻雍丘（今河南省杞县）东南面的宁陵（今河南省宁陵县）、襄邑（今河南省睢县），企图孤立雍丘。傍晚，叛军在距离雍丘三十里处扎营。张巡率领城内三千敢死队出城掩杀，大破叛军，杀死俘虏了一多半敌人。李庭望收拾残兵败将，趁夜狼狈而逃。

一番休整过后，十月，令狐潮和王福德再一次率领一万余步骑进攻雍丘。张巡丝毫没把他们放在眼里，他率领守军主动出击，又一次大破敌军，斩杀数千人，叛军闻风丧胆，仓皇逃去。

十一月，令狐潮率领一万余众驻扎在雍丘城北，张巡亲率守军出城截杀，大破敌人，叛军又是抱头鼠窜，撤围而去。

数月来，令狐潮和李庭望一直围攻雍丘，却迟迟无法攻下，反而屡战屡败，于是，他们改弦易辙，设置杞州，在雍丘以北修建了一座新城，以切断雍丘的粮道。敌人的人数经常是数万之众，而张巡的守军才有区区一千余人，可是，在他的率领下，这支军队却屡战屡胜，杀得敌人闻风丧胆，丢盔卸甲。河南节度使王巨当时驻扎在彭城（今江苏省徐州市），加授张巡为先锋使。

到了十二月，由于河北全境已被史思明平定，叛军得以从河北抽身，很快就拿下了鲁郡（今山东省济宁市兖州区）、东平（今山东省东平县）、济阴（今山东省菏泽市定陶区），河南抗敌的形势已急转直下。敌将杨朝宗率领两万步骑准备偷袭宁陵，切断张巡的后路，企图全歼雍丘守军。张巡审时度势，率部主动撤出雍丘，转移至宁陵，与前期抵达这里的睢阳太守许远会师。

许远，是唐高宗宰相许敬宗的曾孙，他起初从军河西，担任碛西支度判官。章仇兼琼担任剑南节度使时，又征辟他为从事。章仇兼琼仰慕许远的门第，想把女儿嫁给许远，但许远不从，这让章仇兼琼很没面子，找个借口上奏皇帝，将其贬为高要县尉。安禄山反叛后，朝廷破格选拔将帅，有人推荐许远懂军事，唐玄宗召见后，拜为睢阳太守，后加授侍御史、睢阳防御使。安禄山攻克洛阳以后，许叔冀驻守灵昌（今河南省滑县），薛愿守颍川（今河南省许昌市），许远守睢阳（今河南省商丘市），三城均是孤立无援。薛愿坚守一年以后城破，许叔冀守了一年以后主动弃城南撤，只有许远一直在睢阳坚守着。（按：颍川兵少，又无粮草，薛愿和长史庞坚全力固守，城外百里之内的村舍、树木全部被敌人焚毁，安禄山派阿史那承庆增兵围攻，不分昼夜向颍川发动猛攻，苦战十五日城破，生擒薛愿、庞坚，安禄山下令将二人捆绑在洛水岸边的树木上，活活冻死。）

张巡来到宁陵的当日，杨朝宗就尾随而至了。叛军进抵宁陵城西北，张巡和许远率部出城迎战，双方从白天一直杀到深夜，来往数十回合，唐军大破叛军，共斩杀一万多敌人，战士的尸体布满汴河，顺流而下，杨朝宗收兵北撤。宁陵大捷后，唐肃宗晋升张巡为河南节度副使。张巡派人前往彭城面见虢王李巨，请求一些空白的委任状和用于赏赐的财物，以便颁发给有功将士，但李巨只送来三十个折冲、果毅的委任状，也没有任何赏赐。张巡写信予以斥责，但李巨置之不理。

至德元载的下半年，随着郭子仪和李光弼的朔方军撤出河北，史思明完全收复了整个河北地区，让安禄山再无后顾之忧，整个战局也随之发生了根本性的改变，下一步，经过休整的史思明正计划着集中优势兵力从河北打入山西，占领太原，继而配合关中叛军直扑灵武，而河北全失也让东南方向的唐军压力陡增。与此同时，唐帝国内乱也波及边境地区，南诏势力迅速扩张，它趁机攻陷越嶲（今四川省西昌市）的会同军（今四川省会理县西），一直打到清溪关（今四川省汉源县西南），其他方向的寻传（原居住在澜沧江上游一带，为阿昌族先民）、骠国（今缅甸一带）也都归降了南诏，与南诏的扩张相配合；吐蕃也相继攻陷了威戎军（今青海省门源县）、神威军（今青海省海晏县）、定戎军（今青海省湟中县西）、宣威军（今青海省西宁市北）、制胜军（今地不详）、金天军（今青海省贵德县西）、天成军（今甘肃省临夏市西）等，夺取了要塞石堡城（今青海省湟中县西）、百谷城（今青海省贵德县西南）和雕巢城（今青海省同仁县）。

当然，唐肃宗已无暇顾及这些，他一心要尽快收复两京，而就在他四处征兵之时，却发生了一件意想不到的事情。同罗酋长阿史那从礼引诱九姓府（今山西省河曲县一带）和六胡州（今内蒙古自治区鄂尔多斯高原）的数万胡人，聚集在经略军（今宁夏回族自治区灵武市）以北，企图进攻唐肃宗的大本营。唐肃宗命令郭子仪前往天德军（今内蒙古自治区乌拉特前旗东北），征调军队前去讨伐。左武锋使仆固怀恩的儿子仆固玢率领一小股部队与敌人遭遇，战败被俘，投降了敌人，不久，他又从敌人那里逃脱，仆固怀恩将儿子怒斥一番后杀掉。唐军将士无不吓得胆战心惊，在与敌人交战中无不以一当百，遂在黄河沿岸击败同罗一千多骑兵，缴获了敌人全部武器、骆驼和战马，解除了同罗来自北方的威胁。

唐肃宗虽然仰仗着朔方军队，但内心也担心朔方军一枝独大，架空自己。击败同罗后，他又打算向外藩借兵，增加胜算，遂以豳王李守礼的儿子李承寀为敦煌王，与仆固怀恩一起出使回纥汗国借兵。同时，唐肃宗还派人前往拔汗那国（今乌兹别克斯坦安集延市）请求援军，并让他们向中亚其他各国传话，答应给予丰厚的赏赐，让他们也派兵随同安西军队一起前来。

李泌劝说唐肃宗道："不如先到彭原（今甘肃省宁县），等到西北军来到以后，我们再推进到扶风，届时，江淮的军粮也将运到那里，可以解决军中的粮食问题。"唐肃宗遂于九月十七日从灵武出发，途中，内侍边令诚从敌人那里逃归，唐肃宗将其斩杀。二十五日，唐肃宗来到顺化（今甘肃省庆阳市）。此时，从成都赶来的韦见素等也送来了唐玄宗的传位诏书和传国玉玺，唐肃宗推辞道："前不久，我因中原大乱才暂且统领百官，岂敢趁乱匆匆登基即位！"群臣奉劝，唐肃宗依然不从，将诏书和玉玺置于便殿，早晚敬礼，就像过去向唐玄宗问安一样。因过去韦见素一直是杨国忠一党，唐肃宗对他很是冷淡，又素来听说过房琯，对其很是敬重。房琯在唐肃宗面前谈及世事，言辞慷慨，令唐肃宗为之动容。当时潼关败将王思礼、吕崇贲、李承光等人被押到唐肃宗面前，唐肃宗下令将他们全部正法，房琯从容劝谏，最终，唐肃宗只杀了李承光一人。从此以后，遇到军国大事，唐肃宗总是征询他的意见。房琯也以天下为己任，知无不为，独断专行。

三六三　陈涛斜大败

是直捣范阳？还是出井陉扰乱河北？还是由灵武南下，逐次夺回长安、潼关、洛阳，把安禄山逼回河北？

从战略全局来看，当然是出奇兵进入敌人内线，即河北腹地切断其首尾联络的好，如此一来，极有可能在较短的时间里平定这场叛乱，然而，作为唐肃宗来说，他更倾向于依次收复长安、洛阳，这是因为：一是，唐肃宗本人的战略眼光的局限。唐肃宗本人自然与他的祖上唐太宗不可同日而语，唐太宗文韬武略，自幼在战场上摸爬滚打，对整个战局有着敏锐的判断力，这是一直身处深宫、战战兢兢生活了大半辈子的唐肃宗所不能比拟的，而如今他面对的对手和变局、需要解决的问题又比唐太宗有过之而无不及，因此，他作出依次收复两京的决策也在情理之中。二是，受到当时朝中情势以及局势的左右。唐肃宗虽然取得了父皇的认可，但趁危逼宫的恶名是他承受不起的，而有这种心态的人大约也不在少数，这也是他在顺化不敢贸然接受唐玄宗诏书和玉玺的根本原因，另外，在唐玄宗的诏书中又给自己保留了很多特权，大唐最高统治阶层出现二元体制的局面在短时期内还将存在下去，不过，唐玄宗也明确承诺一旦收复了两京，他就将正式退休，对于唐肃宗来说，要想尽快结束这一体制，就必须尽快收复两京，接回父皇，如此一来，自己才能真正实现大权独揽，并且，事不宜迟，天下大乱时期，任何拖延就有可能出现难以逆料的情况，因此，尽快收复两京，迎回太上皇就成了唐肃宗最为紧迫的事。三是，河北局势已经发生了巨大变化，战机已失。唐肃宗召回郭子仪和李光弼之军后，河北局势顿时大坏，史思明越战越勇，河北各郡相继易手，此时再出兵河北，势必陷于被动。四是，唐肃宗对朔方军并不完全信任。朔方军在前期作战中战功赫赫，唐肃宗依靠的唐军主力也就是郭子仪的朔方人？臣正想弹劾他，不敢不提前告知陛下啊。”唐肃宗听了，遂开始讨厌房琯起来，并下诏任命贺兰进明为河南节度使，兼御史大夫。

就在贺兰进明在唐肃宗面前说房琯坏话前后，房琯上书唐肃宗请求亲自率军收复长安，清除叛军。唐肃宗虽然对他心存隔阂，但依然把希望寄托在他身上，盼望他能够取得成功，就答应下来，下诏任命其为持节、招讨西京兼防御蒲潼两关兵马节度等使，命其与郭子仪、李光弼等人一起商讨进兵大计。房琯又请求自己挑选幕僚，遂以御史中丞邓景山为副，户部侍郎李揖为行军司马，中丞宋若思、起居郎知制诰贾至、右司郎中魏少游为判官，给事中刘秩为参谋。大军出发后，又令兵部尚书王思礼为第二副将。邓景山，曹州（今山东省菏泽市定陶区西）人，一直充当文吏，天宝中自大理评事被提拔至监察御史。李揖生平不详，不过，王维有诗《过李揖宅》存世：“闲门秋草色，终日无车马。客来深巷中，犬吠寒林下。散发时未簪，道书行尚把。与我同心人，乐道安贫者。一罢宜城酌，还归洛阳社。”宋若思生平不详，大约在此不久，李白曾经替宋若思写了一篇推荐自己的奏表，名为《为宋中丞自荐表》。贾至，其祖父是唐高宗时期的侍御史贾言忠；父亲贾曾，唐玄宗当太子时，他任太子舍人，后长期担任唐玄宗的文字秘书，与苏晋同为知制诰，以词学闻名于世，号称苏贾；贾至子继父业，天宝末年担任中书舍人，唐玄宗传位诏书就出自他之手，当时，唐玄宗看到诏书后，叹息说道：“我父亲传位给我时，诏书出自你父亲之手，如今我传位给太子，诏书又出自你之手，两朝大典都出自你们父子之手，可谓难得啊！”作为盛唐诗人，贾至传世的诗歌主要有《春思二首》，其一：“草色青青柳色黄，桃花历乱李花香。东风不为吹愁去，春日偏能惹恨长。”《初至巴陵与李十二白裴九同泛洞庭湖三首》，其二曰：“枫岸纷纷落叶多，洞庭秋水晚来波。乘兴轻舟无近远，白云明月吊湘娥。”《巴陵夜别王八员外》：“柳絮飞识别洛阳，梅花发后到三湘。世情已逐浮云散，离恨空随江水长。”刘秩，唐代著名史学家刘知几的第四子。

有名无实的房琯非常看重刘秩，将全部军务都交给李揖、刘秩处理，大敌当前，自己身为主帅却优哉游哉；李揖、刘秩本为文吏，根本不懂军事，可是房琯信心满满，总对别人大言道：“敌人曳落河人数虽多，怎能与我刘秩匹敌！”房琯把军队一分为三，三军由北而南分别是：北路，由李光进（李光弼的弟弟）率领北军，从奉天（今陕西省乾县）东进。中路，由刘贵哲率领中军，从武功（今陕西省武功县）东进；南路，由裨将杨希文率领南军，从宜寿（今陕西省周至县）东进。三路大军直指长安。

房琯以中路军和北路军为先锋，十月二十日，两路唐军进抵便桥（今陕西省咸阳市西南）。次日，唐军在陈涛斜（今陕西省咸阳市东）与叛将安守忠率领的叛军遭遇。房琯非常迂腐，他采取古代的车攻战法，集中两千辆牛车，两翼由步骑兵护卫，向敌人发起冲锋；叛军借着顺风优势，擂鼓呐喊，牛受到惊吓，不知所措，叛军趁机纵火，唐军士兵与惊恐的牛相互冲撞，叛军趁势掩杀，唐军大败，被斩杀四万多人，侥幸生还的仅有数千人。二十三日，房琯亲自指挥南路军再次与叛军作战，但又一次被击败，杨希文和刘贵哲均投降了敌人。

唐肃宗听说房琯战败的消息，不禁勃然大怒；房琯逃回，脱去上衣，跪地求饶，幸赖李泌从中营救，唐肃宗才原谅了他，对他还像往常一样。

三六四　禄山之死

陈涛斜惨败，让唐肃宗在短时期内收复长安的计划搁浅了。

好在是：他与回纥汗国的谈判取得了实质性的进展。敦煌王李承寀来到回纥可汗（回纥汗国第二任可汗英武可汗磨延啜）的牙帐，回纥可汗把自己的女儿（《新唐书》称是可敦之妹）嫁给了他，并派遣大臣随李承寀、仆固怀恩一起来到彭原，面见唐肃宗。唐肃宗热情款待了回纥使者，又赐回纥公主为毗伽公主。

唐肃宗与回纥的和亲带来的直接结果就是，和亲的次月，即十一月，回纥可汗亲率大军南下，于八日来到带汗谷（今内蒙古自治区包头市北），与郭子仪的军队会合；可汗自恃兵强马壮，陈兵让郭子仪先拜狼纛而后才予以接见。十一日，回纥、唐联军与同罗和叛胡在榆林河（今内蒙古自治区托克托县黄河北岸地区）以北交战，大破敌人，斩杀三万，俘虏一万，彻底平定了河套地区，解除了来自北面的威胁。胜利后，郭子仪率军回到了洛交（今陕西省富县）休整。

安禄山自从起兵以来，两眼逐渐昏花，到至德二载（公元757年）已双目失明；雪上加霜的是，如今，他身上又出了大疮，毒火攻心，脾气愈发暴躁起来，身边的侍臣稍不如意，轻则杖打，重则砍杀，让手下都惶惶不可终日。其中，挨打最多的就是安禄山最亲信的宦官李猪儿。李猪儿聪明伶俐，契丹人，本是安禄山的书童，由于安禄山对他非常喜欢，就用利刃强行将其去势，鲜血流了几升，李猪儿几乎死掉，一昼夜后才苏醒过来，从此成为宦官。安禄山称帝以后，整日躲在深宫，很少与部下大将们见面，各地军务均通过严庄禀报。严庄主持朝政后，也经常受到安禄山的杖打，这让他又羞又气，无地自容，怀恨在心。

安禄山有个宠妾段氏，生了个儿子安庆恩，段氏一心想让自己的儿子取代安庆绪当太子。安庆绪朝不保夕，生怕早晚被杀，不知该如何是好，只好向严庄问计。严庄早对安禄山心存不满，就趁机对他说："殿下听说过大义灭亲这句话吗？有一件事是不得已而为之的，机不可失啊！"安庆绪回答："老兄你尽管说，什么我都从命！"严庄就说出了刺杀安禄山的计划，而后，他又对李猪儿说："你侍奉皇帝，前前后后被他打得能数得清吗？再不行大事，很快就要被打死了啊！"李猪儿也点头同意了。

要对付一个盲人，自然容易很多。一月五日当晚，严庄和安庆绪手握兵器立于帐外，李猪儿持刀径行闯入大帐，一刀直刺安禄山的腹部。安禄山身边的侍从都吓得面如土色，不敢动弹。安禄山用手摸索身边的佩刀，没有找到，就狂摇帐竿，高声大喊："这一定是家贼！"腹部已流了数斗鲜血，很快就死去了。安禄山死后，安庆绪下令将安禄山床下挖了数尺，用毛毯包裹尸体，就埋在了床下，严令宫中不得泄露消息。

至德二载一月六日清晨，严庄对外宣布，安禄山病危，册立晋王安庆绪为太子；不久，就拥立安庆绪即位，尊安禄山为太上皇，然后又宣布安禄山已经去世。安庆绪是个糊涂蛋，本性昏庸懦弱，言语颠三倒四，严庄唯恐众人不服，让其尽量不与外人接触。这正合安庆绪之心，他乐得整日在宫中饮酒作乐，尊严庄为兄，拜为御史大夫、冯翊王，把朝廷大小事务都交给严庄全权处理；又赏赐给各位大将很多财物，以争取人心。

安禄山当了一年零六天的皇帝，就这样被自己的儿子弑杀了，距离他起兵造反仅仅一年零一月有余。

安禄山阵营里内讧突起，无独有偶，唐肃宗阵营内部也是矛盾重重。

先说一说唐肃宗的婚姻和家庭。唐肃宗当太子时，太子妃是韦坚的妹妹韦氏，韦氏为李亨生下第六子李僩和永和公主；韦坚受到李林甫的陷害，李亨吓得主动与韦氏离婚，自此身边就没了正妃。再说说他的儿子们，唐肃宗一生共有十四个儿子：长子广平王李俶，后改名为李豫，就是后来的唐代宗，生于开元十五年，至今已三十一岁，其母吴氏，是唐玄宗赏赐给李亨的宫女；次子南阳王、特进李儋，后改名李系，孙氏所生；三子建宁王李倓，张氏所生；第四子李佖早死；第五子新城王李仅，陈婕妤所生；第六子就是原太子妃韦氏所生的李僩，颍川王；第七子东阳王李侹，张美人所生；第八子李荣早死；第九子李僙，裴昭仪所生；第十子李倕，段婕妤所生；第十一子李偲，崔妃所生；第十二子李佋，张良娣（就是后来唐肃宗的张皇后）所生；第十三子李侗，也是张良娣所生；第十四子李僖早死。李佋死于唐肃宗上元元年，时年八岁，此时只有三四岁。从第九子李僙开始，都是在唐肃宗至德二载收复长安后封王的，而第七子以上几个儿子则是天宝年间封的王，由此可见，李僙以下几个儿子此时还都很年幼，年长的也就是李俶、李儋、李倓、李僅、李僩、李侹六人，由于李亨没有太子妃，从法理上说这些儿子们都是庶子。

如今，张良娣是唐肃宗最宠爱的女人，唐肃宗即位后，就册封她为淑妃，眼看着就是未来的皇后，而张良娣也生下了两个儿子，这也就为唐肃宗的后宫争斗埋下了伏笔。与安禄山一样，唐肃宗也没立太子。张良娣欲立自己年幼的儿子，遂把年长的儿子们视为眼中钉、肉中刺，必欲除之而后快。唐肃宗的第三子建宁王李倓，英勇果敢，足智多谋。唐肃宗从马嵬驿北上后，随从兵马稀少，途中经常遭遇土匪袭扰，李倓亲自挑选精兵，一路冲杀在前，殊死血战，保卫着唐肃宗；有时，弄不来吃的，过了饭时，唐肃宗还饿着肚子，李倓就会悲从中来，痛哭流涕，军中将士对他都很敬重。到灵武以后，唐肃宗曾想让李倓担任天下兵马元帅，率领众将东征，李泌劝阻道："建宁王确实是元帅的合适人选，然而，广平王李俶是哥哥，假设建宁王立下大功，难道要让广平王去当吴太伯吗？"唐肃宗回答："广平王是嗣子，何必非要当元帅才尊贵？"李泌说："广平王尚未正式当上太子。如今，天下艰难，人心所向就在于元帅。如果建宁王立下大功以后，就算陛下不愿让他当太子，与他一起立功的众将难道会答应吗？太宗皇帝和太上皇过去就是如此。"唐肃宗遂以广平王李俶为天下兵马元帅，统领众将。李倓听说后，向李泌道谢说："这正是我的心愿。"李倓这话当然不是真心话。此时，广平王李俶和建宁王李倓已开始明争暗斗，李泌则站在了李俶一边。

唐肃宗与李泌一起视察，士兵们私下交头接耳说："身穿黄衣服的是圣人，穿白衣服的是山人。"唐肃宗听了，就对李泌说："世事艰难，不敢让你委屈当官，暂时穿上紫袍以打消人们的疑虑。"李泌不得已只好穿上，道谢。唐肃宗见了，高声大笑道："既然已经穿了这身衣服，就不能没有个名堂！"随即从怀中拿出提前写好的诏书，任命李泌为侍谋军国、元帅府行军长史。李泌坚决推辞，唐肃宗说："朕不敢以你为臣，只不过暂时让你帮助朕度过艰难岁月罢了。等到天下太平以后，随你想干什么干什么。"李泌只好接受。唐肃宗把元帅府设置在行宫内，李俶入宫晋见，李泌就留守；李泌入宫，李俶留守。李泌又对唐肃宗建议："众将害怕陛下的天威，在陛下面前禀报军情，往往词不达意，不敢畅所欲言，一旦出现差错，危害很大。请求陛下允许我和广平王先认真研究以后，再向陛下禀报，能行则行，不能行就止。”当时军情紧急，千头万绪，各地奏报从凌晨到深夜纷至沓来，唐肃宗命人全部送交元帅府，李泌先看，遇到紧急军情，李泌再重新封好，隔着宫门呈给唐肃宗，其余奏报，则等第二天由皇帝处理。宫门钥匙、军符，均由李俶和李泌掌管。

李俶和李泌掌握大权，自然不是张良娣乐意看到的。太上皇赏赐给张良娣一个七宝镶嵌的马鞍，李泌对唐肃宗说：“如今四海分崩，应当向百姓们展现俭朴的美德，张良娣不宜乘坐此鞍。请求陛下下令摘下珠玉交给国库，以后赏赐给立下战功的将士。”张良娣听了，怒从中来，从后阁内发话道：“我和你李泌都是乡里乡亲的，至于这样对我吗？”一个是宠姬，一个是宠臣，唐肃宗从中解劝道：“先生也是为了社稷着想啊！”就命人摘下了珠宝。这时，唐肃宗突然听见建宁王李倓在外面的走廊下哭泣，吃了一惊，遂将其召入问话，李倓回答：“臣一直担心大乱难以平定，如今见陛下从谏如流，很快就能看到陛下把太上皇迎回长安了，臣因此喜极而泣。”这件事发生后，张良娣开始对李泌和李倓怀恨在心。

又过了几天，唐肃宗对李泌说：“张良娣的祖母是昭成太后（唐玄宗的生母）的妹妹，太上皇一直念念不忘。我想让她当皇后，以令太上皇心安，你说如何？”李泌回答：“陛下在灵武，因群臣想立下军功，这才不得已登上帝位，并非有什么个人私心。至于立皇后之类的家事，还是等着太上皇的命令吧，也不在乎晚个年儿半载的。”唐肃宗同意了。

李辅国是唐肃宗的亲信宦官，此人外貌恭顺，沉默寡言，整日手持佛珠，一副慈祥模样，可是，内心狡诈阴险，令人防不胜防，他见唐肃宗宠爱张良娣，二人主动接近，相互勾结，共同对付李泌，双方矛盾日渐激化。建宁王李倓对李泌说：“先生把李倓我推荐给皇上，令我能为国效命，我无从报答先生的恩德，请让我替先生除害。”李泌问道：“你指的什么？”李倓说出自己要杀掉张良娣的计划。李泌反对说：“这可不是臣子该说的话啊，请大王暂时打消这个念头，不要先动手。”但李倓不从。按：李倓又不是傻子，他明知李泌是李俶的人，还把这种高度机密说给李泌？这些话显然是李泌在事后指认李倓时的证词，可以说成李倓要杀掉张良娣，极有可能是李俶和李泌一手编造的谎言。史称，建宁王李倓屡屡在唐肃宗面前指斥张良娣和李辅国二人，二人也把矛头对准了李倓，在唐肃宗面前污蔑李倓说："李倓恨不能当上元帅，图谋杀害广平王李俶。"张良娣之所以要杀掉李倓，一方面是李泌在她和李倓之间故意制造矛盾，诬陷李倓要杀掉她，另一方面，张良娣私下想让自己的儿子将来争夺太子之位，除掉英武的李倓符合她的利益。而李辅国担任元帅府司马，李俶则是天下兵马元帅，此时其实李辅国也已经被李俶悄无声息地拉拢到了自己一边，另据《李揆传》《李辅国传》可知，后来李俶之所以能当上太子，与李揆的建议有着直接的关系，这说明李揆早已是李俶的坚定支持者，而李揆对李辅国则持子弟礼，这就隐约地透露出李辅国似乎早已是李俶集团的人了。

唐肃宗当然也觉察到了这种矛盾。一次，他平静地对李泌说："广平王李俶担任元帅已经一年，我如今打算让建宁王李倓专门负责军务，又担心力量分散。想册立李俶为太子，你看咋样？"李泌回答："臣对此事早已说过了的，军务繁重，需要迅速处理，至于家务事，就该等太上皇的指示。不然，千秋万代谁还能分辨出陛下灵武即位的真实意思呢？这一定是有人想离间臣与广平王之间的关系罢了，臣请求去将此事告知广平王，以臣看来，广平王一定也不敢当啊。"李泌出宫后，就把此事转告给了李俶。李俶说："先生深知我的本意，这是想把事情办好啊！"李俶入宫坚决推辞："陛下尚未迎回太上皇，早晚问安，臣有什么心情去当储君！希望能等太上皇回宫之后再说吧。"唐肃宗连连赞赏，予以慰勉。

见李俶如此"懂事"，而李倓却屡屡惹是生非，又听张良娣和李辅国称其想要谋害李俶，唐肃宗不辨真假，勃然大怒，下令将李倓赐死。建宁王李倓之死绝不是如史料记载得那么简单，据学者分析，李倓之死，其实是他与李俶斗争的结果，系李俶一手策划的冤案，这从李俶此后成为代宗皇帝，不仅笃信佛教，而且还经常采用各种旁门左道祈福，更有甚者一再追封李倓，直至追谥其为皇帝，这远远超出兄弟之间的常情，吕思勉先生一针见血地指出，"盖其得位皆有惭德，其为是，正所以掩其争夺之迹也。"

李倓死后，李俶和李泌二人都心生恐惧，李俶也打算杀掉张良娣和李辅国，李泌又一次劝阻道："不行啊，你没看到李倓被杀吗？"李俶回答："我是替先生担心啊。"李泌说："我与皇上有过约定，等到收复京师以后，我就回山继续修道去了，大概能躲过一劫吧。"李俶说："先生一走，我就更危险了。"李泌安慰他说："大王只需尽到一个当儿子该尽的孝道。张良娣一介妇人，大王委曲求全，顺从于她，她又能怎么样呢？"

三六五　永王之变

灵武集团内部矛盾重重，其与唐玄宗之间的争斗也趋于表面化。

在唐玄宗入蜀途中，听从房琯之计放权给儿子们，于七月十五日发布诏书令他们奔赴各地镇守强藩，当时，谏议大夫高适劝谏，可是唐玄宗一意孤行，这实际上表达了对李亨马嵬驿不辞而别的不满。等到李亨灵武即位后，对此一直耿耿于怀，不予承认。唐玄宗虽然表面上承认了灵武集团，但并未收回成命，严令永王李璘返回成都，其间确实耐人寻味。

唐玄宗的七月十五日诏书与李亨灵武即位一前一后，引起了不小的混乱。在唐肃宗的干预下，武威都督李珙、广陵大都督李琦都未能顺利赴任，只有山南东道、岭南、黔中、江南西道节度使、永王李璘得以顺利来到江陵（今湖北省江陵县）赴任。李璘生母郭顺仪早死，他从小就由李亨抚养，李亨经常抱着他入睡，按理说二人虽是兄弟，却情同父子，但在权力面前，什么亲情都显得非常苍白了。

李璘七月来到襄阳，九月来到江陵。在江陵，他招募了数万将士，随心所欲任用官员，当时，来自江淮的租赋顺路运至江陵，堆积如山，李璘的数万军队每天都要消耗上万。李璘生于深宫，不谙世事，其子襄城王李玚孔武有力，以薛镠、李台卿、蔡坰为谋士，以为天下将要大乱，只有江南富足完整，李璘手握四道大军，控制数千里，应移居金陵，保有江南，如东晋那样，遂有割据江南的打算。唐肃宗听说后，就下诏命令李璘返回成都，但李璘不从。江陵长史李岘称病离开江陵，返回灵武，唐肃宗命其与高适一起商议对策。高适，盛唐著名诗人，《旧唐书》称："有唐已来，诗人之达者，唯适而已。"高适年少落魄，曾客居梁宋之间，天宝中，高适已年过五十，才开始留意诗词，数年间就以独特的诗风为世人所称道；后来，受到宋州刺史张九皋推荐，被任命为封丘尉。高适对此职并不满意，辞职西去，受到河西节度使哥舒翰的赏识，被委任为左骁卫兵曹，充翰府掌书记；高适随哥舒翰一起入朝，哥舒翰在唐玄宗面前盛赞高适的才能。哥舒翰潼关失败后，高适西奔追随唐玄宗，在河池郡追上唐玄宗，面陈潼关失败的原因。他说："臣深知哥舒翰忠义为国，然而已重病在身，脑力体力早已不支。监军李大宜与将领们结为兄弟，让倡女在军中弹琵琶箜篌，饮酒赌博以相娱乐，不关心军务。秦陇武士以及西部少数民族战士，暴晒于盛夏五六月的炎炎烈日中，饭都吃不饱，岂能奋勇杀敌？这就是我军临阵溃散，潼关天险一旦丢失的根本原因。南阳之军鲁炅、何履光、赵国珍各自持节，监军等数人又更相用事，如此一来，哪能必胜？臣与杨国忠争论，但最终不被采纳，陛下因之西幸巴蜀，这不足为耻辱啊！"唐玄宗将其晋升为侍御史。唐肃宗即位后，听说高适曾劝阻唐玄宗分遣诸王，就把他召至身边。

此时，高适分析了江南的重要性，进而又断言李璘必败。唐肃宗听后，不禁对高适刮目相看，十二月，唐肃宗下诏设置淮南节度使，统领广陵（今江苏省扬州市）等十二个郡，以高适为兼任御史大夫、扬州大都督府长史、淮南节度使；又设置淮南西道节度使，统领汝南（今河南省汝南县）等五个郡，以来瑱担任节度使，命二人与江东节度使韦陟一起对付李璘。

十二月二十五日，永王李璘擅自率领江陵水军顺流东下，对外谎称是东巡，声势浩大（《旧唐书》称，其仅率领五千甲士）。吴郡（今江苏省苏州市吴州区）太守兼江南东路采访使李希言发信质问李璘为何要擅离自己的防区。李璘大怒，分兵命部将浑惟明偷袭吴郡，季广琛偷袭驻守在广陵的广陵长史、淮南采访使李成式。李璘进抵当涂（今安徽省当涂县），李希言当时驻扎在丹阳，他自己逃回吴郡，而派遣部将元景曜、丹徒太守阎敬之率军抵御；李成式也派遣部将李承庆率军抵御。李璘趁着新锐之气，一举击败阎敬之，将其斩首示众，元景曜、李承庆均不战而降，江淮地区一片惊慌。高适与来瑱、韦陟率部在安陆（今湖北省安陆市）会师，结下盟约，宣布齐心协力，一起讨伐李璘。

至德二载一月，时年五十七岁、原本隐居在庐山的李白不明真相，进入李璘的幕府，作组诗《永王东巡歌》抒发了建功报国情怀，在李白看来，李璘是在为国效力，而在唐肃宗以及高适等人看来，李璘却是一个彻头彻尾的阴谋家。不过，高适等人部队并没有派上用场，李璘大军继续东下后，发现虽然击败了阎敬之等人，但长江下游的唐军毫无投降的迹象。

李璘拒不接受返回成都的命令后，唐肃宗就已经下了武力解决的决心，派遣宦官啖廷瑶、段乔福赶赴广陵，策划讨伐事宜。啖廷瑶等人来到广陵后，正巧河北招讨判官李铣正在广陵，啖廷瑶与其结为异姓兄弟，请求他留下来协防广陵。李铣手下有一百八十名骑兵，遂率领连同骑兵共计数千人马驻扎在扬子（今江苏省扬州市）；李成式命令判官裴茂率领三千步兵，驻扎在瓜步（今江苏省南京市六合区东南）伊娄埭。唐军采取疑兵之计，在长江两岸插满了军旗，李璘和儿子李玚登上城墙眺望，遂面露恐惧之色。这种恐慌的气氛立即传染了军中将领们，季广琛召来众将，对大家说："我们追随大王来到此地，天命没有降临，人心业已全失，不如趁着还没有打起来，早作打算，不然，要是死在战场上，也将永远成为逆臣了！"众将都觉得他说得有理，于是，季广琛率领本部六千步兵投奔广陵，浑惟明投奔江宁（今江苏省南京市），冯季康、康谦逃至白沙（今江苏省仪征市）。李璘派骑兵追赶，季广琛说："我不愿辜负大王之恩，才不战归国，你们如果逼我，我将回军决战了！"追兵听后，折返撤回。

听说部将叛逃，李璘忧愁恐惧，无计可施。当晚，长江北岸的唐军燃起很多火把，火光映照江中，一分为二，李璘军也举起火把，遥相呼应。李璘误以为唐军已经渡江，不禁惊恐万状，匆匆携带家眷、亲信弃军而逃，行至黎明，却发现唐军并未渡江，这才又折返回城，找来船只仓皇撤离，命李玚率部朝晋陵（今江苏省常州市）而来。

消息传来，江北各军齐头并进，开始渡江。李成式招募赵侃、库狄岫、赵连城等二十名敢死队员死死追赶，追至新丰（今江苏省常州市武进区境内）。李璘听说唐军已经赶来，遂命李玚、部将高仙琦率军迎战，赵侃等人跨马出战，李铣等大部队随后赶到，从左右两翼包抄李璘军，射中李玚肩膀，李璘军队遂溃散。

李璘与高仙琦等五人骑马与残余部众继续逃奔鄱阳（今江西省鄱阳县），司马陶备紧闭城门，拒绝他们入城。李璘大怒，命人焚烧城池。行至余干（今江西省余干县），准备南越大庾岭，逃到岭南，江西采访使皇甫侁派兵追击，将李璘生擒，在驿马站秘密处死，其子李玚也死于乱军之中。此时，是唐肃宗至德二载二月二十日。

皇甫侁命人把李璘的家属送回西蜀，唐肃宗听说后，说道："皇甫侁既然生擒了我的弟弟，为何不送到西蜀，却擅自杀掉呢？"遂终生不再起用他。

李璘兵败后，李辅国讨厌高适敢言，在唐肃宗面前说高适的坏话，唐肃宗将高适贬为太子少詹事。

三六六　太原大捷

陈涛斜大败之后，唐肃宗对前景有些茫然。

他问李泌："如今，敌人如此之强，天下何时能够平定？"

李泌回答："臣见敌人搜刮的子女玉帛都送到了范阳，岂有雄踞四海之心？如今，只有几个番将还替他出力，汉人中仅有高尚几个，其余人等都是被胁迫的。以臣判断，不出两年，天下可定！"

唐肃宗追问："这是什么原因？"

李泌回答："敌人的猛将不过史思明、安守忠、田乾真、张忠志、阿史那承庆等几个人罢了，如今，陛下如果命令李光弼从太原东进出井陉，郭子仪从冯翊攻入河东，这样一来，史思明和张忠志就不敢擅自离开范阳、常山，安守忠和田乾真就不敢离开长安，这就是我们只用两员大将就看住了敌人四支部队，安禄山身边只有阿史那承庆一人了。希望陛下下令郭子仪先不要夺取华阴（今陕西省华县），让长安和洛阳之路畅通，陛下率领征召的军队驻扎在扶风（今陕西省凤翔县），与郭子仪和李光弼迭相出击。敌人救头，我们就进攻尾；救尾就进攻头，令敌人在数千里之间疲于奔命。而我军则以逸待劳，敌人前来进攻，我们则避其锋芒；敌人撤去，我们就趁机追击，我们的策略是不攻城，不断路。来年春天，再任命建宁王为范阳节度大使率军从塞北出击，与李光弼一南一北，成犄角之势，夺取范阳，倾其巢穴。敌人撤退则无处可去，留在洛阳又不安稳，然后，大军从四面八方会攻，一定能够胜利。"

唐肃宗听后大喜。

李泌的战略是相当高明的，暂且不强攻长安、洛阳，看似缓慢，实际上却能起到四两拨千斤的效果，彻底平定叛乱，然而，数月之后，建宁王李倓被杀，加之唐肃宗急于夺取长安，这一战略未能实施，也造成了整个平叛战争处于一种逐次平推的局面。

安禄山当然也深知山西高地的极端重要性，李泌的战略还未来得及实施，叛军就主动发起了进攻。至德元载年底，待史思明平定河北后，安禄山即命其协同其他部队向太原发起了进攻。叛军兵分四路，一路是史思明从博陵（今河北省定州市）西进，一路蔡希德从太行（确址不详，应为太行山区），一路由高秀岩从大同（今山西省朔州市）南下，一路是牛廷介从范阳（今北京市）老巢出击，四路大军共计十万余众，目的是将李光弼赶出太原，全取山西屋脊，解除唐军对洛阳、大同、河北乃至范阳的威胁。

当时李光弼麾下的朔方精兵全都被调回，手下只剩不足一万团练兵。史思明信心满满，以为太原指日可下，夺下太原之后，就可以挥师西进，直取朔方、河西和陇右。听说叛军即将到来的消息，太原众将都非常担心，建议整修城墙，严阵以待。李光弼却说："太原城墙方圆四十里，敌人即将到来，我们却要大兴土木，这是还未见到敌人，我们自己先已精疲力竭了。"于是，他率领太原军民在城外开挖壕沟，用挖出来的泥土制造了数十万块土砖，众人都不明白做什么用。等到敌人前来攻城，城墙崩坏时，李光弼就命人在城内随时增补。史思明命人去山东运来攻城器具，派了三千胡兵护送，行至广阳（今山西省平定县），唐军游击部队慕容溢、张奉璋出兵截击，将其全歼。

史思明于至德元年年底包围太原，强攻一个多月都没攻下，遂挑选精锐部队作为游击队，给他们分配任务说："我主力进攻城北，你们就偷偷迂回到城南，大部队进攻城东，你们就去城西，一旦发现有隙可乘，就立即冲上城去。"然而，李光弼军令甚严，即便当面没有敌人，巡逻、警戒也毫无懈怠，敌人最终无法攻入。李光弼又悬赏招募军中有一技之长的将士，人尽其用，安边军有三个铸钱工人擅长挖地道，李光弼就令其从城内挖了数条地道。敌人在城外仰面辱骂，李光弼派人潜出地道，抓住敌人的双脚，将其拉入城内，拖到城墙上砍头示众，从此以后，敌人一到城墙附近，就只顾低头看路，生怕脚下有人。

叛军架起云梯，构筑土山，向太原城发起猛烈的进攻，李光弼则用地道应对，敌人的云梯、土山一接近城墙，即陷入地下。在敌人进攻之初，军营距离太原城墙非常近，李光弼命人制造很多大炮，发射巨石，一炮总能压死二十余人，敌人被打死了十之二三，遂向后撤出数十步之外，将太原城围了个水泄不通。

眼看敌人采取长期围困的策略，李光弼不禁有些担心，急中生智，就想出了一条诈降之计。他派人假装要投降，与敌人约定了出降日期，叛军大喜，遂放松了警惕。李光弼命人加紧开挖地道，地道一直挖到敌营四周，暂时用圆木支撑。到了约定的日子，李光弼率军站在城墙之上，派遣部将率领数千人出城，做出一副缴械投降的样子，敌人全都目不转睛地观看。就在这时，突然一声巨响，惊天动地，敌营顿时塌陷下去，当时就压死了上千人。叛军顿时吓得六神无主，惊慌失措，乱成一团，太原城上擂起震天的战鼓，出城诈降的唐军趁机高喊冲杀，俘虏、斩杀了近万名敌军。正巧，安禄山死了，安庆绪派人命令史思明率部返回范阳，只留下蔡希德等人继续围困太原。

安庆绪调回史思明也是无奈之举。自从数月前平卢节度使刘正臣从范阳败回后，安东都护王玄志就毒死了他，此后，安禄山任命部将徐归道接任平卢节度使，王玄志与平卢将领侯希逸又发兵袭杀了他。接着，王玄志派遣兵马使董秦率领三千人马用木筏渡海，敌将石帝庭、乌承洽率军抵御，董秦与董竭忠二将将敌人击退，转战多日，遂收复了鲁城、河间、景城等，缴获大批粮食。又与大将田神功一起进攻平原（今山东省陵县）、乐安（今山东省惠民县），将二地收复，生擒敌刺史藏瑜等人。防河招讨使李铣行使皇帝之权，任命董秦为平原太守（其本传称德州刺史）。北面的平卢给范阳带来了巨大的压力，塞满珍宝的范阳让安庆绪很不放心，只好把史思明从太原前线调回。田神功，冀州人，出身低微，天下大乱后从军。史称他“忠朴干勇，当时所称”。

一方面，叛军围城部队减少，另一方面，外部形势却对城内唐军变得有利起来。平定同罗之后回到洛交（今陕西省富县）的郭子仪认为，河东（今山西省永济市）居于长安、洛阳之间，战略位置非常重要，唐军夺取河东之后，就有条件伺机进攻长安和洛阳了，于是，他决定先全力拿下河东。当时，驻守河东的是曾经取得灵宝大捷的敌将崔乾佑，而河东易守难攻，郭子仪觉得只可智取，不能强攻。至德二载一月二十八日，郭子仪提前派奸细混入河东城内，暗中联络那些身陷叛军的前唐军将领，约定等唐军到来后，就里应外合。

安排停当之后，郭子仪率部从洛交出发直扑河东，途中，分兵南下夺占冯翊（今陕西省大荔县）。二月十一日深夜，河东司户韩旻等人翻越河东东城城墙迎接唐军，杀死近千名敌人，崔乾佑翻城逃出一命。逃到河东北城后，崔乾佑组织军队企图夺回河东东城，另外又分兵阻击唐军，郭子仪率军迎战，将叛军击败。

崔乾佑仓皇撤退，唐军乘胜追击，斩杀四千多人，俘虏五千人。崔乾佑逃到安邑（今山西省运城市），安邑军民开城接纳，但当叛军进来一半时，城门突然关闭，入城的叛军全部被杀。万幸的是崔乾佑还没进城，他从白径岭（今山西省平陆县西北）狼狈逃走，唐军遂夺回了河东。

河东回到唐军手中后，一方面能够威胁潼关、洛阳、长安，另一方面又能北上接应太原，太原外围局势得到进一步的改观。在河东胜利的鼓舞下，李光弼亲率敢死队主动出击，大破蔡希德部，共斩首七万余级，蔡希德只好率领残兵败将从太原城下撤离，太原保卫战以唐军的全胜而告终。

李光弼太原保卫战的胜利，意义非常重大。假设叛军顺利夺取了太原，不仅与大同连成一片，而且与河东也连成了一片，整个山西高地将落入叛军之手，各路叛军就会源源不断地从河北腹地进入关中，李泌的占据几个据点调动各路敌军的计划也就落空了，届时，关中地区的敌我双方力量对比就会发生有利于叛军一方的变化，鹿死谁手就很难说了，起码唐军夺占关中势必付出更大的代价。李光弼的太原保卫战有力地支援了郭子仪智取河东，而郭子仪智取河东又极大地鼓舞了李光弼，郭李二将不论从战略眼光抑或战术能力上堪称双璧，不愧为大唐中兴名将。

史思明回到范阳后，安庆绪任命其为范阳节度使，兼领恒阳军事，封妫川王；此外，安庆绪又任命牛廷介领安阳军事；张忠志为常山太守兼团练使，镇守井陉口；其余各将回归本镇，招募军队，抵御唐军。史思明在范阳远离前线，坐拥强兵，又拥有从两京运回的大量金银财宝，日益骄横，渐渐不听安庆绪的号令，而安庆绪对他也无可奈何。

三六七　收复两京（一）

至德二载年初唐肃宗痛下杀手诛杀了自己的第三子建宁王李倓之后，他又对屡立战功的郭子仪和李光弼有些担心起来了。

一次，他问李泌："如今，郭子仪和李光弼都已当上了宰相，等到攻克两京，平定四海之后，朕将没有官职赏赐他们两个了，这如何是好？"李泌回答："古代的君主把官位交给有才能的人，用爵位来赏赐有功人员。汉魏以来，虽然国家设置郡县来治理百姓，但仍然对于有功人员赏赐爵位，分封土地，让他们传之子孙，这种做法直到北周和隋朝还沿用着。大唐建立之初，尚未夺占关东地区，所以那些爵位都只是个虚名，对于'食实封'的人也不过是发给一些丝绸、布帛罢了。贞观年间，太宗皇帝打算恢复古制，因大臣们意见不一才作罢，自此以后，对于有功人员大多都赏赐给官职。以官职赏赐给有功人员有两个坏处：一是任非其才，就会耽误政事；二是权力过重，就会难于控制。所以，那些居于高位的功臣们都不会替子孙着想，往往趁大权在握牟取私利，肆意妄为。假设过去安禄山拥有一个方圆百里的王国，他也会倍加珍惜，希望传给子孙，不会谋反了。因此，我建议：等到天下太平之后，不如分封爵土，赏赐功臣，即便是大一点的王国，也不过二三百里，与如今的小郡相似，岂难控制？这样一来，对于功臣来说，就是千秋万代的家业啊！"唐肃宗回答："好！"

唐肃宗听说安西、北庭和拔汗那、大食各国的军队已行至凉州（今甘肃省武威市）、鄯州（今青海省海东市乐都区），至德二载（公元757年）一月十五日，遂驾临保定（今甘肃省泾川县）。于阗王尉迟胜，曾于天宝年间入朝拜见唐玄宗，贡献名玉、宝马，唐玄宗对他十分厚待，将宗室之女嫁给他为妻，并授予其为右威卫将军、昆沙府都督。尉迟胜回国后，与安西节度使高仙芝一起击破萨毗国和播仙国，被朝廷晋升为光禄卿。尉迟胜对大唐文化非常向往，当他听说安禄山谋反的消息后，即命弟弟尉迟曜主持国政，亲自率领五千精兵入朝勤王。于阗国民苦苦挽留，尉迟胜只好把自己最小的女儿留在国内，这才离去。唐肃宗听说后，对他非常赞赏，下诏拜其为特进、兼殿中监。在这当儿，河西兵马使盖庭伦与武威九姓胡人安门物等人劫诛杀了节度使周泌，聚众六万发动叛乱。武威大城之内有七座小城被叛胡占领，只有两座小城还为唐坚守。节度判官崔称与宦官刘日新率领这两座小城之兵向叛军发起进攻，经过十七天的苦战，最终将叛乱平定。

二月十日，当郭子仪正组织军队夺取河东之时，唐肃宗也来到了凤翔前线。数日内，陇右、河西、安西和西域各路大军齐集凤翔，从长江淮河辗转运来的税赋也适时运至洋川、汉中。唐肃宗派使者从散关至成都的使者，不绝于途。长安军民听说唐肃宗已至，纷纷脱离叛军，赶来投效。

长途跋涉而来的西域各军休整之后，李泌建议实施去年年底彭原对策时的既定计划，命令安西军队和西域各国军队一起沿西北边塞，从妫川郡（今河北省怀来县）、檀州（今北京市密云区）夺取范阳，然而，此时的唐肃宗改了主意。

他对李泌说：“如今大军齐集，军粮已到，正该趁着兵锋直捣敌人腹心，反而率领军队辗转数千里，先夺取范阳，这岂不是太迂腐了吗！”

李泌回答：“如今，以这些部队夺取两京，势必易如反掌，然而，如此一来，敌人一定会转弱为强，我军也一定会陷于困顿，不是克敌制胜的长远之策。”

唐肃宗问：“这是什么道理？”

李泌回答：“如今，我们所依仗的主力部队都是西北边防军和各个少数民族军队，他们能忍受严寒却不耐酷暑，如果趁着他们士气正盛之时，进攻安禄山已疲惫之军，自然能够取胜。如今，两京之地业已转暖，敌人收拾残兵，逃回范阳老巢，而关东炎热，我军将士一定会逐渐困顿，心生退意，一旦出现这种情况，势必不会长期待在关东。而敌人则厉兵秣马，一旦等到我军主力西返之后，必定会卷土重来，如此一来，双方之间的拉锯战就会无休无止了啊！不如先把安西、胡人之军用于严寒的范阳地区，倾其巢穴，则敌人无处可退了。”

然而，此时的唐肃宗考虑得更多：他得位匆匆，原本要尽快建立功业，树立皇威，可是，房琯陈涛斜之战惨败，不仅损兵折将，更重要的是也严重地影响了唐肃宗的威望，而如今，成都的太上皇还不时插手着灵武政权，李璘又挥师东进，意欲割据江南，唐肃宗急切盼望着收复两京，立下盖世奇功，巩固自己的皇位，因此，他拒绝了李泌的建议，冠冕堂皇地说道："朕急切地盼望着收复两京，迎回太上皇，朝夕奉养，肯定不会采纳你的这个建议！"

唐肃宗把太上皇抬了出来，李泌就不好再说什么了。

不料，还没等唐肃宗准备就绪，叛军反倒是先下手了。二月十九日，就在郭子仪收复河东八天之后，叛军安守忠等部从长安西上，向武功（今陕西省武功县）发起进攻。当时，武功地区的唐军主要有三支军队：一支是关内节度使王思礼驻守武功城内；另外两支分别是兵马使郭英乂驻军东原（武功东郊高地），王难得驻军西原（武功西郊高地）。唐军还未从陈涛斜之战的阴影中走出来，叛军率先向郭英乂所部发起进攻，郭英乂率军迎战，被叛军击败，郭英乂本人也被流矢射中脸颊，仓皇西撤；王难得见状，不战而逃；王思礼也只好弃城西撤至扶风。占领武功之后，叛军侦察骑兵已前突至大和关（今陕西省岐山县以北）一线，距唐肃宗所在的凤翔仅五十余里，凤翔城内十分震惊，宣布戒严。

好在是郭子仪采取围魏救赵之计，乘虚在东线发起了进攻。

二月二十二日，郭子仪派遣儿子郭旰、兵马使李韶光、大将军王祚率部从河东地区强渡渭河南下，进攻潼关，一举攻克了潼关要塞，斩杀五百敌人，切断了关中和关东的联系。安庆绪闻讯，立即派遣部队救援潼关，郭旰等人出战，结果被打得大败，唐军被杀一万余人。唐军大将李韶光、王祚战死，仆固怀恩抱着马头渡过渭河，退守河东。到四月，叛将安守忠率领两万骑兵企图夺回河东，郭子仪率军迎战，斩杀八千敌人，生擒五千人，将敌人击退。

接连出师不利，凤翔危急。面对咄咄逼人的叛军，唐肃宗十分焦急，只好又把希望寄托到朔方军身上了。唐肃宗晋升郭子仪为司空、天下兵马副元帅，命令其率部赶赴凤翔护驾。四月十三日，叛军部将李归仁率领五千铁骑在三原（今陕西省三原县）以北地区截击从河东西返的郭子仪部，郭子仪命令部将仆固怀恩、王仲升、浑释之、李若幽等在白渠的留运桥设下伏兵，将李归仁的五千骑兵杀得片甲不留，李归仁只身游水，侥幸逃出一命。李若幽，为李唐宗室，其高祖为唐开国功臣、唐高祖堂弟、淮安王李神通；李神通共有十一个儿子，七子封王，其第三子李孝同被封为临淄王；李若幽就是李孝同的曾孙。李若幽后来被唐肃宗赐名为李国贞。

郭子仪与王思礼在西渭桥（今陕西省咸阳市西南）会师，进驻潏水西岸。

按：潏水，又称为泬水，或讹作沈水。上游即今陕西长安县东南的潏河上游。自县南皇子陂以下，汉、晋时故道大致即今皂河。隋、唐时遏潏水西流汇交水，又遏交水西流汇丰水，后世遂统指自皇子陂西至秦渡镇入丰水一段为潏河下游。叛军安守忠、李归仁所部则驻扎在长安城西的清渠。

两军相持七日，唐军没有取得进展。

五月六日，叛军安守忠率部佯装撤退，郭子仪不知是计，率领全军发起追击。叛军早已组织起一支九千精锐骑兵，排开一字长蛇阵，等到唐军全线猛攻时，这支长蛇阵突然变阵，首尾变成左右两翼，将唐军包抄起来，唐军首尾受到攻击，顿时溃败。判官韩液、监军孙知古被敌人生擒，唐军军需物资全部丢弃。郭子仪退守武功，凤翔再次震惊，中外戒严。战后，郭子仪亲自来到行宫，向唐肃宗谢罪，请求自贬，唐肃宗将其贬为尚书左仆射。

清渠惨败，让唐肃宗尝试收复长安的努力再一次破产了！当时唐肃宗的处境又变得十分不妙起来。

首先是凤翔朝廷内部困难重重。战后，朝廷府库再无储备，唐肃宗只好以官爵空名来犒赏将士，众将出征，上自开府、特进、九卿、大将军，下到中郎、郎将，随统军官临时在空白委任状上填上名字，发展到后来，正式的空白委任状已不够用了，又允许用临时委任状授予官爵，甚至出现了违反制度把异姓封为王爷的情况。清渠之败后，无奈之下，唐肃宗只好又用官爵去引诱散兵游勇返回部队。从此以后，各部队的指挥只看主将的现任职务，而不再以各人的官爵高下为准了，官爵也不再值钱，人们只看重金钱，大将军一职只能换来几杯水酒，图得一醉而已。为了鼓励百姓当兵，唐肃宗只好下令，凡是愿意参军的，一律穿上紫色三品官服，甚至于有的大臣的奴仆也身穿金紫色的官服，口称大官，却做着卑贱的杂役。官位、名号贬值，至此已到极致，这也从另一侧面反映出唐肃宗当时的处境是非常艰难的，然而，就是这种情况下，依然有人恬淡自适，继续优哉游哉。同中书门下平章事房琯就是这样一个人，当时朝廷岌岌可危，可是他经常称病不朝，每天与太子左庶子刘秩、谏议大夫李揖聚在一起，要么是高谈佛老，要么是听门客董庭兰弹琴，生活过得有滋有味，完全不把国事放在心上，而董庭兰趁机招权纳贿。御史上书弹劾董庭兰贪污，五月十日，唐肃宗罢免了房琯的宰相职务，改任为太子少师，而以谏议大夫张镐为中书侍郎、同平章事。唐肃宗也经常命数百僧人在宫内设立道场，整日诵经祈福。张镐劝谏道："帝王应该修德以平定叛乱，安定百姓，没听说过通过给和尚们饭食，能让天下太平的！”唐肃宗点头称是。

此时，朝廷重臣分别为：李光弼（河东节度使、同平章事）；郭子仪（天下兵马副元帅、朔方节度使、同平章事、左仆射）、苗晋卿（左相，按：原左相韦见素和原中书侍郎、同平章事裴冕被分别贬为左仆射和右仆射，不再担任宰相）；同平章事崔圆、崔涣（八月被免为余杭太守、江东采访防御使，按：因其在江南选补官吏，不合格的太多）、张镐；天下兵马元帅李俶；盐铁使第五琦。苗晋卿年少好学，文章写得很好，累官至吏部侍郎，天宝中因选人不平而被贬至地方任职；安禄山攻克长安之后，陈希烈等朝廷重臣都投降了安禄山，苗晋卿躲进深山，逃到金州。唐肃宗灵武即位后，亲自写信将其召来，任命为左相。

三六八 收复两京（二）

外部环境同样不容乐观。虽然年初，北方的李光弼挡住了叛军的进攻，南方唐军也消灭了李璘这股分裂势力，但是，受到清渠胜利的鼓舞，叛军在其他方向的攻势也变得更加猛烈了，可以说，敌我双方的拼杀已经到了白热化的程度。

西南方面：驻守在南阳的唐山南东道节度使鲁炅死守这一荆湘门户。叛军将领武令珣和田承嗣相继发兵进攻，南阳城内粮食吃尽，一只老鼠竟然可以卖到数百钱，饿死的军民比比皆是。唐肃宗派宦官将军曹日升前来安抚，但无法突破敌人的封锁线，曹日升请求单人匹马冲入城去，但襄阳太守魏仲犀不同意。正巧颜真卿从河北南撤，辗转来到此地，他说：“曹将军不顾万死来传达皇帝的诏命，为何阻挠！就算进不了城，不过是损失了一介使者，一旦冲入城内，那么全城军民就安心了！”曹日升遂与十名壮士跨马前往南阳，叛军见这股猛士如凶神恶煞一般，竟然不敢阻挡；南阳守军原以为已没有希望了，等见到曹日升之后，均欢呼雀跃，大喜过望。曹日升又返回襄阳，率领一千余人给南阳守军送来粮食，一行人强行突破敌人的防线，冲入南阳城内。鲁炅率领南阳军民死守南阳一年，他们昼夜苦战，最终无法继续坚守。

至德二载（公元757年）五月十五日，鲁炅率领数千残兵开城突围南下，投奔襄阳。田承嗣率军追赶，唐军边打边撤，转战两天两夜，叛军无法吃掉这支夺路而逃的军队，只好北撤。当时，敌人原本打算南下夺取长江汉水地区，幸赖鲁炅扼守南阳，长江中游地区才得以保全。

北面：六月七日，叛军京兆尹田乾真率部北上进攻安邑（今山西省运城市），其目的是夺回河东地区。正巧，陕郡叛将杨务钦密谋归降，唐河东太守马承光派兵接应。杨务钦诛杀了城内不服从的叛将，翻越城墙归降。田乾真得知后方出事后，赶忙从安邑撤回。七月十一日，叛军集结大军反攻陕郡，杨务钦战死，叛军遂将陕郡屠城。敌人又屡屡进攻上党（今山西省长治市），均被节度使程千里击败，蔡希德再次包围了上党。九月二日，蔡希德率领小股轻装骑兵来到上党城下挑战。程千里率领一百余名骑兵开城出战，想将其生擒。而就在此时，叛军援军火速赶来，程千里连忙拨马而还，撤退中，吊桥突然折断，程千里连人带马落入壕沟之中，反被蔡希德抓获。程千里抬头对随从骑兵说："我不幸落到这一步，这是天意啊！回去告诉众将，给我坚守城池，宁可丢掉元帅，也绝不能丢掉城池！"蔡希德组织攻城，却一直无法攻下，只好将程千里送回洛阳。安庆绪拜其为特进，软禁在招待所里。

东面：河南节度使贺兰进明于七月攻克高密（今山东省诸城市）、琅邪（今山东省临沂市），斩杀敌人两万余人。

东南面：张巡、许远还在死守睢阳，已打得精疲力竭，睢阳血战容后详述。

面临如此境地，可想而知唐肃宗的心境！他急需一场胜利来鼓舞全国军民，也急需尽快夺回两京！再失利的话，敌人的力量会越来越大，朝廷方面的压力也会越来越沉重了！

至德二载（公元757年）闰八月二十三日，清渠惨败四个月后，唐肃宗大宴众将，再次派遣军队对长安发起进攻。他知道这是一场豪赌，心存忐忑的他对郭子仪叮嘱说："天下之事能否成功，就在此一举了啊！"郭子仪表态道："此行再不成功，臣一定会以死报国！"

二十六日，御史大夫崔光远在骆谷（今陕西省周至县西南）击破叛军。崔光远的行军司马王伯伦和判官李椿率领两千人进攻中渭桥，杀死一千多叛军守桥部队，乘胜推进到苑门（长安皇家园林大门）。驻守武功的敌军听说后方吃紧，连忙返回，双方在苑门以北遭遇，临阵杀死了王伯伦，生擒李椿，但从此以后，敌人只得收缩防线，再也不敢在武功驻军了。

郭子仪认为回纥军队战斗力很强，就请求唐肃宗再向回纥可汗征兵。回纥葛勒可汗派遣儿子叶护及将军帝德等率领四千回纥精兵赶到凤翔。唐肃宗大喜，厚待叶护一行人，赏赐给其很多财物。九月十二日，天下兵马大元帅广平王李俶率领朔方军和回纥、西域各军十五万人，号称二十万，从凤翔出发东征。李俶与叶护相见，二人结为异姓兄弟，叶护大喜，称李俶为兄。叶护来到扶风前线，郭子仪又设宴款待他三天。叶护说道："国家有难，我们远道而来相助，岂能只顾吃喝！”郭子仪强留叶护，叶护只好留了三天，罢宴后，即行出发。唐朝政府每天供应给回纥军队二百只羊，二十头牛，四十斛米。九月二十五日，各路大军相继出发。二十七日，唐军进抵长安城西，在香积寺以北、沣水以东二十里安营扎寨：李嗣业为前军，郭子仪为中军，王思礼为后军。

叛军十万大军则在唐军的北面布阵，李归仁率军挑战，唐军出击，一直追杀到敌阵跟前。突然，敌军全线发起进攻，唐军撤退，被敌人追杀，军中顿时陷于混乱，丢掉辎重，而敌人却忙于争夺地上的辎重，攻势趋缓。

就在这时，前军主将李嗣业说道：“现在再不用生命来引诱敌人，全军就会被他们杀得一干二净了！”遂脱去铠甲，赤裸上身，手持长刀，站立在阵前，狂呼着砍杀冲上来的敌人，连杀数十名敌人，唐军的阵脚这才稍稍稳定下来，而后，李嗣业身先士卒，率领前锋个个手持长刀，像一堵人墙一般朝敌人冲来，所向披靡。都知兵马使王难得在解救部下时，被敌人一箭射中眉毛，皮肉撕裂，遮住了眼睛，他伸手拔去箭矢，带下皮肉，顿时血流如注，满脸鲜血，但他依然冲杀在前。

敌人提前在唐军大营以东埋下精锐伏兵，打算在两军会战后，偷袭唐军的后路，唐军侦察兵得到这一情报后，朔方左厢兵马使仆固怀恩亲率回纥骑兵扑了过去，将敌人的伏兵诛杀殆尽，叛军计划落空，士气开始低落。李嗣业又会同回纥军队绕到敌阵背后，与前方大军相互呼应，激战从正午一直持续到黄昏，唐军共斩杀叛军六万人，掉入沟壑中摔死的又有很多，敌人最终大败。余众逃入长安城内，直到深夜，呼喊声、惨叫声仍然持续不断。

仆固怀恩对广平王李俶说：“敌人肯定要弃城而逃了，请求允许我率领二百骑兵追击，让我生擒安守忠和李归仁等人。”李俶却说：“战斗到现在，将军已经很疲惫了，暂且休息一下吧，等到明天再说。”仆固怀恩回答：“安守忠和李归仁二人都是敌人阵营中的猛将，他们本来已经取胜，却突然惨败了，这场胜利是上天赐予我们的啊，为何要放他们一条生路！令他们重新带兵，势必成为我们的大患，后悔都来不及了呀！兵贵神速，为什么要等到明天！”可是，不知为何，李俶就是不同意，逼迫仆固怀恩回营。仆固怀恩还是不死心，回营之后，一夜起身四五次，往返于李俶帐前恳求。直到黎明，侦察兵禀报说，安守忠、李归仁和张通儒、田乾真等人已经东逃了。次日，唐军不战进入长安。此时，距离叛军夺取长安已过去一年零三个月了。

当初唐肃宗曾经与回纥方面约定："攻克长安之日，土地、百姓归唐，金帛、女人、儿童归回纥。"此时，叶护要求履行承诺。广平王李俶亲自在叶护马前下拜，说道："今日我们刚刚夺回长安，就立即大肆劫掠，如此一来，东京军民势必与敌人齐心协力，抵御我们，东京将难以夺取了，希望等夺回东京以后再兑现吧！"叶护见地位尊贵的李俶竟然跪拜在自己面前，不禁大惊失色，赶忙跳下马来，跪下回拜，手捧李俶的双脚，连声答应道："我们愿意替殿下卖命，径直赶往东京！"当即，叶护即与仆固怀恩率领回纥、西域之兵从长安城南而去，驻扎在浐水以东。

长安百姓、汉军士兵和蛮族士兵们见到李俶，无不感激涕零，纷纷叩头，哭泣说道："广平王，您真是我们汉人和蛮人真正的领袖啊！"唐肃宗听说后，也高兴地说道："朕不如他啊！"李俶整顿军队，依次进城，长安百姓夹道欢迎，叩头悲泣。

李俶在长安停留三天，即率领大军继续东进；以太子少傅虢王李巨为西京留守。九月二十九日，收复长安的捷报送到凤翔，百官拜贺。唐肃宗满脸是泪，当天就派遣宦官啖庭瑶前往成都向太上皇报捷，又命令左仆射裴冕赶赴长安，禀报宗庙、上天，安抚百姓。

三六九　收复两京（三）

啖庭瑶走后，唐肃宗思来想去，对自己的这番措置还是吃不准，赶忙命人快马赶往长安，把随军的李泌召回。

李泌回到凤翔后，唐肃宗张嘴就把自己的前番措置说了出来："朕已经上表太上皇，请求太上皇归来，朕将返回东宫，恢复臣子的身份。"

李泌回答："奏表尚能追回吗？"

唐肃宗说："啖庭瑶已走远了啊。"

李泌回答："太上皇肯定不会回来的。"

唐肃宗大吃一惊，询问缘由。

李泌说："无论是从情理上讲，还是从目前的局势上说，都是如此。"

唐肃宗说："那该如何是好？"

李泌回答："现在，就请由群臣联名再写一篇奏表，奏表上说明当时马嵬驿苦留陛下、灵武劝陛下登基以及如今陛下成功收复长安之事，再说陛下日夜思恋父皇，请求太上皇从速回京，以尽孝道之意，这样的话就可以了。"

唐肃宗当即命李泌写奏表。

李泌写完，唐肃宗边读边哭，说道："朕原本是一片诚心，想要归还皇位，如今再读先生的奏表，才明白了自己的过失。"当即命令宦官携带奏表入蜀，而后，就与李泌一起饮酒，同床而眠。李辅国建议把行宫钥匙交还给李泌掌管，李泌不从，仍然让李辅国留着，唐肃宗同意了。

李泌对唐肃宗说："臣如今已经报答了陛下恩德，重新恢复一介闲人，是多么舒服啊！"唐肃宗说："多年来，朕与先生一起历经忧患，如今正要安享太平，为何要匆忙离开朕呢？"李泌回答："臣有五点理由不能再留在陛下身边，希望陛下让臣离去，令臣逃过一死。”唐肃宗很是奇怪，追问道：“你这是什么意思？”李泌回答：“这五点理由是：臣跟随陛下时间太长了；陛下过于信任臣了；陛下对待臣太好了；臣的功劳太大了；臣的事迹也过于离奇了，因此，臣不能再待在陛下身边了。”唐肃宗说：“先睡觉吧，以后再说。”李泌回答：“陛下今日与臣同榻而眠，尚不同意臣的请求，来日在正规场合又岂能答应？陛下不答应臣，就是在杀臣啊！”唐肃宗说：“想不到你竟然如此怀疑朕，像朕这样的人岂能杀你？你真是把朕比作勾践了！”李泌回答：“正因为陛下不杀臣，臣才能请求离开；如果陛下生了杀心，臣岂敢再说一句话！况且，杀臣的不是陛下您，而是刚才我说的那五个理由啊。陛下一直对臣很宠爱，即便如此，臣尚且遇到很多事情不敢出头劝谏，等到天下太平之后，臣岂敢再说什么话！”

唐肃宗思索很久，才说道：“你是抱怨朕没有采纳你北线用兵之策吗？”李泌回答：“不是。臣所指的是建宁王李倓之事。”唐肃宗说：“建宁王李倓是朕心爱的儿子，个性果敢英武，朕艰难之时也曾立下功劳，朕岂能不知！但后来他受到小人的蛊惑，想要暗害他的哥哥，企图篡夺皇储之位，朕以江山社稷为重，大义灭亲，不得已才杀了他，爱卿难道真的不知道其间的原委吗？”李泌回答：“如果实情真是如此，广平王李俶理当会对他心生怨恨，然而，每次广平王对臣谈及此事，总会痛哭流泪，称李倓是冤枉的。臣今日一定要辞别陛下而去，才敢对陛下说这些话啊！”唐肃宗说：“他曾经深夜摸到广平王的门外，意欲行刺。”李泌回答：“这都是出自奸人之口的诬陷之词啊！像建宁王这样孝顺友爱的人，岂能干出这种事来？况且，陛下当初打算以建宁王为元帅，臣则请求用广平王。建宁王如果心存不轨，肯定会怨恨臣的，可是，他觉得臣是一片忠心，还对臣更加亲善了，就从这一点，陛下就能看出建宁王的真心了。”唐肃宗这时才一阵心痛，流下泪来，无奈地说道：“先生说的是啊。既往不咎，朕再也不想提及此事了。”

李泌回答：“臣之所以说出此番话来，并非要追究陛下过去的失误，只是想让陛下能以此为鉴，防患于未然啊！昔日，天后武曌有四个儿子，长子太子李弘，天后想自己称帝，猜忌李弘聪明，就毒死了他，而立了雍王李贤。李贤忧愁恐惧，就写下了一首《黄台瓜辞》，想令母后醒悟，但天后不听，李贤最终也死在了黔中。《黄台瓜辞》称：‘种瓜黄台下，瓜熟子离离。一摘使瓜好，再摘使瓜稀。三摘犹为可，四摘抱蔓归。’今陛下已经一摘了，千万别再摘了啊！”唐肃宗愣了，说道："还有这事？你把这首词抄下来，朕把它当作座右铭！"李泌回答："陛下只需记在心里，何必表现在外面呢？"当时，广平王李俶立下大功，张良娣已经开始散布流言蜚语了，所以李泌才这么说。李泌恳请离去，唐肃宗说："等我离开此地时再说吧。"

十月三日，啖庭瑶来到成都；八日，兴平军上奏称：攻克武关、上洛郡。同月，吐蕃军队攻陷陇右节度使治所西平（今青海省海东市乐都区）。啖庭瑶从成都返回后，传达太上皇的口谕，称："给我剑南道一道奉养，我不再回去了。"唐肃宗听后，又担心又害怕，坐立不安，又无计可施。数日后，后来派去的使者也返回了，称："太上皇接到陛下请求返回东宫的奏表后，彷徨不安，饭都吃不下，不想返回，等到接到群臣的奏表，才大喜，下令进膳奏乐，下诏定下了启程的日期。"唐肃宗把李泌召来，说道："这都是爱卿的功劳啊！"李泌趁机恳求离去，唐肃宗强留不住，只好任他回到衡山隐居，并下令当地郡县在山里给他修了一处居室，给他三品官员的俸禄。

十月十九日，唐肃宗从凤翔出发，返回长安，同时派遣太子太师韦见素前往成都迎接太上皇。二十二日，唐肃宗抵达望贤宫，接到了唐军收复东京的捷报。次日，唐肃宗回到长安。长安百姓欣喜若狂，出城二十里前去奉迎，大道两旁欢呼雀跃，高呼万岁，很多百姓都流下了激动的泪水。唐肃宗入住大明宫。御史中丞崔器命令接受叛军官爵的官员们脱去头巾、靴子，在含元殿前面，双手捶胸，跪地叩头请罪，军队环绕四周，令百官站立一旁观看。太庙也被叛军焚毁，唐肃宗身穿白色衣服对着旧址，痛哭三天。当天，太上皇从成都出发，踏上了返程之路。

十一月二十二日，太上皇一行来到凤翔，护驾亲兵有六百余人。为了避嫌，太上皇命令他们将随身携带的所有兵器都交付当地郡县的仓库，唐肃宗调派三千精锐骑兵前来迎接。十二月三日，太上皇来到咸阳，唐肃宗带上仪仗队赶往望贤宫接驾。太上皇在望贤宫南门楼上，唐肃宗解下龙袍，身穿紫色衣服，望见门楼，即下马小跑，来到楼前，跪地叩头。太上皇从楼上下来，抱着唐肃宗哭泣，唐肃宗抱住太上皇的双脚，悲不自胜。太上皇命人拿来黄袍，亲自给唐肃宗穿上，唐肃宗跪地叩头请罪，坚决推辞。太上皇说："天意、人心都已归你，让朕能够安享晚年，就是你的孝顺啊。"唐肃宗最终接受了黄袍，周围观看的父老百姓都欢呼叩拜。唐肃宗命令卫士们闪出一条路，让近千名百姓来到太上皇跟前，这些人说："臣等今日能看到二位圣人相见，死而无恨啊！"太上皇不敢登上正殿，称：“这是天子之位啊！”唐肃宗坚决请求，并亲自把太上皇搀扶到殿上。馐食官送上食物，唐肃宗品尝后，再送给太上皇。

次日，太上皇从行宫出发，唐肃宗亲自替太上皇调好马缰；太上皇上马后，唐肃宗又亲自牵马前行。走了几步后，太上皇阻止；唐肃宗上马在前开路，不敢走在正路之上。太上皇对身边的人说：“我当天子五十年，没感到尊贵的；今日，我当上了天子的父亲，才显得更加尊贵啊！”身边的人都山呼万岁。太上皇从开远门进入大明宫，驾临含元殿，安抚百官，而后，前往长乐殿向九庙的祖先牌位谢罪，哭了很久，当天，移居兴庆宫居住。此后，唐肃宗多次送来奏表，要求退位，返回东宫，但太上皇不同意。

三七〇　收复两京（四）

话分两头，我们再说引兵东去的李俶和郭子仪。

郭子仪率领蕃汉大军，乘胜追击，一路追杀到潼关，沿途斩杀五千余名敌军，并乘胜攻克了华阴（今陕西省华县）、弘农（今河南省灵宝市）两郡。关东军民趁机诛杀叛军将士，将一百余名叛军士兵送交长安。唐肃宗下令将他们悉数斩杀，监察御史李勉对唐肃宗说："如今贼首未除，受叛军裹挟的军民占天下之半，人们听说陛下龙兴，都想着要洗心革面，响应陛下，现陛下下令将俘虏全部斩杀，这无疑是将百姓驱赶到敌人的怀抱啊。"唐肃宗听说后，赶忙下令全部予以赦免。

长安失守后，叛将张通儒等人收拾残兵败将退守陕郡（今河南省陕县），安庆绪又调派洛阳军队，命其御史大夫严庄统领，赶赴陕郡与张通儒一起抵御唐军，此时，叛军凑集了十万大军。

十月十五日，广平王李俶来到曲沃（今河南省陕县西南）。回纥叶护命其将军鼻施吐拔裴罗等人率军在南山一带搜寻敌人的伏兵，果然他们发现了叛军的伏兵，将其全部清除，并就势驻扎在岭北。郭子仪等将与敌人在新店（今河南省陕县西）遭遇，叛军背靠山岭列下阵势，郭子仪等率领唐军与敌人合战，初战不利，唐军后撤数里，敌人乘胜追击，纵兵下山。就在这千钧一发之时，停留在岭北的回纥军队望见唐军败退，立即从南山挥舞白色军旗，呼啸着从敌人背后冲杀下来，在蔽天的尘土中射出十余支箭矢。当时回纥军队的战斗力已闻名遐迩，叛军见到这几支诡异的箭矢，顿时大惊失色，相互传言道："回纥杀来了！"顿时溃散。唐军从正面，回纥军队从背后趁势夹击，叛军兵败如山倒，原本胜势瞬间变为败局，唐军见人就杀，整个战场变成了屠宰场，敌人的尸体布满原野。联军一直追杀二十余里，斩首十余万，三十里范围尸体一具接着一具，现场非常惨烈。严庄、张通儒等叛将丢下军队向东一路狂奔，广平王李俶和郭子仪顺势攻入陕城，仆固怀恩等将各自率领本部人马乘胜分道继续追击。

严庄抢先逃到洛阳，向安庆绪禀报战况。十月十六日深夜，惊慌失措的安庆绪命人诛杀了被俘的唐将哥舒翰、程千里等三十余人之后，率领亲信从苑门离开洛阳北逃。十八日，广平王李俶率军进入东京洛阳。到了东京以后，李俶只好履行承诺，允许回纥人径行进入洛阳府库夺取财物、珍宝，纵兵在洛阳街市之内大肆劫掠了三天三夜，抢掠来的财物数不胜数。即便如此，回纥人仍然觉得没有在长安城内劫掠，觉得很是吃亏，有人向李俶建议，再向洛阳人追加征收一万匹丝绸，赏赐给了回纥人，回纥人这才满意。

陈希烈等三百多名接受安禄山官爵的人都身穿白色衣服，恸哭请罪。李俶以唐肃宗的名义释放了他们，但不久就又下令将他们押送回长安。十月二十五日，御史中丞崔器他们前往朝堂请罪，并按照西京处理官员俘虏那样脱去鞋帽，捶胸叩头，然后，他们被押至大理寺、京兆监狱。各郡县的伪官、特务，也都一一被逮捕。

安禄山任河北采访使的时候，听说隐居在青岩山的汲郡人甄济很有操行，就将他征辟为书记。甄济觉察出安禄山怀有异心，就谎称中风，用担架抬回了家。安禄山谋反之后，命蔡希德率领两名刀斧手，携带先斩后奏之刀来到甄济家中，甄济拒绝，伸长脖子，放在刀口上等死。蔡希德回去复命，对安禄山说甄济确实不是装病，安禄山也就作罢了。等到安庆绪即位后，又把甄济强行抬到了洛阳。一个多月之后，唐军就攻入了洛阳，甄济从床上起身，前往大营拜谒李俶。李俶让人把他送回了长安，唐肃宗把他安排在三司，任命其为秘书郎，并让接受安禄山官爵的人列队向他叩拜，令他们内心感到羞愧。国子司业苏源明称病不接受安禄山的官爵，唐肃宗将其提拔为考功郎中、知制诰。十月二十八日，唐肃宗驾临丹凤楼，下诏称："凡是接受叛军官爵、为叛军效力的，令三司分别奏报；那些因战争被俘，或因居所接近敌占区，才与敌人往来的，均可自首免罪；那些被敌人奸污的妇女，一律不予追究。"

十月二十九日，回纥叶护从东京回到长安，唐肃宗命令百官前往长乐驿马站奉迎，在宣政殿设宴款待。叶护上殿，其余酋长站在台阶之下，唐肃宗又赏赐给他们很多丝绸、金银、器皿。唐肃宗说："能替国家成大事、立大功的，都是你们啊！”叶护上奏称：“军中马少，请求把回纥大军暂时留在沙苑，如今暂且返回挑选马匹，为陛下收复范阳，扫清残贼。”十一月二日，唐肃宗下诏称：“功济艰难，义存邦国，万里绝域，一德同心，求之古今，所未闻也。回纥叶护，特禀英姿，挺生奇略，言必忠信，行表温良，才为万人之敌，位列诸蕃之长。属匈丑乱常，中原未靖，以可汗有兄弟之约，与国家兴父子之军，奋其智谋，讨彼凶逆，一鼓作气，万里摧锋，二旬之间，两京克定。力拔山岳，精贯风云，蒙犯不以辞其劳，急难无以逾其分。固可悬之日月，传之子孙，岂惟裂土之封、誓河之赏而已矣！夫位之崇者，司空第一；名之大者，封王最高。可司空、仍封忠义王，每载送绢二万匹至朔方军，宜差使受领。”

广平王李俶和郭子仪也相继回到长安，唐肃宗对郭子仪说：“我之家国，蒙卿再造之恩。”

新任河南节度使张镐率领鲁炅、来瑱、吴王李祗、李嗣业、李奂五个节度使，分别夺取河南、河东各郡县，全部予以收复，唯独叛将能元皓占据北海（今山东省青州市）、高秀岩占据大同（今山西省朔州市），唐军未能攻下。

十一月八日，唐肃宗命令礼部尚书李岘、兵部侍郎吕諲为特别法庭法官，与御史大夫崔器一起审理陈希烈等人。李岘以殿中侍御史李栖筠为判官，李栖筠审理案件，公平合理，人们都认为吕諲、崔器刻薄，而李岘却得到美名。崔器、吕諲上奏称：“那些投降安禄山的人，背叛祖国，追随叛党，理应一律处死。”唐肃宗打算听从。李岘认为：“敌人攻陷两京，天子南巡，人自逃生。这些人都是陛下的亲戚或者功臣子孙，如今如果一律以叛徒处死的话，恐怕与仁义宽恕之道相悖。况且，河北尚未平定，陷于叛党的人还很多，如果宽大处理，足以起到示范作用，鼓励他们赎罪自新；如果全部诛杀，势必逼迫他们继续与叛党同流合污。《书经》就说过：‘消灭贼首，不究胁从。’吕諲、崔器迂腐，不识大体，请陛下定夺。”双方争论很久，最终唐肃宗听从了李岘的建议，依罪状轻重分为六等：最重的处斩，其次自尽，再次重打一百，其余三等为流放、贬官。达奚珣等十八人被押到长安城西南的独柳树下斩首；陈希烈等七人被赐在大理寺内自杀；接受杖刑的在京兆衙门外执行。

唐肃宗想免张均、张洎一死，太上皇说道：“张均、张洎兄弟投靠敌人，都位居权要；张均还替叛党插手我家务事，罪不可赦。”唐肃宗叩头下拜，恳请道：“臣如果没有张说父子，就没有今天。臣不能保全张均、张洎一命，假设死者有灵，我有什么脸面在九泉之下再与他们相见！”遂匍匐在地，呜咽流涕。太上皇命人将唐肃宗搀扶起来，说道：“看在你的面子上，张洎可以长期流放岭南，而张均必不可活，你也不用再救他了。”唐肃宗哭着答应了。

安禄山任命的河南尹张万顷因在任期间能够保全百姓，而被赦免。不久，有从敌人那里投降的人说：“追随安庆绪在邺郡的人，听说广平王李俶赦免了陈希烈等人，无不痛心疾首，后悔自己投降了叛党，等到听说陈希烈等人被杀的消息后，就不再自怨自艾了。”唐肃宗听后，很是后悔。

安庆绪退守邺郡（今河南省安阳市），改邺郡为安成府，改元天成；当时，安庆绪非常狼狈，身边扈从骑兵不过三百人，步兵仅有一千人，其手下众将阿史那承庆等人也都各自走散，要么投奔常山，要么逃往赵郡、范阳。但不到十日之内，蔡希德从上党地区、田承嗣从颍川、武令珣从南阳各自率领本部人马来到邺郡。安庆绪又下令在河北招募新军，很快手下就有了六万大军，实力转盛。

安庆绪北撤时，其大将北平王李归仁及其精兵曳落河、同罗、六州胡人共计六万余人逃回了范阳，一路上，这群溃兵四处劫掠，无恶不作，河北百姓深受其害。史思明得到消息后，严加戒备，又派人赶往范阳边界上招抚，曳落河和六州胡人都归降了史思明。同罗不从，史思明纵兵进击，同罗大败，史思明将他们劫掠的财物全部缴获，同罗残余部众继续北逃，回到了老家。

安庆绪忌惮史思明强盛，派遣阿史那承庆和安守忠来到范阳征兵，暗地嘱咐他们见机行事，刺杀史思明。判官耿仁智劝说史思明道：“大人位高权重，众人不敢直言，我甘愿进一忠言后赴死。”史思明说：“你想说什么？”耿仁智说道：“大人之所以替安家效力，不过是受到他的残暴逼迫罢了，如今唐朝中兴，天子仁慈，大人真能率领本部人马归顺朝廷，这确实是一条转祸为福的良策啊！”史思明的部将乌承玼也劝说史思明道：“如今唐朝复兴，安庆绪不过是一个树叶上的露珠而已，大人为何要与其一起灭亡！如果归顺朝廷，洗刷过去的污点将易如反掌。”二人竟然把史思明给说动心了。

等到阿史那承庆和安守忠率领五千精锐骑兵来到范阳，史思明亲率数万大军前去迎候。双方相距一里左右，史思明派人对阿史那承庆等人说：“相公和大王远道而来，范阳将士发自内心感到高兴，只是边地军队怯弱，害怕相公大军，不敢继续前进，希望相公和大王能够命令部队松弛弓弦，好让他们放心。”阿史那承庆等人答应了。而后，史思明将二人引进内室饮宴，另外派人接管了他们的军队，收缴了他们的武器，将各郡的兵员全部遣散回家，愿意留下的重重有赏，分别安置在各营之中。第二天，史思明下令囚禁了阿史那承庆等人，派遣部将窦子昂携带投降奏表以所部十三个郡和八万军队向唐朝投降，并命令河东节度使高秀岩也以本部兵归降。

十二月二十二日，窦子昂来到长安。唐肃宗大喜过望，加封史思明为归义王、范阳节度使，将其七个儿子都加封为高官；并派遣内侍李思敬和乌承恩一起赶赴范阳安抚，命令史思明率领本部人马南下讨伐安庆绪。

当初，安庆绪以张忠志为常山太守，史思明把张忠志召回范阳，以部下薛萼为代理恒州刺史，打通了井陉通道；又招抚了赵郡（今河北省赵县）太守陆济；命令其子史朝义率领五千人马进驻冀州（今河北省衡水市冀州区），暂代冀州刺史；以其部将令狐彰为博州（今山东省聊城市）刺史。乌承恩每到一处，都宣布皇帝诏书，于是，沧州（今河北省沧州市东南）、瀛州（今河北省河间市）、安州（今河北省任丘市北）、深州（今河北省深州市）、德州（今山东省陵县）、棣州（今山东省惠民县）等州全部归降了唐朝，虽然相州尚在安庆绪的手中，但整个河北地区已不战而为唐朝所有了。

安庆绪的覆灭只是个时间问题了，大唐似乎很快就又恢复太平了！太上皇加唐肃宗尊号光天文武大圣孝感皇帝，此时唐肃宗的威望已达到了顶点……

三七一　忠义双雄（一）

就在安庆绪覆亡前夕，我们还需要回过头来补叙一下那场惊天地泣鬼神的睢阳之战。

如前所述，早在至德元载年初，张巡就与贾贲一起固守雍丘，贾贲战死后，张巡独自一人率众苦守，大小数百次战斗，均以少胜多，击退了敌人的围攻，把陈留敌军钉在当地，不仅无法继续东进，而且也不敢夺取东南江淮地区，有力地支援了全国战局。一直到至德元载年底，潼关失守、长安陷落、河北易手、山东沦陷之后，叛军企图绕过雍丘，夺取宁陵，以切断张巡的后方，在这种情况下，张巡才主动放弃雍丘，退守宁陵，与睢阳太守许远在宁陵会师，再次大破叛军，斩杀上万人。

至德二载年初，安禄山死后，安庆绪改任尹子奇为汴州刺史、河南节度使。此时，河北地区已被史思明平定，叛军整个战略态势向好，遂决心向唐朝统治区发起全线进攻，北面史思明正组织十万大军兵临太原，西南面武令珣等将则向南阳发起了猛攻，而安庆绪也想让尹子奇在东南方向有所作为。元月十五日，刚刚走马上任的尹子奇率领妫州、檀州以及同罗、奚族士兵共十三万大军直扑睢阳（今河南省商丘市）。睢阳太守许远向驻守宁陵（今河南省宁陵县）的河南节度副使张巡告急，张巡遂留下部将廉坦驻守宁陵，自己率领一部撤至睢阳。当时，张巡仅有三千战士，许远有三千八百人，两军共有六千八百名将士。

气势汹汹的敌人一到睢阳城下，就逼近城池，向城内发起猛烈的进攻。张巡激励将士，昼夜苦战，有时候一天就战斗二十个回合，双方激战十六天，唐军生擒叛将六十余人，杀敌两万多人，守军越战越强，士气百倍。许远对张巡说：“我性格懦弱，不懂军事，你智勇兼备，我替你守城，你替我领兵战斗。”从此以后，许远只负责调运军粮，修理武器，在后方协调，至于作战计划等全由张巡全权处理。

尹子奇对睢阳的第一次围攻以失败告终。

到了三月，尹子奇卷土重来。张巡对将士们说：“我深受朝廷厚恩，守卫此城，只求一死，只是念及各位不顾生命，埋骨荒野，而所得赏赐却无法与你们的功劳相比，因此而痛心啊！”将士们听了，都深受感动，誓死要奋勇杀敌。张巡遂命人杀掉耕牛，犒劳将士，率军出战。敌人见张巡所部人数太少，都觉得张巡是不自量力，自寻死路，哈哈大笑。就在这时，只见张巡亲自高举战旗，一马当先，率领唐军直扑敌阵，打得敌人措手不及，顿时大乱。唐军个个如天降神兵，所向无敌，当即斩杀敌将三十余名，斩首三千余级，一直追杀了三十多里，才鸣金收兵。第二天，敌人又整顿军队来到城下，张巡再次率军迎战，双方一日一夜共交手数十个回合，唐军屡屡击退敌人的进攻，但这一次，敌人没有撤围而去，而是继续朝睢阳发起进攻。

当西线郭子仪清渠大败之时，尹子奇对睢阳的进攻也越发猛烈了，他从他处又调来援军，企图一举将睢阳拿下。张巡急中生智，深夜突然命令城内守军鸣鼓整队，做出要趁夜突击的样子，城外的敌人听到后，赶忙从睡梦中爬了起来，彻夜严加戒备，再也不敢眨眼。等到天光大亮，张巡却偃旗息鼓，解散军队。敌人派人站在飞楼上瞭望城内，发现城内不见一个人影，遂放松警惕，脱去铠甲休息。张巡见状，与将军南霁云、郎将雷万春等十余名猛将各自率领五十名精锐骑兵，突然从城内杀出，直扑敌营。唐军一直冲杀到尹子奇的中军帐前，敌军一片大乱，唐军斩杀五十余名敌将，五千余名士兵。张巡想射死尹子奇，但又不认识他，就用削尖的木箭朝敌人射去，中箭的敌人以为张巡所部箭已射完，不禁大喜，飞跑着向尹子奇禀报。如此一来，张巡一下子就锁定了尹子奇，当即命令猛将南霁云弯弓搭箭，南霁云箭无虚发，一箭就射中了尹子奇的左眼，尹子奇哇呀一声怪叫，唐军趁势冲上前，幸赖左右竭力相救，尹子奇差一点被唐军活捉。

尹子奇只好撤围而去，第二次围攻睢阳又告破产。

在陈留城内养伤月余，到了七月六日，贼心不死的尹子奇又征调了数万人马，向睢阳发起了第三次围攻。当初，许远在睢阳城内储备了六万石粮食，可是，河南节度使、虢王李巨命令睢阳分出一半粮食接济濮阳和济阴两郡。许远据理力争，李巨一意孤行，等到濮阳和济阴拿到睢阳送来的粮食以后，却投降叛军了，至此，睢阳却没有吃的了。将士们每天每人只能分得一合（十合为一升，十升为一斗）粮食，掺杂茶叶、纸张和树叶煮熟充饥，而敌人的粮道却一直畅通，兵败之后再到各地征调，兵员军粮都十分充足。睢阳将士外无援军，也无人送来粮草，六千八百将士已伤亡殆尽，只剩下一千六百人，这剩下的将士们也都是病的病，伤的伤，饥饿难耐，不堪出城作战，敌人遂将睢阳城团团围住，张巡只好下令整修守城装备相抗。就算在这种艰难情况下，张巡依然是斗志昂扬，他在给朝廷写的《谢加金吾将军表》中说道："想峨眉之碧峰，预游西蜀；追绿耳于悬圃，保寿南山。逆贼禄山，戮辱黎献，膻臊厥庭。臣被围四十七日，凡一千二百余阵。主辱臣死，当臣致命之时；恶稔罪盈，是贼灭亡之日。"他还赋诗鼓励将士们："接战春来苦，孤城日渐危。合围侔月晕，分守若鱼丽。屡厌黄尘起，时将白羽挥。裹疮犹出阵，饮血更登陴。忠信应难敌。坚贞谅不移。无人报天子，心计欲何施。"又写诗道："岧峣试一临，虏骑附城阴。不辨风尘色，安知天地心。营开边月近，战苦阵云深。旦夕更楼上，遥闻横笛音。"《独异志》称：张巡守宁陵，每战，大喊一声，天上飞雁就会被吓得倒飞数行。

当时，许叔冀在谯郡（今安徽省亳州市），尚衡在彭城（今江苏省徐州市），贺兰进明在临淮（今江苏省盱眙县），都各怀鬼胎，拥兵不救。主要原因在于：房琯讨厌贺兰进明，在任命贺兰进明为河南节度使的同时，又任命许叔冀为河南都治兵马使，让二人都兼任御史大夫，这样一来，两人的官位就不相上下了。许叔冀自恃兵精马壮，根本不听贺兰进明的指挥，所以，贺兰进明唯恐被许叔冀偷袭，就不敢分兵支援睢阳，再加上他又有点嫉妒许远、张巡取得的骄人战绩，就更懒得发兵了。

在这种情况下，睢阳的情况已非常危急。叛军架起云梯，挑选二百名精兵站在云梯之上，像云中彩虹一样伸向城内，打算把士兵从空中送入城内。张巡提前在城内偷偷开挖了三个大坑，等到云梯送入后，从一个坑中突然送出一根粗大的圆木，圆木顶端绑着铁钩，一下子钩住云梯一端，不令云梯后退；另一个坑中送出另外一根圆木，同样钩住云梯，不让其前进；第三个坑中则送出一根圆木，末端安置铁笼，铁笼中是熊熊烈火，大火焚烧云梯，一会儿云梯就被点着、折断，云梯上的叛军士兵全被烧死、摔死。叛军一计不成，又生一计，又用钩车钩城墙上搭建的阁楼，钩车所到之处，守军搭建的阁楼全部被摧毁。张巡又用大圆木末端安置铁链、铁环，套住钩车的铁钩，再用吊车将敌人的钩车吊入城内，截断铁钩，又将车体送出城去。敌人又建造了木驴攻城，张巡命人熔化金属，从城上浇下，木驴顿时化成灰烬。敌人在睢阳城西北角堆积木柴，再把沙袋放在上面，修成阶梯意欲由此攻城。张巡没有直接阻挠敌人，而是趁着夜深人静之时，偷偷派人把易燃的松木和干蒿草混入沙袋下面的木柴里，如此十余日，敌人一直没有察觉，然后，张巡出城与敌人大战，趁机命人手持火把顺风纵火，点燃木柴，顿时烟焰张天，敌人无暇救火，大火一直持续了二十几天才熄灭，敌人苦心经营的坡道也随之坍塌了。张巡的应对之法往往是随机应变，千变万化，令敌人也不得不打心眼儿里佩服他的机智，遂不敢再组织强攻，在城外开挖了三道壕沟，构筑木栅栏看住城内守军，张巡也下令在城内开挖壕沟，以迎接最艰难的时刻。

睢阳断粮，众人商议弃城东撤。张巡、许远以为："睢阳是长江淮河地区的屏障，如果弃之而去，敌人一定会乘胜长驱南下，江淮地区不再为朝廷所有。况且，我们又饿又累，就算东撤，也一定难以逃脱。古代的战国诸侯尚且能相互救援，更何况眼前的各位将帅们呢！不如坚守以待援军。"城内的茶叶、纸张吃尽，就开始杀马而食；马匹吃完，又开始张网捕雀，挖老鼠吃；鼠雀吃尽，人们易子而食，人心浮动。张巡担心有变，就拉出自己的爱妾，当着三军将士的面，杀掉让大家吃。他对大家说："诸位为国家竭力守城，忠心无二，一年来城内断粮，但大家的忠心一直未变。张巡我不能自己割下我的肉让将士们吃，岂能吝惜这个妇人，坐视岌岌可危的睢阳不顾！"将士们无不泪流满面，面对碗里的人肉汤难以下咽，张巡强迫大家吃下，于是，又抓来城内的妇女，让将士们吃掉；妇女吃完，又开始吃老人小孩，一共吃了二三万人，而人心始终未变。

三七二　忠义双雄（二）

河南战局堪忧，唐肃宗改任同平章事张镐为兼任河南节度使、河南采访使等职，取代贺兰进明，但张镐来到河南尚需时日，而睢阳已到了最危险的境地！

此时，睢阳城内守军只剩下六百人了，张巡守东北，许远守西南，二人住在城墙上，与士兵们一起以茶叶、纸张充饥。敌将李怀忠路过城下，张巡问道："你降贼多久了？"李怀忠回答："有段时间了。"张巡又问："你的父祖都当过官吗？"回答："是的。"张巡说："你家世代为官，吃天子俸禄，为何要追随叛党，与我为敌？"李怀忠回答："不是这样的，我昔日为将，屡屡死战，最终落入敌手，这是天意啊。"张巡说道："自古以来凡是造反的最终都会被消灭，一旦事平，你的父母妻子将会被朝廷全部诛灭，你岂能忍心做出这种事？"李怀忠听后掩面而泣，不久就率领数十名亲信投降了。张巡遇到前来攻城的敌人，总会以大义说服他们，前前后后有二百多名叛军士兵都被张巡说动，弃暗投明，投奔到张巡麾下，为张巡死战。

张巡眼看睢阳将要陷落，心急万分的他只得命令南霁云突出重围求救。南霁云赶往许叔冀驻扎的谯郡，许叔冀不予理睬，只送上数千端布帛。南霁云气得在城外高声大骂，喝令许叔冀出城与自己决斗，许叔冀吓得龟缩城内，不敢出战。张巡只得又命南霁云率领三十名骑兵突围赶往临淮，请求救兵。南霁云等人跨马出城，数万叛军将他们团团围住，只见南霁云宛如天神一般，神勇异常，张开双臂，左右开弓，敌人应弦而倒，所当者非死即伤，他们在几万敌人当中如入无人之境，所向披靡，等突出重围之后，三十一人只损失了两人！

一路狂奔，风尘仆仆的南霁云来到临淮，拜谒贺兰进明。说明来意后，贺兰进明却说："今日，睢阳已不知陷落没有，援军赶去又有什么用！"南霁云回答："假如睢阳已经陷落，我南霁云将自杀向大人谢罪！"贺兰进明喜爱南霁云勇猛，根本不听他说话，而想强行把他留下，遂安排酒宴、乐队，请南霁云入座。南霁云见到一桌丰盛的美食，心下一番感慨，这位顶天立地的大丈夫此时竟然禁不住落下泪来，说道："本州受到大敌围攻，已围困半年，粮食吃尽，兵力已竭，无计可施。刚被包围之时，城内有数万人，如今妇女小孩已被吃尽，张大人亲自杀掉自己的爱妾，让将士充饥。现在城内现存不过数千人，肯定会被敌人吃掉。然而，睢阳一旦陷落，叛军很快就会兵临临淮城下了，唇亡齿寒，比如皮毛相依，怎能不救啊！南霁云之所以甘冒矢石，匍匐乞师，是以为大人一定会念及危难，言出必应，大人坐拥强兵，眼睁睁地看着睢阳陷落，竟然毫无分担灾祸、救援危难之心，这岂是忠义之人的作为！霁云来时，睢阳之人已有一个多月没有吃东西了！我南霁云虽然想独自吃饱，却怎能下咽啊！"说完，南霁云张嘴咬下自己的一个指头，放在桌上，对贺兰进明说："南霁云既然不能完成主将交给我的任务，就请留下我的一个指头作为信物复命吧！"同座之人见状，也深受震动，不禁流下眼泪，但贺兰进明却置若罔闻。

南霁云只好离开临淮，他抽出一箭，返身朝城中佛塔射去，箭没塔砖，说道："待我破贼回来，必灭贺兰，此箭为证！"途经真源，李贲送来一百匹战马；行至宁陵，带上廉坦的三千步骑赶往睢阳。闰八月三日深夜，他们冒着瓢泼大雨，且战且行，转斗至睢阳城下；在城下，他们又与敌军展开一场殊死搏杀，强行突破敌营，但大部分将士都战死沙场，仅余一千多人。当时，张巡听到城外激战声，说道："这是南霁云们的声音。"遂打开城门，接应他们入城，南霁云将敌人的数百头牛赶入城内。城中将士们听说外无援军，个个失声痛哭，敌人得知后，更加紧了围攻。

张巡刚驻守睢阳时，仅有一万军队，加上城内数万百姓。张巡只要见过一面，问过姓名，从此以后，无论走到哪里就能一眼认出。张巡用兵灵活多变，不用古代战法，只命部将按照自己的理解组织士兵训练。有人询问缘由，张巡解释说："如今，我们是在与胡人作战，他们忽前忽后，飘忽不定，数步之内变化莫测，随机应变，就在瞬间，如果动不动都询问主帅，根本是来不及的，这没有明白兵法应变道理，所以，我这么做是要让士兵们明白将领的意思，将领也懂得士兵们的心理，将这支军队用于战场，将应用自如，如同手掌调动手指一般。士兵和将领们相互熟悉，人自为战，这难道不是很好的办法吗？"自从睢阳保卫战开始以后，守军的武器装备全都是取自敌人，未尝自己准备。张巡对待将士们推心置腹，开诚布公，对敌随机应变，出奇制胜，号令严明，赏罚公平，与众人同甘共苦，部下都死心塌地地为他效命。每次作战，遇到将士们退却时，张巡总是站在阵后，对将士们说："我不离开此地，你们就给我回去继续战斗！"将士们无人不敢回去重新战斗，直至取得胜利。前前后后与敌人交手四百余次，杀死敌人十二万人。

然而，在外无援兵、内无粮草的绝境中，睢阳城终于陷落了。

十月九日，叛军登上了让他们死伤累累的睢阳城墙。城上，睢阳仅有的四百名守军早已饥饿疲惫，再也没有力气举起武器作战了！张巡面西叩拜，慷慨地说道："臣已尽力了！最终未能保全此城，活着虽然再无办法报效陛下，死后我也当化为厉鬼杀贼！"张巡和许远同时被俘。守军看到张巡和许远被俘，都站起身来掩面哭泣，张巡说道："平静下来，不要怕，死乃命也！"众人不能仰视。

独眼龙尹子奇得意扬扬地问张巡："我听说每次作战，你都会眼角开裂，咬碎牙齿，这是为何？"

张巡回答："我立志吞了你们这帮逆贼，只恨势单力薄啊！"

尹子奇下令手下用大刀剜开张巡的嘴巴，只见张巡口中仅剩下三四枚牙齿。

张巡朗声大骂："我为君父大义而死，你投靠逆贼，形同猪狗，岂能长久！"

尹子奇也为张巡的大义所感动，打算饶了他一命。身边的人说道："此人是守节之士，肯定不会为我所用，况且，他素来深得民心，不可久留。"尹子奇又一次劝降，但张巡不从。尹子奇又去劝降南霁云，张巡大喊道："南老八！大丈夫死则死尔，不可为不义屈服！"南霁云笑道："只想有所作为而已，大人是知道我的，敢不去死！"也不肯投降。

当天，尹子奇下令将张巡、南霁云、雷万春等三十六人同时斩杀，而将许远送到了洛阳。张巡被杀时，神色不变，精神如常，慷慨赴死，死时年仅四十九岁。许远在被送往洛阳后，与哥舒翰、程千里等人关押在一起，安庆绪逃出洛阳前，命严庄将他们都杀害了。张巡一个姐姐嫁给姓陆的人为妻，李巨南逃临淮时，她曾拦住李巨的马，劝其别走，李巨不从，命人赏赐给张氏一百布帛，但张氏不接受，留在张巡军中替将士们缝补衣服，军中号称陆家姑，先于张巡而死。

新任河南采访使的张镐听说睢阳危急，倍道兼行，同时传令浙东李希言、浙西司空袭礼、淮南高适、北海邓景山各节度使以及谯郡太守闾丘晓立即发兵救援，可是，闾丘晓素来傲慢凶狠，根本不把张镐放在眼里，他接到命令后，拒不发兵。等张镐来到前线后，睢阳城已在三天前就陷落了，怒火中烧的他召来闾丘晓，命人用棍棒将其活活打死。

也就是说，睢阳陷落的时候，郭子仪已经收复了长安，而唐肃宗还未进入长安，假如睢阳周边唐军能够出兵救援张巡，稍稍假以时日，睢阳也不会落入敌手，张巡这一代名将也不可能被杀。

仅仅两个月后，天下大势似乎突然发生了逆转，这场持续一年多的大乱也似乎即将被平定下来了。

十二月十五日，唐肃宗驾临丹凤楼，宣布大赦，唯独与安禄山一起谋反的人以及李林甫、王鉷、杨国忠的子孙除外。封广平王李俶为楚王，加封郭子仪为司徒，李光弼为司空，其余随从太上皇和自己的功臣也都一一予以晋升；对于死难的官吏：李憕、卢弈、颜杲卿、袁履谦、许远、张巡、张介然、蒋清、庞坚等人都予以追赠，寻找他们的子孙委以官职。在战斗中阵亡将士之家，免除两年的税赋；各地郡县减免三分之一的税赋。改动的官名、地名全部恢复原状。改蜀郡为南京，凤翔为西京，西京为中京。封张良娣为张淑妃；立皇次子、南阳王李係为赵王，第五子新城王李僅为彭王，第六子颍川王李僩为兖王，第七子东阳王李侹为泾王，第九子李僙为襄王，第十子李倕为杞王，第十一子李偲为召王，第十二子李佋为兴王（张淑妃所生），第十三子李侗为定王（张淑妃所生）。

在追封张巡过程中，有人竟然提出要追究张巡，他们的理由是，张巡固守睢阳不撤，与其吃掉活人，怎不弃城而保全百姓性命？张巡的朋友李翰对此愤愤不平，他替张巡立传，上呈唐肃宗，并认为："张巡以少击众，以弱制强，保全了江淮地区，以等待陛下大军，陛下东征大军来到后，张巡又战死沙场，其功劳可谓很大啊！可是，有人认为吃人是一种罪恶，觉得张巡死守睢阳是一种愚蠢的行为，张巡立下的功劳竟无人再提，却大肆宣扬他吃人的事情，只盯着他的瑕疵，而不顾他的贡献，臣深感痛心！张巡之所以要固守睢阳，是他觉得周边唐军一定不会见死不救，最终他们竟然真的拥兵不救，以致城内粮食吃尽，吃完了粮食，只好吃人，这根本不是张巡的本心。假如张巡守城之初就有吃人的打算，就算损失数百人命而能够保全天下，臣尚且觉得他的行为可以功过相抵，更何况这根本不是他的本意呢！如今，张巡为国而死，无法再见太平，只有朝廷的褒赠是对其功劳的肯定，然而，这对于他本人又有什么作用！假如这一点还做不到，不及时记录下来，恐怕后世之人再也无法了解真相，令张巡活着、死后都不被人认识，这实在是件可悲可叹之事啊！臣斗胆撰写《张巡传》献上，恳请交付史官，编入史册。”自此，议论才算平息。朝廷追赠张巡扬州大都督，许远为荆州大都督，南霁云为开府仪同三司，后又追赠为扬州大都督，在睢阳立庙祭祀；以张巡儿子张亚夫为金吾大将军，许远儿子许玖为婺州司马。大中年间，朝廷又将三人画像绘于凌烟阁上，从此以后，朝廷的每一次大赦令都要提及李憕等人，而唯独程千里因被敌人生擒而未蒙褒赠。

十二月二十一日，太上皇驾临宣政殿，将传国玉玺交给唐肃宗，唐肃宗流着眼泪接受了。

唐肃宗设置左右神武军，挑选流亡期间追随自己的人士子弟充任，与左右羽林军、左右龙武军一起，被称为北牙六军。又挑选一千名射箭手组成左右英武军。升河中（今山西省永济市）防御使为节度使，统领蒲州、绛州等七个州；分剑南节度使为东川节度使和西川节度使，东川（今四川省三台县）节度使统领梓州（今四川省三台县）、遂州（今四川省遂宁市）等十二个州；西川（今四川省成都市）节度使统领茂州（今四川省茂县）等十二个州；设置荆澧节度使，统领荆州（今湖北省江陵县）、澧州（今湖南省澧县）等五个州；设置夔峡节度使，统领夔州（今重庆市奉节县）、峡州等五个州；改安西节度使为镇西节度使。

三七三　范阳复叛

公元758年（此年后改为乾元元年）正月初五，太上皇驾临宣政殿，以正式文件授予唐肃宗为皇帝，加唐肃宗尊号。唐肃宗坚决推辞尊号中的大圣二字，但太上皇不同意。接着，投桃报李，唐肃宗又加父皇为太上至道圣皇天帝。

二月一日，唐肃宗以殿中监李辅国兼任太仆卿。李辅国依附张淑妃，还担任元帅府行军司马，权倾朝野。同日，安庆绪任命的北海节度使能元皓率部归降，唐肃宗任命其为鸿胪卿，充河北招讨使。五日，唐肃宗驾临明凤门，宣布大赦天下，改元为乾元元年；免除天下百姓全年的税赋，并把年号中的载恢复为年。二十八日，任命安东副大都护王玄志为营州刺史，充平卢节度使。三月六日，册封张淑妃为皇后。四月二日，以虢王李巨为河南尹，充东京留守。五月十日，唐肃宗下令撤销各道采访使，以各道黜陟使为观察使，从此以后，唐朝各道的最高行政长官为观察使。

张皇后所生儿子兴王李佋年仅数岁，觊觎太子之位，唐肃宗狐疑不定，就征询考功郎中、知制诰李揆的意见："成王李俶年长，且立下大功，朕打算立其为太子，爱卿意下如何？"李揆跪下叩拜祝贺道："这是社稷之福啊！臣深感万幸！"唐肃宗大喜，说道："朕就这样决定了！"五月十九日，唐肃宗立成王李俶为皇太子，改名为李豫。二十四日，以崔圆为太子少师，李麟为太子少傅，二人均被免去宰相职务。追赠前常山太守颜杲卿为太子太保，谥号忠节，以其子颜威明为太仆丞。颜杲卿死后，时任宰相的杨国忠听信张通幽的谗言，对颜杲卿并无褒赠；唐肃宗还在凤翔时，颜真卿辗转来到凤翔，被唐肃宗任命为御史大夫，颜真卿在唐肃宗面前哭诉其堂兄蒙受的不白之冤，唐肃宗遂将张通幽贬为普安太守，并将其中的实情禀报给了太上皇，太上皇大怒，命人将张通幽用棍棒打死。

颜杲卿的儿子颜泉明客居寿阳期间，被进攻太原的史思明擒获，送往范阳，正巧安庆绪即位，宣布大赦，颜泉明遂被释放。史思明归降唐朝后，颜泉明也得以南下，他来到洛阳后，千方百计找到了父亲的尸体，与一同遇难的袁履谦的尸体拉回故土。颜杲卿姐妹们的女儿和颜泉明的儿子都流落在河北一带，颜真卿时任蒲州刺史，命颜泉明前往河北寻访，颜泉明一路之上哭泣寻找，令路人都感动得落下眼泪，过了很久，才找到了失散的表姐妹和自己的儿子。颜泉明又向亲朋故旧借钱，先赎回表姐妹们，最后才赎回自己的儿子。颜泉明的表妹和女儿都被叛军掳掠，他身上只带二百钱，本打算先赎回自己的女儿，可是想到姑姑忧愁憔悴的样子，就咬牙先赎回了表妹，可是，等到再借来钱想去赎回自己的女儿时，已再也找不到了。在河北期间，颜泉明找到了流落此地的本家姐妹以及父亲下属袁履谦等人的妻子儿女共五十多家，三百多人，然后带着他们一起西返，一路上平均分配钱财口粮，与自己的近亲一样。到了蒲州后，颜真卿一一安置，很久以后又发给钱粮，送他们返乡。袁履谦的妻子怀疑颜真卿入殓袁履谦时衣服被褥太薄，打开棺椁才发现与颜杲卿一模一样，顿感羞愧，对颜氏一门的高风亮节非常敬服。

唐肃宗信奉旁门左道，太常少卿王玙投其所好，每当讨论礼仪问题时，总是掺杂些巫术俚语，唐肃宗听了很是高兴，就提拔其为中书侍郎、同平章事。一次，唐肃宗身体不适，占卜师说是山川鬼神作祟，王玙就建议派遣宦官和女巫分赴各地名山大川祈祷。女巫们自恃威势，所到之处吃拿卡要，给当地官民带来很大烦扰。有个年轻美貌的女巫，身边跟着数十名无赖少年，来到黄州住在馆驿。黄州刺史左震清晨来到馆驿，却发现大门紧锁，无法进入，不禁大怒，他立即下令衙役破门而入，将女巫拖至台阶下面斩首，而后，没收了女巫一路上搜刮的数十万赃款，并上书请求以这笔钱来代替贫民交租。事已至此，唐肃宗也没再对左震予以追究。房琯罢相后，内心很不高兴，经常称病不朝，其同党到处宣扬：“房琯文武双全，应该受到重用。”唐肃宗听后很是不快，下诏宣布房琯的罪恶，将其贬为豳州刺史，其同党刘秩贬为阆州刺史，京兆尹严武贬为巴州刺史。

话说史思明降唐后，李光弼认为史思明终归会再次发动叛乱，就暗中指使乌承恩刺杀史思明；又劝说唐肃宗加封乌承恩为范阳节度副使，赏赐给阿史那承庆铁券，命其二人一起除掉史思明，唐肃宗答应了。不管李光弼是基于什么样的考虑，认为史思明最终会再度发动叛乱，但作为最高统治者的唐肃宗在此时确实不该答应李光弼的请求，这是因为，一是，史思明是否再度叛乱还是个未知数。应该说史思明与安庆绪的不和，让他感到了前途无望，与其继续与唐朝为敌，倒不如提前弃暗投明，换取高官厚禄，这应当是史思明的本意，因此，只要他感到在唐朝是安全的，就不会再度反叛，李光弼的判断并无什么真凭实据，更多的则是西北军阀与东北军阀之间权力的角逐；二是，退一万步说，就算史思明必然要再度背叛，唐朝面对的是一个明敌，一个暗敌，最好的办法也是要分而治之，尽最大努力去安抚暗敌史思明，集中一切力量去打击明敌安庆绪，而不是相反。在安庆绪尚未除掉之时，绝不可打草惊蛇，让史思明有唇亡齿寒之感；三是，史思明在范阳亲信众多，李光弼以高官厚禄让乌承恩和阿史那承庆去除掉史思明，这本来就是一着险棋，就算杀掉了史思明，二人岂能全身而退？给曾经身为叛将的人们带来什么样的示范效应？范阳势必发生一场混乱，给即将组织的消灭安庆绪之战带来一些变数，可谓有百害而无一利，而史思明如果不死，岂不是给唐朝又添一敌？河北再陷敌手？得失孰大孰小，一看便知。

乌承恩接到李光弼的指令后，即积极行动，拿出家财招募私人军队，又屡次身穿女装赶往各营游说众将。众将很快就向史思明作了汇报，但由于没有取得确凿的证据，史思明并没有行动，但已经对乌承恩产生了怀疑。乌承恩因公来到京师，唐肃宗命内侍李思敬与其一起回到范阳安抚；乌承恩宣布诏命后，史思明将其留在馆驿中，提前在其床下藏了两个人偷听。乌承恩的小儿子就在范阳，史思明命其前去探望父亲，夜深人静时，乌承恩低声对儿子说："我奉命除掉这个叛匪，朝廷将以我为节度使。"话音刚落，床下二人突然高喊一声，冲出屋外。史思明遂派兵逮捕了乌承恩，从其行囊中搜出铁券和李光弼的指令，指令上称："事成之后，才可以把铁券给阿史那承庆，不然不要给他。"又搜出数百页纸张，上面均是过去曾经追随史思明造反的将士名字。

史思明斥责乌承恩道："我哪一点对不起你了？"

乌承恩惶恐回答："我罪该处死，这都是李光弼的主意。"

史思明下令集结众将军民，面西大哭，说道："臣以十三万之众投降朝廷，有哪一点对不起陛下，陛下您却要杀掉臣！"遂用棍棒打死乌承恩父子，受到牵连被杀的有二百余人。乌承恩的弟弟乌承玼侥幸逃脱。史思明逮捕了李思敬，上书说明事情的经过。唐肃宗自知理亏，派遣宦官前往范阳安慰史思明说："这不是朝廷和李光弼的意思，都是乌承恩个人行动，杀了他很好！"事已至此，唐肃宗还在替李光弼掩饰，史思明更有理由认为这就是唐肃宗本人的主意了。此事扑朔迷离，也有人认为这压根就是史思明企图再度谋反而自导自演的一出闹剧，理由是：一是以李光弼和唐肃宗的智商，不会不明白安抚史思明，集中力量先除掉安庆绪这一道理；二是此事如此隐秘，李光弼岂能让乌承恩带着书面指令？假如顺利杀了史思明，就该赦免其同党，哪有可能先开列其同党姓名，难道要全部诛杀？其间破绽百出，史学家胡三省就持这个观点。

正巧朝廷下令区分不同情况处理前叛官的公文也送到了范阳。史思明趁机鼓动众将说："陈希烈等人都是朝廷大臣，太上皇自己抛弃他们逃往巴蜀，如今这些人尚且难逃一死，何况我们都是原本就追随安禄山造反的人呢！"即便如此，史思明手下的众将仍不愿意再度造反，他们建议史思明给唐肃宗上表，请求诛杀李光弼。史思明听从了，命判官耿仁智和张不矜撰写奏表，称："陛下如果不替臣杀了李光弼，臣将自己率领大军前往太原杀了他！"张不矜拿着写好的奏表让史思明看后，在装入小匣前，耿仁智把这些话都削去了。抄写奏表的人向史思明禀报，史思明下令将耿仁智和张不矜全部斩首。耿仁智追随史思明时间较长，史思明有意饶他一命，又将他召入说道："你跟着我三十多年了，今日之事可不是我对不起你。"耿仁智大喊道："人生总有一死，能为忠义而死，死得光荣！如今我跟着大人造反，不过苟延残喘而已，还不如早死！"史思明听后大怒，命人用乱棍猛击他的脑袋，耿仁智脑浆流了一地而死。

乌承玭逃到太原后，李光弼上表拜其为昌化郡王，充石岭军使。

三七四　邺城之战（一）

安庆绪刚刚逃往邺郡时，唐朝军队未能乘胜追击，也是力不从心。

当时的安庆绪虽然惊魂未定，但在较短的时间内就迅速从各方收缩兵力，很快就拥有了一支可观的军队，占据河北七个郡六十余座城市，兵甲粮草充足。而唐军接连攻克长安、洛阳，损失很大，况且，回纥军队在完成原来攻克两京的约定之后又撤回长安近郊，一方面是满载而归，另一方面回纥可汗想要更多的利益。在这种情况下，唐军不仅要消化新占领区，而且还需要休整军队，更重要的是要继续与回纥方面进行谈判，因此，就算在史思明归降的大好形势下，唐军也未能迅速组织起对邺郡安庆绪的进攻。

这种情况一直持续到乾元元年的下半年。

整个乾元元年（公元758年）的上半年，唐朝朝廷围绕着引诱归降的史思明南下进攻安庆绪和与回纥可汗继续谈判这两件大事进行着。史思明不是傻子，虽然表面上归降了唐朝，却拥兵自重，根本不会听命朝廷，与安庆绪火拼。在这种情况下，朝廷内部也出现了不同的声音，河南节度使张镐就认为："史思明凶狠阴险，趁乱登上高位，其力量强了，众人才会听命于他，夺取他的威权，部众就会离散。此人虽然长着一张人脸，却有一颗野兽之心，难以感化，希望朝廷不要给他多大的权力。"张镐的看法反映了朝廷一部分人的观点，这也让史思明心生不安，并最终导致其再度反叛。史思明这边降而复叛，让河北局势变得复杂起来，但唐朝朝廷与回纥汗国之间的谈判却取得了进展。到该年的七月十七日，唐肃宗册封回纥可汗为英武威远毗伽阙可汗，将自己的次女宁国公主嫁给他为妻子。按：唐肃宗共有七个女儿，分别是：宿国公主（原为长乐公主）、宁国公主（后封萧国公主）、和政公主、郯国公主（始封大宁公主）、纪国公主（始封宜宁公主）、永和公主（始封宝章公主）、郜国公主（始封延光公主）。宁国公主原嫁给郑巽，又改嫁给了薛康衡，二人死后，公主又寡居了。过去，唐朝与外藩联姻，从未将皇帝的亲生女儿嫁过去，这还是第一次，也说明了唐肃宗的无奈。唐肃宗派出了高规格的使团前往回纥汗国，以殿中监、汉中王李瑀为册礼使，以右司郎中李巽为副册礼使，并命尚书左仆射裴冕亲自将公主送至边境。次日，唐肃宗又任命司勋员外郎鲜于叔明（鲜于仲通之弟）充当李瑀的副册礼使。二十四日，唐肃宗亲自将女儿送到咸阳，宁国公主深明大义，临别之际，她对父皇说道："国家事大，此行我死而无恨！"唐肃宗看着女儿远去，一向对子女严厉的他也禁不住流下了眼泪。

李瑀等人来到回纥可汗的大帐后，回纥可汗身穿红袍，头戴帽子，坐在卧榻之上，两旁戒备森严，派人将李瑀一行人带至大帐外面。李瑀站在帐外，拒绝跪下叩拜，回纥可汗一副傲慢的模样，说道："我与天可汗都是两国之君，君臣有礼，你见我为何不拜？"李瑀和鲜于叔明回答道："过去，我大唐与各国联姻，都是将宗室女儿拜为公主，嫁给他国。如今，天子因可汗立下大功，这才把自己的亲生女儿嫁给可汗为妻，对可汗的恩情可谓厚重。可汗岂能身为女婿却对岳父如此傲慢，坐在卧榻之上接受册命！"听后，回纥可汗这才改变了态度，站起身来，接受了册命。次日，回纥可汗立宁国公主为可敦，回纥汗国举国欢腾，接着，回纥可汗就派遣大臣骨啜特勒、帝德二人率领三千精锐骑兵前来唐朝，协助唐军讨伐安庆绪。唐肃宗命令朔方左武锋使仆固怀恩统领，与此同时，唐肃宗还对各领兵大将论功行赏，以朔方节度使郭子仪为中书令，河东节度使李光弼为侍中，以开府仪同三司李嗣业为怀州刺史、充镇西、北庭行营节度使，以右羽林大将军赵泚为蒲州、同州、虢州三州节度使，以青州、登州等五州节度使许叔冀为滑州、濮州等六州节度使等，部署对安庆绪的围攻。

再说安庆绪。安庆绪刚到邺郡时，其平原太守王暕、清河太守宇文宽都杀掉了他的使者，归降了唐朝。安庆绪派大将蔡希德和安太清率军攻克平原、清河，将二人生擒，于邺郡街市千刀万剐。为了稳定内部，安庆绪下令从此以后，凡是有人胆敢叛逃的，全部株连宗族，甚至其下属、州县、部众也有很多受到牵连被杀。安庆绪又与群臣在邺郡南郊歃血为盟，可是，他毫无经国远图，一心享乐，把心思都放到了修建楼台、游船上面，整日饮酒作乐，再加上大臣高尚、张通儒二人争权夺利，水火不容，内部是离心离德，朝廷毫无规矩。蔡希德手握强兵，其人有胆有识，然而性格刚强，喜欢直言犯上，这引起了张通儒的忌惮，在安庆绪面前进谗言，安庆绪不辨真假，竟将蔡希德杀掉，蔡希德的数千部众全部逃散，此事令众将都人人自危，心生怨恨。蔡希德死后，安庆绪以崔乾佑为天下兵马使，统领各部军队，崔乾佑刚愎自用，凶狠嗜杀，不得人心，安庆绪叛军已呈现败亡之象了。

乾元元年（公元758年）九月二十一日，已经做好总攻准备的唐肃宗发布命令，决定对盘踞在邺郡的安庆绪以最后的打击。唐肃宗命令朔方节度使郭子仪、淮西节度使鲁炅、兴平节度使李奂、滑濮节度使许叔冀、镇西北庭行营节度使李嗣业、郑蔡节度使季广琛、河南节度使崔光远七个节度使并平卢兵马使董秦率领二十万步骑讨伐安庆绪；又命令河东节度使李光弼、关内泽路节度使王思礼二节度使率军前去助阵。唐肃宗以郭子仪和李光弼二人均是功臣，平起平坐，难以安排谁当谁的部署，遂不在军中设置元帅，而任命开府仪同三司宦官鱼朝恩担任观军容宣慰处置使，代替皇帝协调各部。从此才开始有了观军容使这一官名。鱼朝恩，天宝末年入内侍省，“性黠惠，善宣答，通书计”。按：史思明归顺后，河南节度使张镐命令董秦奔赴郓州（今山东省东平县），与各军协同收复河南各郡，董秦又与部将阳惠元在舒舍口大破贼将王福德，后移驻韦城（今河南省滑县东南）。崔光远在安禄山叛军来到长安之前安抚长安百姓，后归降安禄山，不久又逃归灵武，被唐肃宗拜为御史大夫，兼京兆尹；乾元元年，被拜为河南节度使，又代张镐为汴州刺史，兼本州防御使。

郭子仪率军从杏园（今河南省卫辉市南）北渡黄河，东进行至获嘉（今河南省获嘉县），唐军初战告捷，击破叛军守将安太清所部，斩首四千级，生擒五百人。安太清退守卫州（今河南省卫辉市），郭子仪率部将其包围。

十月七日，郭子仪报捷，淮西节度使鲁炅率部从阳武（今河南省原阳县境内）渡河，郑蔡节度使季广琛、河南节度使崔光远率军从酸枣（今河南省延津县）渡河，与李嗣业所部及郭子仪在卫州城下会师。安庆绪调派邺郡城内的全部主力共计七万余众南下，救援卫州，他将援军分为上中下三军，上军由天下兵马使崔乾佑率领，田承嗣率领下军，安庆绪亲自统领中军。

郭子仪将军中三千名神射手提前埋伏在营垒后面，传令道：“我军后退，敌人一定会追赶我们，此时，你们再登上营垒，鸣鼓射击。”两军交战后，郭子仪率部佯装败退，敌人果然放马猛追，追至唐军营垒跟前，唐军伏兵突然出现，顿时万箭齐发，敌军纷纷倒地，其他人掉头就跑。郭子仪一声令下，唐军转身追杀，安庆绪大败；唐军擒杀安庆绪的弟弟安庆和，并乘胜攻克了卫州。

攻克卫州后，唐军马不停蹄，一直追杀到邺郡（今河南省安阳市）。此时，滑濮节度使许叔冀、平卢兵马使董秦、关内泽路节度使王思礼、河东兵马使郭兼训也率部赶到。安庆绪搜集残兵败将，在愁思冈（今河南省安阳市西南）又与唐军交手，再次被击败；唐军前后斩杀三万级，俘虏一千多人。安庆绪不敢再战，收兵退回邺郡城内固守，郭子仪等将把邺郡城围得水泄不通，此时，侍中、河东节度使李光弼也率部赶到。

邺郡危若累卵，惶恐不安的安庆绪只好派人向史思明求救，并主动请求将皇帝之位让给史思明。史思明决定派遣十三万大军南下救援邺郡，但又狐疑不定，只派了李归仁率领一万步骑驻扎在六十里外的滏阳（今河北省磁县），遥为安庆绪声援。

河南节度使崔光远率部攻克了魏州（今河北省大名县），十一月十七日，唐肃宗任命兵部侍郎萧华担任魏州防御使。当时，史思明已经兵分三路南下，一路从邢州（今河北省邢台市）、洺州（今河北省邯郸市永年区）、一路从冀州（今河北省衡水市冀州区）、贝州（今河北省清河县）、一路从洹水（今河北省魏县）一同救援魏州。郭子仪上书建议以崔光远代替萧华。十二月五日，唐肃宗任命崔光远兼任魏州节度使。

三七五　邺城之战（二）

史思明趁崔光远刚到魏州，即亲率大军来到城下。

崔光远命令骁将李处崟率部迎战，众寡不敌，李处崟连战不利。郭子仪大怒，拥兵不救，李处崟遂大败，逃回魏州城下。叛军追至城下，扬言："李处崟召我前来，为何你不出城接应？"崔光远果然中计，腰斩了李处崟。李处崟骁勇善战，唐军以其为依靠，李处崟被杀后，魏州唐军顿时人心涣散，再无斗志。魏州城自从安禄山造反后，袁之泰和能元皓等人多次组织人力进行修缮，城池极为坚固，而崔光远却无力守住，趁夜突围而去，南渡黄河。唐肃宗也未追究其败军之责，改任其为太子少保。十二月二十九日，史思明攻陷魏州，屠杀三万余人。

平卢节度使王玄志死在军中，唐肃宗派人前去安抚将士，并遴选继任者。部将高句丽人李怀玉杀掉王玄志的儿子，推举表兄弟侯希逸担任平卢军使。唐肃宗只好任命侯希逸为平卢节度副使。从此以后，节度使开始由军中将士自行废立了，朝廷对军队的控制权开始下降。侯希逸，平卢人，自幼习武，后任平卢裨将。

乾元二年（公元759年）一月一日，史思明在魏州城北构筑祭坛，自称大圣燕王；以周挚为行军司马。李光弼称："史思明夺取魏州，却按兵不动，是想趁我懈怠，挑选精兵掩袭我军。我建议率领本部加上朔方军队进逼魏州，主动寻战，史思明对嘉山之败记忆犹新，一定不敢轻易出战。这样僵持下来，必定旷日持久，邺郡势必被我军拿下，等到安庆绪一死，史思明就失去控制下属的号召力了。"但观军容使鱼朝恩认为行不通。

郭子仪等九节度使将邺城围得水泄不通，修筑两层营垒，开挖三道壕沟，拦截漳水倒灌邺城。城中水井、泉水全都泛滥，城内居民搭起木架居住，安庆绪从冬天一直坚持到开春，等待着史思明的援军。城内粮食吃尽，一只老鼠值四千钱，人们用水淘去墙内的麦麸和马粪中的纤维喂马。唐军人人都相信邺城陷落指日可待，但唐军没有统帅，缺乏协同，而城中打算归降的人又碍于水深逃不出来。从去年九月一直到如今，唐军已经围城半年有余了，而邺城迟迟不下，唐军将士已上下离心，军心涣散。其间，镇西节度使李嗣业在攻城时被流箭射中而死，兵马使荔非元礼带领其众。

见唐军已经疲敝，史思明这才率军从魏州出发，直扑邺城。他命令众将各自距城五十里扎营，每座营垒架设三百面战鼓，不断擂鼓，给唐军制造心理压力；他又命令每座军营挑选出五百名精锐骑兵，每天前去邺城城下骚扰，唐军出动，他们就各自散回军营；唐军的士兵、牛马、车辆每天都有损失，出外砍柴已十分艰难；白天戒备，敌人就在晚间出击，晚上戒备，敌人就在白天骚扰，弄得唐军疲惫不堪。当时，全国各地都陷于饥荒，运送粮饷的农夫南从江淮，西自并州、汾州，车船相继而至。史思明派出很多壮士假扮唐军，督运粮草，斥责民夫们行动迟缓，随意杀人，令农夫惊恐不安；碰到车船聚集一起时，这些游击部队又暗中纵火把车船焚烧；他们时聚时散，飘忽不定，相互之间有暗号相认，而唐军的巡逻部队却认不出来。由于这些叛军游击部队的捣乱，致使唐军军粮短缺，军心不稳，于是，史思明这才率领大军直抵邺城城下，唐军与其约定好了会战的日期。

三月六日，唐军六十万步骑在安阳河以北列开阵势，史思明亲自率领五万精锐骑兵迎战。唐军遥遥望见，以为只是一支游击部队，根本没有把他们放在眼里。岂料，敌人突然径直扑向唐军大阵，李光弼、王思礼、许叔冀、鲁炅率领本部人马与敌人接战，双方你来我往，杀得正酣，死伤相当；鲁炅临阵身中流箭。郭子仪在后军，还没来得及布阵，突然之间，天上刮起大风，顿时飞沙走石，大树被连根拔起，天地一片黑暗，咫尺之间什么也看不到。两军将士同时惊骇，不知所措，于是，一场史无前例的奇怪战况出现了：唐军向南溃逃，叛军向北溃逃，双方扔掉的武器、辎重堆积如山。郭子仪率领朔方军切断了河阳桥，以保护东京。唐军原有战马一万余匹，仅剩三千匹，武器十万，丢失殆尽，东京百姓惊慌不安，逃往山谷间避难，东京留守崔圆、河南尹苏震等人南逃到襄阳、邓州，各节度使率领残兵败将各自逃回本镇。一路上，败兵烧杀抢掠，当地官员无力阻止，十余天之后才恢复了秩序。只有李光弼和王思礼二将整顿本部，全师而返。

郭子仪来到河阳（今河南省孟州市）后，本打算固守，可是部下再次发生骚动，又逃到缺口（今河南省新安县铁门镇），不久，众将相继而至，拥有数万人马，大家商议着丢弃东京，退守蒲州和陕州。都虞候张用济说：“蒲州和陕州都很饥馑，不如固守河阳，敌人到来后，齐心协力抵御。”郭子仪答应了，命令游弈使韩游瓌率领五百骑兵赶赴河阳，张用济率领五千步兵随后进发。敌将周挚率军试图夺取河阳，见已驻扎有唐军，只好撤去。张用济以本部五千人马在河阳构筑了南北两座城堡，就驻扎在那里。怀州长史、知留后段秀实率领将士家属和辎重从野戍（今河南省孟津县黄河渡口）南渡黄河，在河清（今河南省孟州市南）南岸待命。荔非元礼赶到后，就在那里安营扎寨。众将纷纷上书请罪，唐肃宗一律不予追究，只是薄惩了崔圆和苏震二人。

北逃的史思明确认唐军全部南逃的消息后，这才在沙河（今河北省沙河市）整顿部队，南下驻扎在邺城以南。安庆绪派人搜集郭子仪等人遗留下来的军粮，得到了六七万石宝贵的粮食，又与孙孝哲和崔乾佑等部将商议紧闭城门，抵御史思明。众将说：“今日岂能再背弃史王呢？”史思明待在邺城城外，既不继续追击唐军，又不主动与安庆绪联络，每天只是在军中犒赏将士们。张通儒和高尚等人对安庆绪说：“史王远道而来，臣等均应前去迎接拜谢啊。”安庆绪也没什么理由阻止，只好说：“任凭你们前去。”众人来到城外见到史思明后，史思明只是相对流泪，赠送给众人很多财物，礼送他们回城。就这样过去了三天，安庆绪仍然不敢出城。史思明暗中召来安太清，命其引诱安庆绪出城，安庆绪无计可施，遂派安太清手捧奏表向史思明称臣，并请求史思明解除武装入城，他将献上玉玺。史思明看后，说道：“何必如此！”遂拿出安庆绪的奏表，向将士们展示，军中一片山呼万岁，而后，史思明又亲自给安庆绪写信，劝其节哀，又称：“我希望我们能成为兄弟之国，相互支援，鼎足而立，如此一来，也许还能度过艰难岁月，您要向我称臣，我实在是不敢当。”连同安庆绪的奏表一起又送回城去。安庆绪看后大喜过望，遂请求歃血为盟，史思明答应了。

安庆绪率领三百骑兵亲自来到史思明的军营，史思明命令军士全副武装等待着他们。等安庆绪来到后，士兵们将安庆绪及其弟弟们一起引导到史思明跟前。安庆绪扑通跪地，叩头说道：“臣没有能力担负重任，接连丧失两京，身陷重围，没有想到大王因太上皇之故，远道而来，伸出援手，让臣死而复生，臣粉身碎骨也难以报答大王之德。”史思明突然发怒，说道：“丢失两京，这又算什么！你身为儿子，却弑杀父皇，篡夺皇位，天地不容你！我是在替太上皇讨伐逆贼，岂能听信你的谄媚之言！”说罢，当即命人将安庆绪拉出，与其四个弟弟、高尚、孙孝哲、崔乾佑等人一起处死；将张通儒、李庭望等人都分别授予官职。史思明率军进入邺城，接管了安庆绪的军队，打开仓库犒赏将士，安庆绪原有的州县、军队全部归顺了史思明，而后，史思明又派安太清率领五千人马夺取了怀州（河南省沁阳市）。史思明原本打算乘胜继续西进，但又担心老巢不稳，遂将儿子史朝义留在相州（今河南省安阳市），自己则率部回到了范阳。不久，史思明就自称大燕皇帝，改元顺天，立其妻子辛氏为皇后，以儿子史朝义为怀王，以周挚为宰相，李归仁为大将，改范阳为燕京，改各州为郡。

三月十八日，回纥骨啜特勒、帝德等十五人逃回长安，唐肃宗在紫宸殿设宴给他们压惊，不久，他们辞别回到行营。三月二十五日，唐肃宗任命荔非元礼为怀州刺史，暂且代理镇西、北庭行营节度使，荔非元礼又任命段秀实为节度判官。

三七六　朝中争斗

邺城这场奇怪的大风，让唐肃宗迅速中兴帝业的雄心壮志化为了泡影，也让这场由安禄山挑起的叛乱进入第二个阶段——史思明叛乱阶段。

后世将邺城惨败归咎于唐肃宗没有委任元帅、重用鱼朝恩，这确实是原因之一，然而，作为唐肃宗来说，他这么做自有他的难处和道理。唐玄宗一直大权独揽，与儿子们之间的关系很是冷淡，长期以来，诸位皇子皇孙都生活在十王宅和百孙院内，严禁与外臣联系，就算一些年长的皇子遥领大都督，也只是个空名，与名义上的下属们也是很难谋面，李亨身为太子更是战战兢兢地过日子，只是到了他四十多岁时才因安禄山叛乱而登上皇位。虽然他与他的高祖太宗皇帝都是受命于危难之际，可是，二人登基前的境遇有天壤之别，太宗皇帝在登基之前身边早已猛将谋臣如云，而唐肃宗登基之时身边并没有一个强大的集团，他所能依靠的也就是李泌等人，而李泌又辞官隐居，他也只能把张皇后和那些一直追随自己的宦官当成自己的亲信。至于朔方军以及其他方面军的将领们，原本就与唐肃宗没有多少感情联系，再加上他登基以来，处境一直都很险恶，一方面是咄咄逼人的叛军，另一方面则是矛盾重重的内部；既要拉拢首鼠两端的各地军阀，又要安抚成都的太上皇；一会儿是时叛时降的臣下，一会儿又是另立山头的李璘，再一会儿又是争权夺利的皇子们，可以说是乱蜂蜇头，他不信任自己的皇后和身边的宦官又能信任谁呢？

此时，唐肃宗在外重用鱼朝恩，在内重用太子詹事李辅国。李辅国自从唐肃宗在灵武时，就担任“判元帅行军司马”一职，类似总参谋长。那时，唐肃宗就把军国事务全权交付给他处理，李辅国经常侍从在唐肃宗身边，负责传达诏命；各地的文书奏表都经李辅国之手，皇帝印章、兵符也都由其掌握，甚至是军中的早晚的口令也由其负责。等到唐肃宗回到长安以后，唐肃宗更是把自己的生命安全都交给了李辅国，由其统领禁卫军；李辅国经常住在宫中，皇帝的诏命必须经过他的签字才能发布执行，而包括宰相在内的朝廷重臣要在下班时间向皇帝报告紧急事务，也都得通过李辅国传话。李辅国经常在大明宫的银台门处理国务，出门经常有数百名全副武装的武士护卫；事无大小，李辅国往往代替皇帝提出处理意见，交付外臣施行，然后才向唐肃宗汇报。李辅国还安排了数十名密探，到民间探听一些隐私，一旦发现隐情，当即命令有关部门追查，对于李辅国的各类要求，朝廷各部门都不敢拒绝。一些羁押在御史台或者大理寺的要犯，有的还没有审理完毕，李辅国命人押解到银台门，全部释放；御史台、大理寺和刑部以及地方上的案件，也都要先向李辅国禀报，根据他的意见定案，而他却总是说这是皇帝的意思，朝廷官员们也就无人敢提异议了。宦官们都不敢称呼他的官衔，因其排行老五，都称其为五郎。中书侍郎李揆出身山东高门，见到李辅国也恭敬地行子弟之礼，称呼其为五爹。

李辅国的专权也引起了一些朝廷大臣的不满。乾元二年（公元759年）三月，也就是邺城惨败后不久，唐肃宗对朝廷军政重臣进行了一次改组：二十八日，他任命兵部侍郎吕諲为同平章事，次日，又任命中书侍郎、同平章事苗晋卿为太子太傅，王玙为刑部尚书，将二人都罢免了宰相。以京兆尹李岘行吏部尚书，中书舍人兼礼部侍郎李揆为中书侍郎，与户部侍郎第五琦均为同平章事。军事方面：三月三十日，唐肃宗以郭子仪为东畿、山东、河东各道元帅，暂时代理东京留守；以河西节度使来瑱行陕州刺史，充陕、虢、华州节度使。四月八日，设置陈、郑、亳州节度使，以邓州节度使鲁炅充任；以徐州节度使尚衡为青、密等七州节度使；以兴平军节度使李奂兼任豫、许、汝三州节度使。因邺城败退后，鲁炅所部溃兵劫掠最严重，鲁炅担心受到朝廷追究，不久就喝药自杀了，十二日，唐肃宗又命鸿胪卿李抱玉接任。李抱玉系安兴贵之后，为李光弼部将，屡立战功，因耻于姓安，被唐肃宗赐姓李。到了五月，又以滑、濮节度使许叔冀为汴州刺史，充滑、汴等七州节度使；以试汝州刺史刘展为滑州刺史，充副使。

李揆是当年的亲王府学士李玄道的玄孙，史称，其长相俊美，口齿伶俐，在唐肃宗面前能投其所好，一次，唐肃宗赞赏他说："爱卿门第、相貌、文章都是当代数一数二的。"故民间称其有此三绝。唐肃宗对李岘十分看重，而李岘也以天下为己任，勇于承担责任。等到他当上宰相后，就在唐肃宗面前跪下叩头，指出皇帝的诏书均应由中书省颁布，并揭露李辅国专权乱政的种种不法行为，唐肃宗听后也有所触动，对于李辅国创设的很多制度都予以变更，还撤销了他组织的密探机构。当时，长安城内社会治安十分不好，李辅国请求挑选五百名羽林骑兵加强京城巡逻。李揆上书认为："过去，西汉南军和北军并立，以相互制约，所以，周勃才得以用南军而入北军，从而安定了刘氏江山。我朝设置南衙、北衙，文武区分，以相互监督。如今，以羽林军来取代金吾军负责社会治安，一旦出现意外，将如何控制？"唐肃宗这才作罢。

李辅国也觉得自己处境不妙，就主动提出辞去行军司马，只担任太子詹事，唐肃宗没有答应。四月六日，唐肃宗下诏称："近来，军国事务繁多，有时候口头宣布诏命。从今以后，各类征收以及案件审理一律停止，如果不是正式诏书，均不得执行。朝廷各类事务均归各部门处理。英武军虞候、六军各军使、各司等，近期常因事争竞，擅自行事，从今以后，一切事务均应经过中央和地方政府处理。如果他们的处理不公，可以向我禀报。除了十恶、杀人、奸情、偷盗、造假以外的法令，其他烦琐的条文一律删除，由中书省、门下省会同法官们详细研究后上报定夺。"

李岘与李辅国的矛盾逐渐激化，李辅国一直寻找一个反击的机会，这个机会很快就不期而至了。凤翔马坊押官参与抢劫，天兴县尉谢夷甫将其逮捕杀掉，这名押官的妻子就来朝廷鸣冤上告。李辅国出身飞龙厩，大约与这名押官有些关系，就以皇帝之名命令监察御史孙蓥审理此案，经过审讯，押官犯罪证据确凿，并没有什么冤情。李辅国见达不到目的，就又让御史中丞崔伯阳、刑部侍郎李晔、大理卿权献进行所谓的小三司会审，会审结果与孙蓥的相同，但押官的妻子仍然不服。李辅国就又让侍御史毛若虚复审，这位毛若虚是个见风使舵的人，就按照李辅国的意思，把罪过推到了谢夷甫的身上。御史中丞崔伯阳得知后，勃然大怒，就把毛若虚召来，厉声斥责他一番，还要上书弹劾他。毛若虚恶人先告状，抢先一步逃到唐肃宗跟前，唐肃宗听说崔伯阳要来，就把他藏匿在帘幕后面。不一会儿，崔伯阳果然来了，称毛若虚依附宦官，判案不公。此时，唐肃宗已经偏听偏信，突然发怒，将崔伯阳赶出了宫门。四月，唐肃宗下令将崔伯阳贬为高要县尉，权献贬为桂阳县尉，李晔和凤翔尹严向均贬为岭南县尉，将孙蓥除名，流放到播州。

吏部尚书同平章事李岘上书称崔伯阳等人无罪，处罚太重，而唐肃宗却认为李岘与崔伯阳等人结为朋党。五月十六日，将李岘贬为蜀州刺史。右散骑常侍韩择木晋见唐肃宗，提及此事，唐肃宗还耿耿于怀地说道："李岘企图专权，如今将其贬至蜀州，朕尚且觉得便宜了他！"韩择木回答："李岘不是专权，而是说话太直了，陛下对他予以宽恕，只能增加陛下的圣德啊！"不久，毛若虚就被晋升为御史中丞。

显然，在朝廷大臣与宦官的这场较量中，唐肃宗最终站到了宦官一边。

三七七　卷土重来

邺城惨败，让唐肃宗对朔方军更加猜忌。

客观地说，郭子仪虽不是主帅，但其对邺城惨败还是应当负有很大的责任的。这是因为，郭子仪率领的后军并未参战，当李光弼等将在一线作战，因大风因素从前方撤下时，原本作为第二梯队的郭子仪部如果固守阵地，情况会很快明朗，也不致导致那么大的失利，然而，郭子仪不战溃退，的确难辞其咎。史称，郭子仪带兵宽纵，军纪不严，这也许是造成这一局面的原因之一，而且，自从收复两京之后，朔方军自恃立下大功，想必十分骄纵，这也让唐肃宗更加不安。因此，当观军容使鱼朝恩兵败回到长安，在唐肃宗面前指责郭子仪后，唐肃宗即决心将郭子仪换下，而任命治军严整的李光弼取代他，并且于当年乾元二年（公元759年）六月二十三日将朔方军分割，设置了邠州（今陕西省彬县）、宁州（今甘肃省宁县）、泾州（今甘肃省泾川县）、原州（今宁夏回族自治区固原市）、庆州（今甘肃省庆阳市）、坊州（今陕西省黄陵县）、鄜州（今陕西省富县）、延州（今陕西省延安市）、丹州（今陕西省宜川县）九个节度使。

七月，唐肃宗将郭子仪召回京师长安，而任命李光弼为朔方节度使、兵马元帅。李光弼请求以亲王当元帅，自己只当副元帅。七月七日，唐肃宗以赵王李係为天下兵马元帅，而以李光弼为副元帅，统领各地行营军队，继而，又以潞、沁节度使王思礼接任李光弼的职务，担任太原尹，充北京留守、河东节度使。当使者来到军中宣布这一命令时，军中将士都洒泪挽留郭子仪，郭子仪谎称：“我是去送送使者而已，不会离开的。”遂跨马西去。李光弼接到命令后，即率领五百河东骑兵奔赴东都上任，当夜进入中军大帐。大家都知道李光弼治军严整，到任后，李光弼一声令下，士兵、营垒、旗帜全都焕然一新，当时的朔方军都喜爱郭子仪的宽松，而害怕李光弼的严厉。

当时，左厢兵马使张用济率军驻扎在河阳（今河南省孟州市），李光弼到任后，即传令命其前来相见。张用济对部下说："我朔方军并非叛军，他李光弼趁夜入营，对我军岂能如此猜忌呢？"遂与众将密议率领精锐部队冲入洛阳，赶走李光弼，迎还郭子仪，议定之后，遂命令将士们披甲上马，准备行动。都知兵马使仆固怀恩却说："邺城惨败，郭大人最先逃跑，朝廷追究主帅，所以才拿下了他的兵权。如今如果驱逐李大人而率军强行请回郭大人，违抗皇命，这是在造反，你们说可行吗？"右武锋使康元宝也说："你率军迎回郭大人，朝廷一定会怀疑都是郭大人指使的，这是在让郭大人家破人亡啊！郭大人一家老小难道有对不起你的地方吗？"听罢，张用济这才作罢。

李光弼也担心有变，遂率领数千骑兵向东巡视，来到汜水，张用济单人匹马赶来迎接。李光弼斥责其不遵将令，迁延来迟，当即命人将其斩首，命部将辛京杲接管了他的军队。仆固怀恩随后赶到，李光弼命其就座谈话，不一会儿，帐外来报："有五百番、浑族骑兵也来了！"李光弼顿时大惊失色。仆固怀恩走出帐外，假装斥责道："我已经告诉你们不要来，为何非要跟来！"李光弼说道："将士们追随主将，有什么可怪罪的呢！"命人送给他们牛肉、美酒款待。仆固怀恩勇冠三军，一直率部充任郭子仪的先锋，前前后后立下了很多战功，七月二十七日，唐肃宗晋升朔方节度副使、殿中监仆固怀恩兼任太常卿，进爵位为大宁郡王。

祸不单行。

当朝廷方面休整军队，准备迎接史思明即将发起的新一轮攻势时，襄阳方向却又发生了突如其来的变故。八月十二日，襄州（今湖北省襄阳市）部将康楚元、张嘉延起兵将襄州刺史王政赶走，占领了州城。康楚元自称南楚霸王。王政逃往荆州（今湖北省江陵县）。得知此信后，唐肃宗命宦官将军曹日升赶赴襄州安抚康楚元，并将王政贬为饶州长史，改任司农少卿张广奇为襄州刺史，但康楚元不从。

九月一日，叛将张嘉延率部南下，攻克荆州，荆南节度使杜鸿渐弃城而逃，此时，荆南各城非常空虚，澧州（今湖南省澧县）、朗州（今湖南省常德市）、郢州（今湖北省钟祥市）、峡州（今湖北省宜昌市）、归州（今湖北省秭归县）等州的官吏都是望风而逃，争先恐后地逃往山间避难。

见康楚元软的不吃，唐肃宗只好来硬的。九月二十四日，唐肃宗任命太子少保崔光远充任荆州襄州招讨使，兼山南东道处置兵马都使，以陈州、颍州、亳州、申州节度使王仲升为申州、沔州等五州节度使，知淮南西道行军兵马，东西并进，消灭叛军。

而就在唐肃宗手忙脚乱布置消灭襄州康楚元叛乱之时，当了数月之久燕帝的史思明也整军完毕，发起了新一轮的攻势。他命令儿子史朝清留守老巢范阳，下令河北各郡太守各自率领三千郡兵集合，兵分四路渡河南下，命部将令狐彰率领五千军队从黎阳（今河南省浚县）强渡黄河，夺取滑州（今河南省滑县）；史思明自己率领中军从濮阳（今河南省濮阳市）渡河；儿子史朝义部从白皋（今河南省滑县以北）渡河，宰相周挚率部从胡良（今河南省滑县东北）渡河，四路大军齐集汴州（今河南省开封市）。

当时，李光弼正在巡视唐军驻防黄河南岸的各营，听说敌人大举南下的消息后，立即折返汴州，对汴州滑州节度使许叔冀说："大人如果能驻守汴州十五天，我即率军赶来救援。"许叔冀点头答应，李光弼遂奔回洛阳。谁知，当史思明大军来到汴州城下后，许叔冀与敌人打了一仗，没有取胜，就与濮州刺史董秦及部将梁浦、刘从谏、田神功等人投降了叛军。史思明以许叔冀为中书令，留下他与部将李祥驻守汴州；对董秦十分厚待，但还是将其妻子儿女扣下，送往长芦（今河北省沧州市）作为人质；命令部将南德信率领梁浦、刘从谏、田神功等人夺取江淮一带。但是，不久，田神功就率部袭杀了南德信，刘从谏逃脱。田神功又归顺了唐军。

许叔冀投敌让李光弼很是被动，让其在汴州一带与敌决战的计划落空。史思明乘胜西攻郑州，李光弼整顿军队缓缓向西撤退，行至洛阳，他征求洛阳留守韦陟的意见说："敌人乘胜而来，我军按兵不动最为有利，不可与敌争锋，洛阳已无法固守，你看下一步该怎么办？"韦陟建议放弃洛阳，在陕州（今河南省陕县）设置第一道防线，主力部队则退守潼关，固守险要，挫伤敌人的锐气。李光弼不同意这个意见，他说道："两军势力相当，利在进攻，忌讳后退，如果无缘无故就丢掉五百多里的土地，敌人的气焰将会更加嚣张。不如率军北渡黄河，驻守河阳，这样一来，北面与泽潞（总部设在今山西省长治市）相连，形势好转，既可发起进攻，不好的话又能退守山西，表里相应，令敌人不敢轻易继续西进，这就好像是猿猴伸出的臂膀一样，伸缩自如。明辨朝廷礼仪，我不如大人您，但说起军旅之事，大人就不如我了啊。”韦陟无言以对。判官韦损问道：“洛阳是皇帝的家宅，为何大人要不战而弃守呢？”李光弼回答：“如果我们要固守洛阳，就必须在汜水、崿岭（今河南省登封市南）、龙门等地部署军队，你身为兵马判官，你自己说能守住吗？”李光弼遂发布公文，命令洛阳留守韦陟率领洛阳官吏及其家属西撤入关，命令河南尹李若幽率领洛阳百姓出城躲避；他自己则率领士兵们将食油、铁器等军用物资运到河阳，将偌大一个洛阳空城留给了史思明。

当时，史思明的叛军先锋骑兵已经逼近石桥（洛阳东门外），李光弼亲自率领五百骑兵断后。众将请示道：“我们是从洛阳城往北而去，还是从石桥往东而去呢？”李光弼回答：“从石桥走。”夜幕降临，唐军高举火把缓缓行进，队伍严整，丝毫不乱，敌人遥遥跟随，但始终不敢逼近。深夜，李光弼率部进入河阳城，清点下来，只有两万人马，军粮也只够吃十天。李光弼检查各地守备，分配任务，令行禁止。

九月二十七日，史思明率领大军不战而入洛阳，入城之后，却空无一人，空无一物，又担心李光弼会进攻自己的侧后方，遂不敢入驻皇宫，又撤出城外，驻扎在白马寺南面，并命令部队在河阳城南修筑月城（半圆形的小城）抵御李光弼。此时，郑州、滑州等州均已沦陷，韦陟和李若幽则退守陕州。

三七八　河阳争锋（一）

乾元二年（公元759年）十月四日，唐肃宗下诏亲征，在群臣强烈劝阻下，唐肃宗这才作罢。

李光弼以区区两万人马驻守在河阳，这让史思明大军不敢继续西进了，的确起到了四两拨千斤的奇效。史思明要想放心大胆地西攻关中，势必先拔掉李光弼这个眼中钉、肉中刺，因此，在他控制了洛阳之后，即向河阳发起了进攻。

史思明亲自率领大军围攻河阳，命猛将刘龙仙率领五千铁骑在河阳城下挑战。刘龙仙自恃骁勇，将右脚放到马鬃上，高声谩骂李光弼。李光弼回头对众将说道："你们谁能取下此人的人头？"仆固怀恩当即说道："在下愿往！"李光弼说："此事不是大将当做的。"这时，亲信们说道："部将白孝德能行。"李光弼将白孝德召入帐内，白孝德愿意出城一战。李光弼又问："你需要带多少兵？"白孝德回答："我一人足够了。"李光弼连连称赞他的勇气，但仍然问他究竟需要带多少人。白孝德回答："既然大人问到这里，我只请大人为我挑选五十名骑兵出营门，充当我的后援，还请城内全军将士为我呐喊助威即可，其他的就不用了！"李光弼甚为叹服，拍了拍他的后背，为其壮行。

白孝德，是安西的胡人，十分骁勇，擅长使用双枪。此时，只见双枪将白孝德在万众瞩目之下，夹着双枪，跨马徐徐渡河而来。当他行至河中间时，仆固怀恩就向李光弼道贺道："已经赢了！"李光弼很是奇怪，问道："二人还未交锋，你怎么知道呢？"仆固怀恩回答："我看他骑马安闲，已知他已有十分的把握。"刘龙仙正在谩骂，却见唐军中走出一人，跨马徐徐而来，刘龙仙见状，根本不把白孝德放在眼里，右脚仍放在马鬃上面，继续谩骂。不一会儿，白孝德已快到跟前了，刘龙仙想把脚放下来，而白孝德却抬手摇了一摇，示意他别动，刘龙仙不知他葫芦里卖的什么药，就鬼使神差地没再动弹。这时，白孝德高声说道："侍中派我给你传话来了，没别的意思。"等到白孝德来到距离刘龙仙十来步远的地方，才与其搭话，而刘龙仙正骂得兴起，也不理会白孝德，仍然骂个不停。白孝德悠然把坐骑整顿好，完成进攻准备之后，突然圆睁双眼，大喝一声："蟊贼你可认识我吗？"白孝德这一声断喝，把刘龙仙给弄迷糊了，他脱口说道："你谁啊？"白孝德高呼道："我，唐朝的大将白孝德也！"刘龙仙嗤之以鼻，说道："你什么猪狗啊！"白孝德又是一声如雷断喝，手持双枪，拨马朝刘龙仙扑来。一时间，其身后的五十名骑兵也呼啸着冲了上来，河阳城上的唐军齐声呐喊助威，战鼓雷鸣。事发突然，刘龙仙来不及弯弓搭箭，在河堤上兜着圈子夺路而逃，谁知白孝德马快，瞬间追上前来，一枪将其刺于马下，手起刀落，刘龙仙即身首异处。白孝德下马拿起刘龙仙的人头，安全返回城内，叛军无不惊骇。

史思明军中有一千多匹良马，每天命人牵着于黄河南岸的浅水地带洗浴，来来往往显示自己马匹很多。李光弼命军中找来五百匹母马，将它们生下的小马驹都留在城内，等史思明再在南岸浴马时，就把这五百匹母马赶到黄河对岸。母马思念城内的小马，在北岸仰天长嘶，叫个不停，史思明南岸的骏马听到母马嘶鸣，全都奋不顾身，朝北岸奔来，唐军将它们全部驱赶入城。史思明眼睁睁地看着自己的骏马被李光弼不费吹灰之力全部掳去，不禁勃然大怒，组织了数百艘战舰，前面以火船为先导，打算顺流而下，烧毁黄河浮桥。李光弼提前准备了数百根百尺长竿，用毛毡包裹铁叉安在竿头，又将长竿固定在巨木之上，顶住敌人的火船。火船在黄河中央停了下来，不一会儿就自行烧毁了；然后，李光弼又命令将士们用长竿顶住敌船，从桥上用大炮向敌船发射巨石，被巨石击中的敌船纷纷沉没，史思明不能取胜，只好撤退。

一计不成，史思明又生一计。他在河清处整顿军队，打算切断李光弼的粮道，李光弼见状，即在野水渡（今河南省孟津县黄河北岸渡口）部署军队，不久，又回到河阳城，只留下一千士兵守在那里，命部将雍希颢道："敌将高庭晖、李日越、喻文景都是能敌万人的猛将，史思明一定会派其中一人前来劫持我，我暂且离开此地，你待在这里。如果敌人前来，不要与其交手；如果敌人前来投降，就和他们一起返回河阳。"众将听得莫名其妙，都暗地发笑。不久，史思明果然对李日越说："李光弼擅长守城，如今他率众在野外扎营，这下他可是要束手就擒了！你率领铁骑趁夜渡河，替我拿下此人，要是完不成任务，就别回来了！”李日越奉命率领五百骑兵在凌晨赶到唐军营寨，雍希颢率领士兵们都隐藏在壕沟之内休整，有的吹起口哨，有的高声喊叫。李日越感到非常奇怪，就问：“司空在里面吗？”回答：“夜里已经走了。”问：“这里有多少兵？”答：“一千。”问：“谁是主将？”答：“雍希颢。”李日越听后，沉默良久，对部下说道：“今日李光弼已逃，只剩下一个雍希颢，就算是把雍希颢抓回去，我也是必死无疑了，不如投降算了。”遂率众投降。雍希颢把李日越等人带回河阳，李光弼对李日越非常看重，将其视为心腹。李日越当为此前被安禄山俘虏的奚王。高庭晖听说后，也在不久后投降了唐军。有人问李光弼：“您一下子就招降了敌人两员大将，为何如此容易？”李光弼回答：“这是人之常情罢了。史思明经常怨恨没有机会与我在野战中争个高下，听说我率军出城，以为这一次一定能擒获我。李日越抓不到我，肯定不敢再回去了。高庭晖才能超过李日越，听说李日越受到我的厚待，一定想压过他。”高庭晖当时只是一个五台府果毅，为正六品上，投降后，他很快就官升数级，被朝廷任命为正三品的右武卫大将军。

斗智不胜，只能斗勇。史思明连失两员大将，不甘心的他再次率军进攻河阳。李光弼对郑陈节度使李抱玉说：“将军能替我坚守河阳南城两天吗？”李抱玉问：“两天过后咋办？”李光弼回答：“两天之后如果援军不到，随你弃城逃命。”李抱玉答应了。史思明大军到后，对河阳南城发起猛烈的进攻，眼看城池行将陷落，李抱玉欺骗叛军道：“我军粮草已经没有了，明日一早就投降。”叛军听了，很是高兴，就将攻城部队撤了下来，等待天亮。谁知李抱玉却趁机重修工事，第二天又继续抵抗。叛军大怒，发起了更加猛烈的进攻，李抱玉提前派出了一支奇兵，绕到叛军的背后，前后夹击，杀伤了很多敌人。

当时，李光弼亲率一支军队驻守在黄河中间的中潬城（今河南省孟州市西南黄河河中沙洲）。董秦趁夜率领本部五百人马，从叛军中突围，投降了李光弼。十月十二日，史思明宰相周挚舍弃河阳南城，与其余部队一起全力进攻中潬城。李光弼早在中潬城外构筑了栅栏，栅栏外围又开挖了宽两丈、深两丈的壕沟，又命大将荔非元礼率领精兵驻扎在城外的羊马城（构筑城墙仅肩高防御工事，称为羊马城）抵敌，李光弼在中潬城东北角设置观察哨，以红色小旗指挥军队。敌人自恃人多势众，径直逼近城墙，用车辆装载着工程器具，开始组织填平壕沟，从三个方向分八路进兵，砍开栅栏，作为进兵之门。李光弼看到敌人逼近城墙，命人前去问荔非元礼："中丞你看到敌人填平壕沟，砍开栅栏进兵，却一动不动，这是什么缘故？"荔非元礼回答："司空是想打还是要守？"李光弼说："想打。"荔非元礼回答："司空既然想打，敌人替我军填平壕沟，砍开栅栏，为何要阻止呢？"李光弼说："很好！我没能想到这一层，中丞努力啊！"等到叛军刚将栅栏砍开，荔非元礼即亲率敢死队突然出击，将敌人打退了数百步。荔非元礼看到敌人新到士气正盛，一时间难以形成突破，又率军后退，想趁敌人懈怠之后再发起进攻。李光弼遥遥看到荔非元礼后退，顿时大怒，命人前去要召回他，想将其斩首。荔非元礼见了使者，说道："战况正急，召我干什么！"遂退入羊马城。敌人也不敢继续进逼，等了一会儿，荔非元礼又率军呐喊着冲出城来，奋勇杀敌，终于将叛军击退。

三七九　河阳争锋（二）

在李光弼的指挥下，此时的唐军已与数月前不可同日而语了。

周挚在中潬城没有捡到便宜，又引兵去进攻河阳北城。李光弼见状，赶忙率领主力进入北城固守，他登上城墙眺望敌军，对部下说道：“敌人虽然人数众多，但喧嚣不整，不必害怕他们。不到中午，我保证为大家击破他们。”遂命令众将出战。然而，双方战至日中，胜负未决，李光弼又召来众将问道：“敌阵什么方向最强？”众将回答：“西北角。”李光弼就命令部将郝廷玉率军抵御。郝廷玉要五百骑兵，可是李光弼只给了他三百名。又问哪里是第二强的方向，众将回答：“东南角。”李光弼就命令部将论惟贞抵御。论惟贞要三百骑兵，李光弼只给了他二百名。

分配停当之后，李光弼传令众将说：“你们按照我军旗的指挥进行作战，我军旗缓慢摆动时，你们就根据各自的判断自行作战；假如我急剧挥舞战旗，多次点地时，那么你们就要同时向敌人发起猛烈的进攻，不顾死活，杀入敌阵，退却半步者即斩首！”他又将一把匕首放到靴子中，说：“战争，是最危险的，我身为朝廷的三公，不能死在敌人之手，万一作战失利，你们在阵前战死沙场，我一定会在此自杀，绝不会令各位单独死去的！”

众将遂各自率军出战去了。不一会儿，李光弼就遥遥望见郝廷玉退回了，不禁大惊失色，说道：“郝廷玉退下了，我军危险了啊！”遂命左右亲信前去砍下郝廷玉的人头。郝廷玉说道：“我的马中箭逃回，不是我要退的。”使者回来向李光弼汇报，李光弼命人给郝廷玉换了一匹马，郝廷玉重新回到了战场。激战中，猛将仆固怀恩及其儿子、开府仪同三司仆固玚稍稍退却，李光弼即命令左右提刀前去阵前斩杀他们父子，仆固怀恩父子见状，赶忙返身杀入敌阵。李光弼急急挥舞战旗，唐军众将各自率领人马向敌人发起总攻，顿时喊杀声震天动地，唐军将士奋不顾身，与敌人殊死搏杀，敌人大败，被唐军斩杀一千多人，俘虏五百余人，有上千敌人投河溺死，叛军主将周挚与几名骑兵仓皇逃去，叛军大将徐璜玉、李秦授被俘，其河南节度使安太清率部逃奔怀州（今河南省沁阳市）。史思明尚不知周挚已败，正指挥军队进攻河阳南城，李光弼把叛军俘虏驱赶到黄河岸边展示，史思明这才率军撤去。

战后不久，唐肃宗即晋升降将李日越为右金吾大将军；殿中监董秦为陕西、神策两军兵马使，赐名李忠臣。如前所述，神策军是哥舒翰当年击破吐蕃于临洮西关磨环川后，在那里设置的一个军镇，安禄山造反后，神策军使成如璆命令部将韦伯玉率领一千人赴难，不久，军镇就被吐蕃攻陷，韦伯玉就留住在陕州，后官至右羽林大将军。

河阳之战结束后，朝廷方面觉察到史思明有可能派军西进，遂命令原来驻防在绛州（今山西省新绛县）的安西、北庭军队，移驻陕州。果然，到了年底，史思明派遣部将李归仁率领五千铁骑西进，进攻陕州。早有准备的唐军以逸待劳，神策兵马使韦伯玉以少胜多，以数百骑兵在礓子阪（今河南省陕县东南）将敌人击败，缴获了六百匹战马，李归仁率残部撤去，朝廷方面晋升韦伯玉为四镇行营节度使。李忠臣（董秦）在永宁（今河南省洛宁县北）、莎栅（今河南省洛宁县西南）之间与叛军多次交战，屡屡取胜。

在李光弼死守河阳的同时，南方的战事也朝着有利于朝廷的方面发展。襄州叛军康楚元等已拥众一万余人，商州刺史、充荆襄等道租庸使的韦伦（韦见素的从祖弟）发兵讨伐，驻扎在邓州（今河南省邓州市）境内。韦伦软硬兼施，一方面不断诱降叛党，对于前来归顺的叛军，都予以厚待；另一方面，又趁着敌人懈怠，给予敌人致命一击，最终，在韦伦的打击下，康楚元部被击溃，康楚元本人也被唐军俘虏。唐军夺回叛军掳掠的二百万租税，荆襄地区的叛乱也被彻底平定。十二月十三日，韦伦将康楚元押至长安，唐肃宗下令将其斩首示众。

由于李光弼的正确决策，令史思明大军无法继续西进，让关中地区转危为安。转眼就是新年，时光步入公元760年，为了表彰李光弼的功绩，唐肃宗于这一年的一月十九日，加授李光弼为太尉兼中书令，其原有官职不变。由于于阗国王尉迟胜带兵在中原作战，唐肃宗又于该月二十四日授予尉迟胜的弟弟尉迟曜为四镇节度副使，暂且管理于阗本国事务。

虽然李光弼迟滞了史思明的进攻，但此时的唐军陷于两面作战的不利境地。当安史之乱发起以后，唐军西部主力大部调往内地平叛，陇西、河西、安西等地驻军已非常薄弱，在这种情况下，吐蕃乘虚向东、向北渗透，安禄山起兵之初的至德元载（公元756年），吐蕃就攻克唐军的威戎军（今青海省门源县）、神威军（今青海省海晏县）、定戎军（今青海省湟中县西）、宣威军（今青海省西宁市北）、制胜军（今地不详）、金天军（今青海省贵德县西）、天成军（今甘肃省临夏市西）等，夺取了要塞石堡城（今青海省湟中县西）、百谷城（今青海省贵德县西南）和雕巢城（今青海省同仁县），继而，吐蕃军队又于乾元元年（公元758年）攻克了唐军的河源军（今青海省西宁市）。正如《新唐书·忠义下》所称的那样："初，禄山构难，西北戍兵悉入援，故河、陇郡县皆陷吐蕃，惟河西戍将袁光廷为伊州刺史，固守历年，虽游说百绪，终不降，诸下同心无携畔者。及粮竭，手杀妻子，自焚死。"与此同时，陇上的党项等各部羌人也纷纷发动叛乱，不断蚕食土地，向关中腹地进逼，长安近畿已暴露在羌人的攻击之下。唐肃宗不得不又将邠宁等州节度使再次分割，另外设立了鄜、坊、丹、延节度使，号称渭北节度，任命邠州刺史桑如珪任邠宁节度使，以鄜州刺史杜冕任鄜坊节度副使，命其二人分路前去讨伐；又以郭子仪兼任两道节度使，留在京师，借重其威名以镇抚京师。

二月，李光弼率军进攻怀州，史思明解救。李光弼采取围城打援之策，于沁水一带迎击史思明援军，将其击破，斩杀三千余级。击败史思明后，李光弼又于三月在怀州城下击败安太清，四月又在河阳西渚击破史思明，斩杀一千五百余级。到了闰四月，唐肃宗改年号为上元，因此，这一年又被称为上元元年。同日，追封太公望为武成王，与文宣王孔子相对，又以历代名将为亚圣、十哲，其中：左边五哲分别为白起、韩信、诸葛亮、李靖、李勣；右边五哲为张良、田穰苴、孙武、吴起、乐毅。

进入上元元年（公元760年），唐朝方面由于陇上叛羌牵制了唐军不少军队，唐朝无力组织起类似去年（乾元二年）邺城会战那样大规模的军事行动了，而史思明方面，由于李光弼就在洛阳眼皮底下，也让史思明不敢丢掉后方，大踏步地进攻关中，双方之间的战事遂转入相持阶段。在此期间，唐朝控制区的不少少数民族也趁机发动叛乱，邛、简、嘉、眉、泸、戎等州的山蛮造反，桂州等地的山蛮造反，也让唐朝地方官员和驻军应接不暇，而在战争中形成的各地军阀也竞相向朝廷报告各自的战绩，比如，六月，桂州经略使邢济上报称其击破二十万西原山蛮，斩杀山蛮酋长黄乾曜等人；凤翔节度使崔光远上报称击破泾州、陇州羌族、浑族十余万众，又称在普润击破党项；平卢节度使田神功上报在郑州击破了史思明的军队。到该年下半年，有人建议唐肃宗说："天下未平，不该把郭子仪置于闲散之地。"九月，唐肃宗命令郭子仪离京镇守邠州，党项听说后，吓得自行西撤。接着，唐肃宗打算让郭子仪统领大军径直北上，捣毁史思明范阳老巢，他在诏书中说："郭子仪率领各路大军从朔方直取范阳，然后还定河北，调派射生、英武等禁军以及朔方、鄜坊、邠宁、泾原各道七万人马，接受郭子仪的统领。"但由于鱼朝恩从中作梗，此事又是不了了之。

三八〇　逼迁西内

前方战事趋缓，后方内讧又起。

太上皇喜欢住在兴庆宫，自从蜀地回京后一直就住在那里，迄今已有两年多了。唐肃宗有时候通过夹城（修筑的双重城墙的通道）前去看望太上皇，有时候太上皇也会到大明宫去。太上皇身边一直有左龙武大将军陈玄礼和内侍监高力士侍奉，唐肃宗又让妹妹玉真公主、宫女如仙媛、内史王承恩、魏悦和一些梨园子弟在太上皇身边伺候。太上皇经常驾临长庆楼上，长安父老经过楼下，往往会抬头瞻仰，跪拜叩头，山呼万岁，而太上皇也总是会在楼下安排些酒肉赏赐给他们；有一次，太上皇还曾经召来将军郭英乂等人饮宴；一次，剑南奏事官经过楼下叩拜，太上皇还命玉真公主和如仙媛做东，设宴招待。如此种种，都引起了唐肃宗的猜忌。

《明皇杂录》补遗称："唐玄宗自蜀回，夜阑登勤政楼，凭栏南望，烟云满目，上因自歌曰：'庭前琪树已堪攀，塞外征夫久未还。'卢思道之词也。歌歇，上问：'有旧人乎？逮明为我访来。'翌日，力士潜求于里中，因召与同至，则果梨园子弟也。其夜，上复与乘月登楼，唯力士及贵妃侍者红桃在焉。遂命歌《凉州词》，贵妃所制，上亲御玉笛为之倚曲。曲罢相睹，无不掩泣。上因广其曲，今《凉州》传与人间者，益加怨切焉。至德中，明皇复幸华清宫，父老奉迎，壶浆塞路。时上春秋已高，常乘步辇，父老进曰：'前时上皇过此，常逐徒禽，今何不焉？'上曰：'吾老矣，岂复堪此？'父老士女闻之，莫不悲泣。新丰市有女伶曰谢阿蛮，善舞《凌波曲》，常入宫中，杨贵妃遇之甚厚，亦游与国忠及诸姨宅。上至华清宫，复令召焉。舞罢，阿蛮因出金粟装臂环，云：'此贵妃所兴。'上持之出涕，左右莫不呜咽。"《常侍言旨》也说：玄宗为太上皇时，在兴庆宫，遇上久雨初晴，登上勤政楼。往来楼下的百姓见到后，都非常高兴，说道："今日又看见我太平天子了！"高呼万岁，声震天地。当时，正巧唐肃宗身体不适，李辅国就进谗言说："这都是九仙媛（如仙媛）、高力士和陈玄礼等人的阴谋！"

李辅国素来微贱，太上皇身边的人对其都很鄙视，这让李辅国是怀恨在心，他揣摩到唐肃宗的心思，就趁机建言说："太上皇住在兴庆宫，平日里一直与外界联络，陈玄礼和高力士二人阴谋将对陛下不利。如今，六军将士都是随从陛下在灵武的旧人，看到这种情况都非常不安，臣反复劝解也无法令他们安心，因此不得不向陛下禀报。"唐肃宗流下眼泪说道："太上皇仁慈，岂能如此！"李辅国回答："太上皇自然没有此意，但那些小人岂能阻挡他们心生异心！陛下为天下之主，当以天下社稷为重，防患于未然，怎能像凡夫俗子那样遵循孝道！况且，兴庆宫与外界联系紧密，墙壁低矮，不是至尊宜居之地，大内森严，将太上皇迎入，于太上皇而言并无什么不同，又能杜绝小人煽风点火，如此一来，太上皇能够享受长寿之安，陛下也能每天可以三次朝见，这是多好的一件事啊！"唐肃宗不从。李辅国又指使六军将士在唐肃宗面前叩头哭号，请求将太上皇接入西内（太极宫）居住。西内就是原来的皇宫，与外界隔绝，等于是把太上皇软禁起来。唐肃宗只是哭泣，既不答应，也不拒绝，李辅国自然明白。

兴庆宫内原本有三百匹马，七月十八日，李辅国矫诏将这些马取去，只给太上皇留下十匹。太上皇心里非常生气，决定第二天要亲见儿子讨个说法，他对高力士发牢骚道："我的儿子受到李辅国的蛊惑，不能尽孝了啊！明天一早我们去北内！"

七月十九日一大早，太上皇领人一起朝北内而来，可是，当他们来到北内后，唐肃宗拒不接见，而命人传话道："两天以来皮肤病发作，卧床不起，不能亲自拜伏，请太上皇暂且留下吃了早饭。"太上皇就在北内吃了早饭。饭罢，唐肃宗又命人传话说："请太上皇暂且回南内。"当太上皇一行走在夹城，行至睿武门时，突然听见一片马蹄声由远而来，原来是李辅国率领五百射生军骑兵直逼过来了，将士们拔出佩刀站在路中心，挡住了太上皇一行的去路。李辅国对太上皇说："皇帝因兴庆宫狭小，故迎接太上皇迁居大内。"看着气势汹汹的士兵们，太上皇着实吃了一惊，吓得几乎掉下马来，幸赖左右扶持，才没落马。高力士拍马上前，厉声呵斥道："五十年太平天子，李辅国过去曾为家臣，休得无礼！还不快快下马！”李辅国不得已只好下马。高力士又对李辅国身后的将士们宣布太上皇的问候：“各位将士们你们都还好吗？”李辅国命将士们将佩刀纳入鞘中，高声说道：“太上皇万福！”众将士这才齐齐跪下叩头，山呼万岁。高力士又对李辅国说：“李辅国牵马！”李辅国只好上前与高力士一起拉住太上皇的坐骑，与将士们一起护送太上皇安全来到西内。太上皇来到西内后，被安排住在甘露殿，等李辅国等人退去后，太上皇握住高力士的双手，哭泣道：“今天如果没了将军你，阿瞒我已成了兵下之鬼了啊！”站在身边的九仙媛、高力士、陈玄礼听后都忍不住流下泪来。上元元年七月太上皇被逼迁西内一事，很多书上都有记载，《常侍言旨》《高力士外传》等书记载得更是惊心动魄。《高力士外传》还记载，当高力士斥责李辅国时，李辅国反唇相讥：“老翁！你太不懂事了！一边去！”当即斩杀了高力士身边的一名侍从。到了傍晚，数十名兴庆宫里宫女抱着太上皇的被褥、衣服才赶到西内，此时，太上皇也已平静下来，对高力士说：“兴庆宫是我的龙兴之地，我多次要让给皇帝，皇帝仁慈孝顺没有接受。今天之事虽是李辅国之计，但也正是我意。”

当天，李辅国又与六军大将们一起身穿白色衣服，向唐肃宗请罪。唐肃宗安慰大家说：“南宫（兴庆宫）、西内又有什么区别？你们担心小人挑拨离间，防微杜渐，安定社稷，有什么担心的呢？”刑部尚书颜真卿率先提议，并率领全体朝臣上书，请求前往西内看望太上皇。李辅国对颜真卿此举很是怨恨，就上奏唐肃宗，将颜真卿贬为蓬州长史。

太上皇被逼迁西内之后，他身边的亲信诸如陈玄礼、高力士等人甚至那些过去曾经服侍过的老宫女也都被遣散，不得在太上皇左右，这其实是唐肃宗把自己的父亲软禁了起来。到了七月二十六日，唐肃宗又下诏把高力士流放到了巫州（今湖南省洪江市境内），王承恩流放到了播州（今贵州省遵义市），魏悦流放到了溱州（今重庆市綦江区），勒令陈玄礼退休，将九仙媛流放到归州（今湖北省秭归县）安置，勒令玉真公主出宫居住玉真观。《高力士外传》记载，太上皇被逼迁西内十余日后，高力士因患疟疾住在功臣阁下。一天傍晚，有人自称唐肃宗的亲信宦官唊庭瑶，称唐肃宗要见高力士，高力士还问：“你见过太上皇没？”对方回答：“见过了。”高力士遂起身随唊庭瑶来到阁门之外。不久，就有人拿来一卷文书，让高力士看，上面都是免职之语，高力士也没看多清楚，上奏称：“臣很早就该死了，陛下隐忍已久，但我所看奏表上指斥我的罪行，我闻所未闻。希望能亲自见到陛下，就算被杀也心甘了啊！”唐肃宗根本不予理会。第二天，唐肃宗下诏称：“高力士暗中与逆党勾结，怀有叛逆之心，本该处死，但念及其长期服务太上皇，暂且免于一死，开除流放巫州。”

逼迁西内，是太上皇与唐肃宗父子之间公开翻脸。高力士未被流放之前的十余天里，太上皇每天与高力士一起看着宫女们打扫庭院，拔去野草，有时候，二人讲经说法。但毕竟此事极大地刺伤了太上皇，这位曾经叱咤风云的太上皇内心可想而知，他来到西内当天，就宣布不再吃肉，此后，唐肃宗在遣散高力士等人之后，另外挑选了一百多名宫女到西内服务，令万安公主和咸宜公主招呼太上皇用餐，但由于心情不好，太上皇的身体也日渐衰弱。开始的时候，唐肃宗还有时前来问安，但唐肃宗本人也生病了，只派人代自己问候老父。再后来，唐肃宗稍稍有所觉悟，也后悔自己当初的作为，对李辅国猜忌起来，打算杀掉李辅国，但由于忌惮其手握禁军，一直是犹豫不决。

三八一　逼反刘展

七月份逼迁了老父，到了十一月份，唐肃宗又干了一件傻事，那就是逼反了宋州刺史刘展。

相持阶段最熬人。当战争进入相持阶段以后，敌我双方看似都无力组织大规模的进攻，但其实拼的是各自的内功，这个阶段需要的是良好的组织能力，最大限度地削弱敌人的组织能力，最大限度地减少自己的失误，重组己方的力量，为总攻做最后的准备，然而，唐肃宗在这方面又出错了。

屏护东南方向的御史中丞李铣和宋州刺史刘展都被唐肃宗委任为淮西节度副使，而这两个人都有各自的毛病，李铣贪婪残暴，无法无天，刘展刚愎自用，也非常强悍，与上司淮西节度使王仲升不和。王仲升先向朝廷上奏李铣的罪过，并将其处死了，继而，他又打算让朝廷再杀了刘展。当时，社会上流传一种说法叫："手持金刀起东方。"王仲升就借重这一谣言，命监军使、内左常侍宦官邢延恩入朝向唐肃宗奏报："刘展倔强，不听将令，况且其名字与谶语相合，请求杀掉他。"邢延恩入朝后，给唐肃宗献计称："李铣和刘展是一体的，如今李铣被杀，刘展唇亡齿寒，内心肯定不安，假如不将其除掉，将来一定会作乱。然而，刘展手握强兵，不会就范，应该设计将其除掉。建议任命刘展接替李峘担任江淮都统，等到其离开军队前去上任时，我们再于半路上逮捕他，就非常容易了。"

唐肃宗本来就是个非常迷信的人，再加上安史之乱以来，各地军镇自行其是，朝廷权威日渐丧失，他对地方军阀也更为猜忌，听了邢延恩的话，竟然就答应下来了。他没有想到：姑息刘展，刘展尚能留在朝廷阵营中，来抵挡史思明，就算保持中立，起码也是对朝廷有利的，而除掉刘展，一旦不成功，就又生出一个史思明，就算顺利除掉了刘展，这一举动对各地军阀心里产生的负面影响也不容小觑，因此，这一计划从头到尾都是一步昏着。

唐肃宗一方面让邢延恩携带任命刘展为都统淮南东、江南西、浙西三道节度使的诏书赶往宋州（今河南省商丘市），另一方面却又秘密命令原任都统李峘、淮南东道节度使邓景山伺机除掉刘展。

可是，刘展也不是省油的灯。当邢延恩把唐肃宗的诏书拿到宋州后，刘展看后，顿时心生疑窦，他说道："我刘展自从在陈留参军以来，数年间就当上了刺史，可以说属于突然富贵的人了。江淮地区是朝廷租税的来源地，我刘展既无功劳，又非皇帝的亲信，或是名满天下的贤才，今天朝廷突然把我提拔到如此重要的岗位，怕不是有恶人进谗言了吧？"当即就流下了眼泪。邢延恩见刘展生疑，顿时害怕起来，说道："大人素来就有才有德，主上因担心江淮安全，才破格提拔大人，大人反而生疑，这是咋回事？"刘展将计就计，说道："假如此事不假，可以先给我都统的大印和符节吗？"事到如今，邢延恩只好硬着头皮说："可以。"遂飞马赶往广陵（今江苏省扬州市），与李峘商议，解下李峘的大印、符节，送给刘展。得到符节之后，刘展这才上书谢恩，发布公文召来江淮地区的亲信，担任自己的幕僚，三道的官吏也都派来使者祝贺，并送上图册。刘展并没有像邢延恩预料的那样，只身南下赴任，而是将宋州的全部军队共计七千人都带上，直奔广陵而来！

事到如今，没事找事的邢延恩这才如梦方醒，觉察出刘展早已知道了他的计划，吓得赶忙逃奔广陵，与李峘、邓景山一起整军备战，抵御刘展。李峘又传令各县，称刘展造反了，而刘展也用印信发布檄文，反称李峘等人谋反，各郡县接到双方的檄文，也不明就里，无所适从。李峘见刘展来势汹汹，只好放弃广陵，南渡长江，与副使、润州刺史韦儇、浙西节度使侯令仪等人率军驻扎在京口（今江苏省镇江市），邓景山则率领一万人马驻扎在徐城（今江苏省泗洪县南）。

刘展素有威名，他治军严整，部队的战斗力很强，江淮百姓早闻其名，邓景山之军未战已经胆怯。刘展昼夜兼行，倍道急进，很快就赶到了徐城，他命人询问邓景山道："我奉皇帝之命前来上任，这是何处兵马？"邓景山不答。刘展命人在阵前大喊："你们都是我的子民，不要与我为敌！"命令部将孙待封、张法雷率众发起进攻，邓景山之兵顿时溃败，邓景山与邢延恩仓皇逃奔寿州（今安徽省寿县）。刘展率军进入广陵，派遣部将屈突孝标率领三千人马去夺取濠州（今安徽省凤阳县）和楚州（今江苏省淮安市），王晅率领四千人马去占领淮西（淮河中游以西地区）。

此后，刘展又准备率军渡过长江，进攻李峘。李峘将京口以北的北固山开辟为战场，在长江口岸扎下木栅防护。刘展驻扎在白沙（今江苏省仪征市），在瓜洲（今江苏省扬州市长江中小岛）一带设置疑兵，点燃了大量火把，布置了很多战鼓，做出将要在北固山一带渡江的姿态，经过数日之后，李峘果然上当，他赶忙从其他方向调集军队，驻守京口迎敌。在发现李峘军集中于京口之后，刘展却率领大军从上游强渡长江，突袭下蜀（今江苏省句容市北长江渡口）。李峘军听说刘展大军已渡过了长江，顿时士气全无，不战自溃，李峘逃奔宣城（今安徽省宣城市宣州区），十一月八日，刘展攻克润州（今江苏省镇江市）。

刘展军渡江之后，升州（今江苏省南京市）军队一万五千人哗变，朝金陵城发起进攻，试图投靠刘展，但没有得逞，遂撤离而去。虽然叛军撤离了，但驻守金陵城的浙西节度使侯令仪却经此一劫，早已是吓得魂不附体，将防务交给兵马使姜昌群后，狼狈离城而逃。姜昌群也不是个硬骨头，等侯令仪逃走后，立马派其部将宗犀去刘展那里投降。十一月十日，刘展顺利占领了升州，以宗犀为润州司马、丹杨军使；以姜昌群代理升州刺史，以侄儿刘伯瑛当他的助手。刘展派遣部将傅子昂、宗犀进攻宣州，宣歙节度使郑炅之弃城而逃，李峘又继续西逃至洪州（今江西省南昌市）。

李峘逃离润州时，副使李藏用对他说："身居高位，吃朝廷的俸禄，遇到灾难到来却临阵脱逃，这是不忠；以数十州的军队和粮食，又有三江五湖的险要，却不发一枪一弹就丢掉了，这是无勇。不忠不勇，如何侍奉君王！我愿收拾残兵，誓死抵御敌人！"李峘遂将后事交付李藏用。李藏用搜集残兵，召回了七百人，又东去苏州，招募壮士，组织起两千人马，构筑工事抵御刘展。不久，刘展派部将张景超、孙待封与李藏用在郁墅（今江苏省苏州市吴中区境内）交手，李藏用兵败，逃往杭州。张景超遂占领了苏州，孙待封又攻克了湖州，继而，张景超进逼杭州，李藏用命部将温晁驻扎在余杭抵御。刘展以部将许峄为润州刺史，李可封为常州刺史，杨持璧为苏州刺史，孙待封为湖州刺史，李晃为泗州刺史，宗犀为宣州刺史。

此时，刘展已控制了长江南北。江北：屈突孝标攻克了濠州、楚州，王晅攻克舒州（今安徽省潜山县）、和州（今安徽省和县）、滁州（今安徽省滁州市）、庐州（今安徽省合肥市）等地，两股部队已发展到步兵万人，骑兵三千，他们相互配合，所向披靡，纵横于江淮之间。寿州刺史崔昭发兵抵御，王晅不能继续西进，只得驻扎在庐州。江南：分为东西两方面，西面，傅子昂驻扎在南陵（今安徽省南陵县），准备向江州（今江西省九江市）发起进攻，进而夺取江西之地。东面，张景超等将已逼近杭州。如果稍稍假以时日，东南半壁江山就将落入刘展之手了！

话说邓景山被刘展打败后，就与邢延恩一起上书唐肃宗，请求平卢都知兵马使田神功率部南下，救援淮南。田神功所部都是塞北精兵，共计五千余人，奉命驻扎在任城（今山东省济宁市）。唐肃宗尚未回复邓景山的奏表，眼看淮南局势日益严峻，邓景山也等不及朝廷的回复，就催促田神功南下，并私自许诺：只要田神功所部能够南下，他们可以随意劫掠淮南之地的金银玉帛、壮丁和妇女。田神功及其手下听后大喜，当即丢下任城，全军南下，当他们行至彭城（今江苏省徐州市）时，唐肃宗命令他们南下的诏书才送到。

听到田神功部南下的消息，原本志得意满的刘展这才面露畏惧之色。他从广陵率领八千军队北上抵御，并先挑选两千精兵渡过淮河，于都梁山（今江苏省盱眙县南）与田神功部激战，结果战败。刘展逃奔天长（今安徽省天长市），以五百骑兵依托桥梁苦战，又被田神功的平卢军击败，刘展只带领一名骑兵南渡长江。田神功率部进入广陵、楚州，大肆劫掠一番，杀掉上千外国商人，为了寻找被人们藏匿的财物，几乎将城内挖了底朝天。次年（上元二年、公元761年）一月二十一日，占领广陵后的田神功派遣特进杨惠元等人率领一千五百人向西进攻庐州的王晅，然后，部署各军南渡长江，清剿刘展江南军队。

此时，张景超正向杭州发起进攻，在石夷门（今浙江省桐乡市）击败了李藏用的部将李强。孙待封则从武康（今浙江省德清县）南下，将与张景超部一起会攻杭州，然而，由于孙待封所部孤军冒进，被驻扎在余杭的温晁击败，孙待封只身逃奔乌程（今浙江省湖州市），而就在这时，江北的田神功却渡江了。上元二年一月二十五日晚，田神功命令特进范知新等人率领四千人马先从白沙强渡长江，向西直扑下蜀；以邓景山等人率领一千人马从海陵（今江苏省泰州市）渡江，直扑常州；他自己则与邢延恩率领三千人马驻扎在瓜洲，于二十六日渡江。

刘展率领一万余步骑在蒜山（今江苏省镇江市西）布阵迎敌，田神功用船装运士兵渡江，朝金山（今江苏省镇江市北长江中小岛）驶来。不幸的是，江面上突然刮起狂风，将其中的五艘船吹到金山下游，刘展派军将两艘船上的平卢军士兵全部杀死，将剩下的三艘船沉入江底，田神功无法渡过长江，只好退回瓜洲。虽然田神功本人没能渡过长江，但范知新等另外两路顺利渡过了长江。刘展率军进攻已在下蜀的范知新所部，但未能取胜。刘展的弟弟刘殷劝他率军逃入海岛，尚可苟延残喘，刘展却说："如果事败，又何必多杀人家的父兄子弟呢！死亡不过是件早晚的事情罢了！"遂率众继续苦战。激战中，平卢军将军贾隐林一箭射中刘展的眼睛，刘展登时倒地，被斩杀；其弟刘殷、部将许峄等人均被杀死。

听说刘展已死，孙待封从乌程向李藏用投降，李可封也以常州归降，而驻扎在石夷门的张景超已招募了七千人的军队，听到这一消息后，也将部队交给部将张法雷，命其率领继续南下进攻杭州，他自己则逃入海岛。张法雷率部行至杭州，也被李藏用击破。与此同时，江北的杨惠元等人也在淮南击破了王晅，王晅向东逃跑，行至常熟，也投降了唐军，至此，刘展的余党全部被讨平。田神功的平卢军在江南大肆劫掠了十余日。安史之乱，江淮地区一直未染兵灾，至此，江淮百姓也开始受到了摧残。

三八二　思明之死

刘展之乱虽然仅仅持续两个多月，影响却是巨大的。

这主要表现在几个方面。一是削弱了唐朝自己的力量。刘展原是一员骁将，其手下也是久经战阵的精兵，由于唐肃宗措施失当，使得这一支有生力量没有用于对付史思明叛军，相反却南下夺取江淮、江南，不仅削弱了唐军的力量，而且也打乱了整个战略部署，还险些酿成另外一场大乱。二是史思明趁机向江淮一带发展。刘展驻守的宋州是屏护东南的重要据点，由于刘展南下，江淮大乱，史思明瞅准了这一有利时机，遂于同年十一月派遣部将田承嗣率领五千人马南下夺取淮西地区，王同芝率领三千人马夺取陈（今河南省淮阳县）地，许敬江率领两千人马向东南夺取兖州（今山东省济宁市兖州区）、郓州（今山东省东平县）之地，薛鄂率领五千军队向东夺取曹州（今山东省菏泽市定陶区），打开了向东南发展的缺口。三是江淮、江南经济遭受很大破坏。刘展南下，江淮、江南地区陷于战火，邓景山失败后，不得已以答应平卢军可以随意劫掠江淮、江南子女玉帛为诱饵，令田神功的平卢军南下平乱，平卢军的到来迅速平定了叛乱，固然居功至伟，但是平卢军平乱和随之而来的大肆劫掠，也让江淮、江南百姓遭受了第二次劫难，当地经济受到极大的破坏，百姓生活陷于困顿，社会矛盾逐渐加剧。四是朝廷与地方军阀之间的关系更为疏远。在整个平乱过程中，各地军阀自行其是，唐肃宗一方面晋升刘展，另一方面却又暗下杀手，唇亡齿寒，地方实力派们对皇帝的这一做法自然非常心寒，与朝廷开始离心离德。五是地方军阀军纪更为败坏。刘展之乱中，刘展是朝廷正式任命的官员，其正大光明地前来上任却被视为叛乱，这在普通百姓心里造成了很大混乱，而刘展的官军进入广陵之后，又大肆诛杀外国商人，搜刮百姓财物，唐军在百姓心中的形象已与匪军无异，而月余南下、同样是官军的田神功所部更是肆意劫掠，不仅大肆抢劫财物，而且还随意奸淫劫掠妇女，官军的这一系列作为，让唐政府的威信大失，民怨沸腾。

由于上元元年下半年唐肃宗与太上皇内争不已，加之江淮发生了刘展叛乱，导致反攻史思明的战事陷入停顿，唐军只在局部战场上取得很小的进展。十一月，就在江淮一片大乱之时，河阳的李光弼击退史思明援军之后，率军再次进攻怀州，叛将安太清固守不降，经过一百多天的激战，李光弼命令仆固怀恩、郝玉率军挖掘地道，进入城内，登上城墙，终于攻克了怀州，生擒叛将安太清、周挚、杨希文等人，送至长安。李光弼也因此功晋爵为临淮郡王，累加实封至一千五百户。十二月，兖郓节度使能元皓击败前来进攻的许敬江叛军。而关中方面形势也不容乐观。同月，党项人骚扰美原（今陕西省富平县一带）、华原（今陕西省铜川市耀州区东）、同官（今陕西省铜川市）三地，大肆劫掠而去，同月，变民首领郭愔等人引导羌族、胡人等击败秦陇防御使韦伦，杀掉了监军使。到次年二月，奴剌、党项人进攻宝鸡（今陕西省宝鸡市），焚烧大散关，南下入侵凤州（今陕西省凤县），杀死了凤州刺史萧槐，凤翔节度使李鼎率军追击，将敌人击破。

到了上元二年（公元761年）年初，江淮刘展之乱刚刚被平定，陇上党项、羌人还不时侵扰关中，在这种情况下，唐肃宗又作出了一项糊涂决定，企图一举收复洛阳！

最初向唐肃宗提议的人史无明文，史书仅记载，当时，有人说："驻守洛阳的叛军将士都是范阳人，长期在外都十分思念家乡，叛军上下离心离德，如果迅速对其发起进攻，一定能将叛军击破。"陕州观军容使鱼朝恩也赞同这种观点，多次劝唐肃宗敦促李光弼等将向洛阳史思明发起总攻，也许是受到李光弼收复怀州的鼓舞，唐肃宗信以为真，就下诏命令李光弼、鱼朝恩等乘胜进兵夺回洛阳。李光弼屡屡上奏反对，称："敌军力量尚强，不可轻举妄动。"而朔方节度使仆固怀恩素来勇猛，刚愎自用，其麾下都是蕃汉精兵，他自恃屡立战功，常常纵容部下违犯军纪，郭子仪为人宽厚，其担任主帅时，考虑到打仗要用得上仆固怀恩及其下属，因此，对他们的不法行为睁一只眼闭一只眼，不予追究，可是，李光弼就不同了，仆固怀恩原本就不是李光弼的部下，而李光弼治军严厉，一旦发现仆固怀恩等人犯事，从不宽容。仆固怀恩打心眼儿里害怕、厌恶李光弼，就在是否进兵洛阳一事上站在了鱼朝恩一边，称一定能够拿下东都。在这一问题上，李光弼的意见占绝对少数，于是，唐肃宗就坚信鱼朝恩等人的意见是正确的，遂接连向李光弼派出使者，敦促其率领怀州、河阳唐军南下，协同陕州鱼朝恩等将的军队夹击洛阳。皇命难违，在万般无奈之下，李光弼只好忍痛命令郑陈节度使李抱玉驻守河阳，他则亲率河阳唐军与仆固怀恩一起南下，协同鱼朝恩及神策军节度使韦伯玉等人会攻洛阳。

上元二年（公元761年）二月二十三日，唐军抵达邙山（今河南省洛阳市北）。李光弼所部依托山险列阵，而仆固怀恩则率部在平原上布阵。李光弼对仆固怀恩说道："依托山险布阵，则进退自由，如果在平原布阵，一旦失利就完了。对史思明可不要掉以轻心啊！"命令其将部队转移至山险地带，可是仆固怀恩拒不听从将令，当部队将要移动时，他又予以制止。对面的史思明一眼就看出了战机，就在唐军欲移未移、彷徨不定之时，他立即发起了进攻的命令，一时间叛军骑兵蜂拥朝唐军杀来，唐军顿时大乱，一战大败，被杀数千人，兵器辎重全部丧失。

邙山大败后，李光弼、仆固怀恩逃往黄河以北，继而逃奔闻喜，鱼朝恩、韦伯玉逃回陕州，李抱玉闻讯也丢掉河阳而逃，史思明不费吹灰之力就收复了河阳、怀州这两个李光弼经营已久的据点，唐肃宗接到败报，顿时十分害怕，赶忙向陕州增兵，以防史思明乘胜率军西进。

唐肃宗的担心不无道理。假如史思明大举入关，关中如今的形势与五年前安禄山入关时已不可同日而语了，当初，唐肃宗还可以逃至灵武，组织朔方军，而如今陇西、河西之地已被吐蕃、叛羌、党项等占据，甚至要再次西撤至蜀州也非常艰难，而唐朝如今又失去了回纥这一强有力的外援（按：邺城大败之后，回纥叶护返回国内，不久就被杀死，很快，回纥可汗去世，幼子继位，对协助唐廷平叛并不热心），同时，江淮也已残破，各地军阀又割据一方，一旦失去京师这一核心，唐朝能否继续存在就在两可之间了。历史仿佛给唐肃宗开了一个天大的玩笑，从五年前的撤出长安，再到灵武另立山头，而后收复两京，史思明归降，形势一片大好的时候，又陡然出现了邺城惨败，史思明再叛，打回洛阳，如今一切似乎又回到了原点，这让人情何以堪！

正如唐肃宗担心的那样，史思明取得邙山之战胜利、拔掉河阳这颗钉子之后，已解除了后顾之忧，遂决定乘胜西进，夺取长安，他兵分两路，命令长子史朝义率军为先锋，从北道（黄河沿岸）奔袭陕城（今河南省陕县），他自己则从南道（崤山峡谷）率领大军随后进发。三月九日，史朝义的军队进抵礓子岭（今河南省陕县南），遭遇韦伯玉率领的神策军，韦伯玉纵兵迎战，一举将史朝义击败。史朝义不甘心失败，又发起了数次进攻，但均被唐军击退。前锋受挫，史思明只好率领大军退驻永宁（今河南省洛宁县东）。

史思明残忍猜忌，果于杀戮，手下行事稍微有令他不如意，往往被杀，甚至株连三族，致使部下人人自危，朝不保夕。史朝义是他的长子，性格谦虚谨慎，关爱士卒，因此，深得将士们的爱戴，虽然如此，史思明却喜欢自己的小儿子史朝清，不喜欢史朝义，他把史朝清放在老巢范阳，而时常想借故杀掉史朝义，立史朝清为太子，这也传入史朝义的耳中，让他深感不安。接连战败后，史思明对史朝义更为恼火，怒道："我就知道他根本完不成我家的大业！"打算依照军法杀掉史朝义及其随行众将。三月十三日，他命令史朝义构筑三角城（依托山险构筑的城堡），打算存储军粮，限期一日之内完工。完工后，史思明前去检查，发现城墙没有涂泥，顿时勃然大怒，破口大骂，命令左右亲信立即监督涂泥，一会儿就涂完了。涂完之后，史思明又恶狠狠地说道："等我攻克陕城以后，再杀了你这个贼头贼脑的东西！"史朝义听后，忧心忡忡，不知该如何是好。

史思明的大本营设在鹿桥驿（在今河南省洛宁县），令心腹将领曹将军率军担任警卫。史朝义则住在客店，其部将骆悦、蔡文景劝说史朝义道："骆悦我们与大王很快就要人头落地了啊！自古以来就有废有立，请您把曹将军召来商议对策！"史朝义低头不语。二人见状，又说道："大王如果不同意，我们如今只有投奔李氏（指唐朝）了，如此一来，大王也会受到牵连，不能保全了。"史朝义只好回答："各位好自为之吧，只是不要惊动了圣人（指其父皇史思明）！"于是，二人就让降将许叔冀的儿子许季常把曹将军叫来，曹将军来到后，他们就把发动兵变的计划和盘托出。曹将军也知道众将对史思明都心怀怨恨，担心如果自己反对，立马会人头落地，只好点头答应。事不宜迟，就在当天夜里，骆悦等人让曹将军带路，率领史朝义所部三百人马赶往鹿桥驿，宿卫军士虽然有些奇怪，但又见曹将军也在队伍中间，遂不敢行动。骆悦等人顺利闯入驿站，一直来到史思明的寝室，正巧史思明上厕所，骆悦等人询问史思明的侍从，侍从支支吾吾，还未搭话，乱兵就举刀砍杀了几个人，剩下的早已吓得浑身发抖，口不能言，赶忙用手指了指史思明的藏身之所。史思明听到外间有变，赶忙从厕所翻墙逃入马厩之中，亲自安好马鞍，解下马缰，夺路而逃。说时迟那时快，翻墙追来的骆悦亲随周子俊弯弓搭箭，一箭正中史思明的肩膀，史思明哎呀一声翻身落马，被蜂拥而上的乱兵拿下。

史思明问道："是何人作乱？"骆悦回答："奉怀王（史朝义）之命！"史思明说道："早上我失言了，才落得今天这个下场。可是，你们杀我太早了，为何不等到我攻克了长安再动手！现在，大事不成了啊！"骆悦等人把史思明押送到柳泉驿，囚禁起来，然后向史朝义禀报："成功了！"史朝义问道："没有惊吓到圣人吧？"骆悦回答："没有。"当时，宰相周挚、许叔冀率领后军驻扎在福昌（今河南省洛宁县东北），骆悦等人命许季常前去通报情况，周挚听后吓得昏倒在地。史朝义率军返回，周挚和许叔冀前来迎接，骆悦等人劝说史朝义逮捕了周挚，并将其斩杀。行至柳泉，骆悦等人担心事情有变，遂勒死了史思明，用毛毯包裹尸体，放在骆驼上运回了洛阳。

三八三　朝义即位

如果说上天给唐肃宗开了个玩笑，那么，他同样给安禄山和史思明开了个玩笑，而且这个玩笑开得还很大。

回想五年前安禄山夺下洛阳之后，踌躇满志，正要发兵西进之时，原本平静的河北突然二颜举义，各郡义军纷纷而起，郭子仪、李光弼东出井陉，安禄山局促于洛阳周边，几乎后悔造反，要丢掉洛阳，撤回范阳。谁知，唐玄宗一时冲昏头脑，严令哥舒翰东进，结果潼关一战，唐军惨败，叛军直扑长安，唐玄宗西逃，郭子仪、李光弼撤出河北，形势又一次发生逆转。而正在史思明清除了河北义军，准备西进山西之时，安禄山却被一直失宠的长子安庆绪弑杀，形势再度朝有利于唐朝的方向发展。等到唐军接连攻克两京之后，组织起六十万大军准备一举消灭安庆绪时，却因为一场奇怪的狂风遭遇了几乎与潼关惨败同样惨重的失败，再度背叛的史思明顺利打下洛阳之后，好不容易利用唐肃宗又一次的失误而拔掉了河阳这颗钉子，正准备全力打下长安之际，他竟然与安禄山一样，遭遇长子史朝义的弑杀，而起因又是如此相似：二人都凶狠残暴，不得下属之心，又都是宠爱幼子，嫌弃长子，想要杀长立幼！如果人世间的万事万物都是上天安排，有些时候，这种上天安排的痕迹也过于明显了点吧……

史朝义回到洛阳之后，就登基即皇帝位了，他改元为显圣元年。然后，秘密命人赶回范阳，命令散骑常侍张通儒等人杀掉了史朝清和史朝清的母亲辛氏以及史朝清的数十名同党官员。范阳内部的这场残杀一直持续了数月之久，城内双方相互攻击，在这场内乱中，又有数千人死掉。对于范阳这场大乱，《蓟门纪乱》有段详细的记载，称：史朝清凶狠残暴，贪色好酒，他身边聚集了一百多名恶徒，酒酣耳热之际，要么用火烧他们的头发胡须，要么把他们的脸当靶子用弹弓打。打得血流满地而脸不变色的，赏赐美酒；要是稍稍皱皱眉头，就用鞭子从大腿一直打到脚跟，直到打得半死，等稍微复原，就又鞭打。他身边的姬妾稍有不如意，就举刀杀死，有的还扔到滚水中煮死，而史朝清却怡然自得，亲自把球杖伸到锅里搅拌。上元二年三月二十九日，史朝义派遣使者谎称是史思明的使者，来到范阳告捷，称已取得了洛北大捷，命令辛皇后和史朝清等人准备前往洛阳，范阳上下一片欢腾，庆祝了十几天；此后，史朝义又派了两名宦官谎称史思明的旨意，命令史朝清为洛阳留守，迅速南下，其母辛皇后也随行南下，史朝清大喜。与此同时，史朝义暗中命令左散骑常侍张通儒、户部尚书康孝忠与史朝清的部将高鞠仁、高如震等密谋诛杀史朝清。当天，史朝清命人准备行装，自己身边只留了数十名卫士。张通儒命康孝忠带了数十人先把史朝清的一百多匹骏马藏了起来，随后与高鞠仁率领十余人闯入史朝清的居所，途中连杀数人。史朝清闻讯，与二三十名亲信逃到马厩中取马，只剩下一匹生病的马，众人让史朝清骑着，但病马止步不前。史朝清只好下马，与众人一起迎战。在张通儒的招降下，史朝清的亲信投降了一多半，然而，史朝清与身边的十余人继续战斗，各个箭无虚发，射杀张通儒带来的数十人，张通儒只好退出内城外，在城门口继续作战，战至天黑，史朝清众寡不敌，逃到逍遥楼上藏匿起来。张通儒等人冲入内城，直到半夜，番将曹闵之才将史朝清抓获。史朝清说："我们兄弟六人，你杀我一人有什么用处？"高如云回答："是因为你太残暴了，人人怀恨在心。"史朝清说："这一次你就放了我吧，以后我再也不敢了。"众人听后都失声而笑。史朝清又对曹闵之说："我身上的腰带是三十两黄金打造的，就送给将军你吧。"曹闵之回答："殿下死后，这腰带我自己去解下。"人们又哄然而笑，遂用弓弦勒死了史朝清，将其人头送到了洛阳。

张通儒逮捕了史朝清的亲信们，下令统统予以诛杀。其中有一位猛将辛万年，深得史朝清的宠爱，又与高鞠仁等人结为异姓兄弟，张通儒有意赦免了他，但在行刑之前忘记了，还命高鞠仁杀了他。高鞠仁设宴款待辛万年，席间说："张通儒让我们杀了你。"辛万年跪下叩头希望快死。高鞠仁却大声说道："你我兄弟一场，我们宁可杀了张通儒，也不能杀你！"于是，他们就带领私人武装闯入城去，杀了张通儒，推举中书令阿史那承庆为留守，派辛万年把张通儒的人头送到洛阳，谎称张通儒要将范阳献给唐朝。阿史那承庆被推举为留守后，与高鞠仁等人相互猜忌，很快，阿史那承庆就又袭杀了高如震，与康孝忠一起对付高鞠仁。高鞠仁大怒，率军出城与阿史那承庆交战，一举将其击败。阿史那承庆战败退往潞县，而后南下回到洛阳，高鞠仁则下令城内凡是杀掉蛮族的，一律重赏，一时间，范阳城内的蛮族被诛杀殆尽。

在诛杀史朝清时侥幸逃脱的侍中向润客回到洛阳后，又被史朝义任命为范阳留守，返回范阳，等他来到范阳时，高鞠仁已打败了阿史那承庆，掌握了范阳军政大权，对向润客不理不睬。为了安抚高鞠仁，史朝义只得任命他为燕京都知兵马使，到了五月，又以李怀仙为御史大夫、范阳节度使（《资治通鉴》称范阳尹、燕京留守）。高鞠仁听说后很不高兴，等李怀仙到任后，仍然对其非常戒备，李怀仙亲切地把高鞠仁称为义弟，对其敬重有加，让高鞠仁逐渐放松了警惕。此后，李怀仙设宴款待众将，席间，高鞠仁怀疑有变，突然起身返回军营，准备晚上袭杀李怀仙。正巧当晚天降大雨，直到天亮，高鞠仁才打消了念头，李怀仙无计可施，遂以惊军罪名逮捕了部将朱希彩，以换取高鞠仁的谅解。果然，次日早晨，高鞠仁单人匹马返回李怀仙驻地，李怀仙见他主动上钩，果断将其诛杀，立即释放了朱希彩，范阳局势这才安定了下来。

史朝义即位后，洛阳周围数百里内都沦为一片废墟，而其手下的大将原本都是追随安禄山的旧将，过去都曾经与其父史思明平起平坐，如今史朝义想要凌驾于他们之上，根本是不可能的。史朝义派人前去各地召他们前来洛阳，但这些人大都不听命，史朝义的叛军集团与唐朝部分统治区呈现出同样的局面，即各地实力派割据一方，仅在表面上维持一个朝廷而已，根本不听指挥。

两大对立的军事集团一旦都呈现这样一种状态，这场仗就成了一种毫无方向感的消耗战了，整个上元二年的战事就是这样：大战组织不起来，小战却时有发生。不过，认真研究史料，还是能够从中看出双方主帅的整体战略思路的。

邙山之战后，唐朝赖以牵制叛军西进的河阳丢失，关中局势陡然变得危急起来，然而，紧接着史思明被杀，史朝义把重心放在安定内部、消除异己方面，自感无力组织起对关中的进攻，在经过数月努力稳定了内部之后，史朝义改变其父试图一举拿下关中，推翻唐朝政权的策略，而把主攻方向放在了唐朝力量相对薄弱的东南方向，以期趁刘展叛乱甫定，插足江淮，切断唐朝经济命脉，与唐朝持久作战。

史朝义这一动向从史料中即可得到反映，在史朝义集团逐步稳定了范阳局势之后，就加大了对东面和东南方向的进攻。据史料记载，上元二年四月，青密节度使尚衡就上奏称击破了史朝义的军队，斩杀了五千人；同月，兖郓节度使能元皓也上奏称击败了史朝义的来犯之军，到了六月，能元皓再次上报称，击败了史朝义的部将李元遇。而当时的江淮唐军却群龙无首，田神功在平定刘展之后，并没有立即北返，而是继续滞留在扬州；青密节度使尚衡与前光禄卿殷仲卿不和，两军在兖、郓之间相互缠斗，而襄阳的来瑱也不怎么听朝廷的命令，这都让唐肃宗十分忧虑。

史朝义的动向和江淮的局势立即引起了唐朝政府的警觉。唐肃宗命令河中（今山西省永济市）节度使李光弼入朝，五月五日，李光弼回到了长安。邙山之战后，李光弼上书坚决要求朝廷给自己贬职，唐肃宗下诏将其贬为开府仪同三司、侍中，兼任河中节度使，命其防守潼关北面的河中，如今，考虑到江淮一带严峻的局势，唐肃宗不得不把李光弼召回京师，打算派这位威震四方的大将赶赴河南救火。李光弼回到长安后不久，就被唐肃宗重新任命为河南副元帅、太尉兼侍中、都统河南、淮南东道、山南东道、荆南、江南西道、浙江东西道共八道行营节度使，出镇临淮（今江苏省盱眙县）。与此同时，唐肃宗开始奖惩刘展之乱中江淮地区的官员，江淮都统李峘把罪过都推到浙西节度使侯令仪的头上，唐肃宗把侯令仪革职流放康州，把李峘和邓景山召回京师；加田神功为开府仪同三司、转为徐州刺史；以试少府监李藏用为浙西节度副使。李光弼离京后，唐肃宗又任命殿中监李若幽为朔方、镇西、北庭、兴平、陈郑等节度行营及河中节度使，命其镇守绛州（今山西省新绛县），赐名为李国贞。

三八四　苦心经营

《旧唐书·李光弼传》称：“史朝义乘邙山之胜，寇申、光等十三州，自领精骑围李岑于宋州。将士皆惧，请南保扬州，光弼径赴徐州以镇之，遣田神功击败之。”就是记载的这段历史。

由此可知，当时河南的局势十分危急。史朝义亲自率领精锐部队包围宋州，江淮局势危在旦夕，上任途中，李光弼马不停蹄，不去临淮，而是于八月十七日，径直奔赴前线，赶往徐州（今江苏省徐州市）坐镇。

李光弼赶赴江淮时，当时江淮地区的局势可谓是万分危急。由于去年年底到今年年初的兵灾，让江淮蒙受了巨大的摧残，到如今粮食颗粒无收，这里发生了严重的饥荒，竟然出现很久不曾有过的人吃人的惨剧。同时，由于刘展之乱，各地军阀自行其是，再加上江南各州仓促招募军队，地方仓库中的财物大多失散，朝廷上还要求将财物补足，地方官员征收不已，却仍然无法恢复原状，平叛众将不得不变卖家产偿还，这也在一定程度上导致了社会动荡。十月，江淮都统崔圆任命平叛功臣李藏用为楚州刺史，正巧支度租庸使认为各州消耗的财物没有限制，建议中央进行复核，实际上，大乱到来之时，平叛将领趁机贪污一些国库财物也在所难免，只要大多是用于招募军队、平定叛乱即可，平乱之后再来个秋后算账，的确没太大的必要，可是，唐肃宗竟然也答应了。李藏用担心此事牵连到自己，私下里曾对别人口出怨言，后悔自己当初不该挺身而出，谁知李藏用手下一个叫高干的部将过去与李藏用有过节，就命人到广陵告发，声称李藏用谋反，他不等崔圆下令即擅自率军偷袭李藏用，将其杀死。事后，崔圆命人把李藏用的旧部都召来审讯，以证实高干的指控。这些部属都胆小怕事，只好顺着上级的意思证明李藏用谋反，唯独刘展的降将孙待封坚称李藏用没有谋反，崔圆命人将其拖出去斩首。有人劝孙待封："你为何不随着大家明哲保身，求得一条生路！"孙待封回答："我开始是跟着刘展大人，奉朝廷之命换防来到广陵上任，那时，人人都说我们造反了；李大人起兵灭了刘大人，现在又有人说李大人也谋反了，如此一来，天下还有谁不是造反的？还有个头吗？我宁可去死，也不会平白无故地去诬陷他人！"

刘展事件的罪魁祸首是宦官邢延恩，是他一言令朝廷失去一员猛将刘展，让江淮地区无数生灵涂炭，而事后此人却毫发无损；面对刘展大军，如丧家之犬的李峘、邓景山等人也未受严惩，而立下汗马功劳的李藏用不仅没有被破格提拔，反而落得个身首异处的下场。虽说这一风波源于邢延恩，但决策者唐肃宗应当负有不可推卸的责任，这也是他昏聩无能的具体体现——当然此时唐肃宗有病，导致刘展之乱的幕后推手极有可能是李辅国等人。

李光弼来到淮南之后，很快就稳定了局势。史朝义包围宋州数月，城中粮尽，刺史李岑无计可施。遂城果毅刘昌说道："仓库中尚有数千斤酒曲，请碾成细屑让战士们充饥，不出二十日，李太尉一定会发兵来救我们。城东南角最危险，我愿前去防守！"李光弼来到临淮，众将称史朝义之兵尚强，请求南撤到扬州。李光弼说道："朝廷安危全寄托在我的身上，如果我再退缩的话，朝廷还能指望谁呢？况且，我如果出其不意，敌人怎知我军的众寡？"遂径直前往徐州，并命令兖郓节度使田神功领兵进攻史朝义军，大破敌人。李光弼在徐州，只管军务，把其余事务全部交给判官张傪处理。张傪熟悉政务，把方方面面的事都处理得非常周到，众将汇报事务，李光弼常让张傪参与讨论，大家对他像对待李光弼一样敬重，军中也因之非常整肃。田神功出身下级军官，成为节度使，当上兖郓节度使以后，挽留前任节度使判官刘位等人到自己的幕府，田神功泰然自得地接受刘位等人叩拜，等到他见张傪与李光弼平起平坐时，不禁大吃一惊，给刘位等人逐一叩头道歉说："神功我出身行伍，不懂礼仪，各位为何不提醒我，让我犯下如此大错！"次年年初，李光弼又率军攻克了许州（今河南省许昌市），生擒史朝义颍川太守李春；史朝义部将史参前来救援，又被唐军击败。

到了上元二年下半年，与东线战场相配合，陕州唐军也向史朝义军发起了反攻。神策军节度使韦伯玉率部乘虚攻下了洛阳西部的永宁（今河南省洛宁县东）、渑池（今河南省渑池县）、福昌（今河南省洛宁县东北）、长水（今河南省洛宁县西）等地，日益逼近洛阳。同时，平卢节度使侯希逸在北面与史朝义军交战多年，自己又受到奚人的进攻，遂率领全军两万余人奔袭李怀仙，而后率军由范阳南下，于次年年初在青州以北南渡黄河，在兖州与田神功和能元皓部会师。不久，侯希逸就率军攻克了青州，唐肃宗下诏任命其为平卢、淄青节度使。从此以后，淄青节度使都另外带有平卢之名。史称："侯希逸初领淄青，甚著声称，理兵务农，远近美之。"

上元三年（公元762年，此后该年被改为宝应元年）二月，淮西（今湖北省安陆市）节度使王仲升与史朝义部将谢钦在申州（今河南省信阳市）城下激战，被敌人生擒，江南门户洞开。而这时，李光弼声东击西，命令侯希逸、田神功和能元皓围攻汴州（今河南省开封市），史朝义只好急令谢钦回军救援，淮西局势才转危为安。

江淮局势稍有好转，河东地区却又发生了变故。王思礼担任河东（今山西省太原市）节度使的时候，河东军粮充裕，除去供应驻军之外，尚有百万斛存米，王思礼还曾上书往京师输送了五十万斛。等到王思礼去世后，管崇嗣接任节度使，他为政宽纵，信任左右，数月之间就把河东的存粮消耗殆尽了，仓库中仅余一万斛陈米。唐肃宗听说后，就把邓景山派来接替了管崇嗣。邓景山上任后，大刀阔斧，开始调查存粮丢失的问题，河东的很多将士们都侵吞过存粮，大家都很害怕。正巧有一位裨将犯法当死，众将替他求情，邓景山不答应；其弟请求替哥哥去死，邓景山依然不同意；请求献上一匹马来赎罪，邓景山却答应了。众将听说后，都愤愤不平，说道："我们这些人竟然连一匹马都不如！"遂聚众作乱，杀掉了邓景山。唐肃宗一味姑息，把责任推给了死者，不再追究作乱人员，派人赶赴太原进行安抚。河东将士们举荐都知兵马使、代州刺史辛云京担任节度使。宝应元年（公元762年）二月九日，唐肃宗任命辛云京为北都留守、河东节度使。辛云京推荐张光晟接替自己担任代州刺史。史称："辛云京者，河西之大族也。代掌戎旅，兄弟数人，并以将帅知名。云京有胆略，志气刚决，不畏强御，每在戎行，以擒生斩馘为务。"张光晟出身行伍，潼关大败时，王思礼的坐骑被流箭射死，当时仅是个士兵的张光晟把自己的马让给了王思礼，王思礼问他的姓名，张光晟不告而去。王思礼心中记下了张光晟的样子，一直想找到他报恩，但始终未能如愿，等到王思礼担任河东节度使后，有人诬陷代州刺史辛云京，王思礼勃然大怒，想要治辛云京的罪，辛云京非常担忧。当时，张光晟就在辛云京的手下任职，他对辛云京说："我曾经有恩于王大人，之所以一直不说，是耻于以此讨赏而已。如今大人有难，我请求去见一见王大人，一定会让大人安然无恙的。”辛云京一听大喜，就让张光晟去了。王思礼见到张光晟后，还没等张光晟说话，就认出他来，大喜道：“哎呀！你不是我的老熟人吗？为何这么久才来见我呀？”拉着他的手，忙把他让到座位上，流着眼泪说道：“我能有今日，全是靠你啊！我找了你很久了！”并约定二人以后结为异姓兄弟。张光晟趁机替辛云京求情，王思礼说：“辛云京的罪也不轻，今天看在你的面子上就饶了他一回吧。”当天又提拔张光晟为兵马使，送给他很多金银财宝、土地宅院。如今，辛云京又推荐张光晟接替自己，也是在报恩。

太原刚定，绛州又乱了，而问题也出在了粮食上。绛州本来就没多少存粮，当地老百姓也饥寒交迫，民间根本无粮可收，朔方等诸道行营都统李国贞（李若幽）多次向朝廷禀报，朝廷却迟迟没有回音，将士们都十分恼火。突将王元振趁机作乱，他欺骗大家说：“明日在营门集合，备好工具，修建都统的宅子。”将士们听了，顿时炸开了锅，怒道：“难道要让我朔方军的将士们去给他当修房工匠吗！”二月十五日，王元振率众叛乱，焚烧城门。李国贞闻乱，仓皇逃到监狱里避难，但仍然被人搜出。王元振把士兵们吃的饭食放到他的面前，质问道：“就吃这些东西，还让士兵们给你下苦力，这能行吗！”李国贞回答：“说我要让大家修房子，根本没有此事，至于说我们的军粮短缺问题，我已屡次上报朝廷，只是朝廷一直没有回复，这都是大家知道的。”众人想就此罢手，但王元振说：“今日之事何必多说！如果都统不死，我们大家都得死！”遂抽刀将李国贞杀死。驻扎在翼城的镇西、北庭军队也杀死了他们的节度使荔非元礼，推举裨将白孝德担任镇西北庭行营节度使，朝廷无奈，只好同意。绛州各军军心不稳，军纪废弛，四处劫掠，朝廷担心他们与太原乱军联合起来，投降史朝义，又感到除非老将无人能够镇抚得住，在这种情况下，唐肃宗这才想到了一直赋闲的郭子仪。二十一日，朝廷晋封郭子仪为汾阳王，知朔方、河中、北庭、潞泽节度行营兼兴平、定国等军副元帅，从京师国库调派四万匹绢、五万端布、六万石米接济绛州诸军。

三八五　二帝驾崩

宝应元年（公元762年）三月十一日，郭子仪将要离京赴任。

当时，唐肃宗已经得了重病，卧床不起，群臣都难得见上唐肃宗一面。郭子仪说："老臣（时年六十六岁）受命，将死于沙场，如果见不上陛下一面，将死不瞑目。"唐肃宗这才将郭子仪召入寝宫，对他嘱咐道："我把河东事务全都交给爱卿你了！"当时河东各军一片乱象，史朝义瞅准时机，派遣军队包围了李抱玉驻守的泽州（今山西省晋城市），郭子仪调派定国军出京救援，事后，郭子仪才去赴任；在定国军的援救下，李抱玉顺利地击退了史朝义军队的进攻。

自从三年前邺城大败之后，郭子仪一直受到排挤，失去了实权，朔方军先后在李光弼、李国贞的统领之下，二人都治军严整，因此，将士们都怀念宽和的郭子仪。等郭子仪来到军中后，作乱的王元振等人自以为是有功之人，然而此时的郭子仪已与往日有所不同，也许是邺城惨败的教训、几年的赋闲、李光弼的成功，让他明白了治军还需要宽严相济，加之当时他与朝廷之间微妙的关系，也促使他必须惩处作乱的王元振等人，到军中之后，他说："你们与敌人相邻，竟然敢杀害主将，如果敌人趁机发起进攻，绛州就丢了！我身为宰相，岂能为了一个士卒的私情而乱了国家的大法呢！"遂将王元振等作乱的数十人全部斩首示众。《旧唐书·郭子仪传附郭晞传》称："子仪至绛，诛其元恶，其党颇不自安，欲谋翻变。晞知其谋，选亲兵四千，伏甲以防之，常持弓警夜，不寐者凡七十日，叛将竟不敢发，以功拜殿中监。"河东节度使辛云京听说后，也斩杀了数十名袭杀邓景山的乱党，从此以后，河东各镇军纪严明，都能遵守朝廷法度了。

李光弼稳定了东南，郭子仪安抚了西北，这两位中兴名将像一把锋利的剪刀把洛阳的史朝义牢牢地夹住，就等着发起最后一次致命的一击了，然而，就在人们翘首以盼着胜利的时候，突然传来了太上皇和唐肃宗接连驾崩的噩耗！

太上皇从前年被迁入西内之后，迄今仅仅过去一年多，七十八岁高龄的他身体每况愈下，更重要的是一生喜欢热闹的他，如今身边竟没有一个能说说话的旧人了。他思念美艳的亡妃杨玉环，曾经的欢乐一件件一桩桩在脑海中掠过，然后如风而逝，留下无穷无尽的悲伤；他想找高力士说说话，而高力士却远在天边；他一生创作了无数美轮美奂的歌曲，可如今身边竟无人能歌、能舞、能听，笛子、琵琶等乐器都已蒙上了厚厚的灰尘，他也懒得理会，这样的日子，对于一个古稀老人来说真的是度日如年啊！换句话说，就是在等死。

这一天终于到来了。宝应元年（此时还未改元，仍然为上元三年，公元762年）四月五日，太上皇李隆基驾崩，次日，他的灵柩被安置在太极殿上。也许是当儿子的心中有愧，羞于面对死去的父皇，也许是真的有病，唐肃宗称病卧床不起，只在大明宫内的寝宫哭吊，群臣则前往太极殿哭丧。有四百多名少数民族官员按照民俗用利刃刺破面部、割下耳朵表示哀悼。七日，唐肃宗下令让侍中苗晋卿担任冢宰，处理国政。唐肃宗从二月以来就不能下床了，听说父皇驾崩的消息，病情更加严重，又命太子李豫监国。四月十六日，唐肃宗下令改元为宝应元年，大赦天下。高力士因大赦令而被放还，行至朗州（今湖南省常德市），听说太上皇驾崩的消息，他伤心欲绝，吐血而死。

《唐语林》记载，五月五日端午节，唐肃宗抱着小公主玩耍，正好隐士李唐前来拜见，唐肃宗说："是我太想她了，你不要见怪。"李唐回答："太上皇思念陛下，大概也像陛下思念公主一样啊！"唐肃宗听后流下泪来，但因惧怕张皇后，而不敢前去西内探望老父，由此可见，在对待太上皇的态度上，张皇后和李辅国的立场是一致的。实际上，在开始的时候，两人出于各自的目的，相互勾结，左右朝政，然而，小人喻于利，在权力面前，小人之间的联合都是短暂的，这是因为，他们联盟都是基于各自的利益而非天下公义才结成的，一旦利益冲突，翻脸在所难免，张皇后和李辅国也是如此，随着时间的推移，二人又产生了矛盾。

李辅国于至德二年十二月加开府仪同三司，进封郕国公，食实封五百户，此后一路高升；虽然是个宦官，但唐肃宗还是把前吏部侍郎元希声侄儿元擢的女儿嫁给他为妻，等到他逼迁太上皇后，唐肃宗又晋升他为兵部尚书，但他仍不满意，还想当上宰相。如果一个宦官当上了大唐帝国的宰相，那可真是贻笑大方了，唐肃宗当然不愿意，但又不好当面拒绝，只好推辞道："凭着你的功劳，当什么官不行？只是要当宰相，朝野的舆论还反对，我也是没法子。"李辅国锲而不舍，就暗示让尚书仆射裴冕等人举荐自己。唐肃宗偷偷告诉宰相萧华说："李辅国要官带平章事（当宰相），我听说你们已写了举荐信，是真的吗？"萧华不说话。出来后，萧华问裴冕，裴冕回答："绝无此事，就算砍下我的胳膊，李辅国也是当不上宰相的。"萧华又进去禀报，唐肃宗喜出望外，脱口说道："裴冕这人可以重用！"李辅国知道后，一直怀恨在心。

裴冕虽然说得干脆，却是个见风使舵的人，很快就巴结上了李辅国，于是，李辅国就把一腔怨气出到了萧华身上。就在太上皇去世之前不久，李辅国授意任命户部侍郎元载为京兆尹。这个元载，本出身寒微，本姓不知，随其母改嫁给元景昇，就改姓了元。此人自幼好学，博览群书，尤其精通道学，天宝初年，唐玄宗下诏挑选精通老庄之学的，元载中举，步入仕途，历任新平尉、监察御史判官、大理评事、大理司直等职。唐肃宗即位后，元载被苏州刺史李希言推荐，后晋升为洪州刺史，不久，进入朝廷任职，担任度支郎中。元载头脑灵活，口齿伶俐，唐肃宗觉得他是个人才，命其负责江淮漕运，不久又加御史中丞，数月后又被提拔为户部侍郎、度支使并诸道转运使。李辅国的妻子元氏与元载是同族，因此，二人关系很好，所以，李辅国才让元载兼任京兆尹。《新唐书》记载，元载是王忠嗣的女婿。《云溪友议》称其是王缙的女婿，其妻王氏，字韫秀，是王维的侄女，似误。据说，王家的人都很看不起元载，王氏卖掉首饰鼓励元载进京游学，元载临行时作诗："年来谁不厌龙钟，虽在侯门似不容。看取海山寒翠树，苦遭霜霰到秦封。"王韫秀要与元载一起走，赋诗道："路扫饥寒迹，天哀志气人。休零离别泪，携手入西秦。"后来，元载入相，王韫秀给姊妹们寄诗道："相国已随麟阁贵，家风第一右丞诗。笄年解笑明机妇，耻见苏秦富贵时。"

谁知这个元载也是野心勃勃，他的志向不在京兆尹，而是想当上宰相，因此，他到李辅国家中恳切推辞，李辅国自然会意。既然自己当不上宰相，那么让元载当也无不可，于是，李辅国就上奏称萧华专权，请病中唐肃宗将其免职，唐肃宗不同意，但李辅国屡屡恳请，唐肃宗无奈，只好听从，将萧华罢相，改任为礼部尚书，而任命元载为同平章事，领度支使、转运使如故。虽然元载与李辅国有着千丝万缕的关系，但似乎并非李辅国一党，而唐肃宗之所以重用元载，主要原因可能是其岳父王忠嗣过去与唐肃宗私交很深吧。

李辅国提拔元载自然有他的打算。唐肃宗的死已是早晚的事，趁唐肃宗还没死，李辅国必须把自己的心腹安插到最高决策层，这样一来，李辅国掌握禁卫军，元载不仅进入决策层，而且还掌握着朝廷经济命脉，可以说真的是权倾天下了。

这一切，张皇后看在眼里，急在心里，她也必须行动起来！眼看唐肃宗势将不起，张皇后赶忙把太子李豫召来商议，她说："李辅国长期把持禁卫军，皇上的诏书都出自他的手中，他更是擅自逼迫太上皇迁往西内，其罪很大，唯一忌惮的就是我和你。如今主上已进入昏迷状态，而李辅国与其同党内射生程元振密谋作乱，不可不杀掉他们。"李豫哭着说："陛下生命垂危，二人均是陛下的功臣，不禀报陛下就突然将其诛杀，陛下肯定会震惊，恐怕陛下的病体难以承受啊！"张皇后说道："既然如此，太子先回去，我再考虑考虑。"等李豫退下后，张皇后又赶忙将越王李係召来，说道："太子仁孝懦弱，不能诛杀贼臣，你能不能干？"李係满口答应。李係遂命内谒者监段恒俊又挑选了二百余名强壮宦官，在长生殿后面给他们分发铠甲兵器。

四月十六日，张皇后矫诏召太子李豫入宫。程元振得到消息，密报给了李辅国，李辅国提前在凌霄门外埋下伏兵，等太子来到时，遂将张皇后和李係发动政变的消息告诉给了太子李豫。李豫说道："绝无此事，陛下病危紧急召见我，我岂能因为怕死而不去见驾？"程元振说："社稷事大，太子一定不可入宫！"遂强行将太子送至飞龙厩，派人看护起来。当晚，李辅国、程元振率军闯入三殿，逮捕越王李係、段恒俊及知内侍省事朱光辉等一百余人，以太子李豫的名义逼迫张皇后出居别殿。当时，唐肃宗就下榻在长生殿，使者当着唐肃宗的面逼迫张皇后下殿，并将数十名张皇后的亲信囚禁起来，唐肃宗身边的宦官宫女都吓得四散而逃。经过这一番惊吓，四月十七日，唐肃宗也驾崩了，终年五十二岁，在位七个年头。当天，李辅国等人杀死了张皇后、越王李係及兖王李僩；同日，李辅国陪同身穿丧服的太子李豫在九仙门与宰相们见面，叙述从太上皇驾崩以来宫中发生的变故，宰相们叩头痛哭，李豫才真正执行其父命其监国的命令。十九日，唐朝在两仪殿宣布唐肃宗驾崩的消息，并宣布遗诏。二十日，李豫登基即位，是为唐代宗，时年三十六岁。

三八六　稳定内部

唐代宗李豫（过去的广平王李俶）是有唐以来第一位继位的皇长子。

唐代宗的母亲吴氏，因其父犯法而没入后宫，被赐给了时为太子的李亨，次年，也就是开元十四年十二月十三日生下了李豫。据《次柳氏旧闻》记载，吴氏侍寝之夜，仿佛被鬼压床了，喊也喊不醒。李亨十分害怕："父皇刚把她赏赐给我，就弄成这样，父皇岂不是要说我没把她照顾好吗？"点起蜡烛，喊了半天，吴氏这才醒来。李亨问是咋回事，吴氏回答："刚才我梦见一个身高一丈多的天神，身披金甲，手持宝剑，对我说：'天帝命我来当你的儿子。'持剑割开我的左肋进入腹中，疼痛难忍，现在还疼着呢。"李亨手持蜡烛查看，吴氏的左肋果然还有红血丝，后来就生下了代宗。代宗生下三天后，唐玄宗前来探视，当时，代宗身形很小，保姆担心唐玄宗看后不高兴，就取来一个胖乎乎的小孩代替。唐玄宗看后，很不高兴，说道："这个不是我的孙儿。"保姆叩头承认，连连谢罪。唐玄宗说道："这个你是不懂的，把我孙儿拿来。"于是，这才把唐代宗取来。唐玄宗一见大喜，放在手心，对着太阳仔细端详，笑着说道："此儿的福禄要超过他的父亲。"等唐玄宗回宫时，把随身带来的乐师们都留给了太子李亨，对高力士说道："这殿里刚才有三个天子，是不是很快乐呀？把他们留给太子喝酒时助兴！"《杜阳杂编》称，唐代宗的宽厚出乎天然，从小就深得其祖父唐玄宗的器重。每次在玉案前，唐玄宗总会定睛观察李豫，对武惠妃说："此儿面相非常，异日也是我家另一个有福天子啊。"遂取来西域进贡的上清珠挂在李豫的脖子上。上清珠洁白光明，能照见一室。《海录碎事》称，唐玄宗驾崩时，还念念不忘他这个孙子，把自己最心爱的一把玉笛让侍者留给李豫，说道："把这个笛子送给大奴（李豫的小名）。"

李豫即位后，除了要安葬祖父、父亲之外，面临的另外两件大事就是安定内部和集中全力平叛的问题了。唐代宗即位之初，帝国朝廷上最大的变化有二：一是李辅国如愿以偿地当上了宰相；二是宰相萧华被贬。这两个重大的变化自然说明了李辅国势力的增强。李辅国作为佐命功臣，在代宗即位之后显得更加骄横，他当面对代宗说："皇上您只需住在宫中，外事全听老奴处分即可。"这明摆着是让壮年的唐代宗当傀儡，代宗内心虽然非常恼火，但有碍于李辅国掌握着禁军，只能敢怒不敢言。

欲取之先与之。为了进一步麻痹李辅国，唐代宗在表面上对其十分尊重，就在代宗即位六天后，即四月二十六日，他就下诏尊称李辅国为尚父，不再直呼其名，朝廷事务不论大小全都征求李辅国的意见，朝廷群臣出入皇宫也都先到李辅国那里报到，李辅国也认为理所应当。唐代宗又任命内飞龙厩副使程元振为左监门卫将军，按照李辅国的意思，将知内侍省事朱光辉及内常侍啖庭瑶、山人李唐等二十余人都流放到了黔中。五月四日，唐代宗又晋升李辅国为司空兼中书令，至此，李辅国如愿以偿地当上了帝国宰相。十四日，元载按照李辅国的指示，诬陷礼部尚书萧华，唐代宗又将萧华贬为峡州司马。至此，朝廷中的重臣分别为：太尉李光弼，司徒郭子仪，司空兼中书令李辅国，侍中苗晋卿，同平章事裴遵庆、元载。裴遵庆，绛州闻喜人。史称，他"志气深厚，机鉴敏达，自幼强学，博涉载籍，谨身晦迹，不干当世之务"。天宝中任吏部员外郎，以政绩第一而知名天下，唐肃宗时由萧华举荐而任黄门侍郎、同平章事。

与此同时，唐代宗又以皇子奉节王（后改封鲁王、雍王）李适为天下兵马元帅；义昌王李邈为郑王、李延为庆王、李迥为韩王；追尊生母吴氏为皇太后。代宗一生有二十个儿子、十八个女儿，儿子分别是：李适、李邈、李遐（早死）、李述、李逾、李连、李迥、李遘、李逦、李迅、李选（早死）、李遂、李造、李暹、李运、李遇、李遹、李通、李逵、李逸。按：据新旧唐书记载，无李延之名，且称宝应元年之所以将李迥封王，是李迥的母亲是代宗的宠妃独孤氏，所以才位居"郑王之亚"，此处存疑。女儿分别为：灵仙公主（早死）、真定公主（早死）、永清公主（下嫁裴仿）、齐国昭懿公主［崔贵妃（杨贵妃姐姐韩国夫人之女）所生，始封升平；下嫁郭暧］、华阳公主（独孤氏所生）、玉清公主（早死）、嘉丰公主（下嫁高怡）、长林公主（下嫁卫尉少卿沈明）、太和公主（早死）、赵国庄懿公主（始封武清、徙封嘉诚，下嫁魏博节度使田绪）、玉虚公主（早死）、普宁公主（下嫁吴士广）、晋阳公主（下嫁太常少卿裴液）、义清公主（下嫁秘书少监柳杲）、寿昌公主（下嫁光禄少卿窦克良）、新都公主（下嫁田华）、西平公主（早死）、章宁公主（早死）。李俶当广平王的时候，唐玄宗将韩国夫人的女儿崔氏嫁给了他做正妃，崔氏为李俶生下李邈、李偲和升平公主二子一女，期间，大约也是为了讨好杨氏家族，时任太子的李亨还将儿媳崔氏所生的次子李偲这个孙子，过继给自己当第十一子，应该说李邈、升平公主是唐代宗的嫡子女，然而，安史之乱爆发后，杨氏集团覆灭，成了打压的对象，这也牵连到了崔氏，在唐军收复两京之后，崔氏就莫名其妙地去世了。代宗即位后，一直也没有再立皇后，而李邈作为次子，也失去了竞争皇太子的本钱。

唐代宗在安抚李辅国的同时，也在秘密削弱李辅国的权力，他采取了分化瓦解的策略，把李辅国的同党飞龙副使程元振拉到了自己一边。程元振也想攫取李辅国的权力，就偷偷向唐代宗建议逐渐夺去李辅国的权力。六月十一日。唐代宗解除了李辅国天下兵马元帅、行军司马及兵部尚书职务，其他职务不变，而以程元振担任行军司马，又命令李辅国迁出宫去。这一命令宣布后，城内军民一片欢腾，李辅国听说后这才恐惧起来，上书要求辞职退休。唐代宗顺水推舟，也不再挽留，十三日更是下令免去了李辅国兼任的中书令一职，只保留给他一个司空的空衔，但加封他为博陆王。李辅国入宫谢恩，愤愤不平，说道："老奴侍奉不了郎君了，请求到地下侍奉先帝去了！"唐代宗也只是安慰他一番而已。实际上，唐代宗一直以来就对李辅国的专权跋扈不满，只是因为在即位之初李辅国有拥立之功，才不愿公开处决他，到了十月十七日夜，有刺客潜入李辅国的宅院，将李辅国杀死，取下他的人头和一条胳膊而去。唐代宗装模作样地下令捕捉刺客，派人前往李辅国家中吊唁，让人刻了一个木脑袋安在李辅国的尸体上，又追赠其为太傅。《杜阳杂编》称：李辅国死前，唐代宗梦见高力士率领数百铁骑，刺中李辅国的脑袋，而后欢呼着朝北而去。唐代宗让谒者询问缘故，高力士回答："我们是奉了明皇之命。"李辅国被杀后，唐代宗才把这个梦说了出来。显然唐代宗这话是欲盖弥彰。《统记》记载：后来，杭州刺史杜济曾对人说，他认识一个武士就曾对他说过自己就是那个刺杀李辅国的人。

李辅国失势后，唐代宗开始依靠程元振。程元振猜忌郭子仪位高权重，屡屡在唐代宗面前进谗言，八月二十三日，郭子仪从河东回到长安，上书请求朝廷解除自己的副元帅、节度使等职，唐代宗安慰他一番，将其留在了京师，不久，唐代宗又加封程元振为骠骑大将军兼内侍监。

在粗定了朝廷之后，唐代宗又把目光转向了长安的后院益州。天下大乱后，益州各地山蛮也纷纷造反，唐朝在益州的统治受到了极大的威胁，到唐肃宗上元二年四月，更是出现梓州（今四川省三台县）刺史段子璋起兵造反的大事。当时江南刘展之乱刚刚平定，而李光弼等人却在邙山战败，蜀地又传来了段子璋的叛乱，真可谓是祸不单行。段子璋十分骁勇，曾经追随太上皇在蜀地作战，立下战功，东川节度使李奂上书唐肃宗要将段子璋撤职，段子璋遂起兵奔袭住在绵州（今四川省绵阳市）的李奂。途经遂州（今四川省遂宁市），遂州刺史虢王李巨出城相迎，结果被杀。李奂战败后，逃奔成都。段子璋自称梁王，改元黄龙，改绵州为龙安府，设置百官，又发兵攻克了剑州（今四川省剑阁县）。好在是，在西川节度使崔光远和东川节度使李奂的合力进攻下，不久唐军就扑灭了段子璋的叛乱。如今，在大战前夕，唐代宗要先想好退路，稳定后方，遂于六月任命兵部侍郎严武担任西川节度使。

严武，字季鹰，是前中书侍郎严挺之的儿子。《唐诗纪事》称，其母生他之前梦见有神人说："我是诸葛亮，来给夫人当儿子。"严武生下后容貌端庄，自幼豪爽，其父严挺之不爱其母裴氏，而宠爱小妾玄英。严武八岁，很是奇怪，就问母亲："父亲为何经常去看玄英，总不来安慰母亲您呢？"其母对他说："你父亲薄情，嫌弃我长得丑，新婚几天就怀上了你，此后就再也不理睬我了。"严武听后顿时火冒三丈，趁父亲外出，拿起一把铁锤闯入玄英的寝室，将其脑袋打碎。严挺之回来后，仆人们惊慌失措地向严挺之禀报："小郎失手打死了玄英！"严武到了父亲面前却说道："哪有身为大臣薄待正妻而厚待小妾的？儿子是故意杀的，不是失手！"严挺之很是惊奇，说道："这才真是我的儿子啊!"《逸史》称，严武家曾与一名军使是近邻，军使有一个美貌绝伦的女儿，严武看见后，就收买了军使女儿身边的丫鬟，将此女诱骗到自己家中。一个多月后，他就带着此女私奔，准备逃往江淮一带。军使发觉后向朝廷告发，朝廷派人追捕，此时严武带着此女已到巩县（今河南省巩义市），正雇船东下。眼看事情将要败露，严武顿生杀机，将此女灌醉后，用琵琶弓弦勒死，沉尸河中。唐玄宗入蜀，严武以殿中侍御史随玄宗入蜀，被提拔为谏议大夫，后前去灵武，被房琯推荐为给事中，收复长安后，严武被提拔为京兆少尹，因与房琯一党而被贬为巴州刺史，后晋升为东川节度使。太上皇将剑南合为一道，又提拔严武为成都尹、剑南节度使。严武虽然能文能武，但果于杀戮。史称，他与杜甫关系最深，但有好几次差一点杀了杜甫。一次，杜甫在酒宴上趁着酒劲戏言道：“真没想到严挺之竟然有这么个儿子！”严武当即死死地瞪了杜甫很久，说道：“杜审言的孙子！你是想在虎口上拔虎须吗！”举座大笑，想缓和一下气氛，这时，严武才说：“与诸位喝酒，何必要提及父祖的名讳！”退休后的房琯也曾得罪过严武，竟然吓得生病。后来，正是担心严武会杀了杜甫，严武的母亲才置办小船让杜甫离开了成都。据说，李白写的《蜀道难》就是替房琯和杜甫的生命担忧。等到严武死后，其母哭完，却如释重负地说：“从今天往后，我这才不会（因为儿子犯法受到牵连而）沦为官家的奴婢了啊！”

听说严武来西川上任，七月十六日，剑南兵马使徐知道起兵造反，叛军把守入蜀要害之地，不让严武入川，但不到一个月，到了八月十三日，徐知道为其部下李忠勇所杀，剑南这才恢复了秩序。

三八七　底定大乱（一）

唐代宗最关心的还是要尽快消灭史朝义。

在稳定内部的同时，唐代宗还想到了争取外援。如前所述，邺城大败之后，曾与唐代宗结为异姓兄弟的回纥叶护回到国内不久，就因与其父毗伽阙可汗发生矛盾而被杀，不久，毗伽阙可汗去世，立幼子登里可汗。登里可汗即位后，虽然还与唐朝保持着友好关系，但与昔日相比已发生了微妙的变化，更多地采取一种观望的态度，在唐朝和史朝义之间摇摆不定。唐代宗即位后，派遣中使刘清潭出使回纥，就是希望恢复两国之间以往的友好关系，并请求登里可汗能够出兵协助唐朝消灭史朝义。

唐代宗想到回纥这一外援的时候，洛阳的史朝义也想到了这一点。当刘清潭来到回纥可汗牙帐的时候，史朝义的使者已提前来到，对登里可汗说："唐朝刚刚死了两个皇帝，如今中原无主，可汗速速率军南下，接管他们的府库。"登里可汗信以为真，遂决定发兵南下劫掠唐朝统治区。刘清潭到后，将唐代宗的书信呈给登里可汗说："先帝虽然驾崩，继位的当今皇上，就是昔日的广平王，曾经与叶护一起收复两京的那位。"此时，登里可汗的前锋部队已经进抵三受降城，见唐朝统治区内千里无烟，十分残破，对大唐很是轻视，因此对刘清潭百般羞辱。刘清潭派人返京汇报情况，并称："回纥已经发倾国之兵十余万人南下了！"长安军民听到这一消息都惊慌失措。

当初，毗伽阙可汗为登里向唐朝求婚，唐肃宗把仆固怀恩的女儿嫁给了登里，等到登里继位后，仆固氏也顺理成章地成了可汗可敦，此时，仆固氏也在回纥军中。唐代宗一方面派遣殿中监药子昂赶赴忻州以南犒劳回纥大军，另一方面命人赶往汾州叮嘱登里可汗的岳父仆固怀恩。正巧，登里可汗和仆固氏想与仆固怀恩和仆固怀恩的母亲见上一面，仆固怀恩担心受到朝廷猜疑，迟迟不敢前去。唐代宗赏赐给仆固怀恩铁券，亲自写下诏书命他和母亲一起动身，在太原与登里可汗及仆固氏相见。仆固怀恩见到登里可汗后，对可汗说不可辜负了唐廷的恩德，在仆固怀恩苦口婆心的说服下，登里可汗大喜，终于同意协助唐军讨伐史朝义。登里可汗原本打算经过蒲关（今陕西省大荔县东），再由沙苑（今陕西省大荔县南）南下，经潼关东进洛阳。这一路线好是好，但如今唐朝对登里可汗的真实意图还摸不准，假如其心怀叵测，走这一路线的话，等于不战而入关中，长安就完全暴露在回纥军队面前了，风险太大了。于是，药子昂又提出了另外一条路线，他说："关中地区屡遭兵灾，州县萧条，无法满足军队的给养，恐怕可汗会大失所望；敌人盘踞在洛阳，希望可汗从土门（今河北省鹿泉市）南下，穿越邢州（今河北省邢台市）、洺州（今河北省邯郸市永年区）、怀州（今河南省沁阳市）、卫州（今河南省卫辉市），劫掠敌人的财物作为军队的资粮。"谁都知道，这一路线通过的都是敌占区，等于让回纥军队先与史朝义的叛军交手，登里可汗当然没有答应；退而求其次，药子昂又建议回纥军队"从太行陉（今河南省沁阳市北太行山第二陉）直接南下，占领河阴（今河南省郑州市以北），卡住敌人的咽喉。"这一路线也避免了回纥军队进入关中，但所经过地区道路艰险，给养困难，回纥可汗还是不答应。最终，药子昂又建议："从陕州（今河南省陕县）大阳津南渡黄河，由太原仓（在今河南省陕县西）供应粮食，与各路唐军一起向敌人发起进攻。"登里可汗这才同意。

一切就绪。

十月，唐代宗以长子雍王李适为天下兵马元帅。十六日，时年二十岁的李适辞行，以兼御史中丞药子昂、魏琚为左右厢兵马使，以中书舍人韦少华为判官，给事中李进为行军司马，集合各路大军会同回纥军队，以陕州为策源地，向史朝义叛军发起总攻。唐代宗原本打算任命郭子仪为副元帅，但在程元振和鱼朝恩等人的阻挠下，唐代宗改任朔方节度使仆固怀恩为同平章事兼绛州刺史，率领各路行营军队作为李适的副手。

李适来到陕州后，登里可汗驻扎在黄河北岸，李适率领部下数十人骑马前去会面。李适以平等的礼仪相见，登里可汗责备李适没有叩头，而药子昂却说根据礼仪不该叩头。回纥将军车鼻说："唐天子与可汗结为兄弟，可汗就是雍王的叔父，为何不叩头？"药子昂回答："雍王是天子的长子，如今为元帅。哪有中国的太子向外国可汗叩头的道理？况且，太上皇和先帝都还未安葬，不该叩头。”双方就此争执了很久，车鼻大怒，遂命人把药子昂、魏琚、韦少华、李进各打一百鞭子，以李适年少不懂事，放归唐营。魏琚和韦少华过了一夜就死了。

十月二十三日，各路大军从陕州出发。仆固怀恩和回纥左杀（东翼王）率军为先锋，陕州节度使郭英乂和神策军观军容使鱼朝恩为后军，从渑池进入敌占区；潞泽节度使李抱玉率军从河阳南下；河南等道副元帅李光弼率军从陈留进入敌占区；雍王李适留守陕州。二十六日，仆固怀恩等军进驻同轨（今河南省洛宁县东）。

史朝义听说唐军大举进攻的消息，即召集众将商议对策。阿史那承庆说：“唐朝如果只派汉军前来，我们当倾巢出动，与之决一死战；如果与回纥军队一起前来，其锋芒不可抵挡，应退守河阳暂避一下。”但史朝义不从。

二十七日，唐军和回纥军进抵洛阳北郊，分出一部分兵力夺取怀州（今河南省沁阳市），次日，攻克怀州。

三十日，联军进驻在横水（洛阳北郊）。这里有数万叛军，构筑营垒抵御联军，仆固怀恩率军在西原列阵，与敌正面相向，又派遣精锐骑兵与回纥军队绕道南山，从敌人营垒的东北面向敌人发起猛烈的进攻，两支军队左右夹击，大破叛军。史朝义派遣十万精兵赶来救援，驻扎在昭觉寺，联军乘胜进击，杀伤了很多敌人，但并未突破敌阵；鱼朝恩派五百射生苦战，敌人纷纷中箭倒下，可是敌阵依然未被撕开口子。镇西节度使马璘见状，说道：“事情危急了！”遂单人匹马杀进敌阵之中，夺取敌人两个盾牌，顺势突入敌人坚固的阵中，于万众之中左冲右突，他身边的敌人纷纷倒下。马璘这一冲击，大军顺着他撕开的口子就冲入了敌阵，敌人阵脚一开，就全乱了，遂大败。两军又继续在石榴园、老君庙激战，敌人又被击败。兵败如山倒，叛军相互践踏，掉入山谷的不计其数，被斩杀了六万余人，被俘两万余人，史朝义只率领数百骑兵向东逃去。仆固怀恩乘胜又攻克了洛阳和河阳城，抓获敌人中书令许叔冀、王伷等人，以皇帝之命将其释放。仆固怀恩将回纥可汗留在河阳（今河南省孟州市）的大营，命儿子右厢兵马使仆固玚和朔方兵马使高辅成率领一万多步骑兵追击史朝义，一直追到郑州，连战连胜。史朝义逃到汴州，其陈留节度使张献诚闭门不纳，史朝义只好北逃到濮州，张献诚开门投降了唐军。

回纥军队进入东京洛阳之后，大肆劫掠杀戮，又杀死了一万多平民，东京大火烧了数十天不灭。与回纥军队一样，唐军也认为他们来到的是敌占区，所到之处也是肆意劫掠，一直持续了三个多月，东京、郑州、汴州、汝州等地居民所住房屋全部被摧毁，百姓的财物悉数被抢走，人们连身上穿的衣服全都被劫去，只能以纸张披在身上。回纥军队把抢来的财物都集中在河阳，留下部将安恪率军看守。

史朝义从濮州北渡黄河，仆固怀恩进攻滑州，又在卫州击败史朝义。史朝义睢阳节度使田承嗣等率军四万余人与史朝义会合，再来阻击唐军。仆固玚率军将其击破，长驱直入，一直进抵昌乐（今河南省南乐县）以东。此时，叛军邺郡节度使薛嵩（高宗时名将薛仁贵之孙、前范阳平卢节度使薛楚玉之子）以相州、卫州、洺州、邢州向陈郑泽潞节度使李抱玉投降；敌恒阳节度使张忠志以恒州、赵州、深州、定州、易州向河东节度使辛云京投降。李抱玉等人均已接管了降军，薛嵩等人也都交出了军权，然而，不久以后，仆固怀恩又都命其官复原职。仆固怀恩之所以这么做，大约出于以下几点考虑。一是，唐军内部派系斗争。李抱玉原是李光弼的部将，本传记载："乾元初，太尉李光弼引为偏裨，屡建勋绩，由是知名。"而仆固怀恩则与李光弼矛盾很深，史称："怀恩心惮（李光弼）而颇不叶。"因此，李抱玉接管了薛嵩的地盘和军队，势力膨胀，自然是仆固怀恩所不愿意看到的。二是，与邻为壑思想作怪。仆固怀恩统领的朔方军大本营驻扎在汾州，与李抱玉的陈郑泽潞和辛云京的河东相邻，如果二人势力强大，势必威胁到自己。三是，巩固个人实力。仆固怀恩原本在军中地位并不高，又是少数民族，风云际会让他成为实际意义上的唐军讨伐军总指挥，他要凭借这一机会最大可能地攫取个人利益，巩固自己的地位，因此，将河北降将拉拢到自己名下而不是把他们推给别人，这就成了他的必然选择。

到嘴里的肥肉被仆固怀恩拿去，李抱玉和辛云京当然十分不满，遂开始怀疑仆固怀恩的居心，他们各自上书向唐代宗汇报，提醒朝廷早做防备；仆固怀恩也上书辩解，唐代宗回信安慰勉励。十一月六日，唐代宗下诏称："对于东京、河南、河北的所有伪官，一律不予追究。"

三八八　底定大乱（二）

对于伪官不予追究，这一宽大政策大约是唐代宗吸取了父皇在攻克两京后对待伪官的教训而作出的，然而，矫枉过正，唐代宗不仅对伪官不予追究，反而还令他们继续留任原职，这一重大失误也就直接导致了中晚唐藩镇割据局面的出现。

先有仆固怀恩让张忠志和薛嵩官复原职，继而，到十一月二十二日，唐代宗的正式任命也到了，他任命张忠志为成德军节度使，管辖区域照旧，赐姓名为李宝臣。张忠志投降前，常山裨将王武俊（契丹人，本名没诺干）劝张忠志："如今辛云京率领河东军队东出井陉，出境远来死战，不可抵挡，况且，我以寡敌众，以曲当直，不论是战是守都将失败，大人你自己决断。"张忠志遂举众投降，如今他又被朝廷官复原职，自然对王武俊非常感激，将其提拔为先锋兵马使。

郭子仪以仆固怀恩立下大功，遂请求将自己的副元帅一职让给他。二十四日，唐代宗加授仆固怀恩为河北副元帅，加尚书左仆射兼中书令、单于、镇北大都护、朔方节度使。

史朝义逃到贝州（今河北省清河县），与其大将薛忠义等两节度使会合，仆固玚一直追到临清（今河北省临西县）。史朝义率领三万军队从衡水（今河北省衡水市）南下，朝唐军反扑。仆固玚设下伏兵，将敌人击退，恰在这时，回纥军队也及时赶到，唐军遂趁势发起追击。双方在下博（今河北省武邑县西北）东南激战，叛军大败，尸体塞满河道，顺流漂下，史朝义逃奔莫州（今河北省任丘市北）。仆固怀恩都知兵马使薛兼训、兵马使郝廷玉与从河南而来的田神功所部、从山西而来的辛云京所部在下博会师，将史朝义包围在莫州城内，从山东而来的青淄节度使侯希逸也率军赶到了。

困兽犹斗。

史朝义在莫州屡屡出城迎战，但均被唐军击败。田承嗣假意劝说史朝义，让其亲自赶赴幽州调发援军，田承嗣请求自己留守。史朝义不知是计，遂挑选五千精锐骑兵从莫州北门突围而去。谁知，史朝义前脚刚走，田承嗣就投降了唐军，把史朝义的母亲、妻子、儿子都送到了唐军那里。仆固玚、侯希逸、薛兼训等人率领三万军队追杀史朝义，于归义（今河北省容城县北）追上了史朝义，再次将其击败，史朝义脱身而逃。

此时，驻守在范阳的是史朝义的范阳节度使李怀仙，此人早已通过宦官骆奉仙请降，特意派遣兵马使李抱忠率领三千人马镇守范阳（今河北省涿州市），等史朝义来到范阳城下时，李抱忠拒绝他入城。唐军追兵将至，史朝义心急如焚，派人对李抱忠说明来意，并以君臣大义相劝。李抱忠回答说："上天不再保佑大燕，唐朝复兴，如今我们已经投降了，岂能再次背叛，难道不愧对作战的将士们吗？大丈夫耻于以诡诈相倾轧，希望你能早早打算自己的出路。况且，田承嗣一定已经投降了，要不然唐军为何能追到这里！"史朝义听了李抱忠的分析后，不禁大为恐惧，说道："我从早晨到现在一口饭也没吃，难道就不能给口饭吃吗？"李抱忠遂命人在城东给史朝义一行安排饭食。于是，家在范阳的史朝义的部下均拜别而去，史朝义只能掩面流泪而已，只与数百胡人骑兵吃完饭朝广阳（今北京市房山区）而去。行至广阳，广阳人也不接纳，史朝义走投无路，打算继续向北逃往奚人、契丹那里，行至温泉栅，李怀仙的追兵赶上。史朝义上天无路，入地无门，遂在丛林中找一棵树吊死，李怀仙割下他的人头送给朝廷。

仆固怀恩等各路唐军遂得胜而还。

公元763年（此年后改为广德元年）一月三十日，史朝义的人头被送到长安。至此，这场持续八年之久、历史上称之为安史之乱的大乱才告平息。

当时河北各地均已平定，史朝义降将薛嵩等人都拜伏在仆固怀恩的马前，纷纷表示请求随军效力，这时候，仆固怀恩的心态发生了很大变化，他担心一旦大乱平定之后，朝廷对自己就不再重视了，他当然知道把这些降将留在河北，肯定给朝廷埋下一个巨大的隐患，他正是基于这点私心，却上书唐代宗请求让他们留在河北，以便作为自己在朝廷之外的同党。客观地说，对伪官的宽大政策，在叛党中产生了巨大影响，让唐军在河北的战斗进展十分迅速，叛党高级将领纷纷投降，但此时理当趁着兵威，就算不再追究他们的罪行，也要将这些人的调离河北，安插忠诚可靠的官吏安抚新占领区，然而，唐代宗被当前的胜利冲昏了头脑，急于恢复社会秩序，把希望寄托于这些人会真的效忠于朝廷，因此，在接到仆固怀恩的奏表后，唐代宗就于同年闰一月十九日批准了仆固怀恩的请求，任命史朝义降将薛嵩为相州、卫州、邢州、洺州、贝州、磁州六州节度使，田承嗣为魏州、博州、德州、沧州、瀛州五州节度使，李怀仙仍然为幽州、卢龙节度使。

回纥登里可汗率众归国，其所率部众所到之处，烧杀奸淫，劫掠财物，他们对当地政府的供应稍不如意，就挥刀杀人，毫无顾忌。陈郑泽潞节度使李抱玉派人负责招待回纥人，下属们都吓得瑟瑟发抖，没一个人愿意前去，只有赵城县尉马燧报名独自前往。回纥军队将至，马燧提前派人送给回纥头领很多财物，约定约束其部下不要随意劫掠，回纥头领送给马燧一面旗子说道：“有违犯的，你可自行诛杀。”马燧从监狱中取出几个死刑犯充当自己的侍从，稍有违犯，马燧就立即喝令将其斩首。回纥人见状无不面面相觑，大惊失色，路过县境无不遵守军纪。事后，李抱玉对马燧刮目相看，马燧趁机说：“我与回纥交谈中，得到了很多机密。仆固怀恩自恃有功，骄傲自满，其子仆固玚卖弄勇敢，举止轻佻，如今，其父子在国内保留四帅［即史朝义降将成德军节度使李宝臣（张忠志）、相州等六州节度使薛嵩、魏州等五州节度使田承嗣、幽州卢龙节度使李怀仙］，外面则结交回纥，一定有觊觎我们河东的打算，要早做准备。”李抱玉深以为然。

在整个平叛过程中，仆固怀恩父子采取穷追猛打、连续作战、分化瓦解的策略，迅速平定了史朝义的叛乱，可以说二人居功至伟。不过，由于唐肃宗、代宗父子都宠信宦官，猜忌地方实力派，朝廷与地方军阀关系不正常，各节度使人人自危，也导致了仆固怀恩担心自己功高震主，采取拉帮结派的办法，保留了“河北四帅”，史称其“自见功高，且贼平则势轻，不能固宠，乃悉请裂河北分大镇以授之，潜结其心以为助”（《新唐书》），实际上，唐军消灭的也仅仅是史朝义本人及其身边的军队，叛军河北各将领的主力部队并未受到大的损失，这就为后来的藩镇割据埋下了隐患，因此，可以说这次平叛是不彻底的。回顾整个平叛过程，这一隐患可以追溯到雍王李适刚到陕州、拜见回纥登里可汗之时，原本唐代宗令长子李适担任元帅，就是为了掌握军权，然而，当李适来见登里可汗时，登里可汗上来就给李适个下马威，斩杀了左厢兵马使药子昂，把右厢兵马使魏琚和判官韦少华鞭打致死，等于将李适借以控制军权的三个重要谋臣、爪牙弄死，此后，成了孤家寡人的李适只得留在了陕州，而仆固怀恩也就顺利地掌握了平叛各路唐军的实际控制权，唐代宗借李适之手控制军权的努力也化为泡影。再联想到仆固怀恩一直就和登里可汗在一起，我们就不得不怀疑这一场戏正是其与可汗合谋而为，仆固怀恩居心叵测。就算仆固怀恩有不可告人的个人目的，除去在朝中的郭子仪，但论官职、资历来说，他都无法与另一位中兴名将李光弼相提并论，那么，李光弼不是也参与这场平叛了吗？为何各个战场不见他的踪影呢？

原来，为了给平叛战争准备充足的后勤保障，朝廷向各地加派税赋，但放眼唐朝的实际控制区，四川、荆襄经过数次内乱，百姓疲敝，朝廷财政来源还得仰仗江淮，因为，时任租庸使的元载认为，虽然江淮地区也经历了刘展之乱，但相对而言，这里的百姓比其他各道还是有些资财的（可以想见，其他地方的百姓已成赤贫，搜刮不出什么东西了）。于是，对江淮、江南百姓就规定了一个新的追缴赋税的办法，那就是：按照户口，估计一个该户八年以来偷税的大概数字，予以征收；挑选当地豪强当县令，严厉督查，不管百姓是否欠交，只要发现家里有钱有粮，就派兵包围其家，勒令拿出全部家产，一半充公，一半留下自用，有些人家甚至被官府拿走十之八九，称之为白著，就是白拿。谁要是反抗，就被严刑拷打；江淮百姓谁家要是存有十斛米，都吓得战战兢兢，唯恐被官府拿去。这一政策从朝廷方面来说，也是无可奈何之举，但对于江淮百姓来说可是大祸临头，再加上去年这里闹了严重的饥荒，发生人吃人的现象，百姓已被逼到了绝境，有的人被逼上梁山，当了强盗，州县也扑灭不了。事有凑巧，就在唐代宗部署各路唐军围攻史朝义之前，到了宝应元年八月，台州（今浙江省临海市）的一名叫袁晁的官府小吏，因征收赋税不力，而受到鞭打，遂聚众起义，赶走了台州刺史史叙，改元宝胜，“民疲于赋敛者多归之”，义军很快发展到20多万人，声势浩大。在宝应元年下半年，也就是唐军向史朝义发起总攻前后，袁晁相继攻克了台、衢、温、婺、明、越、信、杭、苏、常江东十州，所向披靡，在短短的数月里，几乎占领了三国时孙策起兵之初占领的江东之地。在这种情况下，李光弼下辖的军队就只有田神功和侯希逸部参与了对史朝义的战斗，其余大部军队则由其部将张伯义统领掉头南下，去平定袁晁的起义，而身为河南道副元帅李光弼的主要精力也用在了江南，这也是仆固怀恩能够掌握平叛军主导权的另一个客观原因。假如李光弼参与了河北战事，以李光弼的忠勇和睿智，是绝不会允许河北降将留任原地的，退一步说，就算保留他们的职务，也是会采取一些掣肘措施的，这些措施包括明升暗降、派遣辅佐官员、改换各地郡县地方官，甚至可以调虎离山，抽调一半叛军兵力赶赴关中应对吐蕃、党项，等等，其实，在处理战后局势时，唐代宗乘着战胜之威，手中还有很多牌可以打，然而，历史容不得假设，正是很多莫名其妙的因素最终促成了当时的一个结果。

史朝义被杀后三个月，到了宝应二年（公元763年，此年后改为广德元年）四月七日，李光弼上奏称已抓获袁晁，浙东全部平定。

三八九　盛唐文学（一）

持续九个年头的安史之乱被平定了，我们暂且停下脚步，把宝应二年作为盛唐的结点，回过头来谈一谈盛唐时期的文学。

从文学史的角度，将唐代文学划分为初唐、盛唐、中唐、晚唐四个阶段，盛唐阶段大致从开元年间直到此时四年后的唐代宗大历元年。可能每个人根据各自的爱好会有不同的划分，我们将文学意义上的盛唐划分为起自唐睿宗景云年间到唐代宗大历元年，已最大限度地涵盖这一时期涌现的大小文学家。在此期间，涌现李白、杜甫、王维、岑参、高适、孟浩然等一大批才华横溢的诗人，给我们留下了很多流传千古、脍炙人口的优秀诗篇，他们的作品精丽华美、雄健清新、兴象超妙、韵律和谐，充满了豪迈奔放、洒脱飘逸、生机饱满、甜美优雅的浪漫气质，成为中华民族珍贵的精神财富和力量源泉，这被人称为“盛唐之音”。

就这一时期的文学成就来看，当然首推诗仙李白和诗圣杜甫二位了，李白作品题材丰富，气势雄放，想象丰富，风格飘逸；杜甫的诗则是博大精深，沉郁顿挫，为后世诗歌发展开辟了很多法门。正如苏轼在《东坡题跋》中评价的那样：“故诗至于杜子美（杜甫），文至于韩退之，书至于颜鲁公（颜真卿），画至于吴道子，而古今之变天下之能事毕矣。”其次则是按照传统划分的两大分类：边塞诗和田园山水诗，边塞诗派以高适、岑参、李颀、王昌龄、王之涣、陶翰、李颀、祖咏、崔颢等人为代表，其作品气氛浓郁、情调悲壮，多用七言歌行或七绝。田园山水诗人以王维、孟浩然、储光羲、常建为代表，多用五言律绝和五言古体，诗歌色彩清淡，意境深幽，展现出一种静谧清丽之美。最后则是这一时期一大批形形色色的诗人，张九龄、元结、沈千运、孟云卿等人也是此时期较有特色的诗人。

作为盛唐早期的诗人，像张说、苏珽、张九龄等人都是身居高位，写下了大量的应制诗，流传于世的名作大抵是他们在身处逆境时写下的，如前所述，张说写的《蜀道后期》：“客心争日月，来往预期程。秋风不相待，先至洛阳城。”《送梁六自洞庭山》：“巴陵一望洞庭秋，日见孤峰水上浮。闻道神仙不可接，心随湖水共悠悠。”苏珽的《汾上惊秋》：“北风吹白云，万里渡河汾。心绪逢摇落，秋声不可闻。”以及张九龄的《感遇诗》：“兰叶春葳蕤，桂华秋皎洁。欣欣此生意，自尔为佳节。谁知林栖者，闻风坐相悦。草木有本心，何求美人折？”“孤鸿海上来，池潢不敢顾。侧见双翠鸟，巢在三珠树。矫矫珍木巅，得无金丸惧？美服患人指，高明逼神恶。今我游冥冥，弋者何所慕！”“江南有丹橘，经冬犹绿林。岂伊地气暖，自有岁寒心。可以荐嘉客，奈何阻重深！运命惟所遇，循环不可寻。徒言树桃李，此木岂无阴？”《湖口望庐山瀑布》：“万丈红泉落，迢迢半紫氛。奔流下杂树，洒落出重云。日照虹霓似，天清风雨闻。灵山多秀色，空水共氤氲。”《望月怀远》：“海上生明月，天涯共此时。情人怨遥夜，竟夕起相思。灭烛怜光满，披衣觉露滋。不堪盈手赠，还寝梦佳期。”《归燕诗》：“海燕虽微眇，乘春亦暂来。岂知泥滓贱，只见玉堂开。绣户时双入，华堂日几回。无心与物竞，鹰隼莫相猜。”《赋得自君之出矣》：“自君之出矣，不复理残机。思君如满月，夜夜减清辉。”

另外还有两位盛唐早期的诗人王之涣和孟浩然，他们分别开盛唐边塞诗和田园诗的先河，为这两个诗派奠定了坚实的基础。王之涣，又记作王焕之，王之奂，字季凌，史书无传。清末《王之涣墓志铭》发现后，才得知他生于武则天垂拱四年（公元688年），病卒于唐天宝元年（公元742年）二月，享年55岁。王之涣祖籍晋阳（今山西省太原市），其高祖迁今山西省绛县。曾祖王信，为隋朝大夫、著作郎，入唐为任安邑县令，祖父王表，曾任唐文安县令。父亲王昱，任鸿胪主簿、浚仪县令。

王之涣从小就讲义气，好饮酒，喜剑术，迷恋侠客，直到中年，仍然一事无成，后立志学文，因门荫调补冀州衡水主簿。王之涣在担任衡水主簿时，该县县令李涤欣赏王之涣的才华将自己的三女儿许配给他。当时王之涣已三十五岁，是一个结过婚并生有孩子的老男人，而当时李氏则年仅十八岁，婚后不久，王之涣就因才高气盛，受人诬陷而愤然辞官隐居，在家赋闲十余年，后才再次入仕，任文安县尉，不久，就染病身亡了。

王之涣生前写了很多诗歌，但仅仅流传下六首，其中最负盛名的是他的《登鹳雀楼》和《凉州词》这两首，可以说在中国是家喻户晓、妇孺皆知。他的《登鹳雀楼》：“白日依山尽，黄河入海流。欲穷千里目，更上一层楼。”可以说是王之涣成就了山西省永济市蒲州古城的鹳雀楼，让这一名胜名闻遐迩，流传千古。他的《凉州词》：“黄河远上白云间，一片孤城万仞山。羌笛何须怨杨柳，春风不度玉门关。”同样也是恢弘广阔，壮观苍凉，展现出王之涣一贯慷慨激昂、沉雄浑厚的诗风，这首诗流传之后，在当时就被社会配乐传唱，流传甚广。据《集异记》记载了一则“旗亭画壁”的故事，说的是：唐玄宗开元年间，在一个下着小雪的冬天，王昌龄、高适和王之涣三人闲来无事，一起到旗亭饮酒。当时的酒楼里有四个年轻漂亮的姑娘演唱。三个人一边喝酒，一边在旁边观看，相约道：“我们三人在诗坛上也算有点名气，平时从未分出高低。今天我们打个赌，看这四个姑娘唱谁的诗多，就算谁赢。”第一个姑娘出场就唱道：“寒雨连江夜入吴，平明送客楚山孤。洛阳亲友如相问，一片冰心在玉壶。”王昌龄高兴地说：“是我的。”就在墙上画了一道。第二个姑娘接着唱道：“开箧泪沾臆，见君前日书。夜台何寂寞，犹是子云居。”高适也高兴地说道：“这是我的。”也画了一道。第三个姑娘又唱道：“奉帚平明金殿开，且将团扇共徘徊。玉颜不及寒鸦色，犹带昭阳日影来。”王昌龄又十分得意地说道：“我已经两首了。”王之涣这下急了，负气说道：“这三个都是落魄歌女，唱的都是些下里巴人之词，阳春白雪之词岂是这种人敢唱的？”遂指着其中一位最漂亮的歌女说道：“等这位最美的歌女唱歌，如果她唱的不是我的诗，我将终身不敢与你俩比赛了。如果唱了我的诗，你们就当在我面前下拜，以我为老师！”三人遂笑着等待。一会儿，轮到那个姑娘唱了，只闻她开口唱道：“黄河远上白云间，一片孤城万仞山，羌笛何须怨杨柳，春风不度玉门关。”这正是王之涣的七绝《凉州词》。王之涣当即狂推二人，说道：“乡巴佬，我王之涣岂是瞎说！”三人笑作一团。众美女不知何故，前来探问，三人才把原委道出。大家这才知道眼前就是写诗的三个大诗人，围着三人竞相拜见，说道：“肉眼不识神仙，请移步来一起痛饮。”三人遂从命，与众人痛饮一整天才罢。

据说到了清代，慈禧太后也非常喜欢王之涣的这首《凉州词》。有一天，她让一个书法很好的大臣把王之涣的《凉州词》写在一把扇面上，谁知这个大臣却漏掉了一个“间”字。慈禧太后一看，勃然大怒，说道：“你胆敢欺负我没有读过王之涣的《凉州词》，怎么少了一个间字？”这个大臣顿时吓得面如土色，不过，他急中生智，赶忙说道：“老佛爷，我哪敢漏掉啊，只是觉得这首《凉州词》如果真的改成了一首词，将更有韵味！”于是，他忙读道：“黄河远上，白云一片，孤城万仞山。羌笛何须怨？杨柳春风， 不度玉门关。”慈禧太后反复把玩，读了几遍，这才转怒为喜。

王之涣还有一首不太出名但也别有韵味的诗叫《宴词》，诗是这样写的：“长堤春水绿悠悠，畎入漳河一道流。莫听声声催去棹，桃溪浅处不胜舟。”长堤、春天的流水，美好的景色就在眼前，但又不得不离去，暂且不要听那声声的将去的划船声，如果总听，那无尽的愁绪也会填满这船，只恐浅浅的桃溪载不动这行舟啊！这首写离愁的诗歌立意清新，别具匠心，通篇不带一个愁字，却委婉动人，令人回味无穷。

三九〇　盛唐文学（二）

说到旗亭画壁，就说说另外两位主人公，同为边塞诗人的王昌龄和高适。

王昌龄，字少伯，长安人。进士登第，补秘书省校书郎。又参加博学宏词科登第，晋升为汜水县尉，又升任江宁丞，晚年被贬为龙标县尉。因天下大乱，王昌龄弃官回乡，途经亳州，被嫉贤妒能的亳州刺史闾丘晓杀害，享年五十九岁。其后，闾丘晓因贻误战机被张镐杀死时，他称自己家中有老母需要赡养，张镐一句话就把他顶了回去：“王昌龄的亲属又该由何人养育？”史称：“昌龄为文，绪微而思清。”明代有人编辑有《王昌龄集》。

王昌龄存诗一百八十一首，体裁以五言古诗、七绝为主，主要分为离别诗、边塞诗、宫怨诗三大类。王昌龄的五言古诗，有的写得雄浑豪迈，有的写得清丽幽秀，有的写得深沉苍郁，有的写得清新活泼，而流传最广、成就最高、数量最大的则是他写的七绝诗。在他一百八十一首存世诗中，七绝诗有七十四首，占一小半，而初唐、盛唐存世的全部七绝诗才五百四十九首，王昌龄的七绝诗又几乎占其中的六分之一。正是由于王昌龄在盛唐诗人中年龄较长，写作七绝诗时间较早，成就最大，其后通过李白等人的努力，七绝诗在中晚唐才成为流行诗体，王昌龄也被世人誉为“七绝圣手”。正如《围炉诗话》说的那样：“王昌龄七绝，如八股之王济之也。起承转合之法，自此而定，是为唐体，后人无不宗之。”后人也认为在七绝诗方面，只有王昌龄堪与李白并驾齐驱。明诗论家陆时雍《诗镜总论》称：“王昌龄多意而多用之，李太白寡意而寡用之。昌龄得之锤炼，太白出于自然，然而昌龄之意象深矣。”明文学家王士贞称：“七言绝句，少伯与太白争胜毫厘，俱是神品。”诗人焦宏《诗评》称：“龙标、陇西，真七绝当家，足称连璧。”胡应麟称：“李写景入神，王言情造极。王宫词乐府，李不能为，李览胜纪行，王不能作。”清潘德舆在《养一斋诗话》中称：“七绝第一，其王龙标乎？右丞以淡而至浓，龙标以浓而至淡，皆圣手也。”

我们先看看王昌龄写的边塞诗。《从军行》之一：“烽火城西百尺楼，黄昏独坐海风秋。更吹羌笛关山月，无那金闺万里愁。”用细腻的笔法写出了征人和家人两地的牵挂和思念。之二：“琵琶起舞换新声，总是关山旧别情。撩乱边愁听不尽，高高秋月照长城。”之四：“青海长云暗雪山，孤城遥望玉门关。黄沙百战穿金甲，不破楼兰终不还。”这首太出名了，境界也太高远了。之五：“大漠风尘日色昏，红旗半卷出辕门。前军夜战洮河北，已报生擒吐谷浑。”这首诗动感十足，令人产生无边的遐想。《出塞》其一：“秦时明月汉时关，万里长征人未还。但使龙城飞将在，不教胡马度阴山。”这首诗歌脍炙人口，可以说其他人仅凭这一首即可流芳百世了，可见当时王昌龄的影响是多么大，名气是多么高。

王昌龄的七绝宫词和闺怨诗写得同样好。《春宫曲》：“昨夜风开露井桃，未央殿前月轮高。平阳歌舞新承宠，帘外春寒赐锦袍。”以写汉武帝宠幸卫子夫、遗弃陈皇后暗喻唐明皇宠幸杨贵妃，表面上写皇帝给新宠的关心，实际上却隐含着失宠者的哀怨，但又不着痕迹。《西宫春怨》：“西宫夜静百花香，欲卷珠帘春恨长。斜抱云和深见月，朦胧树色隐昭阳。”《长信秋词》之一：“金井梧桐秋叶黄，珠帘不卷夜来霜。熏笼玉枕无颜色，卧听南宫清漏长。”之三：“奉帚平明金殿开，且将团扇共徘徊。玉颜不及寒鸦色，犹带昭阳日影来。”之四：“真成薄命久寻思，梦见君王觉后疑。火照西宫知夜饮，分明复道奉恩时。”《闺怨》：“闺中少妇不知愁，春日凝妆上翠楼。忽见陌头杨柳色，悔教夫婿觅封侯。”这首诗含蓄委婉，耐人寻味。

王昌龄的送别诗也有不少脍炙人口，传唱至今。比如，他的《送魏二》：“醉别江楼橘柚香，江风引雨入舟凉。忆君遥在潇湘月，愁听清猿梦里长。”《芙蓉楼送辛渐》更是有名：“寒雨连江夜入吴，平明送客楚山孤。洛阳亲友如相问，一片冰心在玉壶。”

说完了王昌龄，如果按照年龄顺序的话，我们就得说田园诗人孟浩然了，但那样容易打乱我们的头绪，我们还继续把所谓的边塞诗人说完，再回过头来说孟老夫子吧。

我们接着说旗亭画壁的最后一位主人公高适。高适成名较晚，年过五十才留意诗文，当时已是唐玄宗天宝年间了，不过，他起步晚，成就却高，在整个唐代诗人中从底层登上了高位的，也只有他一个（张九龄等人不算）。高适曾担任过哥舒翰的书记，潼关战败后，他面见唐玄宗，深得唐玄宗的赏识，被提拔为侍御史。此后，唐肃宗听说他曾经劝阻唐玄宗让诸王分镇各地而将其召至灵武，遂将其提拔为淮南节度使，带兵讨伐雍王李璘。李璘败死后，因李辅国忌惮高适直言敢谏，在唐肃宗面前说了高适很多坏话，唐肃宗遂将他贬为太子少詹事。蜀中大乱，唐肃宗又任命高适担任蜀州刺史、彭州刺史，此后，段子璋叛乱，高适率领州兵随西川节度使崔光远平叛，战后，西川军队军纪不严，唐肃宗认为崔光远驭下无方，将其罢免，改任高适担任成都尹、剑南西川节度使。代宗即位后，吐蕃为患，高适以西川军队在南部牵制吐蕃，但师出无功，被代宗罢免改任严武。高适长期在军中任职，其对边塞军旅生活有着很深的体验，故而他的边塞诗质朴奔放，雄健有力，后人把他和王之涣、王昌龄和岑参并称为“边塞四诗人”。

我们先看一篇高适早期写的《燕歌行》。这首七言歌行写于开元二十六年，从开元二十年信安王李祎征讨奚人和契丹人开始，唐朝一直与奚人、契丹人为敌，中经幽州节度使张守珪稍占上风，再到开元二十四年平卢节度使安禄山战败，再到开元二十六年乌知义再败，张守珪隐瞒败报，以胜利奏闻。高适就是有感于这两次战败而写下该诗，诗前有一序言，称：“开元二十六年，客有从御史大夫张公（即张守珪），出塞而还者，作《燕歌行》以示适。感征戍之事，因而和焉。”主文为：“汉家烟尘在东北，汉将辞家破残贼。男儿本自重横行，天子非常赐颜色。摐金伐鼓下榆关，旌旗逶迤碣石间。校尉羽书飞瀚海，单于猎火照狼山。山川萧条极边土，胡骑凭陵杂风雨。战士军前半死生，美人帐下犹歌舞。大漠穷秋塞草腓，孤城落日斗兵稀。身当恩遇恒轻敌，力尽关山未解围。铁衣远戍辛勤久，玉箸应啼别离后。少妇城南欲断肠，征人蓟北空回首。边庭飘飖哪可度，绝域苍茫更何有？杀气三时作阵云，寒声一夜传刁斗。相看白刃血纷纷，死节从来岂顾勋。君不见沙场征战苦，至今犹忆李将军。”该诗前八句写出师，次八句写战败，后八句写被围，最后四句写死斗。全诗笔力雄健，意境苍凉，寓意深刻，荡气回肠。这首诗不仅是高适边塞诗的上乘之作，也被誉为全唐诗边塞诗的压卷之作，被后世给予很高的评价。王夫之在《唐诗评选》中认为，该诗：“词浅意深，铺排中即为讽刺。此道自《三百篇》来，至唐而微，至宋而绝。”我们再看两首他描写边塞生活的边塞诗，《营州歌》：“营州少年厌原野，狐裘蒙茸猎城下。虏酒千钟不醉人，胡儿十岁能骑马。”《塞上听吹笛》：“雪净胡天牧马还，月明羌笛戍楼间。借问梅花何处落，风吹一夜满关山。”

除了边塞诗之外，高适还写了大量的送别诗，较为著名的有：《人日寄杜二拾遗（杜甫）》：“人日题诗寄草堂，遥怜故人思故乡。柳条弄色不忍见，梅花满枝空断肠。身在南蕃无所预，心怀百忧复千虑。今年人日空相忆，明年人日知何处？一卧东山三十春，岂知书剑老风尘。龙钟还忝二千石，愧尔东西南北人！”《赋得还山吟送沈四山人（即盛唐名士沈千运）》：“还山吟，天高日暮寒山深，送君还山识君心。人生老大须恣意，看君解作一生事。山间偃仰无不至，石泉淙淙若风雨，桂花松子常满地。卖药囊中应有钱，还山服药又长年。白云劝尽杯中物，明月相随何处眠？眠时忆问醒时事，梦魂可以相周旋。”《别董大》其一：“千里黄云白日曛，北风吹雁雪纷纷。莫愁前路无知己，天下谁人不识君！”

高适还有一首较为著名的感遇诗，《封丘作》：“我本渔樵孟诸野，一生自是悠悠者。乍可狂歌草泽中，宁堪作吏风尘下？只言小邑无所为，公门百事皆有期。拜迎长官心欲碎，鞭挞黎庶令人悲。归来向家问妻子，举家尽笑今如此。生事应须南亩田，世情尽付东流水。梦想旧山安在哉，为衔君命且迟回。乃知梅福徒为尔，转忆陶潜归去来。”

三九一　盛唐文学（三）

在边塞诗成就上与高适齐名的就是岑参，二人并称为“高岑”。

岑参，南阳人，天宝进士，曾随高仙芝、封常清到安西、北庭，后官至嘉州刺史，世称岑嘉州，他写的边塞诗有七十余首之多，为盛唐时期边塞诗数量最多、成就最高的诗人，因而这一诗派又称为高岑诗派。

岑参的边塞诗题材广泛，从各个方面反映了边塞奇异的生活场景，再现了边疆瑰丽的自然风光，充满了浓郁的生活气息，具有很强的艺术感染力，令人耳目一新。我们先看一首岑参著名的《白雪歌送武判官归京》：“北风卷地白草折，胡天八月即飞雪。忽如一夜春风来，千树万树梨花开。散入珠帘湿罗幕，狐裘不暖锦衾薄。将军角弓不得控，都护铁衣冷难着。瀚海阑干百丈冰，愁云惨淡万里凝。中军置酒饮归客，胡琴琵琶与羌笛。纷纷暮雪下辕门，风掣红旗冻不翻。轮台东门送君去，去时雪满天山路。山回路转不见君，雪上空留马行处。”再看三首送别诗《送李副使碛西官军》：“火山六月应更热，赤亭道口行人绝。知君惯度祁连城，岂能愁见轮台月。脱鞍暂入酒家垆，送君万里西击胡。功名只向马上取，真是英雄一丈夫！”《武威送刘判官赴碛西行军》：“火山五月行人少，看君马去疾如鸟。都护行营太白西，角声一动胡天晓。”《轮台歌奉送封大夫出师西征》，这一首是给封常清壮行的：“轮台城头夜吹角，轮台城北旄头落。羽书昨夜过渠黎，单于已在金山西。戍楼西望烟尘黑，汉兵屯在轮台北。上将拥旄西出征，平明吹笛大军行。四边伐鼓雪海涌，三军大呼阴山动。虏塞兵气连云屯，战场白骨缠草根。剑河风急雪片阔，沙口石冻马蹄脱。亚相勤王甘苦辛，誓将报主静边尘。古来青史谁不见，今见功名胜古人。”还有一首著名的《走马川行奉送出师西征》：“君不见走马川行雪海边，平沙莽莽黄入天。轮台九月风夜吼，一川碎石大如斗，随风满地石乱走。匈奴草黄马正肥，金山西见烟尘飞，汉家大将西出师。将军金甲夜不脱，半夜军行戈相拨，风头如刀面如割。马毛带雪汗气蒸，五花连钱旋作冰，幕中草檄砚水凝。虏骑闻之应胆慑，料知短兵不敢接，车师西门伫献捷。”当与上一首为同时所作。

岑参的边塞诗不仅写打仗，还写了很多反映边塞生活的诗，比如，《凉州馆中与诸判官夜集》：“弯弯月出挂城头，城头月出照梁州。凉州七里十万家，胡人半解弹琵琶。琵琶一曲肠堪断，风萧萧兮夜漫漫。河西幕中多故人，故人别来三五春。花门楼前见秋草，岂能贫贱相看老。一生大笑能几回，斗酒相逢须醉倒。”《碛中作》：“走马西来欲到天，辞家见月两回圆。今夜未知何处宿，平沙莽莽绝人烟。”

除了边塞诗之外，岑参还留下了不少其他题材的好诗，比如，《行军九日思长安故园》：“强欲登高去，无人送酒来。遥怜故园菊，应傍战场开。”《寄左省杜拾遗》：“联步趋丹陛，分曹限紫微。晓随天仗入，暮惹御香归。白发悲花落，青云羡鸟飞。圣朝无阙事，自觉谏书稀。”《逢入京使》：“故园东望路漫漫，双袖龙钟泪不干。马上相逢无纸笔，凭君传语报平安。”《山房春事二首》（其二）：“梁园日暮乱飞鸦，极目萧条三两家。庭树不知人去尽，春来还发旧时花。”《春梦》：“洞房昨夜春风起，遥忆美人湘江水。枕上片时春梦中，行尽江南数千里。”

除了高适和岑参，擅长写边塞诗的还有李颀、陶翰、王翰等人。李颀，生卒年不详，为开元进士，曾担任过新乡县尉，其所作以七言歌行最为有名。比较出名的有《古意》：“男儿事长征，少小幽燕客。赌胜马蹄下，由来轻七尺。杀人莫敢前，须如蝟毛磔。黄云陇底白云飞，未得报恩不得归。辽东小妇年十五，惯弹琵琶能歌舞。今为羌笛出塞声，使我三军泪如雨。”《古从军行》：“白日登山望烽火，黄昏饮马傍交河。行人刁斗风沙暗，公主琵琶幽怨多。野营万里无城郭，雨雪纷纷连大漠。胡雁哀鸣夜夜飞，胡儿眼泪双双落。闻道玉门犹被遮，应将性命逐轻车。年年战骨埋荒外，空见蒲桃入汉家。”

李颀写下的其他题材的诗歌也别具特色，比如，《听董大弹胡笳弄兼寄语房给事》：“蔡女昔造胡笳声，一弹一十有八拍。胡人落泪沾边草，汉使断肠对归客。古戍苍苍烽火寒，大荒沉沉飞雪白。先拂商弦后角羽，四郊秋叶惊摵摵。董夫子，通神明，深山窃听来妖精。言迟更速皆应手，将往复旋如有情。空山百鸟散还合，万里浮云阴且晴。嘶酸雏雁失群夜，断绝胡儿恋母声。川为净其波，鸟亦罢其鸣。乌孙部落家乡远，逻娑沙尘哀怨生。幽音变调忽飘洒，长风吹林雨堕瓦。迸泉飒飒飞木末，野鹿呦呦走堂下。长安城连东掖垣，凤凰池对青琐门。高才脱略名与利，日夕望君抱琴至。”《听安万善吹觱篥歌》：“南山截竹为觱篥，此乐本自龟兹出。流传汉地曲转奇，凉州胡人为我吹。旁邻闻者多叹息，远客思乡皆泪垂。世人解听不解赏，长飙风中自来往。枯桑老柏寒飕飗，九雏鸣凤乱啾啾。龙吟虎啸一时发，万籁百泉相与秋。忽然更作渔阳掺，黄云萧条白日暗。变调如闻杨柳春，上林繁花照眼新。岁夜高堂列明烛，美酒一杯声一曲。”《送魏万之京》：“朝闻游子唱离歌，昨夜微霜初渡河。鸿雁不堪愁里听，云山况是客中过。关城树色催寒近，御苑砧声向晚多。莫见长安行乐处，空令岁月易蹉跎。”

陶翰，生平亦不详，天宝中任大理评事、礼部员外郎。所作诗多为五言，其写的边塞诗风格苍劲悲壮，与高适、岑参、王之涣诗风相近。比较出名的有《古塞下曲》：“进军飞狐北，穷寇势将变。日落沙尘昏，背河更一战。骍马黄金勒，雕弓白羽箭。射杀左贤王，归奏未央殿。欲言塞下事，天子不召见。东出咸阳门，哀哀泪如霰。”《燕歌行》：“请君留楚调，听我吟燕歌。家在辽水头，边风意气多。出身为汉将，正值戎未和。雪中凌天山，冰上渡交河。大小百余战，封侯竟蹉跎。归来灞陵下，故旧无相过。雄剑委尘匣，空门垂雀罗。玉簪还赵女，宝瑟付齐娥。昔日不为乐，时哉今奈何。”

王翰，字子羽，晋阳人，唐睿宗景云进士，官至仙州别驾。他任侠使酒，恃才不羁，后被贬为道州司马。王翰虽然存诗不多，但他那首《凉州词》脍炙人口，千古传唱：“葡萄美酒夜光杯，欲饮琵琶马上催。醉卧沙场君莫笑，古来征战几人回。”

另外，多写隐逸生活的祖咏也写过很好的边塞诗。祖咏，洛阳人，开元进士，与王维、储光羲是好友，他有一首《望蓟门》的边塞诗较为出名。诗称：“燕台一去客心惊，笳鼓喧喧汉将营。万里寒光生积雪，三边曙色动危旌。沙场烽火连胡月，海畔云山拥蓟城。少小虽非投笔吏，论功还欲请长缨！”

崔颢，汴州人，开元进士，他才思敏捷，但品行为世人所诟病，主要是因为他嗜酒贪色，喜欢赌博，娶妻专看脸蛋，婚后又离，以致离了三四次婚。他早年诗歌浮艳，中年后经过人生磨砺，诗风大变，雄浑自然，至今人们津津乐道的是他那首千古名诗《黄鹤楼》："昔人已乘黄鹤去，此地空余黄鹤楼。黄鹤一去不复返，白云千载空悠悠。晴川历历汉阳树，芳草萋萋鹦鹉洲。日暮乡关何处是，烟波江上使人愁。"据说，后来李白登上黄鹤楼之后，本来想赋诗一首，但看到崔颢的这首之后，就不再写了，说道："眼前有景道不得，崔颢题诗在上头。"《沧浪诗话》高度赞誉此诗称："唐人七言律诗，当以崔颢《黄鹤楼》为第一。"除了这首我们耳熟能详的《黄鹤楼》外，崔颢还写了一些边塞诗，著名的有：《辽西作》："燕郊芳岁晚，残雪冻边城。四月青草合，辽阳春水生。胡人正牧马，汉将日征兵。露重宝刀湿，沙虚金鼓鸣。寒衣著已尽，春服与谁成。寄语洛阳使，为传边塞情。"

三九二　盛唐文学（四）

说完了边塞诗，我们回过头来再说盛唐早期的另外一位大诗人、田园诗的代表人物之一——孟浩然。

近代学者闻一多对孟浩然给予了很高的评价，他认为，在盛唐诗坛之上，孟浩然和王昌龄二人是“个性最为显著”的两个作家。

孟浩然，字浩然，襄州襄阳人。史称，他“少好节义，喜振人患难，隐鹿门山”。直到四十岁才去长安游历，在太学赋诗，震惊四座，深得张九龄、王维的称道。据《唐摭言》记载：一次，王维请孟浩然到家里做客，正巧唐玄宗也来了，孟浩然赶忙藏在床下。唐玄宗见王维神色慌张，就问是怎么回事，王维只好据实回答。唐玄宗高兴地说：“朕听说过此人，没有机会见面，为何害怕藏起来呀？”命孟浩然出来。唐玄宗让他赋诗一首，孟浩然就诵出了那首《岁暮归南山》的诗：“北阙休上书，南山归敝庐。不才明主弃，多病故人疏。白发催人老，青阳逼岁除。永怀愁不寐，松月夜窗墟。”当唐玄宗听到“不才明主弃”后，很不高兴，说道：“是你不求官，朕并未不要你啊，为何要污蔑我呢？”遂将其放回老家。还有一次，采访使韩朝宗和孟浩然约定好了一起去长安，将他向朝廷推荐。正巧，遇到一位老朋友到孟浩然家里做客，二人喝得酩酊大醉。家人在一旁提醒他说：“你已经与韩大人约定好了的啊！”孟浩然呵斥道：“已经喝起来了，还管得了其他！”韩朝宗大怒，遂起身进京而去，但孟浩然也毫不后悔。张九龄被贬为荆州刺史时，将孟浩然征辟为幕僚，张九龄离任后，孟浩然又在家闲居。开元末年因病去世。后来，王维路过荆州时，在刺史亭上画了一幅孟浩然的像，世称为浩然亭，后改为孟亭。孟浩然是盛唐著名的田园诗人，与王维齐名，世称为“王孟”，他们开创的诗派又称为王孟诗派。因他是襄阳人，故又称之为孟襄阳。

孟浩然存诗267首，其中五言古诗63首，七言古诗6首，五言律诗130首，七言律诗4首，五言排律37首，五言绝句19首，七言绝句8首。他主张写诗要文从字顺，追求自然之美，而不必受到近体格律的限制，因此，他的很多诗都不是严格合律的近体诗。

孟浩然的诗绝大部分为五言短篇，多写山水田园和隐居的逸兴以及羁旅行役的心情。孟诗不事雕饰，善于发掘自然之美，即景会心，在写景状物的过程中，更注重融入诗人的情感。孟诗语言，“语淡而味终不薄”（沈德潜《唐诗别裁集》），在白描之中见功夫，表现出极高的艺术功力，像他的名篇《过故人庄》和《春晓》，都是浑然天成之作。

下面我们就欣赏一下孟浩然的这些名诗。《秋登万山寄张五》：“北山白云里，隐者自怡悦。相望始登高，心随雁飞灭。愁因薄暮起，兴是清秋发。时见归村人，平沙渡头歇。天边树若荠，江畔舟如月。何当载酒来，共醉重阳节。”《夏日南亭怀辛大》：“山光忽西落，池月渐东上。散发乘夕凉，开轩卧闲敞。荷风送香气，竹露滴清响。欲取鸣琴弹，恨无知音赏。感此怀故人，终宵劳梦想。”《彭蠡湖中望庐山》：“太虚生月晕，舟子知天风。挂席候明发，眇漫平湖中。中流见匡阜，势压九江雄。黯黮凝黛色，峥嵘当曙空。香炉初上日，瀑水喷成虹。久欲追尚子，况兹怀远公。我来限于役，未暇息微躬。淮海途将半，星霜岁欲穷。寄言岩栖者，毕趣当来同。”《夜归鹿门山歌》：“山寺钟鸣昼已昏，渔梁渡头争渡喧。人随沙路向江村，余亦乘舟归鹿门。鹿门月照开烟树，忽到庞公栖隐处。岩扉松径长寂寥，惟有幽人自来去。”《临洞庭湖赠张丞相》：“八月湖水平，涵虚混太清。气蒸云梦泽，波撼岳阳城。欲济无舟楫，端居耻圣明。坐观垂钓者，徒有羡鱼情。”《秦中感秋寄远上人》：“一丘尝欲卧，三径苦无资。北土非我愿，东林怀我师。黄金燃桂尽，壮志逐年衰。日夕凉风至，闻蝉但益悲。”《宿桐庐江寄广陵旧游》：“山暝听猿愁，沧江急夜流。风鸣两岸叶，月照一孤舟。建德非吾土，维扬忆旧游。还将两行泪，遥寄海西头。”《早寒有怀》：“木落雁南渡，北风江上寒。我家襄水曲，遥隔楚云端。乡泪客中尽，孤帆天际看。迷津欲有问，平海夕漫漫。”《留别王维》：“寂寂竟何待？朝朝空自归。欲寻芳草去，惜与故人违。当路谁相假？知音世所稀。只应守寂寞，还掩故园扉。”《与诸子登岘山》：“人事有代谢，往来成古今。江山留胜迹，我辈复登临。水落鱼梁浅，天寒梦泽深。羊公碑字在，读罢泪沾襟。”《题义公禅房》：“义公习禅寂，结宇依空林。户外一峰秀，阶前众壑深。夕阳连雨足，空翠落庭阴。看取莲花净，方知不染心。”《晚泊浔阳望庐山》：“挂席几千里，名山都未逢。泊舟浔阳郭，始见香炉峰。尝读远公传，永怀尘外踪。东林精舍近，日暮空闻钟。”《过故人庄》：“故人具鸡黍，邀我至田家。绿树村边合，青山郭外斜。开轩面场圃，把酒话桑麻。待到重阳日，还来就菊花。”《舟中晓望》：“挂席东南望，青山水国遥。舳舻争利涉，来往接风潮。问我今何适，天台访石桥。坐看霞色晓，疑是赤城标。”《春晓》：“春眠不觉晓，处处闻啼鸟。夜来风雨声，花落知多少。”《宿建德江》：“移舟泊烟渚，日暮客愁新。野旷天低树，江清月近人。”

与孟浩然齐名的就是王维。

王维，字摩诘。原籍太原祁人，其父迁居蒲州（今山西省永济市）。开元进士，为太乐丞，张九龄当宰相时，被提拔为右拾遗，到开元末年晋升为给事中。安禄山叛乱，王维落入叛军手中，被任命为给事中。唐肃宗收复两京后，王维下狱，经其弟王缙（后官至宰相）的解救，唐肃宗将王维释放出来，任命为太子中允，后逐渐晋升为尚书右丞。王维不仅诗写得好，而且，草书和隶书也写得好，还擅长绘画，兼通音乐，在当时就负有盛名。王维兄弟笃信佛教，看到动荡的时局，中年以后，渐趋消沉，丧妻以后，三十年未娶，他在辋川有座别墅，整日与好友裴迪在此作诗酬和，过着亦官亦隐的生活。

王维大多数诗是山水田园之作，他的写景诗篇常用五律和五绝的形式，篇幅短小，语言精美，音节较为舒缓。比较著名的山水诗大致有：

《青溪》：“言入黄花川，每逐清溪水。随山将万转，趣途无百里。声喧乱石中，色静深松里。漾漾泛菱荇，澄澄映葭苇。我心素已闲，清川澹如此。请留盘石上，垂钓将已矣。”《渭川田家》：“斜光照墟落，穷巷牛羊归。野老念牧童，倚杖候荆扉。雉雊麦苗秀，蚕眠桑叶稀。田夫荷锄至，相见语依依。即此羡闲逸，怅然吟式微。”《辋川闲居赠裴秀才迪》：“寒山转苍翠，秋水日潺湲。倚杖柴门外，临风听暮蝉。渡头余落日，墟里上孤烟。复值接舆醉，狂歌五柳前。”《酬张少府》：“晚年惟好静，万事不关心。自顾无长策，空知返旧林。松风吹解带，山月照弹琴。君问穷通理，渔歌入浦深。”《过香积寺》：“不知香积寺，数里入云峰。古木无人径，深山何处钟。泉声咽危石，日色冷青松。薄暮空潭曲，安禅制毒龙。”《山居秋暝》：“空山新雨后，天气晚来秋。明月松间照，清泉石上流。竹喧归浣女，莲动下渔舟。随意春芳歇，王孙自可留。”《终南别业》：“中岁颇好道，晚家南山陲。兴来每独往，胜事空自知。行到水穷处，坐看云起时。偶然值林叟，谈笑无还期。”《终南山》：“太乙近天都，连山接海隅。白云回望合，青霭入看无。分野中峰变，阴晴众壑殊。欲投人处宿，隔水问樵夫。”《鹿柴》：“空山不见人，但闻人语响。返景入深林，复照青苔上。”《竹里馆》：“独坐幽篁里，弹琴复长啸。深林人不知，明月来相照。”《鸟鸣涧》：“人闲桂花落，夜静春山空。月出惊山鸟，时鸣春涧中。”《山中》：“荆溪白石出，天寒红叶稀。山路元无雨，空翠湿人衣。”《积雨辋川庄作》：“积雨空林烟火迟，蒸藜炊黍饷东菑。漠漠水田飞白鹭，阴阴夏木啭黄鹂。山中习静观朝槿，松下清斋折露葵。野老与人争席罢，海鸥何事更相疑？”

除了山水诗之外，王维还写了很多其他题材的诗，不少也非常有名。比如，《送元二使安西》：“渭城朝雨浥轻尘，客舍青青柳色新。劝君更尽一杯酒，西出阳关无故人。”《相思》：“红豆生南国，春来发几枝。愿君多采撷，此物最相思。”《送沈子福归江东》：“杨柳渡头行客稀，罟师荡桨向临圻。惟有相思似春色，江南江北送君归。”《观猎》：“风劲角弓鸣，将军猎渭城。草枯鹰眼疾，雪尽马蹄轻。忽过新丰市，还归细柳营。回看射雕处，千里暮云平。”《使至塞上》：“单车欲问边，属国过居延。征蓬出汉塞，归雁入胡天。大漠孤烟直，长河落日圆。萧关逢候骑，都护在燕然。”《出塞作》：“居延城外猎天骄，白草连天野火烧。暮云空碛时驱马，秋日平原好射雕。护羌校尉朝乘障，破虏将军夜渡辽。玉靶角弓珠勒马，汉家将赐霍嫖姚。”《山中送别》：“山中相送罢，日暮掩柴扉。春草明年绿，王孙归不归？”《杂诗》其二：“君自故乡来，应知故乡事。来日绮窗前，寒梅著花未？”《九月九日忆山东兄弟》：“独在异乡为异客，每逢佳节倍思亲。遥知兄弟登高处，遍插茱萸少一人。”

其他山水田园诗人，成就及不上王孟，留下作品也不多，较为出色的诗作有：储光羲《钓鱼湾》：“垂钓绿湾春，春深可花乱。潭清疑水浅，荷动知鱼散。日暮待情人，维舟绿杨岸。”常建《题破山寺后禅院》：“清晨入古寺，初日照高林。曲径通幽处，禅房花木深。山光悦鸟性，潭影空人心。万籁此都寂，唯余钟磬音。”祖咏《终南山积雪》：“终南阴岭秀，积雪浮云端。林表明霁色，城中增暮寒。”裴迪《华子岗》：“日落松风起，还家草露晞。云光侵履迹，山翠拂人衣。”刘昚虚《暮秋扬子江寄孟浩然》：“木叶纷纷下，东南日烟霜。林山相晚暮，天海空青苍。暝色况复久，秋声亦何长。孤舟兼微月，独夜仍越乡。寒笛对京口，故人在襄阳。咏思劳今夕，江汉遥相望。”张子容《泛水嘉江日暮回舟》：“无云天欲暮，轻鹢大江清。归路烟中远，回舟月上行。傍潭窥竹暗，出屿见沙明。更值微风起，乘流丝管声。”

三九三　盛唐文学（五）

后人有种说法："李白是天才，杜甫是地才，王维是人才。"我们说完了人才王维，就轮到天才李白和地才杜甫了。

如果说唐朝诗人群体各人都有各自的特色，比作一条条涓涓细流的话，那么李白和杜甫就是汪洋恣肆、滔滔不绝的长江和黄河了。

李白，字太白，号青莲居士，生于公元701年，死于公元762年。《新唐书》称，他祖籍陇西成纪（今甘肃省秦安县东），《旧唐书》说他是山东人（指关东人）。《新唐书》称隋朝末年其先人因犯罪被流放到西域，神龙初年逃回，客居巴西（今四川省阆中市）。据郭沫若考证，称李白家流落到碎叶城（今吉尔吉斯斯坦托克马克城），李白就出生在此地，此说已基本上被学术界接受。到李白五岁时，其父迁至绵州昌隆（今四川省江油市）清廉乡。史称，李白出生时，其母梦见太白星，遂以此作为他的名字。

《防御揽胜》称，李白年少时曾在眉州象耳山中读书，还未学成就想放弃下山了，经过一条小溪，看见一位老太太在磨一根大铁棒，李白问干什么用，老太太回答要磨成针。李白顿时明白了勤学的道理，就返回山中继续学习，最终学成。《开元天宝遗事》称，李白年少时，曾梦见自己的笔头上生出鲜花。《唐诗纪事》记载，李白年少时，曾在本县当小吏，一天赶着牛经过县令家正堂前，县令老婆看见后大怒，李白赶忙赋诗道歉道："素面倚栏钩，娇声出外头。若非是织女，何必问牵牛？"

当时的李白兴趣广泛，不久就辞职而去。他喜欢纵横术［《唐诗纪事》引杨天惠《彰明逸事》"隐居戴天大匡山（今四川省江油市大康镇西北），往来旁郡，依潼江赵征君蕤。亦节士，任侠有气，善为纵横学，著书号《长短经》，太白从学岁余。”]，喜欢剑术，（《上韩荆州书》“十五好剑术”、《五月东鲁行答汶上翁》“顾余不及仕，学剑来山东。”），仰慕古代的侠客和义士，对高风亮节的鲁仲连非常敬仰，（《古风其十》“齐有倜傥生，鲁连特高妙。明月出海底，一朝开光曜。”），他还喜欢修道和神仙术（《上安州裴长史书》“又昔与逸人东岩子隐于岷山之阳。白巢居数年，不迹城市，养奇禽千计，呼皆就掌取食，了无惊猜。广汉太守闻而异之，诣庐亲睹，因举二人以有道，并不起，此则白养高忘机不屈之迹也。”《感兴八首》其五：“十五游神仙，仙游未曾歇。”《访戴天山道士不遇》：“犬吠水声中，桃花带雨浓。树深时见鹿，溪午不闻钟。野竹分青霭，飞泉挂碧峰。无人知所去，愁倚两三松。”）。

当时，他拜见了被贬为益州长史的苏珽，许国公苏珽就是与燕国公张说齐名，号称“燕许大手笔”的大人物，当苏珽见过少年李白和他写的诗文后，不禁赞叹道：“这年轻人是个天才，稍微再读些书，可以与司马相如相比。”李白又去拜见了另一位名气很大的文士、渝州刺史（今重庆市）李邕，但没有得到李邕的赏识，这令李白很是不快，他直呼其名，写了一首《上李邕》：“大鹏一日同风起，抟摇直上九万里。假令风歇时下来，犹能簸却沧溟水。世人见我恒殊调，见余大言皆冷笑。宣父犹能畏后生，丈夫未可轻年少！”以示不满。

李白家非常有钱，这也让他能够四处游历。开元十二年（公元724年），二十四岁的李白离开四川，开始闯荡天下。他乘船顺流而下，离别时，李白动情地写下《峨眉山月歌》：“峨眉山月半轮秋，影入平羌江水流。夜发清溪向三峡，思君不见下渝州。”过了三峡，李白先是到了荆门，在这里，他写下了《渡荆门送别》：“渡远荆门外，来从楚国游。山随平野尽，江入大荒流。月下飞天镜，云生结海楼。仍怜故乡水，万里送行舟。”他还写下了《秋下荆门》：“霜落荆门江树空，布帆无恙挂秋风。此行不为鲈鱼鲙，自爱名山入剡中。”表达了此行要去东南游历名山的愿望，而后他游览了庐山，写下了著名的《望庐山瀑布》其二：“日照香炉生紫烟，遥看瀑布挂前川。飞流直下三千尺，疑是银河落九天！”在他途经安徽当涂县时，眺望巍峨的天门山，写下了《望天门山》：“天门中断楚江开，碧水东流至此回。两岸青山相对出，孤帆一片日边来。”

一路走来，李白到了金陵（今江苏省南京市），体会到了江南的风情。在这里，他仿照江南乐府写下了《长干行》其一：“妾发初覆额，折花门前剧。郎骑竹马来，绕床弄青梅。同居长干里，两小无嫌猜。十四为君妇，羞颜未尝开。

低头向暗壁，千唤不一回。十五始展眉，愿同尘与灰。常存抱柱信，岂上望夫台。十六君远行，瞿塘滟滪堆。五月不可触，猿声天上哀。门前迟行迹，一一生绿苔。苔深不能扫，落叶秋风早。八月蝴蝶来，双飞西园草。感此伤妾心，坐愁红颜老。早晚下三巴，预将书报家。相迎不道远，直至长风沙。”大约也是在这里，他遇见了一位美貌的歌姬金陵子，写下《示金陵子》：“金陵城东谁家子，窃听琴声碧窗里。落花一片天上来，随人直度西江水。楚歌吴语娇不成，似能未能最有情。谢公正要东山妓，携手林泉处处行。”《出妓金陵子呈卢六四首》其一：“安石东山三十春，傲然携妓出风尘。楼中见我金陵子，何似阳台云雨人？”其四：“小妓金陵歌楚声，家僮丹砂学凤鸣。我亦为君饮清酒，君心不肯向人倾。”他还写下了怀古之作《金陵城西楼月下吟》：“金陵夜寂凉风发，独上高楼望吴越。白云映水摇空城，白露垂珠滴秋月。月下沉吟久不归，古来相接眼中稀。解道澄江净如练，令人长忆谢玄晖。”

离别金陵前往扬州时，他写下了《金陵酒肆留别》：“风吹柳花满店香，吴姬压酒劝客尝。金陵子弟来相送，欲行不行各尽觞。请君试问东流水，别意与之谁短长？”李白很快就到了纸醉金迷的扬州，在这里，李白不到一年就花了三十万钱（《上安州裴长史书》：“曩昔东游维扬，不逾一年，散金三十余万，有落魄公子，悉皆济之。此则是白之轻财好施也。”），然后，他又前往倾心已久的越中一带游历，感受不同的地域风情。其间，他写下了大量久负盛名的诗歌，在苏州，他写下了《乌栖曲》：“姑苏台上乌栖时，吴王宫里醉西施。吴歌楚舞欢未毕，青山欲衔半边日。银箭金壶漏水多，起看秋月坠江波。东方渐高奈乐何！”在越中（今浙江省绍兴市），他写下了《越中览古》：“越王勾践破吴归，战士还家尽锦衣。宫女如花满春殿，只今惟有鹧鸪飞。”在此期间，他还写下了《越女词五首》其二：“吴儿多白皙，好为荡舟剧。卖眼掷春心，折花调行客。”

在东南玩了三年，李白囊中的钱也花完了，又得了病（《淮南卧病抒怀寄蜀中赵征君蕤》：“吴会一浮云，飘如远行客。功业莫从就，岁光屡奔追。良图俄弃捐，衰疾乃绵剧。古琴藏虚匣，长剑空挂壁。楚怀奏钟仪，越吟比庄舄。国门遥天外，乡路远山隔。朝忆相如台，夜梦子云宅。”），只好动身西返。开元十五年（公元727年），他乘船从吴越西归路过安徽当涂县的牛渚，夜里写下《夜泊牛渚怀古》：“牛渚西江夜，青天无片云。登舟望秋月，空忆谢将军。余亦能高咏，斯人不可闻。明朝挂帆席，枫叶落纷纷。”途中，他想起了司马相如曾经大为夸赞的云梦泽，遂去游玩，看完之后，他就打消了回家的念头，跑到安陆（今湖北省安陆市）附近的碧山隐居起来了。是什么留住了李白的脚步？是婚姻。在这里，他结识了前宰相许圉师家，年已二十七岁的他当了许家的倒插门孙女婿（《上安州裴长史书》“许相公家见招，妻以孙女，便憩迹于此，至移三霜。”）。就这样，在安陆，李白平静地生活了整整十年，用他自己的话说是“酒隐安陆，蹉跎十年”。也许就是这时，他想到了故乡，写下了《静夜思》：“床前明月光，疑是地上霜。举头望明月，低头思故乡。”在安陆，他写下了《山中问答》：“问余何意栖碧山，笑而不答心自闲。桃花流水窅然去，别有天地非人间。”也写下了著名的《春夜宴从弟桃花园序》：“夫天地者，万物之逆旅也；光阴者，百代之过客也，而浮生若梦，为欢几何？古人秉烛夜游，良有以也。况阳春召我以烟景，大块假我以文章。会桃李之芳园，序天伦之乐事。群季俊秀，皆为惠连；吾人咏歌，独惭康乐。幽赏未已，高谈转清。开琼筵以坐花，飞羽觞而醉月。不有佳咏，何伸雅怀？如诗不成，罚依金谷酒数。”在这里，许夫人为李白生下了一个女儿，取名李平阳。在这里，李白也结交了田园诗人孟浩然，写下《赠孟浩然》：“吾爱孟夫子，风流天下闻。红颜弃轩冕，白首卧松云。醉月频中圣，迷花不事君。高山安可仰，徒此挹清芬。”当孟浩然要去广陵时，李白写下了《黄鹤楼送孟浩然之广陵》：“故人西辞黄鹤楼，烟花三月下扬州。孤帆远影碧空尽，唯见长江天际流。”

在安陆生活三年后，一场不大不小的风波让李白决意西入长安，求得一个一官半职。这场风波来自新任安州裴长史，这位裴长史对已是安陆名人的李白就是看不惯，指斥李白家世不清、行为不轨、才能不高，让李白无地自容，他在写了一篇《上安州裴长史书》（一说此文写于天宝十二载）之后，即踏上了第一次前往长安的路途。

三九四　盛唐文学（六）

开元十八年（公元730年），李白第一次来到了长安。

途中，他经过南阳，写下《南都行》："南都信佳丽，武阙横西关。白水真人居，万商罗鄽阛。高楼对紫陌，甲第连青山。此地多英豪，邈然不可攀。陶朱与五羖，名播天壤间。丽华秀玉色，汉女娇朱颜。清歌遏流云，艳舞有余闲。遨游盛宛洛，冠盖随风还。走马红阳城，呼鹰白河湾。谁识卧龙客，长吟愁鬓斑。"

来到长安后，李白"历抵卿相"（《上韩荆州书》），主要是拜访宰相张说，但张说有病不见，李白大约只见到了张说的儿子张洎；李白又想到了去结识唐玄宗最宠爱的妹妹玉真公主，写下了《玉真仙人词》等，被安排在了玉真公主的别馆，但李白求仕的愿望一直未能达成，这令他郁郁寡欢，前往邠州散心。写下了《登新平楼》："去国登兹楼，怀归伤暮秋。天长落日远，水净寒波流。秦云起岭树，胡雁飞沙洲。苍苍几万里，目极令人愁。"等诗，返回长安后，因干谒无门，在长安过着百无聊赖的生活，期间，李白写下了《下终南山过斛斯山人宿置酒》："暮从碧山下，山月随人归。却顾所来径，苍苍横翠微。相携及田家，童稚开荆扉。绿竹入幽径，青萝拂行衣。欢言得所憩，美酒聊共挥。长歌吟松风，曲尽河星稀。我醉君复乐，陶然共忘机。"《子夜吴歌》之一："长安一片月，万户捣衣声。秋风吹不尽，总是玉关情。何日平胡虏，良人罢远征。"《乌夜啼》："黄云城边乌欲栖，归飞哑哑枝上啼。机中织锦秦川女，碧纱如烟隔窗语。停梭怅然忆远人，独宿孤房泪如雨。"《春思》："燕草如碧丝，秦桑低绿枝。当君怀归日，是妾断肠时。春风不相识，何事入罗帏？"《蜀道难》："噫吁嚱，危乎高哉！蜀道之难，难于上青天！蚕丛及鱼凫，开国何茫然！尔来四万八千岁，不与秦塞通人烟。西当太白有鸟道，可以横绝峨眉巅。地崩山摧壮士死，然后天梯石栈相钩连。上有六龙回日之高标，下有冲波逆折之回川。黄鹤之飞尚不得过，猿猱欲度愁攀援。青泥何盘盘，百步九折萦岩峦。扪参历井仰胁息，以手抚膺坐长叹。问君西游何时还？畏途巉岩不可攀。但见悲鸟号古木，雄飞雌从绕林间。又闻子规啼夜月，愁空山。蜀道之难，难于上青天，使人听此凋朱颜！连峰去天不盈尺，枯松倒挂倚绝壁。飞湍瀑流争喧豗，砯崖转石万壑雷。其险也如此，嗟尔远道之人胡为乎来哉！剑阁峥嵘而崔嵬，一夫当关，万夫莫开。所守或匪亲，化为狼与豺。朝避猛虎，夕避长蛇；磨牙吮血，杀人如麻。锦城虽云乐，不如早还家。蜀道之难，难于上青天，侧身西望长咨嗟！”《登太白峰》：“西上太白峰，夕阳穷登攀。太白与我语，为我开天关。愿乘泠风去，直出浮云间。举手可近月，前行若无山。一别武功去，何时复更还。”《长相思》：“长相思，在长安。络纬秋啼金井栏，微霜凄凄簟色寒。孤灯不明思欲绝，卷帘望月空长叹，美人如花隔云端。上有青冥之长天，下有绿水之波澜。天长路远魂飞苦，梦魂不到关山难。长相思，摧心肝！”李白还写下了词《忆秦娥》：“箫声咽，秦娥梦断秦楼月。秦楼月，年年柳色，灞陵伤别。乐游原上清秋节，咸阳古道音尘绝。音尘绝，西风残照，汉家陵阙。”《菩萨蛮》：“平林漠漠烟如织，寒山一带伤心碧。暝色入高楼，有人楼上愁。玉阶空伫立，宿鸟归飞急。何处是归程？长亭连短亭。”

失望的李白于开元十九年黯然离开长安，前往汴州、商丘、嵩山、洛阳游历，留下了《梁园吟》《秋夜宿龙门香山寺》及《行路难》，《行路难》其一：“金樽清酒斗十千，玉盘珍馐直万钱。停杯投箸不能食，拔剑四顾心茫然。欲渡黄河冰塞川，将登太行雪满山。闲来垂钓碧溪上，忽复乘舟梦日边。行路难！行路难！多歧路，今安在？长风破浪会有时，直挂云帆济沧海。”其二：“大道如青天，我独不得出。羞逐长安社中儿，赤鸡白雉赌梨栗。弹剑作歌奏苦声，曳裾王门不称情。淮阴市井笑韩信，汉朝公卿忌贾生。君不见昔时燕家重郭隗，拥篲折节无嫌猜。剧辛乐毅感恩分，输肝剖胆效英才。昭王白骨萦蔓草，谁人更扫黄金台？行路难，归去来！”其三：“有耳莫洗颍川水，有口莫食首阳蕨。含光混世贵无名，何用孤高比云月？吾观自古贤达人，功成不退皆殒身。子胥既弃吴江上，屈原终投湘水滨。陆机雄才岂自保？李斯税驾苦不早。华亭鹤唳讵可闻？上蔡苍鹰何足道？君不见吴中张翰称达生，秋风忽忆江东行。且乐生前一杯酒，何须身后千载名！”

开元二十年，时年三十二岁的李白在外游历三年后，在仕途上一无所获，在洛阳他写下了《春夜洛城闻笛》：“谁家玉笛暗飞声，散入春风满洛城。此夜曲中闻折柳，何人不起故园情。”顿生思乡之情，遂动身返回安陆。在途经南阳时，他写下了《游南阳白水登石激作》：“朝涉白水源，暂与人俗疏。岛屿佳境色，江天涵清虚。目送去海云，心闲游川鱼。长歌尽落日，乘月归田庐。”表达了他回乡闲居的心情。回到安陆的李白，心态再次发生了变化，他写下了《春日醉起言志》以表达浮生若梦的感慨：“处世若大梦，胡为劳其生？所以终日醉，颓然卧前楹。觉来眄庭前，一鸟花间鸣。借问此何时，春风语流莺。感知与叹息，对酒还自倾。浩歌待明月，曲尽已忘情。”在此期间，他还游历了襄阳和江夏，写下《襄阳歌》《大堤曲》《江上吟》《江夏别宋之悌》等诗。

开元二十三年，在家三年的李白应朋友之邀前往太原。据《李翰林别集序》称，在此李白结识了尚未成名的郭子仪，并救了犯错的郭子仪。又《学圃萱苏》引乐史李白序也称：“郭子仪初在行伍，李白客并州，于哥舒翰帐中见之曰：‘此壮士也，目光如火炯人，不十年当拥节旄，屡脱其刑责。’翰因署为牙门将。后子仪定安史乱，历诸道节度，及永王璘败，事干李白，子仪请以官赎翰林，上许之，因而免诛。”从太原回来的李白回到安陆，依然过着不得意的生活，整日醉酒。《月下独酌》就是当时他的真实写照：“花间一壶酒，独酌无相亲。举杯邀明月，对影成三人。月既不解饮，影徒随我身。暂伴月将影，行乐须及春。我歌月徘徊，我舞影零乱。醒时同交欢，醉后各分散。永结无情游，相期邈云汉。”这种状态的他对妻子也有些许的愧疚，他在给许夫人写的《赠内》诗中不无愧疚地说：“三百六十日，日日醉如泥。虽为李白妇，何异太常妻。”当然，李白并未忘情仕途，他给山南东道采访使韩朝宗写了《上韩荆州书》，希望韩朝宗能够推荐自己，但仍然无果。期间，许夫人又给李白生了一个儿子，取名李伯禽。

据《李翰林集序》记载：“白始娶于许，生一女，一男曰明月奴。女既嫁而卒。又合于刘，刘诀。次合于鲁一妇人，生子曰颇黎。终娶于宋（宗）。”也就是说，李白一生娶妻四人，不知什么原因，大约在开元二十七年，李白举家迁往了任丘。《本事诗》和《新唐书》称，李白移居任城后，经常与孔巢父、韩准、裴政、张叔明、陶沔住在徂徕山上，每天都喝得大醉，号称“竹溪六逸”。在此期间，李白又曾游历杭州等地，也写下了《鲁东门泛舟二首》《嘲鲁儒》《客中作》等大量诗篇。开元二十八年许夫人去世，李白继娶刘氏，不久二人离婚，此后，又与当地一女结合，生下儿子李颇黎。

天宝元年，经玉真公主等人的举荐，时年四十二岁的李白再次赴京，他写下《南陵别儿童入京》："白酒新熟山中归，黄鸡啄黍秋正肥。呼童烹鸡酌白酒，儿女嬉笑牵人衣。高歌取醉欲自慰，起舞落日争光辉。游说万乘苦不早，著鞭跨马涉远道。会稽愚妇轻买臣，余亦辞家西入秦。仰天大笑出门去，我辈岂是蓬蒿人！"在京师，与贺知章相逢（一说是李白第一次入京时相见），当贺知章看到李白所写的《蜀道难》等诗后，惊呼李白为谪仙人。此次，唐玄宗也对李白刮目相看，给李白赐宴，并亲自给他调羹，任命其为翰林学士。在此期间，李白结识了很多士人，也游历了长安附近很多地方，写了大量诗歌，较为著名的有：《清平调三首》，其一："云想衣裳花想容，春风拂槛露华浓。若非群玉山头见，会向瑶台月下逢。"其二："一枝红艳露凝香，云雨巫山枉断肠。借问汉宫谁得似，可怜飞燕倚新妆。"其三："名花倾国两相欢，长得君王带笑看。解释春风无限恨，沉香亭北倚阑干。"《塞下曲》其一："五月天山雪，无花只有寒。笛中闻折柳，春色未曾看。晓战随金鼓，宵眠抱玉鞍。愿将腰下剑，直为斩楼兰。"《玉阶怨》："玉阶生白露，夜久侵罗袜。却下水晶帘，玲珑望秋月。"《忆东山》："不向东山久，蔷薇几度花。白云还自散，明月落谁家？"

史称："帝爱其才，数宴见。白尝侍帝，醉，使高力士脱靴。力士素贵，耻之，擿其诗以激杨贵妃，帝欲官白，妃辄沮止。白自知不为亲近所容，益骜放不自修，与知章、李适之、汝阳王琎、崔宗之、苏晋、张旭、焦遂为'酒八仙人'。恳求还山，帝赐金放还。"《青琐高议》记载，一次，李白骑驴经过华阴，因醉闯入县衙，县官正在判案，不禁大怒。李白说："且请我说明我的身份。"也不写名字，只写道："曾得龙巾试唾，御手调羹，力士抹靴，贵妃捧砚。天子门前尚容我走马，华阴县里不许我骑驴？"县令大惊，连忙起身拜谒。

天宝三载，李白离京游历于梁宋之间，也就是在此时，四十五岁的李白与比他小十一岁的杜甫在洛阳相识了，此后数年二人多次交往，相互酬答，结下了终生的友谊。天宝五载，时年四十七岁的李白游历梁园（今河南省商丘市），与前宰相宗楚客的孙女结婚，并在梁园安家，不久，就南下江淮、江南游历。

三九五　盛唐文学（七）

大约就在此时，李白写下了著名的《梦游天姥吟留别》。

“海客谈瀛洲，烟涛微茫信难求。越人语天姥，云霞明灭或可睹。天姥连天向天横，势拔五岳掩赤城。天台一万八千丈，对此欲倒东南倾。我欲因之梦吴越，一夜飞度镜湖月。湖月照我影，送我至剡溪。谢公宿处今尚在，渌水荡漾清猿啼。脚著谢公屐，身登青云梯。半壁见海日，空中闻天鸡。千岩万转路不定，迷花倚石忽已暝。熊咆龙吟殷岩泉，栗深林兮惊层巅。云青青兮欲雨，水澹澹兮生烟。列缺霹雳，丘峦崩摧。洞天石扉，訇然中开。青冥浩荡不见底，日月照耀金银台。霓为衣兮风为马，云之君兮纷纷而来下。虎鼓瑟兮鸾回车，仙之人兮列如麻。忽魂悸以魄动，恍惊起而长嗟。惟觉时之枕席，失向来之烟霞。世间行乐亦如此，古来万事东流水。别君去兮何时还？且放白鹿青崖间，须行即骑访名山。安能摧眉折腰事权贵，使我不得开心颜！”

在这次游历期间，李白再度来到了金陵，写下了《登金陵凤凰台》：“凤凰台上凤凰游，凤去台空江自流。吴宫花草埋幽径，晋代衣冠成古丘。三山半落青天外，一水中分白鹭洲。总为浮云能蔽日，长安不见使人愁！”也是在这里，他想起了家中的两个孩子，写下了《寄东鲁二稚子》，也大约在此前后，他听说王昌龄被贬为龙标尉而写下了《闻王昌龄左迁龙标遥有此寄》：“扬州花落子规啼，闻道龙标过五溪。我寄愁心与明月，随风直到夜郎西！”写下了《答王十二寒夜独酌有怀》：“昨夜吴中雪，子猷佳兴发。万里浮云卷碧山，青天中道流孤月。孤月沧浪河汉清，北斗错落长庚明。怀余对酒夜霜白，玉床金井水峥嵘。人生飘忽百年内，且须酣畅万古情。君不能狸膏金距学斗鸡，坐令鼻息吹虹霓。君不能学哥舒横行青海夜带刀，西屠石堡取紫袍。吟诗作赋北窗里，万言不直一杯水。世人闻此皆掉头，有如东风射马耳。鱼目亦笑我，请与明月同。骅骝拳跼不能食，蹇驴得志鸣春风。折杨皇华合流俗，晋君听琴枉清角。巴人谁肯和阳春，楚地由来贱奇璞。黄金散尽交不成，白首为儒身被轻。一谈一笑失颜色，苍蝇贝锦喧谤声。曾参岂是杀人者，谗言三及慈母惊。与君论心握君手，荣辱于余亦何有。孔圣犹闻伤凤麟，董龙更是何鸡狗。一生傲岸苦不谐，恩疏媒劳志多乖。严陵高揖汉天子，何必长剑拄颐事玉阶。达亦不足贵，穷亦不足悲。韩信羞将绛灌比，祢衡耻逐屠沽儿。君不见李北海，英风豪气今何在。君不见裴尚书，土坟三尺蒿棘居。少年早欲五湖去，见此弥将钟鼎疏。"

天宝九载（公元750年），时年五十的李白接到元丹丘的邀请，遂动身从金陵前往嵩山，后中途返回任城家中，次年秋，动身前往嵩山，寻找元丹丘。听说元丹丘在南阳方城隐居，李白遂南下南阳。期间，李白写有《寻高凤石门山中元丹丘》《与元丹丘方城寺谈玄作》，后接到南阳友人岑勋邀请，三人相会，乐极而醉，李白也因之写下千古名诗《将进酒》："君不见黄河之水天上来，奔流到海不复回。君不见高堂明镜悲白发，朝如青丝暮成雪。人生得意须尽欢，莫使金樽空对月。天生我材必有用，千金散尽还复来。烹羊宰牛且为乐，会须一饮三百杯。岑夫子，丹丘生，将进酒，杯莫停。与君歌一曲，请君为我倾耳听。钟鼓馔玉不足贵，但愿长醉不复醒。古来圣贤皆寂寞，惟有饮者留其名。陈王昔时宴平乐，斗酒十千恣欢谑。主人何为言少钱，径须沽取对君酌。五花马，千金裘，呼儿将出换美酒，与尔同销万古愁！"《送友人》："青山横北郭，白水绕东城。此地一为别，孤蓬万里征。浮云游子意，落日故人情。挥手自兹去，萧萧班马鸣。"

天宝十载，范阳节度使安禄山派判官何昌浩来到叶县寻访李白，不遇，留下书信，李白得知后，遂动身北上幽州。一路经邯郸、饶阳等地，都留下了诗篇。次年，李白到达范阳，结识安禄山，写下《出自蓟北门行》《北风行》等，不久，李白即意识到安禄山的险恶，遂离开范阳取道山西南下，其后，接到堂弟宣城长史李昭的邀请，李白南下宣城。

天宝十二载，李白在宣城写下了《宣州谢朓楼饯别校书叔云》："弃我去者，昨日之日不可留；乱我心者，今日之日多烦忧。长风万里送秋雁，对此可以酣高楼。蓬莱文章建安骨，中间小谢又清发。俱怀逸兴壮思飞，欲上青天览明月。抽刀断水水更流，举杯销愁愁更愁。人生在世不称意，明朝散发弄扁舟。"

写下了《独坐敬亭山》："众鸟高飞尽，孤云独去闲。相看两不厌，只有敬亭山。"《听蜀僧睿弹琴》："苏僧抱绿绮，西下峨眉峰。为我一挥手，如听万壑松。客心洗流水，余响入霜钟。不觉碧山暮，秋云暗几重。"《秋浦歌》之十五："白发三千丈，缘愁似个长。不知明镜里，何处得秋霜。"《赠汪伦》："李白乘舟将欲行，忽闻岸上踏歌声。桃花潭水深千尺，不及汪伦送我情。"《宿五松山下荀媪家》："我宿五松下，寂寥无所欢。田家秋作苦，邻女夜舂寒。跪进雕胡饭，月光明素盘。令人惭漂母，三谢不能餐！"《秋登宣城谢朓北楼》："江城如画里，山晚望晴空。两水夹明镜，双桥落彩虹。人烟寒橘柚，秋色老梧桐。谁念北楼上，临风怀谢公。"写下了思念妻子的《秋浦寄内》。

天宝十四载，安禄山叛乱，李白友人前往东鲁接李白儿女，李白则亲自北返宋州接妻子宗氏。次年，李白携夫人南奔避难，相继往来于湖州、杭州、越中、金陵，后来到庐山隐居。永王李璘率军东下，多次下书邀请李白，李白终于下山进入李璘幕府。写下《别东林寺僧》《别内赴征三首》《永王东巡歌》《在水军宴韦司马楼船观妓》等，但历史给李白开了一个天大的玩笑。此时，太子李亨已经登基，李璘东下，被唐肃宗视为异类，立即组织江南军队抵御，李璘也很快被杀，原本雄心万丈、一心报国的李白也糊里糊涂地被作为逆党，打入了浔阳大牢。李白在狱中多方向地方实力派求情，其妻宗氏也四处托人活动，据说，郭子仪得知李白将被处以死刑后，情愿让出爵位给李白赎罪，唐肃宗遂下令将李白免死流放夜郎。

乾元元年（公元758年）年初，五十八岁的李白从浔阳出发，被流放夜郎，写下《流夜郎赠辛判官》等诗，途中，经岳州、江陵，入三峡，次年三月遇到大赦东返。写下《早发白帝城》："朝辞白帝彩云间，千里江陵一日还。两岸猿声啼不住，轻舟已过万重山。"途中，在江夏，写下《峨眉山月歌送蜀僧晏入中京》："我在巴东三峡时，西看明月忆峨眉。月出峨眉照沧海，与人万里长相随。黄鹤楼前月华白，此中忽见峨眉客。峨眉山月还送君，风吹西到长安陌。长安大道横九天，峨眉山月照秦川。黄金狮子乘高座，白玉麈尾谈重玄。我似浮云殢吴越，君逢圣主游丹阙。一振高名满帝都，归时还弄峨眉月。"《与夏十二登岳阳楼》："楼观岳阳尽，川迥洞庭开。雁引愁心去，山衔好月来。云间逢下榻，天上接行杯。醉后凉风起，吹人舞袖回。"

上元元年，六十岁的李白回到了浔阳。写下《庐山谣寄卢侍御虚舟》："我本楚狂人，凤歌笑孔丘。手持绿玉杖，朝别黄鹤楼。五岳寻仙不辞远，一生好入名山游。庐山秀出南斗傍，屏风九叠云锦张。影落明湖青黛光，金阙前开二峰长，银河倒挂三石梁。香炉瀑布遥相望，回崖沓嶂凌苍苍。翠影红霞映朝日，鸟飞不到吴天长。登高壮观天地间，大江茫茫去不还。黄云万里动风色，白波九道流雪山。好为庐山谣，兴因庐山发。闲窥石镜清我心，谢公行处苍苔没。早服还丹无世情，琴心三叠道初成。遥见仙人彩云里，手把芙蓉朝玉京。先期汗漫九垓上，愿接卢敖游太清。”年底，刘展之乱，江淮、江南遭遇兵灾。李白东下金陵，生活窘迫，靠人接济为生。宝应元年（公元762年），李白卧病当涂，同年十一月，六十一岁的李白去世，临终前，写下绝笔诗《临路歌》：“大鹏飞兮振八裔，中天摧兮力不济。余风激兮万世，游扶桑兮挂石袂。后人得之传此，仲尼亡兮谁为出涕！”

唐代宗以左拾遗之命征召李白，但李白已死。唐文宗时，下诏以李白的诗歌、张旭的草书和裴旻的剑舞为“三绝”。

三九六　盛唐文学（八）

天宝三载，被赐金放还的大诗人李白与比他小十一岁的杜甫在洛阳相遇了。

二人一见如故，对李白无比仰慕的杜甫在诗中描写当时的情形：“余亦东蒙客，怜君如兄弟。醉眠秋共被，携手日同行。”在杜甫的眼里，李白是：“白也诗无敌，飘然思不群。清新庾开府，俊逸鲍参军。渭北春天树，江东日暮云。何日一樽酒，重与细论文。”（《春日忆李白》）李白的人是：“剧谈怜野逸，嗜酒见天真。”李白的诗是：“笔落惊风雨，诗成泣鬼神。”（《寄李十二白二十韵》）李白的形象是：“李白一斗诗百篇，长安市上酒家眠。天子唤来不上船，自称臣是酒中仙。”（《饮中八仙歌》）在杜甫笔下皆是如此潇洒！当听说李白被流放的消息后，杜甫更是接连写下《梦李白二首》：“死别已吞声，生别常恻恻。江南瘴疠地，逐客无消息。故人入我梦，明我长相忆。恐非平生魂，路远不可测。魂来枫林青，魂返关塞黑。君今在罗网，何以有羽翼？落月满屋梁，犹疑照颜色。水深波浪阔，无使蛟龙得。”“浮云终日行，游子久不至。三夜频梦君，情亲见君意。告归常局促，苦道来不易。江湖多风波，舟楫恐失坠。出门搔白首，若负平生志。冠盖满京华，斯人独憔悴。孰云网恢恢，将老身反累。千秋万岁名，寂寞身后事。”《天末怀李白》：“凉风起天末，君子意如何。鸿雁几时到，江湖秋水多。文章憎命达，魑魅喜人过。应共冤魂语，投诗赠汨罗。”以表达对这位尊敬的师长和偶像的思念之情。

杜甫，字子美，世称诗圣，与诗仙李白并称“李杜”。一度，杜甫被人冷落，直到唐宪宗元和年间，诗人元稹才把杜甫拔高到超出李白的地位，此后，二人一直并驾齐驱。杜甫生于唐玄宗登基之初的先天元年（公元712年），其祖父杜审言，为武曌时期的大诗人，父亲杜闲，曾任奉天县令。《云仙杂记》记载，杜甫十来岁的时候，梦见神人命其去康水寻找文章，醒来，杜甫前去。见一童子对他说："你本是文曲典吏，令你下凡做唐朝文章大佬。命令已下，你前往某处去取。"杜甫果然得到一块石头，上写有字。继而，他佩戴这块石头进入大葱市场，归来后，家里满屋飞火。火中有声说道："你刚才把我弄脏了，我让你虽然有文名而不会富贵。"

杜甫七岁开始学习写作诗文，彼时，李白在大匡山隐居、修道、习剑。九岁时，学习大字，二十岁的李白则受到了益州长史苏珽的赏识。开元十三、十四年，当二十五六岁的李白出川东下，在扬州散金三十万的时候，时年十四五岁的杜甫诗文也得到人们的首肯。"昔年十四五，出游翰墨场。斯文崔魏从，以我似班扬。"（《壮游诗》）但此时的他还童心未泯，"忆昔十五心尚孩，健如黄犊走复来。庭前八月梨枣熟，一日上树能千回。"（《百忧集行》）开元十八年，李白第一次入长安，住在玉真公主别馆，十九岁的杜甫也前往山西游历，次年又南下吴越。在此后的四年里，杜甫一直待在吴越。到开元二十三年，二十四岁的杜甫前往东都应试，落榜，此时，李白也从京城空手而返，游历于南阳、襄阳、江夏等地。次年，杜甫前往山东、河北一带游历，在此后的四五年间，杜甫一直在这一带活动。大约在这一时期，他写下著名的《望岳》："岱宗夫如何？齐鲁青未了。造化钟神秀，阴阳割昏晓。荡胸生层云，决眦入归鸟。会当凌绝顶，一览众山小。"《房兵曹胡马》："胡马大宛名，锋棱瘦骨成。竹批双耳峻，风入四蹄轻。所向无空阔，真堪托死生。骁腾有如此，万里可横行。"等诗。开元二十九年，杜甫返回东都。

天宝元年，四十二岁的李白待诏翰林，三十一岁的杜甫还在东都，其姑姑去世，杜甫写下了《天宝初，南曹小司寇舅于我太夫人堂下累土为假山兴至而作是诗》等。天宝三载夏天，三十三岁的杜甫与四十四岁的李白在东都初次相遇，当年秋天，与李白、高适游梁宋，登古吹台，写下《赠李白》《饮中八仙歌》。

《饮中八仙歌》："知章骑马似乘船，眼花落井水底眠。汝阳三斗始朝天，道逢麹车口流涎，恨不移封向酒泉。左相日兴费万钱，饮如长鲸吸百川，衔杯乐圣称世贤。宗之潇洒美少年，举觞白眼望青天，皎如玉树临风前。苏晋长斋绣佛前，醉中往往爱逃禅。李白一斗诗百篇，长安市上酒家眠。天子呼来不上船，自称臣是酒中仙。张旭三杯草圣传，脱帽露顶王公前，挥毫落纸如云烟。焦遂五斗方卓然，高谈雄辩惊四筵。"次年，杜甫与李白、李邕、高适等人在齐郡相会，写下《与李十二白同寻范十隐居》："李侯有佳句，往往似阴铿。余亦东蒙客，怜君如弟兄。醉眠秋共被，携手日同行。更想幽期处，还寻北郭生。入门高兴发，侍立小童清。落景闻寒杵，屯云对古城。向来吟橘颂，谁与讨莼羹？不愿论簪笏，悠悠沧海情。"等诗。天宝五年，李白返回东鲁，杜甫西去长安，此后二人再也没有见面了。二人相互思念，李白写下了《沙丘城下寄杜甫》："我来竟何事，高卧沙丘城。城边有古树，日夕连秋声。鲁酒不可醉，齐歌空复情。思君若汶水，浩荡寄南征。"杜甫则不约而同地写下了《冬日有怀李白》："寂寞书斋里，终朝独尔思。更寻嘉树传，不忘角弓诗。短褐风霜入，还丹日月迟。未因乘兴去，空有鹿门期。"

从天宝六年到天宝十年，杜甫一直在长安，四处找人，请求得到举荐，但未果。一直到天宝十年，四十岁的杜甫向唐玄宗献上《三大礼赋》，让唐玄宗眼前一亮，命其待制集贤院，而此时，五十一岁的李白也刚与第四任妻子宗氏结婚。

次年，高适随哥舒翰西去，杜甫写下《送高三十五书记十五韵》相赠。在此期间，杜甫还写下了著名的《兵车行》："车辚辚，马萧萧，行人弓箭各在腰。爷娘妻子走相送，尘埃不见咸阳桥。牵衣顿足拦道哭，哭声直上干云霄。道傍过者问行人，行人但云点行频。或从十五北防河，便至四十西营田。去时里正与裹头，归来头白还戍边。边庭流血成海水，武皇开边意未已。君不闻汉家山东二百州，千村万落生荆棘。纵有健妇把锄犁，禾生陇亩无东西。况复秦兵耐苦战，被驱不异犬与鸡。长者虽有问，役夫敢申恨？且如今年冬，未休关西卒。县官急索租，租税从何出？信知生男恶，反是生女好。生女犹得嫁比邻，生男埋没随百草。君不见，青海头，古来白骨无人收。新鬼烦冤旧鬼哭，天阴雨湿声啾啾！"《丽人行》："三月三日天气新，长安水边多丽人。态浓意远淑且真，肌理细腻骨肉匀。绣罗衣裳照暮春，蹙金孔雀银麒麟。头上何所有，翠微盍叶垂鬓唇。背后何所见，珠压腰衱稳称身。就中云幕椒房亲，赐名大国虢与秦。紫驼之峰出翠釜，水晶之盘行素鳞。犀箸厌饫久未下，鸾刀缕切空纷纶。黄门飞鞚不动尘，御厨络绎送八珍。箫鼓哀吟感鬼神，宾从杂沓实要津。后来鞍马何逡巡，当轩下马入锦茵。杨花雪落覆白苹，青鸟飞去衔红巾。炙手可热势绝伦，慎莫近前丞相嗔。"

天宝十三载秋，关中大雨，物价暴涨，杜甫一家生计艰难，不得不将妻子儿女送往奉先县，次年，杜甫返回长安。朝廷授予其为河西县尉，杜甫不接受，改授右卫率府胄曹参军。十一月，从长安返回奉先县探望妻子儿女，作《自京赴奉先咏怀五百字》：

杜陵有布衣，老大意转拙。许身一何愚，窃比稷与契。居然成濩落，白首甘契阔。盖棺事则已，此志常觊豁。穷年忧黎元，叹息肠内热。取笑同学翁，浩歌弥激烈。非无江海志，潇洒送日月。生逢尧舜君，不忍便永诀。当今廊庙具，构厦岂云缺。葵藿倾太阳，物性固莫夺。顾惟蝼蚁辈，但自求其穴。胡为慕大鲸，辄拟偃溟渤。以兹误生理，独耻事干谒。兀兀遂至今，忍为尘埃没。终愧巢与由，未能易其节。沉饮聊自遣，放歌破愁绝。岁暮百草零，疾风高冈裂。天衢阴峥嵘，客子中夜发。霜严衣带断，指直不得结。凌晨过骊山，御榻在嵽嵲。蚩尤塞寒空，蹴蹋崖谷滑。瑶池气郁律，羽林相摩戛。君臣留欢娱，乐动殷樛嶱。赐浴皆长缨，与宴非短褐。彤庭所分帛，本自寒女出。鞭挞其夫家，聚敛贡城阙。圣人筐篚恩，实欲邦国活。臣如忽至理，君岂弃此物。多士盈朝廷，仁者宜战栗。况闻内金盘，尽在卫霍室。中堂舞神仙，烟雾散玉质。煖客貂鼠裘，悲管逐清瑟。劝客驼蹄羹，霜橙压香橘。朱门酒肉臭，路有冻死骨。荣枯咫尺异，惆怅难再述。北辕就泾渭，官渡又改辙。群冰从西下，极目高崒兀。疑是崆峒来，恐触天柱折。河梁幸未坼，枝撑声窸窣。行旅相攀援，川广不可越。老妻寄异县，十口隔风雪。谁能久不顾，庶往共饥渴。入门闻号咷，幼子饥已卒。吾宁舍一哀，里巷亦呜咽。所愧为人父，无食致夭折。岂知秋禾登，贫窭有仓卒。生常免租税，名不隶征伐。抚迹犹酸辛，平人固骚屑。默思失业徒，因念远戍卒。忧端齐终南，澒洞不可掇。

三九七　盛唐文学（九）

杜甫的这首《自京赴奉先咏怀五百字》，写出了安史之乱前严酷的社会现实，果不其然，就在他刚刚写下这首诗时，安禄山就在范阳起兵了。

唐肃宗至德元载（公元756年），唐玄宗逃往四川，五月，四十五岁的杜甫逃往奉天避难。六月，又从白水取道华原，前往鄜州，到三川县住在老友孙宰家中。七月，当他听说唐肃宗在灵武即位的消息后，即只身从芦子关奔赴灵武。途中被叛军抓获，送往长安。在长安，杜甫见到被俘的宗室子弟，请求舍身为奴。在此期间，杜甫写了大量的诗歌，其中较为著名的是：《月夜》："今夜鄜州月，闺中只独看。遥怜小儿女，未解忆长安。香雾云鬟湿，清辉玉臂寒。何时倚虚幌，双照泪痕干。"《春望》："国破山河在，城春草木深。感时花溅泪，恨别鸟惊心。烽火连三月，家书抵万金。白头搔更短，浑欲不胜簪。"《对雪》："战哭多新鬼，愁吟独老翁。乱云低薄暮，急雪舞回风。瓢弃尊无绿，炉存火似红。数州消息断，愁坐正书空。"《哀江头》："少陵野老吞声哭，春日潜行曲江曲。江头宫殿锁千门，细柳新蒲为谁绿？忆昔霓旌下南苑，苑中万物生颜色。昭阳殿里第一人，同辇随君侍君侧。辇前才人带弓箭，白马嚼啮黄金勒。翻身向天仰射云，一笑正坠双飞翼。明眸皓齿今何在？血污游魂归不得。清渭东流剑阁深，去住彼此无消息。人生有情泪沾臆，江水江花岂终极！黄昏胡骑尘满城，欲往城南望城北。"同年冬天，当他听说唐军陈涛斜惨败的消息后，感到非常悲伤，写下了《悲陈陶》："孟冬十郡良家子，血作陈陶泽中水。野旷天清无战声，四万义军同日死。群胡归来血洗箭，仍唱胡歌饮都市。都人回面向北啼，日夜更望官军至。"

至德二年，永王李璘兵败，李白被流放夜郎。杜甫于同年四月从长安金光门逃出，投奔已在凤翔的唐肃宗。五月十六日，唐肃宗拜杜甫为左拾遗（八品）。高兴之余，杜甫写下了三首《喜达行在所》，其二："愁思胡笳夕，凄凉汉苑春。生还今日事，间道暂时人。思虑章初睹，南阳气已新。喜心翻倒极，呜咽泪沾巾。"同月房琯得罪，杜甫出面营救，被唐肃宗视为房琯一党，予以追究，经张镐等人营救，唐肃宗未予追究，但仍于闰八月勒令其回家探亲。杜甫徒步返家，行至邠州才从李嗣业那里借来一匹马，回家后卧病数日，写下《北征》："皇帝二载秋，闰八月初吉。杜子将北征，苍茫问家室。维时遭艰虞，朝野无暇日。顾惭恩私被，诏许归蓬筚。拜辞诣阙下，怵惕久未出。虽乏谏诤姿，恐君有遗失。君诚中兴主，经纬固密勿。东胡反未已，臣甫愤所切。挥涕恋行在，道途犹恍惚。乾坤含疮痍，忧虞何时毕？靡靡逾阡陌，人烟眇萧瑟。所遇多被伤，呻吟更流血。回首凤翔县，旌旗晚明灭。前登寒山重，屡得饮马窟。邠郊入地底，泾水中荡潏。猛虎立我前，苍崖吼时裂。菊垂今秋花，石戴古车辙。青云动高兴，幽事亦可悦。山果多琐细，罗生杂橡栗。或红如丹砂，或黑如点漆。雨露之所濡，甘苦齐结实。缅思桃源内，益叹身世拙。坡陀望鄜畤，岩谷互出没。我行已水滨，我仆犹木末。鸱鸟鸣黄桑，野鼠拱乱穴。夜深经战场，寒月照白骨。潼关百万师，往者散何卒？遂令半秦民，残害为异物。况我堕胡尘，及归尽华发。经年至茅屋，妻子衣百结。恸哭松声回，悲泉共幽咽。平生所娇儿，颜色白胜雪。见耶背面啼，垢腻脚不袜。床前两小女，补缀才过膝。海图坼波涛，旧绣移曲折。天吴及紫凤，颠倒在裋褐。老夫情怀恶，呕泄卧数日。那无囊中帛，救汝寒凛栗。粉黛亦解包，衾裯稍罗列。瘦妻面复光，痴女头自栉。学母无不为，晓妆随手抹。移时施朱铅，狼藉画眉阔。生还对童稚，似欲忘饥渴。问事竞挽须，谁能即嗔喝？翻思在贼愁，甘受杂乱聒。新归且慰意，生理焉得说？至尊尚蒙尘，几日休练卒？仰观天色改，坐觉妖氛豁。阴风西北来，惨淡随回纥。其王愿助顺，其俗善驰突。送兵五千人，驱马一万匹。此辈少为贵，四方服勇决。所用皆鹰腾，破敌过箭疾。圣心颇虚伫，时议气欲夺。伊洛指掌收，西京不足拔。官军请深入，蓄锐可俱发。此举开青徐，旋瞻略恒碣。昊天积霜露，正气有肃杀。祸转亡胡岁，势成擒胡月。胡命其能久？皇纲未宜绝。忆昨狼狈初，事与古先别：奸臣竟菹醢，同恶随荡析。不闻夏殷衰，中自诛褒妲。周汉获再兴，宣光果明哲。桓桓陈将军，仗钺奋忠烈。微尔人尽非，于今国犹活。凄凉大同殿，寂寞白兽闼。都人望翠华，佳气向金阙。园陵固有神，洒扫数不缺。煌煌太宗业，树立甚宏达！”《羌村三首》其一：“峥嵘赤云西，日脚下平地。柴门鸟雀噪，归客千里至。妻孥怪我在，惊定还拭泪。世乱遭飘荡，生还偶然遂！邻人满墙头，感叹亦歔欷。夜阑更秉烛，相对如梦寐。”其二：“晚岁迫偷生，还家少欢趣。娇儿不离膝，畏我复却去。忆昔好追凉，故绕池边树。萧萧北风劲，抚事煎百虑。赖知禾黍收，已觉糟床注。如今足斟酌，且用慰迟暮。”其三：“群鸡正乱叫，客至鸡斗争。驱鸡上树木，始闻叩柴荆。父老四五人，问我久远行。手中各有携，倾榼浊复清。苦辞酒味薄，黍地无人耕。兵革既未息，儿童尽东征。请为父老歌，艰难愧深情。歌罢仰天叹，四座泪纵横。”

回到长安后，杜甫仍然当他的左拾遗，他尽职尽责，写下《春宿左省》明志：“花隐掖垣暮，啾啾栖鸟过。星临万户动，月傍九霄多。不寝听金钥，因风想玉珂。明朝有封事，数问夜如何。”其间，贾至、岑参、王维等人也都与杜甫同僚，在这一短暂的时期里，杜甫也难得轻松一点，闲暇之余还有时间与这些友人们一起欢宴，他也写下了《曲江二首》，其一：“一片花飞减却春，风飘万点正愁人。且看欲尽花经眼，莫厌伤多酒入唇。江上小堂巢翡翠，苑边高冢卧麒麟。细推物理须行乐，何用浮荣绊此身？”其二：“朝回日日典春衣，每日江头尽醉归。酒债寻常行处有，人生七十古来稀。穿花蛱蝶深深见，点水蜻蜓款款飞。传语风光共流转，暂时相赏莫相违。”《曲江对酒》：“苑外江头坐不归，水精宫殿转霏微。桃花细逐杨花落，黄鸟时兼白鸟飞。纵饮久判人共弃，懒朝真与世相违。吏情更觉沧洲远，老大徒伤未拂衣。”《九日蓝田崔氏庄》：“老去悲秋强自宽，兴来今日尽君欢。羞将短发还吹帽，笑倩旁人为正冠。蓝水远从千涧落，玉山高并两峰寒。明年此会知谁健？醉把茱萸仔细看。”

然而，好景不长，到乾元元年（公元758年）六月，房琯因贺兰进明的谗言而被贬官，杜甫也因是房琯一党而被贬出京师，到华州任司功参军。年末因事返回东都，次年由东都归华州，此时唐军在邺城已经大败，形势陡然紧张起来，唐朝政府抓紧征兵。杜甫途中也目睹战乱中的百姓苦难的生活，写下著名的三吏三别：《新安吏》：“客行新安道，喧呼闻点兵。借问新安吏：‘县小更无丁？’‘府帖昨夜下，次选中男行。’‘中男绝短小，何以守王城？’肥男有母送，瘦男独伶俜。白水暮东流，青山犹哭声。‘莫自使眼枯，收汝泪纵横。眼枯即见骨，天地终无情！我军取相州，日夕望其平。岂意贼难料，归军星散营。就粮近故垒，练卒依旧京。掘壕不到水，牧马役亦轻。况乃王师顺，抚养甚分明。送行勿泣血，仆射如父兄。’”《石壕吏》：“暮投石壕村，有吏夜捉人。老翁逾墙走，老妇出门看。吏呼一何怒！妇啼一何苦。听妇前致词，三男邺城戍。一男附书至，二男新战死。存者且偷生，死者长已矣！室中更无人，惟有乳下孙。有孙母未去，出入无完裙。老妪力虽衰，请从吏夜归。急应河阳役，犹得备晨炊。夜久语声绝，如闻泣幽咽。天明登前途，独与老翁别。”《潼关吏》：“士卒何草草，筑城潼关道。大城铁不如，小城万丈余。借问潼关吏：‘修关还备胡？’要我下马行，为我指山隅：‘连云列战格，飞鸟不能逾。胡来但自守，岂复忧西都。丈人视要处，窄狭容单车。艰难奋长戟，万古用一夫。’‘哀哉桃林战，百万化为鱼。请嘱防关将，慎勿学哥舒！’”《新婚别》：“兔丝附蓬麻，引蔓故不长。嫁女与征夫，不如弃路旁。结发为君妻，席不暖君床。暮婚晨告别，无乃太匆忙。君行虽不远，守边赴河阳。妾身未分明，何以拜姑嫜？父母养我时，日夜令我藏。生女有所归，鸡狗亦得将。君今往死地，沉痛迫中肠。誓欲随君去，形势反苍黄。勿为新婚念，努力事戎行。妇人在军中，兵气恐不扬。自嗟贫家女，久致罗襦裳。罗襦不复施，对君洗红妆。仰视百鸟飞，大小必双翔。人事多错迕，与君永相望。”《垂老别》：“四郊未宁静，垂老不得安。子孙阵亡尽，焉用身独完！投杖出门去，同行为辛酸。幸有牙齿存，所悲骨髓干。男儿既介胄，长揖别上官。老妻卧路啼，岁暮衣裳单。孰知是死别，且复伤其寒。此去必不归，还闻劝加餐。土门壁甚坚，杏园度亦难。势异邺城下，纵死时犹宽。人生有离合，岂择衰盛端！忆昔少壮日，迟回竟长叹。万国尽征戍，烽火被冈峦。积尸草木腥，流血川原丹。何乡为乐土？安敢尚盘桓！弃绝蓬室居，塌然摧肺肝。”《无家别》：“寂寞天宝后，园庐但蒿藜。我里百余家，世乱各东西。存者无消息，死者为尘泥。贱子因阵败，归来寻旧蹊。久行见空巷，日瘦气惨凄，但对狐与狸，竖毛怒我啼。四邻何所有，一二老寡妻。宿鸟恋本枝，安辞且穷栖。方春独荷锄，日暮还灌畦。县吏知我至，召令习鼓鞞。虽从本州役，内顾无所携。近行止一身，远去终转迷。家乡既荡尽，远近理亦齐。永痛长病母，五年委沟溪。生我不得力，终身两酸嘶。人生无家别，何以为蒸黎。”途中他还写了《赠卫八处士》：“人生不相见，动如参与商。今夕复何夕，共此灯烛光。少壮能几时，鬓发各已苍。访旧半为鬼，惊呼热中肠。焉知二十载，重上君子堂。昔别君未婚，儿女忽成行。怡然敬父执，问我来何方。问答乃未已，儿女罗酒浆。夜雨翦春韭，新炊间黄粱。主称会面难，一举累十觞。十觞亦不醉，感子故意长。明日隔山岳，世事两茫茫。”

三九八　盛唐文学（十）

当时关中饥馑，杜甫即于当年七月辞官西去。

杜甫一家度过陇山，来到秦州（今甘肃省天水市），还未安家，又前往同谷，在同谷非常贫困，以捡拾橡果为食，十二月一日，杜甫一家又前往成都。在此期间，杜甫写了《佳人》：“绝代有佳人，幽居在空谷。自云良家女，零落依草木。关中昔丧乱，兄弟遭杀戮。官高何足论，不得收骨肉。世情恶衰歇，万事随转烛。夫婿轻薄儿，新人美如玉。合昏尚知时，鸳鸯不独宿。但见新人笑，那闻旧人哭。在山泉水清，出山泉水浊。侍婢卖珠回，牵萝补茅屋。摘花不插发，采柏动盈掬。天寒翠袖薄，日暮倚修竹。”一路上，杜甫笔耕不辍，还写了《梦李白二首》《秦州杂诗》《月夜忆舍弟》《乾元中寓居同谷县作歌七首》等很多诗篇。

经过近一个月的跋涉，杜甫一家终于在年底来到了成都。初到成都，杜甫喜忧参半，写下了《成都府》：“翳翳桑榆日，照我征衣裳。我行山川异，忽在天一方。但逢新人民，未卜见故乡。大江东流去，游子日月长。曾城填华屋，季冬树木苍。喧然名都会，吹箫间笙簧。信美无与适，侧身望川梁。鸟雀夜各归，中原杳茫茫。初月出不高，众星尚争光。自古有羁旅，我何苦哀伤。”

唐肃宗乾元元年，当李白遇赦东归庐山时，杜甫也在成都西郊的浣花溪找了一块地，由表弟王十五司马出资建房，其他友人送来果木，开春修建，春末建成，此即是杜甫草堂。诗人经过四年的流亡生活，终于有了一个安身之地，时值初夏，他看着浣花溪涓涓流水，顿生喜悦之感，提笔写下了《江村》：“清江一曲抱村流，长夏江村事事幽。自去自来堂上燕，相亲相近水中鸥。老妻画纸为棋局，稚子敲针作钓钩。多病所须唯药物，微躯此外更何求。”《野老》：“野老篱前江岸回，柴门不正逐江开。渔人网集澄潭下，贾客船随返照来。长路关心悲剑阁，片云何意傍琴台。王师未报收东郡，城阙秋生画角哀。”《客至》：“舍南舍北皆春水，但见群鸥日日来。花径不曾缘客扫，蓬门今始为君开。盘飧市远无兼味，樽酒家贫只旧醅。肯与邻翁相对饮，隔篱呼取尽余杯。”《江畔独步寻花七绝句》其六：“黄四娘家花满蹊，千朵万朵压枝低。留连戏蝶时时舞，自在娇莺恰恰啼。”相对闲适的生活，并没有让忧国忧民的杜甫忘情，他在安居之后，最先想到的是要瞻仰一下名相诸葛亮的祠堂，遂写下了《蜀相》一诗：“丞相祠堂何处寻，锦官城外柏森森。映阶碧草自春色，隔叶黄鹂空好音。三顾频烦天下计，两朝开济老臣心。出师未捷身先死，长使英雄泪满襟。”他还时刻关心着前方的战况，写下《恨别》：“洛城一别四千里，胡骑长驱五六年。草木变衰行剑外，兵戈阻绝老江边。思家步月清宵立，忆弟看云白日眠。闻道河阳近乘胜，司徒急为破幽燕。”

上元二年，杜甫继续在成都生活。在此，他写下了《春夜喜雨》：“好雨知时节，当春乃发生。随风潜入夜，润物细无声。野径云俱黑，江船火独明。晓看红湿处，花重锦官城。”《绝句漫兴九首》，其一：“眼见客愁愁不醒，无赖春色到江亭。即遣花开深造次，便觉莺语太丁宁。”其三：“熟知茅斋绝低小，江上燕子故来频。衔泥点污琴书内，更接飞虫打著人。”其七：“糁径杨花铺白毡，点溪荷叶叠青钱。笋根稚子无人见，沙上凫雏傍母眠。”《水槛遣心二首》其一：“去郭轩楹敞，无村眺望赊。澄江平少岸，幽树晚多花。细雨鱼儿出，微风燕子斜。城中十万户，此地两三家。”《茅屋为秋风所破歌》：“八月秋高风怒号，卷我屋上三重茅。茅飞渡江洒江郊，高者挂罥长林梢，下者飘转沉塘坳。南村群童欺我老无力，忍能对面为盗贼。公然抱茅入竹去，唇焦口燥呼不得，归来倚杖自叹息。俄顷风定云墨色，秋天漠漠向昏黑。布衾多年冷似铁，娇儿恶卧踏里裂。床头屋漏无干处，雨脚如麻未断绝。自经丧乱少睡眠，长夜沾湿何由彻！安得广厦千万间，大庇天下寒士俱欢颜，风雨不动安如山。呜呼！何时眼前突兀见此屋，吾庐独破受冻死亦足！”《赠花卿》：“锦城丝管日纷纷，半入江风半入云。此曲只应天上有，人间难得几回闻？”杜甫也想到了久已不见的李白，希望他能落叶归根，自己也能在他的故乡与其相见，遂写下《不见》寄怀：“不见李生久，佯狂真可哀。世人皆欲杀，吾意独怜才。敏捷诗千首，飘零酒一杯。匡山读书处，头白好归来。”他还写了《戏为六绝句》，对自己的诗歌创作实践进行总结，其一："庾信文章老更成，凌云健笔意纵横。今人嗤点流传赋，不觉前贤畏后生。"其二："王杨卢骆当时体，轻薄为文哂未休。尔曹身与名俱灭，不废江河万古流。"其三："纵使卢王操翰墨，劣于汉魏近风骚。龙文虎脊皆君驭，历块过都见尔曹。"其四："才力应难跨数公，凡今谁是出群雄？或看翡翠兰苕上，未掣鲸鱼碧海中。"其五："不薄今人爱古人，清词丽句必为邻。窃攀屈宋宜方驾，恐与齐梁作后尘。"其六："未及前贤更勿疑，递相祖述复先谁？别裁伪体亲风雅，转益多师是汝师！"《岁暮》："岁暮远为客，边隅还用兵。烟尘犯雪岭，鼓角动江城。天地日流血，朝廷谁请缨。济时敢爱死，寂寞壮心惊。"《江上值水如海势聊短述》："为人性僻耽佳句，语不惊人死不休。老去诗篇浑漫兴，春来花鸟莫深愁。新添水槛供垂钓，故著浮槎替入舟。焉得思如陶谢手，令渠述作与同游。"

宝应元年（公元762年）四月，唐玄宗、唐肃宗父子相继去世，唐代宗即位，六月召严武入朝。杜甫写下了《奉济驿重送严公四韵》："远送从此别，青山空复情。几时杯重把，昨夜月同行。列郡讴歌惜，三朝出入荣。江村独归处，寂寞养残生。"严武离开成都后，就发生了徐知道的叛乱，杜甫亦举家迁往梓州避难，依附好友兼梓州刺史章彝，此后更生离川东去之意（"厌蜀交游冷，思吴胜事繁。应须理舟楫，长啸下荆门。"《春日梓州登楼之二》）。此年十一月李白去世，该年杜甫五十一岁。

第二年一月，身在梓州的杜甫听说唐军收复了洛阳，河北叛军纷纷投降，史朝义叛乱被平定，兴奋之余，杜甫当即就想回洛阳，他高兴地写下了名篇《闻官军收河南河北》："剑外忽传收蓟北，初闻涕泪满衣裳。却看妻子愁何在，漫卷诗书喜欲狂。白日放歌须纵酒，青春作伴好还乡。即从巴峡穿巫峡，便下襄阳向洛阳。"然而，很快，杜甫就从最初的兴奋中清醒过来，史朝义被杀后，天下并没有像人们想象的那样就太平了，不久，吐蕃军队就攻克了长安，唐代宗逃到陕州避难，局势再次出现动荡，就在该年，前宰相、杜甫的好友房琯病死，九月，杜甫特意赶到阆州房琯墓前祭奠，写下《别房太尉墓》："他乡复行役，驻马别孤坟。近泪无干土，低空有断云。对棋陪谢傅，把剑觅徐君。唯见林花落，莺啼送客闻。"与此同时，蜀地内乱不断，也让杜甫决定离开这一是非之地，暂时顺流东下。

次年（公元764年，代宗广德二年），杜甫一家从梓州来到阆州，此时，他接到了朝廷任命他为京兆功曹参军的命令，他没有接受，但就在他将要出川之时，突然传来了朝廷任命严武再次镇守成都的消息，不禁大喜过望，严武也写信相邀，杜甫遂改变主意，决定继续留在成都。当时唐朝所面临的情形可谓是千疮百孔，朝中宦官专权，地方藩镇割据，外部有回纥骚扰，敌国有吐蕃进攻，关中有党项、羌人骚扰，蜀地是吐蕃的进逼，各地还有零星的农民起义，重新回到成都后，杜甫写下《登楼》以表达这种忧国忧民之情："花近高楼伤客心，万方多难此登临。锦江春色来天地，玉垒浮云变古今。北极朝廷终不改，西山寇盗莫相侵。可怜后主还祠庙，日暮聊为梁甫吟。"严武举荐杜甫担任节度使参谋（六品），因杜甫家在城外，每晚只得住在府中，他写下《宿府》："清秋幕府井梧寒，独宿江城蜡炬残。永夜角声悲自语，中天月色好谁看？风尘荏苒音书绝，关塞萧条行路难。已忍伶俜十年事，强移栖息一枝安。"在此期间，生活又恢复安定的杜甫也写了一些明快的诗歌，比如，《绝句四首》其三："两个黄鹂鸣翠柳，一行白鹭上青天。窗含西岭千秋雪，门泊东吴万里船。"《绝句二首》其一："迟日江山丽，春风花草香。泥融飞燕子，沙暖睡鸳鸯。"其二："江碧鸟逾白，山青花欲燃。今春看又过，何日是归年？"

三九九 盛唐文学（十一）

代宗永泰元年（公元765年），杜甫五十四岁。

在这一年的一月初三，杜甫莫名其妙地辞官，回到浣花溪闲居去了。其间的原因不详，有人认为与严武杖杀梓州刺史章彝有关，章彝原出身武将，是严武的部下，但其担任刺史以后，不听严武的招呼，被严武打死，而杜甫与章彝私交也不错，故而此事发生后，杜甫处境尴尬，只好辞职；也有人认为这与严武、杜甫二人微妙的关系有关，二人虽是好友，但性格不同，地位悬殊，醉后杜甫有时说话放肆，虽然严武表面上没什么，但内心深处一直难以释怀，并且，严武贪婪嗜杀，当朋友可以，做部下就难受了，因此，杜甫选择了全身避祸。

到了该年四月，严武去世。五月，杜甫遂决计离开成都，重拾一年前东下的计划。同月来到嘉州（今四川省乐山市），六月来到戎州（今四川省宜宾市）、渝州（今重庆市），至秋天抵达忠州（今重庆市忠县）。九月，至云安县，因病就滞留在此。途中，他写下了《旅夜书怀》：“细草微风岸，危樯独夜舟。星垂平野阔，月涌大江流。名岂文章著，官因老病休。飘飘何所似，天地一沙鸥。”《八阵图》：“功盖三分国，名成八阵图。江流石不转，遗恨失吞吴。”《白帝》：“白帝城中云出门，白帝城下雨翻盆。高江急峡雷霆斗，古木苍藤日月昏。戎马不如归马逸，千家今有百家存。哀哀寡妇诛求尽，恸哭秋原何处村。”

大历元年（公元766年），杜甫移居夔州（今重庆市奉节县），受到夔州都督柏茂琳的资助，在此他一直住了两年。其间，杜甫写下了大量质量上乘的传世名篇，比如，著名的《秋兴八首》，其一：“玉露凋伤枫树林，巫山巫峡气萧森。江间波浪兼天涌，塞上风云接地阴。丛菊两开他日泪，孤舟一系故园心。寒衣处处催刀尺，白帝城高急暮砧。”其二：“夔府孤城落日斜，每依南斗望京华。听猿实下三声泪，奉使虚随八月槎。画省香炉违伏枕，山楼粉堞隐悲笳。请看石上藤萝月，已映洲前芦荻花。”其三：“千家山郭静朝晖，日日江楼坐翠微。信宿渔人还泛泛，清秋燕子故飞飞。匡衡抗疏功名薄，刘向传经心事违。同学少年多不贱，五陵裘马自轻肥。”其四：“闻道长安似弈棋，百年世事不胜悲。王侯第宅皆新主，文武衣冠异昔时。直北关山金鼓震，征西车马羽书迟。鱼龙寂寞秋江冷，故国平居有所思。”其五：“蓬莱宫阙对南山，承露金茎霄汉间。西望瑶池降王母，东来紫气满函关。云移雉尾开宫扇，日绕龙鳞识圣颜。一卧沧江惊岁晚，几回青琐点朝班。”其六：“瞿塘峡口曲江头，万里风烟接素秋。花萼夹城通御气，芙蓉小苑入边愁。珠帘绣柱围黄鹄，锦缆牙墙起白鸥。回首可怜歌舞地，秦中自古帝王州。”其七：“昆明池水汉时功，武帝旌旗在眼中。织女机丝虚夜月，石鲸鳞甲动秋风。波漂菰米沉云黑，露冷莲房坠粉红。关塞极天惟鸟道，江湖满地一渔翁。”其八：“昆吾御宿自逶迤，紫阁峰阴入美陂。香稻啄余鹦鹉粒，碧梧栖老凤凰枝。佳人拾翠春相问，仙侣同舟晚更移。彩笔昔曾干气象，白头吟望苦低垂。”此时杜甫的诗已臻于化境，诗风更加沉郁有力，他还写下了同样闻名的《咏怀古迹五首》其一：“支离东北风尘际，飘泊西南天地间。三峡楼台淹日月，五溪衣服共云山。羯胡事主终无赖，词客哀时且未还。庾信平生最萧瑟，暮年诗赋动江关。”其二：“摇落深知宋玉悲，风流儒雅亦吾师。怅望千秋一洒泪，萧条异代不同时。江山故宅空文藻，云雨荒台岂梦思。最是楚宫俱泯灭，舟人指点到今疑。”其三：“群山万壑赴荆门，生长明妃尚有村。一去紫台连朔漠，独留青冢向黄昏。画图省识春风面，环佩空归夜月魂。千载琵琶作胡语，分明怨恨曲中论。”其四：“蜀主窥吴幸三峡，崩年亦在永安宫。翠华想像空山里，玉殿虚无野寺中。古庙杉松巢水鹤，岁时伏腊走村翁。武侯祠堂常邻近，一体君臣祭祀同。”其五：“诸葛大名垂宇宙，宗臣遗像肃清高。三分割据纡筹策，万古云霄一羽毛。伯仲之间见伊吕，指挥若定失萧曹。运移汉祚终难复，志决身歼军务劳。”《阁夜》：“岁暮阴阳催短景，天涯霜雪霁寒宵。五更鼓角声悲壮，三峡星河影动摇。野哭千家闻战伐，夷歌数处起渔樵。卧龙跃马终黄土，人事音书漫寂寥。”《登高》：“风急天高猿啸哀，渚清沙白鸟飞回。无边落木萧萧下，不尽长江滚滚来。万里悲秋常作客，百年多病独登台。艰难苦恨繁霜鬓，潦倒新停浊酒杯！”《禹庙》：“禹庙空山里，秋风落日斜。荒庭垂橘柚，古屋画龙蛇。云气生虚壁，江声走白沙。早知乘四载，疏凿控三巴。”《老病》：“老病巫山里，稽留楚客中。药残他日里，花发去年丛。夜足沾沙雨，春多逆水风。合分双赐笔，犹作一飘蓬。”《武侯庙》：“遗庙丹青落，空山草木长。犹闻辞后主，不复卧南阳。”《上白帝城二首》其一：“江城含变态，一上一回新。天欲今朝雨，山归万古春。英雄余事业，衰迈久风尘。取醉他乡客，相逢故国人。兵戈犹拥蜀，赋敛强输秦。不是烦形胜，深惭畏损神。”其二：“白帝空祠庙，孤云自往来。江山城宛转，栋宇客徘徊。勇略今何在？当年亦壮哉。后人将酒肉，虚殿日尘埃。谷鸟鸣还过，林花落又开。多病残无力，骑马入青苔。”

大历三年（公元768年）一月，杜甫从夔州出三峡，三月移住江陵，不得意，九月至公安，岁末来到岳州（今湖南省岳阳市）。次年三月又至潭州（今湖南省长沙市），后又至衡州（今湖南省衡阳市），因畏热又北返潭州。在此期间，杜甫一直坚持创作，比较著名的作品主要有：《暮归》：“霜黄碧梧白鹤栖，城上击柝复乌啼。客子入门月皎皎，谁家捣练风凄凄。南渡桂水阙舟楫，北归秦川多鼓鼙。年过半百不称意，明日看云还杖藜。”《江汉》：“江汉思归客，乾坤一腐儒。片云天共远，永夜月同孤。落日心犹壮，秋风病欲疏。古来存老马，不必取长途。”《登岳阳楼》：“昔闻洞庭水，今上岳阳楼。吴楚东南坼，乾坤日夜浮。亲朋无一字，老病有孤舟。戎马关山北，凭轩涕泗流。”《发潭州》：“夜醉长沙酒，晓行湘水春。岸花飞送客，樯燕语留人。贾傅才未有，褚公书绝伦。名高前后事，回首一伤神。”《小寒食舟中作》：“佳辰强饮食犹寒，隐几萧条带鹖冠。春水船如天上坐，老年花似雾中看。娟娟戏蝶过闲幔，片片轻鸥下急湍。云白山青万余里，愁看直北是长安。”《江南逢李龟年》：“岐王宅里寻常见，崔九堂前几度闻。正是江南好风景，落花时节又逢君。”

大历五年（公元770年）秋，杜甫与亲友告别，打算从潭州取道襄阳回到洛阳，冬天动身，途中遇到河水上涨，数日未吃一口饭，后死去，终年五十九岁。

杜甫对句法、诗律非常重视，正如他说的那样“文章千古事，得失寸心知”，在组诗上精于布局谋篇，以《秋兴八首》为代表，各首诗环环相扣，笔力雄壮，令人叹为观止。这一时期他创作的《登高》，也为历代学者所称道，正如胡应麟说的那样：“通章句法字法，前无昔人，后无来学，此当为古今七言律第一，不必为唐人七言律第一也……一篇之中，句句皆律，一句之中，字字皆律，而实一意贯穿，一气呵成……至用句用字，又皆古今必不敢道、决不能道者，真旷代之作也！”杜甫的诗还经常用倒装句，令诗句更加雄健，比如，“听猿实下三声泪，奉使虚随八月槎”，本是“听猿三声泪实下，奉使八月槎虚随”，“香稻啄余鹦鹉粒，碧梧栖老凤凰枝”本是“鹦鹉啄余香稻粒，凤凰栖老碧梧枝”，经过杜甫的倒装，令诗句显得非常奇崛。杜甫曾说过：“读书破万卷，下笔如有神”，后人称杜诗“无一字无来处”，黄山谷称：“自作语最难，老杜作诗，退之作文，无一字无来处，盖后人读书少，故谓韩、杜自作此语耳。”

李白存诗近千首，杜甫存诗一千四百余首，二人不愧为中国诗坛上璀璨的巨星。

四〇〇　盛唐文学（十二）

除了李杜、王孟、高岑以及盛唐前期的张九龄等人之外，盛唐诗人群体还有很多诗人，他们虽然名气不大，但也有不少令人耳目一新的作品。

王湾，洛阳人，先天进士，他写的《次北固山下》就很出名："客路青山外，行舟绿水前。潮平两岸阔，风正一帆悬。海日生残夜，江春入旧年。乡书何处达，归雁洛阳边。"崔颢的《长干曲四首》其一："君家何处住？妾住在横塘。停舟暂借问，或恐是同乡。"张旭，曾担任金吾长史，世称张长史，精通楷书，草书最知名，擅长七绝。《山中留客》："山光物态弄春晖，莫为轻阴便拟归。纵使晴明无雨色，入云深处亦沾衣。"戎昱，《移家别湖上亭》："好是春风湖上亭，柳条藤蔓系离情。黄莺久住浑相识，欲别频啼四五声。"《早梅》："一树寒梅白玉条，迥临村路傍溪桥。不知近水花先发，疑是经冬雪未消。"张谓，天宝进士，大历年间为潭州刺史，他较为出名的诗作是《同王徵君湘中有怀》："八月洞庭秋，潇湘水北流。还家万里梦，为客五更愁。不用开书帙，偏宜上酒楼。故人京洛满，何日复同游？"《题长安壁主人》："世人结交须黄金，黄金不多交不深。纵令然诺暂相许，终是悠悠行路心。"

刘长卿，天宝进士，曾任长沙尉，后官至遂州刺史，擅长五言诗，被人称为五言长城。比较出名的诗有：《逢雪宿芙蓉山主人》："日暮苍山远，天寒白屋贫。柴门闻犬吠，风雪夜归人。"《长沙过贾谊宅》："三年谪宦此栖迟，万古惟留楚客悲。秋草独寻人去后，寒林空见日斜时。汉文有道恩犹薄，湘水无情吊岂知？寂寂江山摇落处，怜君何事到天涯！"《重送裴郎中贬吉州》："猿啼客散暮江头，人自伤心水自流。同作逐臣君更远，青山万里一孤舟。"《饯别王十一南游》："望君烟水阔，挥手泪沾巾。飞鸟没何处，青山空向人。长江一帆远，落日五湖春。谁见汀洲上，相思愁白蘋。”《登余干古县城》：“孤城上与白云齐，万古荒凉楚水西。官舍已空秋草没，女墙犹在夜乌啼。平沙渺渺迷人远，落日亭亭向客低。飞鸟不知陵谷变，朝来暮去弋阳溪。”

刘方平，洛阳人，终生隐居，与皇甫冉为友，受到萧颖士的赏识。擅长绝句。《月夜》：“更深月色半人家，北斗阑干南斗斜。今夜偏知春气暖，虫声新透绿窗纱。”

元结，字次山，洛阳人，天宝进士，后任道州刺史。其诗多反映当时民间疾苦，所作《舂陵行》较为出名：“军国多所需，切责在有司。有司临郡县，刑法竞欲施。供给岂不忧，征敛又可悲。州小经乱亡，遗人实困疲。大乡无十家，大族命单羸。朝餐是草根，暮食仍木皮。出言气欲绝，意速行步迟。追呼尚不忍，况乃鞭扑之。郭亭传急符，来往迹相追。更无宽大恩，但有迫促期。欲令鬻儿女，言发恐乱随。悉使索其家，而又无生资。听彼道路言，怨伤谁复知。去冬山贼来，杀夺几无遗。所愿见王官，抚养以惠慈。奈何重驱逐，不使存活为。安人天子命，符节我所持。州县忽乱亡，得罪复是谁。逋缓违诏令，蒙责固其宜。前贤重守分，恶以祸福移。亦云贵守官，不爱能适时。顾惟孱弱者，正直当不亏。何人采国风，吾欲献此辞。”

孟云卿，洛阳人，官校书郎。《寒食》：“二月江南花满枝，他乡寒食远堪悲。贫居往往无烟火，不独明朝为子推。”

张继，襄州人，天宝进士，他的《枫桥夜泊》非常有名：“月落乌啼霜满天，江枫渔火对愁眠。姑苏城外寒山寺，夜半钟声到客船。”

贾至，唐肃宗时为中书舍人，后贬为岳州司马，再后来官至右散骑常侍。《春思二首》之一：“草色青青柳色黄，桃花历乱李花香。东风不为吹愁去，春日偏能惹恨长。”

严武的《军城早秋》写得也不错：“昨夜秋风入汉关，朔云边月满西山。更催飞将追骄虏，莫遣沙场匹马还！”

在诗歌创作方面，巾帼不让须眉，盛唐还有一位非常出名的女性诗人，她名叫李冶，又名李季兰。李冶自幼聪慧，后被送入道观。唐人思想开放，道观并非清净之地，很多女道士成了交际花之类的人物，李冶也是如此。她以诗名与陆羽（写《茶经》而被后世视为茶神）、诗人刘长卿和名僧皎然等名士都有交往，后来，她的名气也传到了唐玄宗的耳中，下诏命其入宫，此后安史之乱爆发，李冶不知所终，一说是她还在宫中，后因给叛将朱泚献诗而被唐德宗杖杀。她写的《感兴》较为出名："朝云暮雨两相随，去雁来人有归期；玉枕只知常下泪，银灯空照不眠时。仰看明月翻含情，俯盼流波欲寄词；却忆初闻凤楼曲，教人寂寞复相思。"

皎然，本姓谢，据说是谢灵运的十世孙，他与陆羽和李冶都有交往，他写的《寻陆鸿渐（陆羽）不遇》，说的就是他寻访陆羽，而陆羽却去西山找李冶去了，诗是这样写的："移家虽带郭，野径入桑麻。近种篱边菊，秋来未著花。扣门无犬吠，欲去问西家。报到山中去，归来每日斜。"

唐代是诗歌的海洋，就连宦官们也经常作诗，比如，像高力士，当七十余岁的他被唐肃宗流放时，途经巫州看到野地里长满了荠菜，想起长安荠菜价格很贵，而这里却无人采摘，不禁诗兴大发，写道："两京作斤卖，五溪无人采。夷夏虽有殊，气味都不改！"